Eike Geisel
Die Wiedergutwerdung der Deutschen

AF634480

Eike Geisel, am 1. Juni 1945 in Stuttgart geboren, lebte als freier Autor, Kurator, Filmemacher und Übersetzer in Berlin. Er starb am 6. August 1997.

Edition
TIAMAT
Deutsche Erstveröffentlichung
Herausgeber der Reihe Critica Diabolis:
Klaus Bittermann
1. Auflage: Berlin 2015
2. Auflage: Berlin 2025
© Verlag Klaus Bittermann
Grimmstr. 26 – 10967 Berlin
Alle Rechte vorbehalten
www.edition-tiamat.de
mail@edition-tiamat.de
Buchcovergestaltung: Felder Kölnberlin Grafikdesign
Druck & Bindung: cpi books GmbH Leck
ISBN: 978-3-89320-197-6

Eike Geisel

Die Wiedergutwerdung der Deutschen

Essays & Polemiken

Herausgegeben und mit einem
Vorwort versehen von
Klaus Bittermann

Critica
Diabolis
225

Edition
TIAMAT

INHALT

Some of my best friends are German

Vorwort

Klaus Bittermann

Der 1997 verstorbene Historiker und Journalist Eike Geisel gehörte zusammen mit Wolfgang Pohrt, Henryk M. Broder, Lothar Baier und Christian Schultz-Gerstein einer Generation von Kritikern an, die sich seit den siebziger Jahren radikal, scharfsinnig und originell mit dem ideologischen, politischen und kulturellen Zeitgeist auseinandersetzten, ohne einer institutionalisierten Opposition oder Gruppe anzugehören. Als Achtundsechziger hatte Geisel sein Denken wie viele andere an Adorno und Horkheimer geschult, im Unterschied zu vielen anderen aber auch an Hannah Arendts »Elemente und Ursprünge totaler Herrschaft« und an ihrem Eichmann-Buch. In einer Zeit, als die Literatur über den Nationalsozialismus noch sehr spärlich war, beschäftigte er sich u.a. mit H.G. Adlers Theresienstadt-Studie, las Eugen Kogons Standardwerk »Der SS-Staat« und Jean Améry, dessen rhetorische Vortragskunst er bewunderte.

Er promovierte über »Marx und die nationale Frage«, arbeitete zwischen 1973 und 1975 am Otto-Suhr-Institut, bevor er anschließend (von 1975 bis 1981) zusammen mit Wolfgang Pohrt als Dozent an der Pädagogischen Hochschule in Lüneburg lehrte (eine zeitlich befristete Anstellung, was sich im nachhinein als Glücksfall herausstellte), wo er u.a. Seminare über die Aktualität des

Faschismus und über Marx abhielt. Damals lernte er die kommunistische Jüdin, Partisanenkämpferin und KZ-Überlebende Hanna Lévy-Hass kennen und überredete sie, ihre Tagebücher »Vielleicht war das alles erst der Anfang« im Rotbuch Verlag (1979) zu veröffentlichen, denen ein langes Gespräch mit der Autorin beigefügt war.

1981 erschien das von ihm herausgegebene Buch »Im Scheunenviertel«, ein Bildband mit einem großen Essay, Fotos, zeitgenössischen Texten und Dokumenten über die während der Kriegs- und Revolutionswirren nach Berlin geflüchteten Ostjuden, ein Buch, das zahlreiche Auflagen erlebte. Weil die DDR in den 35 Jahren nach Kriegsende wenig getan hatte, um diese verrufene Gegend zu sanieren (was dem Westen innerhalb weniger Jahre dann vollständig gelang), verwiesen alte Schriftzüge an der Wand, Einschusslöcher und Elendsbehausungen noch rudimentär auf das jüdische Leben, das da einmal auf engstem Raum stattgefunden hatte.

Zu dieser Zeit lernte er Henryk Broder kennen, der sich schon seit den siebziger Jahren mit dem Antisemitismus in der Linken auseinandersetzte und mit linker Prominenz und Zeitschriften wie *Emma* und *Konkret* im Clinch lag, u.a. deshalb, weil Ingrid Strobl Israel das Existenzrecht absprach und Alice Schwarzer einer Redakteurin Kontaktverbot zum »militanten Juden« Broder erteilte. Immerhin ein Vorfall, der zur Planung einer kleinen Anthologie über das Verhältnis der Linken zum Antisemitismus führte, die dann allerdings nicht zustande kam.

Mit Broder verband Geisel eine enge Freundschaft. Gemeinsam suchten sie in den USA und Israel Überlebende des Jüdischen Kulturbunds auf, sammelten Dokumente und drehten den Film »Es waren wirklich Sternstunden«, der 1988 ausgestrahlt wurde. Geisel erstellte das Konzept für eine dann 1992 an der Akademie der Künste gezeigten großen Ausstellung mit einem umfangreichen Katalog (»Geschlossene Vorstellung«). Zudem erschien im gleichen Jahr ein Buch von ihm und Broder zu diesem Thema mit dem Titel »Premiere und Pogrom«.

Broder beteiligte sich da allerdings nur noch sporadisch an der historischen Forschung, denn mit der am 2. August 1990 beginnenden Annektierung Kuweits durch Saddam Hussein und der Intervention der USA und ihrer Verbündeten am 16. Januar 1991 begann in Deutschland eine heftig geführte Debatte, in die beide leidenschaftlich involviert waren. In der Textsammlung »Liebesgrüße aus Bagdad. Die ›edlen Seelen‹ der Friedensbewegung und der Krieg am Golf« spotteten sie über die wieder von den Toten auferstandenen Pazifisten, die weiße Laken als Zeichen der Kapitulation aus dem Fenster hängten, und polemisierten gegen Leute wie Rudolf Augstein, Alice Schwarzer und Christian Ströbele, die dem vom Irak durch Raketenbeschuss bedrohten Israel eine gewisse Mitschuld am Krieg gaben. Sie mieteten eine große elektronische Werbetafel an der Ecke Joachimsthalerstraße und Kurfürstendamm gegenüber vom Café Kranzler, auf der dann zu lesen war: »An die deutsche Friedensbewegung: Vielen Dank für die moralische Nachrüstung. Ihr Saddam Hussein.«

Danach setzte die Debatte um die Stasi ein, die für Broder allerdings eine andere Bedeutung hatte als für Geisel. Er sah in der kollabierten DDR nicht so sehr den mit dem Nationalsozialismus vergleichbaren Unrechtsstaat, sondern eine kommode und lächerliche Diktatur, mit der sich die Bevölkerung arrangiert hatte, bis die Verlockungen des Westens in Form von Beate Uhse und Bananen und weniger von Freiheit sie überlaufen ließen. In der öffentlichen Diskussion über die Stasi erkannte er das Bedürfnis der Deutschen, die nicht stattgefundene Auseinandersetzung mit der Vergangenheit nach 1945 nachzuholen, um sich ein gutes Gewissen zu machen. Die Outings von ehemaligen Stasimitarbeitern fand er nicht weniger erbärmlich als die »Schwerter-zu-Pflugscharen«-

Pazifisten, die sich als Fundamentalopposition stilisierten, lächerlich. Empörend fand er die Jagd auf Ausländer im Osten, die schließlich im Pogrom in Lichtenhagen kulminierte, und über die Rechtsradikalen, die es zusammen mit dem Mob phasenweise schafften, »national befreite Zonen« einzurichten, in die sich keine Bürger anderer Staaten mehr trauten. Als er 1992 zu einem Vortrag in die Vereinigten Staaten reiste, schrieb er mir: »Es wird höchste Zeit, dass ich abhaue, ehe alle Brüder und Schwestern aus der Zone kommen. Die Wiedervereinigung sehe ich mir gerne aus 6000 km Entfernung an.«

Der 1945 geborene Eike Geisel passte nicht in das Bild, das sich die Öffentlichkeit von den Achtundsechzigern machte, die zu Beginn der Neunziger angeblich überall in der Gesellschaft den Ton angaben. Eike Geisel hatte sich nicht auf den langen Marsch durch die Institutionen begeben, um eine Beamtenstelle mit Pensionsanspruch zu ergattern. Zwar hatte er gegen eine solche nichts einzuwenden, aber er besaß weder die Geduld noch die Zähigkeit, eine Karriere einzuschlagen, bei welcher der Erfolg durch Verbitterung erkauft wird. Dass es andere taten, warf er ihnen nicht vor, er mochte sich bloß nicht damit abfinden, dass mit der Karriere der ehemaligen Genossen in der Bundesrepublik der freiwillige Verzicht auf Kritik an ihr einherging. Aus erklärter Feindschaft gegen den Staat wurde die Sorge um sein Ansehen in der Welt, mit dem Effekt, dass die Umstürzler von einst sich zum Objekt ihrer Fixierung nunmehr wie Kosmetikberater verhielten. Sie traten den Beweis für die These an, dass das Einverständnis mit dieser Gesellschaft nur um den Preis der eigenen vorzeitigen Verblödung möglich ist.

Die Intellektuellen verhielten sich schon vor der Wiedervereinigung als ihrem nationalen Erweckungserlebnis so, als wollten sie beweisen, dass Adorno dreißig Jahre nach seinem Befund noch aktuell war: »Der Glaube an die Nation«, hatte Adorno 1960 geschrieben, »ist mehr als jedes andere pathische Vorurteil die Meinung als Verhängnis; die Hypostasis dessen, wozu man nun einmal gehört, wo man nun einmal steht, als des Guten und Überlegenen schlechthin. Er bläht die abscheuliche Notstandsweisheit, dass wir alle im gleichen Boot sitzen, zur moralischen Maxime auf. Gesundes Nationalgefühl vom pathischen Nationalismus zu scheiden, ist so ideologisch wie der Glaube an die normale Meinung gegenüber der pathogenen; unaufhaltsam ist die Dynamik des angeblich gesunden Nationalgefühls zum überwertigen, weil die Unwahrheit in der Identifikation der Person mit dem irrationalen Zusammenhang von Natur und Gesellschaft wurzelt, in dem die Person zufällig sich findet.«

Zwar ließ sich gegen die Rauner des Nationalen und der Wiedervereinigung mit Polemik wenig ausrichten, aber es bereitete Eike Geisel dennoch großes Vergnügen, die als »Identitätssuche« veredelte Anbiederei bloßzustellen, um zu demonstrieren, wie überaus eifrig die Intellektuellen ihren eigenen Bankrott bewerkstelligten. Vor allem, wenn ihre unheilbare Liebe für den Befreiungskampf des palästinensischen und irakischen Volkes entflammte und sie sich als Nationalisten und Antisemiten entpuppten, befanden sie sich in einer Tradition, die ihrer Überzeugung nach schon lange vorüber war, derzufolge die Vergangenheit verarbeitet sei und die Deutschen aufgeklärt und liberal wie nie. Die Deutschen aber zeigten sich »resistent gegen jede Aufklärung über die eigene Vergangenheit«.

In den achtziger Jahren fing dann das Geschäft mit der Erinnerung zu boomen an, eine »unspezifische Erinnerungswut« (Clemens Nachtmann) setzte ein, aber die hatte nur wenig mit Einsicht zu tun. »Verordnete Aufklärung«, schrieb Eike Geisel, »ist so unsinnig wie die komplementäre Bereitschaft, an ihr wie durch massenhafte Verabredung organisiert teilzuhaben. Dass die Deutschen mit der nämlichen Betriebsamkeit, die sie einst beim Vernichten und dann beim Vergessen an den Tag gelegt hatten, sich nun an die eigene Vergangenheit machten, diesem Umstand haftet etwas Groteskes an. Erst in der beflissenen Erfassung der Nazizeit kommt Horkheimers Verdikt, er kenne kein verhärteteres Kollektiv in der ganzen Welt, zu seiner vollen Wahrheit. Gemünzt auf die geschäftige Verdrängung der Verbrechen, erfährt jenes Urteil gerade durch die treibende Kraft der deutschen Rückschau eine paradoxe Bestätigung. Denn in der eifrigen Materialsammlung und der sie begleitenden gefühligen Anschauung wurde aus der Besinnung auf den Nationalsozialismus eine neue Besinnlichkeit und der Verstand wurde vom Verständnis abgelöst [...] Gerade die offenherzige Beschäftigung mit dem Nationalsozialismus ging reibungslos konform mit wachsendem Ausländerhass und parteiübergreifendem Patriotismus, wohingegen wahrhafte Auseinandersetzung mit der Vergangenheit einzig darin bestünde, den notorischen Zusammenhang zu kündigen.«

Mit dem Boom der Erinnerungskultur und den sich häufenden Jubiläen von Ereignissen, die Meilensteine auf dem Weg zur Vernichtung der Juden und mit deren Erforschung zahllose Wissenschaftler beschäftigt waren, wurde ein lukrativer Erwerbszweig hervorgerufen: das »Shoabusiness«. Eike Geisel stellte seine Beteiligung an diesem Geschäft, welcher man auch in aufklärender Absicht nicht entgeht, nie in Abrede, zeigte sich vielmehr amüsiert darüber. In einer Notiz vom 14. April 1988 schrieb er mir, ob ich nicht Lust hätte, etwas über Broder und ihn zu schreiben unter der Überschrift: »Die neue deutsch-jüdische Symbiose. Zwei Vernichtungsgewinnler.« Trotz dieses nicht sehr ernst gemeinten Vorschlags: Aus Deutschen wurden Experten, und die Experten meldeten eine Art Copyright auf die »Shoa« an – »Auschwitz bleibt deutsch« –, während andere Experten wiederum jedes kleinere Massaker schon mit der nationalsozialistischen Vernichtungspolitik gleichsetzten.

Eike Geisels Kritik am deutsch-jüdischen Verständigungskitsch einerseits, der auf Tagungen evangelischer Akademien zelebriert wurde, und andererseits an der weitverbreiteten Auffassung, dass Auschwitz eigentlich eine »Besserungsanstalt« gewesen sei, aus der die Juden geläutert hätten hervorgehen müssen, was leider nicht der Fall war, weshalb die Deutschen glaubten, die Juden ihrer besonderen Fürsorge unterziehen zu müssen, Eike Geisels Kritik an diesen Haltungen hatte einen Ausgangspunkt. Und dieser bestand in seinem immerwährenden Umkreisen und Hinweisen auf das, was die Nazis den Juden angetan hatten, die durch die willkürliche Entrechtung und Erniedrigung in einen Zustand gebracht wurden, in dem sie bereits verwaltungstechnisch ausgelöscht waren, bevor sie dann in den Lagern auch physisch aus dem Leben geschafft wurden.

»Die vollendete Sinnlosigkeit« der Lager schließlich, wie Eike Geisel einmal eine Studie Hannah Arendts über die deutschen Konzentrationslager übersetzte, war eine weitere Besonderheit, die für Eike Geisel Voraussetzung war, um das nationalsozialistische System zu begreifen, die Überzeugung der Nazis, »es sei wichtiger, die Vernichtungsfabriken in Betrieb zu halten als den Krieg zu gewinnen« (Hannah Arendt). Dass dafür bis auf Ausnahmen keine Menschen vonnöten waren mit einem besonders ausgeprägtem Hang zum Sadismus, damit setzte er sich in seinem Film über Eichmann mit dem Titel »Erbschaft eines Angestellten« von 1990 auseinander, der sich in typisch deutscher Tradition auf den Befehlsnotstand berief, der ihn unter anderen Vorzeichen und in der Nachkriegszeit auch zu einem ausgezeichneten und leidenschaftlichen »Judenpfleger« gemacht hätte, wenn es von ihm verlangt worden wäre. Unabhängig davon, dass es sich bei Eichmanns Prozessaussagen um Schutzbehauptungen handelte und er in Wirklichkeit ein überzeugter, ja fanatischer Antisemit war, hätte er unter bundesrepublikanischen Bedingungen eine gegenteilige Bestimmung gefunden, und diese charakterliche Eigenschaft war es, die Eike Geisel in der deutschen Geschichte nachwirken sah.

Für die Vernichtung der Juden waren also lediglich eine funktionierende Bürokratie und ganz normale Menschen aus ganz normalen Familien nötig, die vielleicht die Auswüchse nicht gut hießen, aber dennoch bereit waren, ihren Teil an der Vernichtung der Juden beizutragen, und das war ebenfalls eine wesentliche Prämisse, die das Denken Eike Geisels prägte und die wichtig war in der Auseinandersetzung mit der deutschen Vergangenheit, wie sie in Politik und Gesellschaft bis in die heutige Zeit hinein geführt wird und die Eike Geisel in der Regel als Versuch wertete, die Opfer mit haftbar zu machen für das, was ihnen angetan wurde. Insofern stand er jedem Versuch der Versöhnung skeptisch gegenüber, denn es war »etwas passiert, womit wir alle nicht mehr fertig werden«, wie Hannah Arendt einmal gesagt hat, etwas, das »nicht hätte geschehen dürfen«, weil sich ein Abgrund geöffnet hatte, der sich der Logik des Denkens entzog.

Trotz Bezugnahme auf das tagespolitische Geschehen wirken Eike Geisels immer auch als Invektiven ebenso wie als Interventionen gemeinten Artikel nie antiquiert. Davor bewahrt sie der sarkastische, manchmal auch ironische Ton, der schon Hannah Arendt in der Eichmann-Debatte vorgeworfen wurde. Ein Ton, der jedenfalls nie weihevoll, selbstgefällig oder bemüht wirkte. Ein Ton, der dazu führte, dass sich Rezensenten seiner Bücher nie besonders wohl fühlten. Empfindet ein Journalist im *Neuen Deutschland* die »Bösartigkeit des Autors« noch als »wohltuend«, fragt er sich vier Zeilen später, »wie weit Kritik an der israelischen Politik gehen darf, ohne dass er [Eike Geisel] sie als antisemitisch bewertet?« In diesem Punkt war die Presse sehr sensibel. Selbstverständlich war niemand in der aufgeklärten Linken antisemitisch, und wenn dennoch der Vorwurf erhoben wurde, konnte man sicher sein, dass man folgende Begründung zu hören bekam, derzufolge man gar kein Antisemit sein könne: »Einige meiner besten Freunde sind Juden«. Eike Geisel machte sich über dieses jeglicher Logik entbehrende Argument gerne mit dem Bonmot lustig: »Some of my best friends are German«.

Ausgewogene Artikel zu schreiben oder betuliche Vorträge zu halten, wäre Eike Geisel sinnlos erschienen, denn er wollte nicht das Für und Wider abwägen, sondern Reaktionen provozieren in dem Wissen, dass sich im Streit nachhaltiger Erkenntnisse gewinnen lassen und Differenzen klarer werden als in lauer Zustimmung. Seinen Aufsätzen wurde in der Regel »Kälte« und eine »bemerkenswerte Herzlosigkeit« attestiert. Die gleichen Vorwürfe hatte man auch Hannah Arendt gemacht.

Als er am 20. Februar 1991 von der Aktion Sühnezeichen/Friedensdienste Hamburg, dem Deutsch-Israelischen Arbeitskreis, der GAL, der Solidarischen Kirche und *Konkret* eingeladen wurde, an einer Diskussion zum Verhältnis der deutschen Friedensbewegung und Israel teilzunehmen, rief sein »unausgewogener, unfairer Beitrag« (wie er ihn selbst ankündigte) erhebliche Unruhe hervor. Eike Geisel sagte, dass Saddam Hussein zumindest in Deutschland »ein Kriegsziel bereits erreicht hatte. Der Karneval war ausgefallen, und ersatzweise bevölkerten lauter gutgesinnte Menschen die Straßen«. Er wurde als »Kaffeehaus-Zionist« beschimpft, ein Vorwurf, den er mit »Du hast leider nicht die Möglichkeit, den damit verbundenen Gedanken in die Tat umzusetzen. Das ist vorbei« konterte.

Als *Konkret* in der Ausgabe 8/93 einen umstrittenen Vortrag von Christoph Türcke, den dieser auf dem *Kon-*

kret-Kongress am 12. Juni gehalten hatte, veröffentlichte, um, wie *Konkret* schrieb, »eine Versachlichung der andauernden Debatte zu ermöglichen«, da kommentierte Wolfgang Pohrt: »Mir ist der Unterschied zwischen Bewohnern verschiedener Erdteile herzlich egal. Wichtig ist mir, mich von einem wie Türcke zu unterscheiden. So wie der mag ich nicht sein. Und wenn er in *konkret* publiziert, tue ich es nicht.«

Und auch Eike Geisel, der gerade wieder aus den USA zurückkam, kündigte seine Mitarbeit bei *Konkret* auf: »Irgendwo bei Adorno steht, dass ein Grenzübertritt nach Deutschland so etwas wie der Wiedereintritt in die Barbarei sei. Daß mich neulich bei der Rückkehr aus dem Ausland ein derartiges Gefühl beschlich, lag nicht daran, daß neue Nazis gerade eine Parade in Hessen abhielten, sondern daran, dass alte Linke publizistisch nach Fulda hinübergrüßten mit der Frage: ›Gibt es ein biologisches Substrat, das es gestattet, Menschenrassen in nichtdiskriminierender Absicht zu unterscheiden?‹ [Christoph Türcke] Noch vor Jahresfrist wollte man den Rechten nicht die Nation überlassen; jetzt ist man bei dem Wettstreit folgerichtig bei der Rasse angelangt. Der Skandal ist nicht Türckes Text, der in die ›Junge Freiheit‹ oder in den ›Spiegel‹ gehört; skandalös ist der Gestus, mit dem ›konkret‹ ihn als ›Türcke-Kontroverse‹ abdruckt. Skandalös vor allem aber ist Gremlizas Kommentar, der sich zu Türckes Melange aus Adorno und Gobineau, einer nun wirklich postmodernen Zuchtwahl, verhält wie der Sozialarbeiter zu den rassistischen Brandstiftern: wenig Verstand, viel Verständnis. Bei dieser Suche nach einer neuen Nürnberger Gesetzlichkeit möchte ich nicht mehr zu den Autoren von ›konkret‹ zählen.« Erst über ein Jahr später erschien wieder ein Artikel von Geisel in *Konkret*.

Die Redakteure, die er belieferte, waren von der »begnadeten Niedertracht seines gewitzten Stils« beeindruckt. Nur drucken wollte man sie in der bürgerlichen, aber auch linken Presse wie der *taz* in der Regel dann doch lieber nicht. Die bürgerlichen Medien wollten sich keinen Ärger einhandeln, Redakteure der *taz* bekamen »Bauchschmerzen« von seinen Artikeln. In Israel hingegen, wo einige Arbeiten Eike Geisels in der Tageszeitung *Haaretz* veröffentlicht wurden, gab es damals zwar nicht unbedingt eine bessere öffentliche Meinung, aber die Angst vor ihr und möglichen Abokündigungen hatte noch nicht dazu geführt, dass man sich ihr unterwarf und ihre Ressentiments teilte, indem man Verständnis für diese aufbrachte.

Trotz dieser unerfreulichen Auseinandersetzungen mit Redakteuren, die oft mühseliger waren, als die Artikel zu schreiben, landete Eike Geisel mit einem seiner letzten Texte einen Coup, der im Leben eines freien Autors nicht sehr häufig vorkommt. Eike Geisel hatte das Buch »Auge um Auge. Opfer des Holocaust als Täter« von John Sack, eine Übersetzung aus dem Amerikanischen, in der *Frankfurter Rundschau* (die *taz* hatte den Artikel abgelehnt) als »Antisemitische Rohkost« vorgestellt. In der Februarausgabe von *Konkret* erschien zur gleichen Zeit unter dem Titel »Die Protokolle der Rächer von Zion oder die neuen ›Opfer der Opfer‹« eine ausführliche Fassung.

Noch bevor das Buch ausgeliefert wurde, zog der Piper Verlag es am 9. Februar 1995 zurück. Dieser nunmehr publik gemachte Skandal wurde sogar in der *New York Times* und der *Herald Tribune* registriert. In der folgenden ausgedehnten Kontroverse waren die meisten Journalisten trotz der primitiven antisemitischen Töne John Sacks dem Überbringer der schlechten Nachricht nicht sehr freundlich gesonnen, weil viele von ihnen der dünnen These von der Angleichung der Opfer des Nationalsozialismus an die Täter eine gewisse Plausibilität abgewinnen konnten.

Tagesspiegel, *Welt*, *taz*, *Spiegel*, *Süddeutsche Zeitung*, ja sogar die *Zeit*, die den »Opfern der Opfer« nicht nur ein ganzes Dossier widmete, sondern auch einen Leserbrief John Sacks im redaktionellen Teil veröffentlichte, waren sich einig, dass ein tapferer und wegen seiner jüdischen Herkunft unverdächtiger Autor zwar etwas naiv, aber durchaus verdienstvoll das »Tabuthema Vertreibung« behandelt habe, dem man sich, wie es in der *taz* hieß, »unverkrampft« nähern wollte. Zu diesem Thema nämlich könne man sich »entweder überhaupt nicht, oder wenn, dann (nur) unter permanenter Hinzufügung, daß die Vertreibung letztendlich eine Folge des von Deutschen begangenen Weltkrieges, von Auschwitz und den deutschen Verbrechen sei« (*taz*), äußern. Der Mühe der »permanenten Hinzufügung« wollte man sich nicht mehr unterziehen, man wollte reden dürfen wie ein Vertriebenenfunktionär, und insofern hat Eike Geisel diesen Journalisten zu ihrem coming out verholfen.

Auf ein nicht mehr realisiertes Projekt verweist der Artikel »Das Ende der Schonzeit« über jüdische Rächer nach 1945, eine Art Exposé für ein Buch, das bei Rowohlt Berlin erscheinen sollte. Die *Frankfurter Allgemeine Zeitung* hatte zunächst Interesse an einem Vorabdruck gezeigt, dann aber doch lieber Abstand davon genommen. Ein anderes Vorhaben, das nicht mehr mit Hilfe des Autors zustande kam, war ein dritter Band seiner Aufsätze, der dann 1998 unter dem Titel »Der Triumph des guten Willens« als seine nachgelassenen Schriften veröffentlicht wurde.

Dieser dritte Essay-Band war nur einer der zahlreichen Pläne, die Eike Geisel immer gerne schmiedete und von denen er mit einer Begeisterung erzählte, die äußerst ansteckend war. Zuletzt bemühte er sich um einen Lehrauftrag in den Vereinigten Staaten, den er zum einen mit Archivforschungen für sein Buchprojekt über die jüdischen Rächer nutzen wollte, zum anderen hoffte er, mit der Ortsveränderung etwas Abstand von den immer unerträglicher und zäher werdenden Debatten in Deutschland zu gewinnen. Aber daraus wurde nichts mehr.

Es ist etwas einfach, darauf hinzuweisen, dass seinen Artikel heute aufgrund des weltweit grassierenden Antisemitismus und der Toten in Paris wieder große Aktualität zukommt, aber es ist nicht zu leugnen, dass es tatsächlich so ist, auch wenn sich die gesellschaftlichen Verhältnisse seit 1995 erheblich verändert haben. Aber gerade in einer Zeit, in der selbst das Zentrum für Antisemitismusforschung in Berlin im Nahostkonflikt einen nachvollziehbaren Grund für die »generalisierte Feindschaft gegenüber Jüdinnen und Juden« erkennt, wäre es spannend gewesen zu erfahren, wie Eike Geisel dagegen angeschrieben hätte, denn mit Sicherheit hätte ihm die Krankheit dieser Zeit keine Ruhe gelassen.

Im Sommer 1995 fiel Eike Geisel in ein Koma, aus dem er nicht wieder erwachte. Er starb am 6. August 1997. Am 1. Juni 2015 wäre er 70 Jahre alt geworden. Er liegt auf dem Friedhof Stubenrauchstraße in Berlin-Friedenau in unmittelbarer Nähe von Marlene Dietrich, die er bewunderte und die bis über ihren Tod hinaus in Deutschland als Verräterin galt. Ich glaube, das hätte ihm gefallen.

Eike Geisel, 1984. Foto: Wolfgang Pohrt

Runder Tisch mit Eichmann

Über den kleinen Unterschied zwischen dem »anderen Deutschland« und der zivilisierten Welt

1984 wurde Joshua Sobols »Ghetto« in Deutschland zum ersten Mal aufgeführt. Seitdem wissen zumindest das deutsche Theaterpublikum oder die Leser des *Spiegel*, daß eine »Art Wahlverwandschaft zwischen Opfer und Henker« existiert hat. Erst 1994 wurde dieser Gedanke zu Ende gedacht. Erst in diesem Jahr wurde die logische Entsprechung zum moralisch zweifelhaften Opfer gefunden: der moralisch zweifelsfreie Täter. Und die Entdekkung des Jahres ist deshalb der »gute Nazi«. Vorher war diese Formel als Verdikt in Gebrauch. Bezeichnet wurde damit das besonders rührige Mitglied einer kriminellen Vereinigung. Seit Oskar Schindler – außen Nazi, innen gut – weiß man es besser. Und dieser Einzelfall hat Appetit auf mehr gemacht. Nach dem Deutschen, der gut sein konnte, weil er besser verdiente, sollten nun aus besonderem Anlaß jene Deutschen gefeiert werden, die ein weiches Herz hatten, das unter einem Eisernen Kreuz schlug. Man steckte Schindler in eine Uniform und ließ ihn in Kompaniestärke zum 50. Jahrestag der Offiziersrevolte gegen Hitler als Repräsentanten des »anderen Deutschland« antreten.

Am 20. Juli 1994 wurde in Berlin an historischer Stätte ein ganz besonderer Staatsakt zelebriert. Der Bundeskanzler, immer auf symbolische Gesten erpicht, ob auf den Schlachtfeldern von Verdun oder auf dem Soldatenfriedhof in Bitburg, hatte sich für die historische Feierstunde eine besonders reizvolle Zeremonie ausgedacht. Auf dem Hof des Gebäudes, wo vor 50 Jahren ein Füsilierkommando unter dem Befehl »Legt an!« einige der Verschwörer noch am Abend des mißglückten Attentats auf Hitler erschoß, brachte das Wachbatallion der Bundeswehr bei der Gedenkfeier die Gewehre in Anschlag: »Präsentiert das Gewehr«. Ein uniformierter Musikzug blies einen preußischen Armeemarsch dazu.

Mit den jährlichen offiziellen Feiern zum 20. Juli war man bislang nicht besonders erfolgreich gewesen. Die Anteilnahme am Schicksal der militärischen Verschwörer war so gering wie die Kenntnis antifaschistischer Widerstandsaktionen von Kommunisten oder Sozialdemokraten mangelhaft war. Generationen von Schülern der Bundesrepublik gähnten an diesem Tag, wenn ihre Geschichtslehrer den Versuch unternahmen, ihnen die Generäle und Offiziere des 20. Juli pädagogisch schmackhaft zu machen. Man sollte sie schätzen lernen als eine Art Rote-Kreuz-Truppe, als Vorläufer eines Kirchentagspräsidiums oder als frühe Kinkel-Initiative, weil es – wie dem Außenminister heute, wenn Türken in Deutschland angezündet werden – den Verschwörern schon damals hauptsächlich um das Ansehen des Staates im Ausland gegangen war. In einem für die Nazi-Wehrmacht gedachten Aufruf der Verschwörer hieß es 1944: »Wir müssen handeln, weil – und das wiegt am schwersten – in Eurem Rücken Verbrechen begangen wurden, die den Ehrenschild des deutschen Volkes beflecken und seinen in der Welt erworbenen guten Ruf besudeln.« Doch daß die Naziarmee keine Verbrecherbande, sondern ein Verein zur Veranstaltung von Abenteuerreisen gewesen war, das glaubte allenfalls noch die Bundeswehr. Selbst ein CDU-Minister gelangte trotz der jährlichen patriotischen Pflichtübung einmal zu der kurzlebigen Einsicht, daß Auschwitz nur solange funktionierte, wie die Wehrmacht dafür die logistischen Hilfsdienste leistete.

Die Schüler begriffen nur, daß Aufstand in Deutschland eine ziemlich verschlafene Angelegenheit sein mußte, wenn die endlosen Debatten und Denkschriften der Verschwörer ein »Aufstand des Gewissens« sein sollten. An diesem besonderen Tag wurde man als Jugendlicher regelmäßig mit Gewissenskonflikten von Leuten gelangweilt, die sich endlos damit abgequält hatten, ob sie Hochverrat üben, ihren Eid brechen oder Tyrannenmord begehen dürften. Sie hätten alle umstandslos geputscht, wenn der Führer es ihnen befohlen hätte. Aber leider lag kein Befehl dazu vor. Andererseits hatten sie keine sichtbaren Probleme damit gehabt, halb Europa in Schutt und Asche zu legen und Millionen von Menschen umbringen zu lassen. Sie hatten ein reines Gewissen, weil sie es nie benutzt hatten. Daß ausgewiesene Zerstörungs- und Vernichtungsexperten in genau dem Augenblick, als die Firma pleite ging und sie den Chef loswerden wollten, sich als absolute Dilettanten erwiesen, das konnte keinen nachhaltigen Eindruck bei jungen Leuten hinterlassen, die im Unterricht etwas über Julius Caesar, Ludwig XVI. oder den Zaren erfahren hatten. Sie mußten zu der Auffassung gelangen, daß die dramatische Hauptperson des Putschversuchs das Telefon war, denn die Protagonisten der Verschwörung kämpften hauptsächlich mit der Telefonanlage auf ihrer Büroetage im Oberkommando des Heeres. Ein Stockwerk tiefer war das Dritte Reich ungefährdet.

Mit vielen anderen, die die Erinnerung an den 20. Juli für einen nationalpädagogischen Auftrag halten, bedauert die Mitherausgeberin der Wochenzeitung *Die Zeit*, Gräfin Dönhoff, seit Jahren, »daß der 20. Juli 1944, der als moralisch-politische Tat weit herausragt aus der deutschen Geschichte, nie wirklich in das Bewußtsein eingegangen ist.« Mehr noch als heimische Gleichgültigkeit macht sie, die mit einigen der Verschwörer befreundet war und sich als Wahrerin des geistigen Erbes der Widerständler versteht, die westlichen Alliierten für das Desinteresse der Deutschen verantwortlich. Sie hat Engländern und Amerikanern bis heute nicht verziehen, daß diese die Militärs damals nicht als gleichberechtigtes Gegenüber, sondern als politische Bankrotteure betrachteten, weil die Offiziere von einem Großdeutschland, also vom Anschluß Österreichs und des Sudetenlands oder gar von der Rückgabe der Kolonien, träumten. »Im Ausland aber wurde die Existenz eines deutschen Widerstands von den Alliierten wider besseres Wissen geleugnet«, heißt es in ihrem Jubiläumsbuch »Um der Ehre willen«. Für ganz besonders ehrverletzend hält sie eine Erklärung Churchills, der im Sommer 1944 im Unterhaus gesagt hatte, bei den Vorgängen des 20. Juli 1944 handle es sich »um Ausrottungskämpfe unter den Würdenträgern des Dritten Reiches«. Mit Sicherheit irrte der britische Premier nicht darin, daß er von den Würdenträgern Deutschlands sprach. Am meisten freilich nimmt sie den Engländern noch heute übel, was schon die Verschwörergruppe 1944 mehr umgetrieben hatte als der organisierte Massenmord: »Vermutlich wollte Churchill nicht nur Hitler erledigen, sondern ein für allemal die Macht der Deutschen brechen.« Gräfin Dönhoff wird Trost bei dem Gedanken finden, daß wie zur Rache für jene vernünftige Absicht die Ehre der Verschwörer nun wiederhergestellt ist, indem deren Vorstellung von einem vereinten Europa unter deutscher Vorherrschaft endlich verwirklicht scheint.

Seit der Wiedervereinigung und seit insbesondere auch die ehemaligen Friedensfreunde heftig nach dem ersten Großeinsatz der Armee rufen, ist das Bedürfnis gewachsen, auch an dieser Front die Geschichte zu entsorgen. Jetzt kommen wieder die psychologischen Ladenhüter des deutschen Landsers zu Ehren, der sich, je weniger er es selbst glaubte, desto heftiger immer einreden mußte, daß er anständig geblieben sei. »Das ist die einzige Lebensform, in der man noch mit einigem Anstand existieren kann«, kolportiert zustimmend Gräfin Dönhoff die Auskunft des Mitverschwörers Schulenburg, der, ehe er 1941 mit einigem Anstand seinem Kriegstagebuch anvertraute, der Überfall auf die Sowjetunion sei ein »Auftrag des Schicksals«, 1932 in die NSDAP eingetreten war.

Auch die Rechtsradikalen wollen bei dieser Generalüberholung nicht abseits stehen. Galten ihnen bislang die Verschwörer, die den Mut für das Attentat aufbrachten und mit dem Leben dafür bezahlten, alle samt und sonders als Verräter, so verleihen sie ihnen nun, im Einklang mit dem Bedürfnis nach einer gereinigten Nationalerinnerung posthum den Ehrentitel von »Reformnationalsozialisten«. Wolfgang Venohr, ehemals Chefredakteur des Fernsehkanals *Stern TV*, auf seine alten Tage vom jungen Hitler begeistert, erklärte angelegentlich seiner Rehabilitierungsschrift »Patrioten gegen Hitler«, warum der Widerstand eigentlich eine Notwehrmaßnahme war, mit welcher der Nationalsozialismus gerettet werden sollte. Über die in seinen Augen ehrenvollen Motive der Verschwörer, die nur Hitler vor Hitler schützen wollten, sagte Venohr: »Hitler hatte in ihren Augen sein eigenes Credo verraten, als er vom Nationalisten zum Imperialisten denaturierte. Die Grundidee des nationalen Sozialismus bekämpften die jungen Aktivisten des Widerstands mitnichten. [...] Man könnte sagen: Sie erstrebten einen nationalen deutschen Sozialismus mit menschlichem Antlitz.«

Wie auch immer begründet, würde die Publizistin Gräfin Dönhoff dagegen einwenden, »entscheidend war nur, ob der Betreffende für oder gegen Adolf Hitler war. Ob er dies als Monarchist, Sozialist oder aufgeklärter Konservativer war, das interessierte niemanden, jedenfalls nicht in der frühen Phase.« In der etwas späteren Phase wird man aber vielleicht nachfragen müssen, ob in diesem pluralistischen Panorama nicht eine Farbe fehlt.

Wenn schon alle in einen Topf geworfen werden, dann sollte man den Antisemitismus als würzende Zutat nicht vergessen. Er hat dem Verschwörerkreis nämlich genau jenes Aroma verliehen, das Hannah Arendt 1963 in einem Brief an den Philosophen Karl Jaspers folgendermaßen beschrieben hat: »Was ich meine, ist, daß jeder, der politisch auftrat, auch wenn er dagegen war, auch wenn er im geheimen ein Attentat vorbereitete, in Wort und Tat von der Seuche angesteckt war. In diesem Sinn war die Demoralisation komplett.«

Die Verschwörer des 20. Juli dürfen Reaktionäre oder Reformer, Nazis, Parafaschisten oder Christen gewesen sein, aber von ihrem antijüdischen Einverständnis soll nicht die Rede sein. Selbst der renommierte Historiker Hans Mommsen widersteht in seinem immer wieder aufgelegten und überarbeiteten Essay über »Gesellschaftsbild und Verfassungspläne des deutschen Widerstands« erfolgreich der Versuchung, auch nur andeutungsweise diesen politischen Charakterzug der ganzen Verschwörung zu erwähnen. Einzig die akademische Garde, die der – einst jüdische – Ullstein-Verlag jüngst mit der Rettung der Nation durch den Sammelband »Für Deutschland« beauftragt hat, zeigt keine Scheu, die antisemitische Grundausstattung vieler Akteure des 20. Juli offenzulegen: »Dem Gedanken, die Juden aus ihrer teilweise beherrschenden Stellung im Zeitungs- und Theaterwesen zurückzudrängen, stimmten die Stauffenbergs zu.« Gelegentlich aber sind die Autoren selber ratlos angesichts der Weiterungen derartiger Kavaliersdelikte und »müssen zugeben, daß wir es nicht wissen«, warum General Carl-Heinrich von Stülpnagel ein Schreiben des Oberkommandos in Rußland unterzeichnete, in welchem ein »vermehrter Kampf gegen das Judentum« gefordert wurde, oder daß er verlangte »bei Notwendigkeit raschen Zugriffs besonders [auf] die jüdischen Komsomolzen als Träger der Sabotage und Bandenbildung« zurückzugreifen.

Derlei darf das offizielle Gedenken nicht belasten, denn die Offiziere des 20. Juli sollen ein moralisches Bindeglied der neuen Großmacht zu ihrer eigenen Vergangenheit sein. Traditionsbewußt, allerdings etwas vorlaut, hat sich dabei das Wachbataillon der Bundeswehr neulich hervorgetan, als einige seiner Angehörigen zur Ausführung eines in ihrem Inneren schlummernden Tagesbefehls schritten und »Juden raus«! grölten. Zur Strafe dürfen diese Leute, die sonst bei Empfängen für ausländische Staatsoberhäupter strammstehen, nun ins Kino und »Schindlers Liste« ansehen.

Bei der Gedenkfeier zur 50jährigen Wiederkehr des Attentats könnten sie durchaus unter dieser Parole antreten, denn das »andere Deutschland«, das hier gefeiert werden soll, war, wie Hannah Arendt einmal schrieb, »noch durch einen Abgrund von der zivilisierten Welt getrennt«. Der traditionsstiftende Begriff vom »anderen Deutschland« gehört zu den zählebigsten Gründungsmythen der Bundesrepublik. Wie aus einem Jungbrunnen entstieg mit dieser contradictio in adjecto, kaum war es mit der kriminellen Volksgemeinschaft vorbei, ein runderneuertes Kollektiv, das ganz anders, vor allen Dingen anders deutsch, nämlich anständig gewesen war. Abgesehen vom völkischen Denkmuster, das mit dem Begriff vom »anderen Deutschland« tradiert wird; abgesehen von der Berufung auf die Anständigkeit, einen Charakterzug, auf den gerade die Nazis ihre Schlächter immer eingeschworen haben; abgesehen von der Tatsache, daß es Widerstandsaktionen von einzelnen Personen und isolierten Gruppen, nicht aber eine anderen Ländern vergleichbare Widerstandsbewegung gegeben hat; abgesehen von all diesen Momenten wird bei der Berufung auf das »andere Deutschland« dessen größte Schande sanktioniert: die im besten Fall absolute Gleichgültigkeit gegenüber dem Schicksal der Juden.

Gleichgültigkeit in dieser Frage brauchen sich freilich

die Verschwörer des 20. Juli bestimmt nicht vorwerfen zu lassen. Die Akteure hätten sich mit Eichmann durchaus an einem Runden Tisch zur Judenfrage zusammensetzen können, denn auch sie wollten eine Lösung der Judenfrage, eine »Dauerlösung«. Bei diesem Treffen hätten sie Eichmann dann versichert, sie »hätten die Rassengrundsätze des Nationalsozialismus an sich bejaht, hätten sie aber für überspitzt und übersteigert gehalten« (so ein Bruder des Attentäters beim Verhör durch die Gestapo). Diese Einschränkung allerdings hätte Eichmann weniger interessiert als die Durchführungsbestimmungen, die von der präsumtiven Regierung vorgesehen waren. Denn hier hätte er sich wieder auf vertrautem Terrain befunden. »Ich komme immer noch in die alte Tour«, wird er später in Jerusalem sagen, wo ihm vorgehalten wurde, er rede immer noch wie ein waschechter Nazi. Aber genau diese »alte Tour« war von den Verschwörern gefragt. Vertraut gewesen wäre Eichmann nicht nur der Ton der Gruppe (»Daß das jüdische Volk einer anderen Rasse angehört, ist eine Binsen-Weisheit.«), sondern auch deren Vorstellung, die Juden in Kanada oder in Südamerika anzusiedeln. Das war nichts anderes als eine Reprise des »Madagaskar-Projekts«, mit dem sich Eichmann 1940 beschäftigt hatte, als er mit der Austreibung der Juden aus Deutschland und Österreich nicht mehr so richtig vorankam. Eichmann jagte, wie er später nicht ohne Stolz bekannte, die Juden aus Sympathie für den Zionismus aus dem Deutschen Reich. Von ähnlicher Zuneigung war die Absicht der Verschwörer durchdrungen, für den Fall, der Putsch gelänge, die Juden nach Übersee zu verfrachten, denn die Welt käme nicht eher zur Ruhe, so ihre Auffassung, bis nicht eine globale »Neuordnung der Stellung der Juden« erreicht sei. Als alte Bekannte hätte Eichmann auch die juristischen Maßnahmen zur Ausgrenzung von Juden im Innern begrüßen können. Eingedenk der von vielen Verschwörern geteilten Auffassung, daß – so ein

Stauffenberg–Bruder im Verhör – »die Grundideen des Nationalsozialismus [...] in der Durchführung fast alle in ihr Gegenteil verkehrt worden« sind, besann man sich auf eine nationalsozialistische Grundidee: auf einen Passus des sogenannten 25-Punkte-Programms der frühen NSDAP, in dem einigen »Verdienstjuden«, wie sie später hießen, die Möglichkeit eingeräumt wurde, deutsche Staatsangehörige zu werden. Carl Goerdeler, dessen Handschrift alle diese 1941 formulierten und noch in der Todeszelle bekräftigten Verwaltungsbestimmungen tragen, brauchte nur bei sich selbst abzuschreiben: im Sommer 1934, damals noch Oberbürgermeister von Leipzig, hatte er sich in einer Denkschrift an Hitler für eine »Konsolidierung der deutschen Rassepolitik« eingesetzt. Er forderte Hitler auf, »eine echte Volksgemeinschaft herzustellen«, und hoffte, worauf auch die Naziführung spekulierte, nämlich auf das internationale Einverständnis der Antisemiten: eine gesetzliche Regelung der Judenfrage werde im Ausland »als Selbstschutz kaum beanstandet werden.« Diese Regelung, so riet er Hitler, müsse sich, »unter eiserner Disziplin und unter Vermeidung von Ausartungen und Kleinlichkeiten vollziehen.« Um Schlimmes, nämlich die unkontrollierten Übergriffe der SA, zu verhindern, hatte er damals für Schlimmeres plädiert: ein Sonderrecht für Juden, das die Nazis dann auch zügig verwirklichten. Diese einfühlsame Voraussicht auf die bürokratisch-legalistischen Bedürfnisse der Nazis ist kürzlich als »Versuch der Durchsetzung einer alternativen Politik« in den Titel einer wissenschaftlichen Untersuchung in Deutschland eingegangen.

Eichmann hätte den Verschwörern, die er natürlich alle für Lumpen hielt, aus eigener Erfahrung bestätigen können. Was die Gestapo im Verhörprotokoll mit Geringschätzung vermerkt hatte, nämlich daß sie in ihrer »Einstellung zur Rassenfrage [...] auch nicht über einen einzigen neuen fruchtbaren und konstruktiven Gedanken verfügten.« Neu war keiner der Gedanken, die der als Reichskanzler vorgesehene Goerdeler in einer Denkschrift (»Das Ziel«, 1942) für die Verschwörergruppe formuliert hatte. Neu und nun wirklich originell war freilich, daß die Verschwörer sich Maßnahmen zur Sonderbehandlung von Juden ausdachten, die schon sonderbehandelt, nämlich ermordet waren.

Nicht also die Tatsache ist der Skandal, daß der Sohn des Attentäters Stauffenberg damit drohte, die offizielle Gedenkstätte in Berlin wie den Staatsakt zu boykottieren, wenn dort, wie ihm Rechtsradikale soufflieren, die »Patrioten des 20. Juli mit Landesverrätern moralisch auf eine Stufe gestellt (werden)«, soll heißen, wenn dort auch antifaschistischer Widerstandskämpfer gedacht werden sollte. Er hat mit seinem Protest völlig recht. Denn die Kommunisten hätten, wäre der unwahrscheinliche Fall einer Revolution gegen die Nazis eingetreten, seinen Vater wie alle anderen Militärs zum Teufel gejagt – im besten Fall. Selbst Sozialdemokraten fanden damals noch angemessene Worte, die ihnen kurze Zeit später recht peinlich waren. In der New Yorker Emigrantenzeitung *Aufbau* schrieb Friedrich Stampfer wenige Wochen nach dem mißglückten Attentat: »Nicht nur die Revolution, auch die Konterrevolution frißt ihre eigenen Kinder. Es ist immerhin ein Fortschritt, daß die Galgen schon stehen. Man wird sie noch brauchen.« Man brauchte sie bekanntlich nicht. In Deutschland war es nicht einmal nötig, »die wirklich Schuldigen vor dem Zorn der Leute zu schützen«, wie Hannah Arendt 1950 in einem Bericht über die Nachwirkungen der Naziherrschaft notierte. »Diesen Zorn gibt es nämlich heute gar nicht, und offensichtlich war er auch nie vorhanden.« Zu dieser Zeit hatten die Sozialdemokraten das Wirtschaftswunder noch vor, ein anderes Wunder aber bereits hinter sich, nämlich »das eine große Wunder, daß nach zwölf Jahren Diktatur noch so viele Menschen anständig geblieben sind«. Diese

Zauberformel von 1946 stammt von Kurt Schumacher, dem ersten Nachkriegs-Vorsitzenden der Sozialdemokratischen Partei.

Der Skandal in Deutschland heute besteht eher darin, daß niemand – keine jüdischen Gruppierungen, nicht die Reste der antifaschistischen Linken – auf dem Riß beharrt, der irreparabel durch die Geschichte geht. Auch die Gegner und Opfer von einst wollen heim ins Reich, wenigstens heim ins Reich der Erinnerung.

1994

No Business like Shoahbusiness

Hätten sie damals zu ihren Eltern gehalten, dann wären sie vielleicht heute auch irgendwo oben und nicht nur dazwischen. Mit großer Verspätung haben die Linken begriffen, daß die einzig erfolgreiche kriminelle Organisation die Familienbande ist. Die erfolgreiche Mutation der revolutionären Zellen zu Keimzellen des Staates faßte der SPD-Funktionär Glotz einmal in einem vernichtenden Lob zusammen, er sprach von der »zur Standhaftigkeit geläuterten Protestgeneration von 1968«. Trotz dieses Persilscheins benötigte der sozialdemokratische Parteivorstand noch fast zwei Jahre, um die selbstverschuldete Harmlosigkeit der ehemaligen Aufrührer zu honorieren.

Im Frühjahr 1988 traf die SPD mit der Aufhebung des »Unvereinbarkeitsbeschlusses« eine jener richtungsweisenden Entscheidungen, welche die Behauptung unterstreichen, die hundertjährige Geschichte der Sozialdemokratie sei die Geschichte des Aufstiegs von Karl Marx zu Hans-Jochen Vogel. Die Mitglieder des SDS, eines linksradikalen Vereins, den es schon seit 1970 nicht mehr gibt, dürfen diesem Beschluß zufolge also wieder der SPD beitreten. Genau so relevant wäre etwa eine Ankündigung des Finanzministeriums, die Krawattensteuer sei abgeschafft oder die Frustrationsabgabe für Verheiratete werde aufgehoben. Nicht einmal im Traum würde einer der geläuterten Revolutionäre auf den Gedanken kommen, den ehemaligen Verein wiederzubeleben, aber nach diesem Beschluß können sie doch besser schlafen. Denn wie der gläubige Katholik erst die Absolution braucht, um ohne Gewissensbisse zum Abendmahl zu treten, so wünschen die Genossen von einst, makellos dazustehen, wenn sie das Sakrament einer Planstelle empfangen.

Jahrzehnte ehe sich so viele wieder familiär zusammenrotteten, legte der spätere Bundespräsident bereits jenen herzlichen Familiensinn an den Tag, den heute alle uneingeschränkt an ihm bewundern. Mit seiner Wahl hatte auch die deutsche Nachkriegsliteratur ihren ersten und einzigen politischen Erfolg vorzuweisen: Weizsäcker war die Antwort auf die Spätheimkehrerprosa Ende der siebziger Jahre, die Antwort auf ein von der sogenannten Väterliteratur formuliertes kollektives Bedürfnis. Deshalb kann man heute kaum mehr unterscheiden, ob der neueste Artikel Hochhuths vom Kanzler diktiert oder die letzte Kirchentagsrede des Bundespräsidenten von Walser verfaßt wurde; deshalb gibt es heute keine Klassen mehr, sondern nur noch Väter, Söhne und Enkel.

Seinen Vater, bei dessen Verteidigung er im Nürnberger Prozeß »aus tiefer Überzeugung« mithalf, würde Richard von Weizsäcker, wie er israelischen Journalisten erklärte, heute genauso unterstützen wie damals. Die vornehme Zurückhaltung des Bundespräsidenten, nicht die unmanierliche Wut, mit welcher der *Stern*-Redakteur Niklas Frank sich seines von den Alliierten gehängten Vaters annahm, wirkte stilbildend auf zahlreiche Bekenntnisse, die unter Titeln wie »Zweite Generation« oder »Kinder der Täter« zur neuen Betroffenheitsbelletristik zählen.

Alle diese Berichte illustrieren vornehmlich die Binsenweisheit, daß einer keine Nazieltern haben mußte, um unter ihnen zu leiden – wie umgekehrt gilt, daß ein lieber fürsorglicher Familienvater die allerbesten Voraussetzungen mitbringt, auch ein guter Nazi zu werden. Die gestandenen und geständigen Mittvierziger, denen die eigenen Bälger mit unangenehmen Fragen nach dem gegenwärtigen Mitläufertum auf der Nase herumtanzen, entdecken nun, daß sie vor allen Dingen die lebensländlichen Kinder ihrer Eltern sind. Nicht von ungefähr forderte deshalb eine Psychoanalytikerin, welche die Selbstdiagnose dieses Personenkreises als repräsentativ für die Gesamtbevölkerung ansah, die sofortige Umwandlung der Bundesrepublik in eine geschlossene Anstalt. Ihren Kollegen, so war im *Spiegel* zu lesen, warf sie vor, es versäumt zu haben, der »massenhaften Traumatisierung der Deutschen ins Auge zu sehen«.

Doch wie unheilbar gesund und in Sehnsucht nach Wiedervereinigung von Urahne, Großmutter, Mutter und Kind sich verzehrend die angeblich traumatisierten erwachsenen Kleinen sind, geht aus den Aufzeichnungen einer Autorin über sich und andere »Kinder der Täter« hervor. Dörte von Westerhagen, die ihr Hobby, Familienarchäologie, in Therapiezirkeln und Interaktionsseminaren professionalisiert hat, schreibt: »In dem verzweifelten Bemühen, sich von negativen Elternbildern zu befreien und gleichzeitig doch noch zu bekommen, wonach man sich sehnte, Verständnis, Zugang zu guten Eltern, machten wir später den Eltern den Prozeß, klagten sie in Wut und Haß an und wurden unsererseits zum Verfolger.« Weder sie selbst, noch eine der Personen, von denen sie berichtet, hat sich je an den Eltern vergriffen wegen deren Nazivergangenheit; es hat sich alles, abgesehen vom Vaterschänder Frank, zum Guten gewendet. Nur gelegentlich werden durchschnittliche Kinder von Rachegelüsten gepackt und begehen dort einen Mord, wo die meisten Kapitalverbrechen geschehen: zu Hause. Das gehört zu den Betriebskosten der familiären Sicherungsverwahrung. Zu diesen Kosten rechnet die Autorin auch die für den deutschen Hausgebrauch verschärfte Anwendung des fünften Gebots: »Es geht außerdem darum, die Liebe zu den Eltern, wie belastet sie immer waren, möglich zu machen (es) entsteht ansatzweise auch Dankbarkeit...«

Mittlerweile handelt es sich zumeist um posthume Familienfürsorge. Auch der Vater des Bundespräsidenten, der ehemalige Staatssekretär mit hohem SS-Rang, kommt nicht in die Lage, das vom Sohn erneuerte juristische Beistandsangebot anzunehmen. Erstens ist er tot, und zweitens interessieren sich, so wie die Dinge liegen, die deutschen Gerichte bestimmt nicht für ihn. Wahrscheinlich würde er als Widerstandskämpfer anerkannt und trotzdem eine Pension beziehen. Denn nach eigener Aussage war seine Mitgliedschaft in NSDAP und SS ein persönliches Opfer, um das Schlimmste zu verhindern, das er gerade durch seine Tätigkeit im Auswärtigen Amt damals anrichtete.

Auch der Bundespräsident will immer das Schlimmste verhindern. Er ist die personifizierte Begrenzung des Schadens, den alle um die Familienehre, will heißen um die Reputation der Bundesrepublik Besorgten, abwenden wollen und doch so zielsicher herbeiführen. Und am Ende kommt immer heraus, was angeblich keiner gewollt hat: zum Beispiel die neue Lust am historischen Schuldbekenntnis der Deutschen.

Horkheimer diagnostizierte 1960 das »kleinlaut und formell gewordene Schuldgetue«, welches nur die Funktion habe, sich »zum rechten Patriotismus wieder das gute Gewissen zu machen«. Nach den tapsigen Auftritten des Kanzlers in Israel, in Bitburg und Bergen-Belsen hat sich kleinlaute Verdrücktheit in die stolze und vollmundig selbst von Helmut Kohl verkündete Einmaligkeit der deutschen Verbrechen verwandelt. Vor der als Historikerstreit bekannt gewordenen Ausrede, der Massenmord sei eine Doublette gewesen, rangiert nun die Verteidigung des Urheberrechts, der Anspruch auf Originalität: Auschwitz bleibt deutsch. Als Verbrechen zwar, aber doch auch als unvergleichliche Spitzenleistung.

Mit dieser Erklärung hat sich der Kanzler die offizielle Eintrittskarte zur »Zentralen Gedenkveranstaltung« am 9. November 1988 in der Frankfurter Synagoge erworben.

Nachdem er sich bislang nur blamiert und immer bloß der Bundespräsident gute Zensuren ausgestellt bekommen hat, möchte er sich nun öffentlich bestätigen lassen, daß einige seiner besten Juden die Freunde der Deutschen seien.

Der inoffizielle Passierschein, mit dem der Kanzler zur Feierveranstaltung der neuen deutsch-jüdischen Symbiose durchgelassen wird, sieht hingegen anders aus – nämlich wie ein Bankauszug des verstorbenen Zentralratsvorsitzenden der Juden. Im Feudalismus wurden die Hofjuden physisch bedroht, damit sie den Finanzhaushalt des bankrotten Fürsten in Ordnung brächten; die Hofjuden, die sich die Bundesrepublik hält, werden finanziell unter Druck gesetzt, damit sie den angegriffenen Seelenhaushalt der Gesellschaft ausgleichen. Ihr oberster Funktionär hatte nämlich etwas getan, wovon abgestuft die ganze Bevölkerung seit der Nazizeit profitiert, und war in die Rolle des Vernichtungsgewinnlers geschlüpft, was deshalb als besonders skandalös galt, weil es ihn, wenn die Deutschen noch genügend Zeit gehabt hätten, eigentlich gar nicht mehr hätte geben dürfen. Als Werner Nachmanns* Unterschleif bekannt wurde, meldeten sich sofort besorgte Politiker und warnten davor, das Vergehen dieses Nachahmungstäters antisemitisch auszuschlachten. Damit waren sie bereits zum Symptom der Krankheit geworden, die sie verhindern wollten.

Und so kommt Kohl nach Frankfurt. Weil er will, was alle wollen, nämlich die ganze deutsche Geschichte, ist die Kritik verstummt. Die Kritiker haben sich in bekennende Historiker verwandelt. Mit der Konkursmasse aus

* Nach dem Tod Werner Nachmanns wurde der Verdacht erhoben, er habe während seiner Amtszeit als Vorsitzender des Zentralrats in den Jahren 1981 bis 1987 über 30 Millionen Mark veruntreut. Der Verbleib der hauptsächlich aus Zinserträgen von Wiedergutmachungszahlungen bestehenden Gelder ist bis heute weitgehend ungeklärt geblieben.

einer neuerlichen Pleite, nämlich mit den Trümmerstücken des friedensbewegten Patriotismus, beteiligen sie sich fleißig am Wiederaufbau der Nationalgeschichte. Sie wollen auch nichts anderes als Deutschland, nur Deutschland anders. »Die deutsche Geschichte – dreigeteilt niemals!« ruft es aus dem Kanzleramt, und aus dem Westberliner Arbeitszimmer Peter Schneiders schallt es zurück: »Es muß endlich ein Ende haben mit dem gekrümmten Gang. Die deutsche Geschichte ist länger als zwölf Jahre...«

Einige Jahrzehnte vor Auschwitz hatte sein Dichterkollege Börries Freiherr von Münchhausen, der in keinem Schullesebuch fehlt, eine stimmige poetische Metapher für die deutsche Traditionsbildung gefunden – die Lederhose: »Ja – Geschlechter kommen, Geschlechter gehen, / Hirschlederne Reithosen bleiben bestehen.«

Mit der nationalen Wiedergutwerdung der Deutschen, die am 9. November 1988 in der Frankfurter Synagoge jüdisch abgesegnet wurde und die Verwandlung der Bundesrepublik in Deutschland abschließen soll, werden andererseits die Juden aus dem runderneuerten Kollektiv, vor dem sie schon heute mit bewaffneter Polizei geschützt werden müssen, ausgeschlossen. Manchmal explodiert schon heute ein Sprengsatz in einem Gemeindezentrum; aber abgesehen davon ist, wie Politiker immer wieder versichern, das Verhältnis von Deutschen und Juden ganz normal.

Als Antwort auf die Mutation von deutschen Linken in linke Deutsche haben sich jüdische Linke in linke Juden verwandelt. Zu welch vergleichbar komischen Resultaten diese Veränderung geführt hat, liest man gelegentlich in der *taz*, wenn ohne Arg über jüdisch-christliche Andachtsrituale von Linken berichtet wird, die sich vorzugsweise in evangelischen Akademien treffen, um sich nach dem gemeinsamen Kiddusch ans heitere Beruferaten »Was bin ich?« zu machen.

Diese Frage beantwortet in einer eigens zu diesem Zwecke gegründeten Zeitschrift namens *Babylon* Dan Diner mit einer Variation auf das seit der Friedensbewegung in Deutschland beliebte Rollenspiel, sich für das Opfer zu halten, indem er sich als Max Horkheimer verkleidet und darauf hofft, man werde ihn verwechseln: »Wir jüdischen Intellektuellen, die dem Märtyrertod unter Hitler entronnen sind, haben nur eine einzige Aufgabe«, zitiert er aus den »Notizen« als blicke er in einen Spiegel. Herausschaut aber das austauschbare Gesicht der A13-Kultur. Nicht dem Märtyrertod ist er entronnen, entkommen ist er der Frankfurter Szene, was ja auch eine glückliche Schicksalsfügung sein kann. Vor Jahren schrieb er im Westend über den Nahen Osten ein Buch mit dem Titel: »Keine Zukunft auf den Gräbern der Palästinenser«, was nicht persönlich gemeint war: heute ist er Professor in Tel Aviv.

In der Bundesrepublik sind zum Jubiläumsjahr der »Kristallnacht« alle fleißig am Graben, Recherchieren, Renovieren und Publizieren, um sich mit der wiedergefundenen Einzigartigkeit der deutschen Geschichte über die eigene Mittelmäßigkeit hinwegzutrösten. Ein halbes Jahrhundert nach der wirtschaftlichen Ausplünderung der Juden, die 1938 einen Höhepunkt erreicht hatte, sind die Vertriebenen und Ermordeten zum Material einer gemeinnützigen Wachstumsindustrie geworden: There is no business like Shoahbusiness.

Die »Wiederjudmachung Deutschlands«, wie die Allgegenwart jüdischer Themen in den Medien von jenen bezeichnet wird, die in regelmäßigen Abständen den Deutschen erklären, daß Auschwitz kein Sanatoriumsaufenthalt für sie war, ist inzwischen zu einem flächendeckenden Arbeitsbeschaffungsprogramm geworden. Keine Gemeinde ist mehr ohne Judenreferent, jeder Sender hat seinen Vernichtungsexperten – die Nazis hätten sich die Finger nach so viel Fachleuten geleckt. Durch deren vereinigte Anstrengung gibt es zwar in der Bundesrepublik nicht weniger Antisemiten, nur weniger Arbeitslose, aber es wird durch sie noch einmal bestätigt, was zur Erfahrung der letzten Jahrzehnte gehörte: daß Erinnerung in Deutschland die höchste Form des Vergessens darstellt. Ihr Modell ist, vom Ende des Hauptbeteiligten abgesehen, der Eichmann-Prozeß.

Nach seiner Festnahme in Argentinien wurde Eichmann aufgefordert, eine Erklärung zu unterschreiben, er sei einverstanden, vor ein israelisches Gericht gestellt zu werden. Diese Erklärung unterzeichnete er erst, nachdem er deren Sprache seinem grammatikalisch verkorksten Amtsdeutsch anverwandelt und ihr eine kuriose Bitte hinzugefügt hatte: »Nachdem ich mich nicht an alle Einzelheiten mehr erinnere und auch manches verwechsle und durcheinanderbringe, bitte ich, mir dabei behilflich zu sein, durch Zurverfügungstellung, durch Unterlagen und Aussagen, die meinen Bemühungen, die Wahrheit zu suchen, behilflich zu sein.«

Monatelang, Tag für Tag, erst im Gefängnis, dann im Gericht, bemühten sich die Prozeßbeteiligten um den Angeklagten wie Pädagogen, die einem begriffsstutzigen Kind eine Vorstellung von dem zu geben suchen, was es angestellt hat. Doch die Mühe war vergeblich, Eichmann las die von ihm unterzeichneten Anordnungen, die ihm vorgehalten wurden, mit derselben Beflissenheit durch, mit der er sie einst ausgefertigt hatte. Er hatte gewissermaßen seinen Arbeitsplatz aus der Berliner Kurfürstenstraße in den Glaskasten im Jerusalemer Landgericht verlegt.

Die Verlaufsform der deutschen Vergangenheitsbewältigung ähnelt auf frappante Weise jenem juristischen Schauspiel in Jerusalem. Wie der ewige Student saßen die Deutschen in einer Art Dauerrepetitorium und zeigten sich resistent gegen jede Aufklärung über die eigene Vergangenheit. Weil der Student nun im annähernd neunzigsten Semester sich befindet und immer noch bei jeder Prüfung durchfällt, werden anläßlich des Pogrom-Jubiläums wieder zahllose Sendungen, Veranstaltungen und Ausstellungen als Nachhilfeunterricht angeboten. Damit nun der Kandidat nicht sofort wieder alles vergißt und zwischenzeitlich – wie bei der Bundeswehr geschehen – nicht symbolisch ein paar Juden verbrennt, bietet das erste Fernsehprogramm im Anschluß daran einen Intensivkurs über die Endlösung an: einen Mehrteiler über die Massenvernichtung vom Nordkap bis zur Ägäis. Um die Lernmotivation des Studenten kümmert sich ein ganzes Rudel von bislang arbeitslosen Lehrern, die nun den neugeschaffenen Beruf des Betroffensheitsarbeiters ausüben nach der Devise: »Wenn Sie bisher Juden ausrotteten, dann müssen Sie jetzt Judenpfleger sein.«

Diese Neufassung der Sonderbehandlung war einer der letzten Befehle, den Eichmann von Himmler erhalten hatte und nur mangels Gelegenheit nicht ausführen konnte. Der Umschwung wäre dem erklärten Hobbyjudaisten nicht schwergefallen. Statt seiner bemühen sich nun andere darum, diese Direktive zu befolgen. Mit pädagogischem Eifer sind sie darum bemüht, den Glaskasten in ein historisches Terrarium, in einen Erlebnisraum umzugestalten. Wenn einer schon nichts begreift, dann soll er wenigstens was zum Anfassen haben. »Ihre Neugier auf sinnliche Erlebnisse ist offensichtlich; die Phantasie möchte sich an der Retrospektive beteiligen«, schrieb W.F. Schoeller in der *Süddeutschen Zeitung* voller Sympathie für die Restverwerter, die angesichts der freigelegten Fundamente des jüdischen Ghettos in Frankfurt ins Schwärmen gerieten. Weil es dort aber nur viel Steine und wenig Tod gibt, ist die Ausbeute an sinnlichen Erlebnissen mager. Von Arnulf Baring, dem Peter Alexander der deutschen Historiker, kam ein ganzes Bündel von Vorschlägen, diesen Erlebnishunger zu stillen, darunter die Anregung, in die sinnliche Wahrnehmung der Vergangenheit auch ein Schnupperstudium mit »Zyklon B« einzubeziehen. Das neueste Stimulanz zur Beflügelung des Lerneifers ist jedoch, nachdem die »Geschichte von unten« an ihre natürlichen Grenzen, ans Grundwasser, gestoßen ist, die »Geschichte von innen«. So bezeichnen Menschen, die die Geschichte lieben, aber ihresgleichen offenkundig nicht respektieren, ein Projekt, in welchem sie Überlebende in ihre »Geschichtswerkstatt« locken, um Hand an sie zu legen. Die einst Verfolgten und Gequälten sollen dort, möglichst naturgetreu, ihr Opferschicksal rekonstruieren. In einem Versuchsprotokoll heißt es: »Der Zeitzeuge berichtet nicht nur mündlich, sondern er durchlebt gemeinsam mit den Teilnehmerinnen und Teilnehmern noch einmal den geschichtlichen Vorfall. Bei allen Beteiligten, nicht nur bei S. selbst, führte dies zu tiefen und eindringlichen emotionalen Reaktionen. ›Betroffenheit‹ wurde vom Schlagwort zur Realität.«

Zwei prominente Beutestücke, die den Jägern der verlorenen Einmaligkeit wieder in die Hände gefallen sind, liegen in Berlin: die ausgebuddelten Gestapo-Keller und die Wannsee-Villa, wo 1941 bei einem Arbeitsfrühstück die Richtlinien der Massenvernichtung beschlossen wurden.

Diese Villa soll, wie das Gruseltroja an der Mauer, als eine Art Spukschloß am Wannsee künftig das Pflichtprogramm von Klassenfahrten nach Berlin ergänzen. Und die Historiker, die die deutsche Selbstfindung in der Professoralform und im Feuilleton versanden ließen, sollen hier wieder zur aktuellen Eingreiftruppe werden. In einer Art Neuauflage der Wannseekonferenz, die den Neid alternativer Freilandhistoriker auf sich zöge, könnten dann jene seit der TV-Sendung »Holocaust« unvermeidlichen Expertenrunden stattfinden. In der Atmosphäre des neuen Bekenntnisses zur Einzigartigkeit würde dann gewiß die immer noch brennende Streitfrage nach der maximalen Kapazität der Verbrennungsöfen zufriedenstellend geklärt.

Damit ein solcher Ort jedoch richtig zum Übungsgelände für Identität und Nationalbewußtsein wird, dafür müssen dann die Kleinkünstler der Selbstwiedergutmachung sorgen – die Schriftsteller. Denn wo die Begriffe fehlen, da stellt sich eine Lesung ein. Und dafür, daß ihn vom Kanzler bis zum Regierenden Bürgermeister alle plagiieren, könnte sich Peter Schneider dann mit einer Lesung aus »Vati«[*] revanchieren.

1988

[*] Peter Schneider beschreibt in seinem 1987 erschienenen Buch »Vati« aus der Sicht von Rolf Mengele das Verhältnis zwischen Sohn und seinem Vater Josef Mengele als »Geschichte eines Nachgeborenen, der, obwohl schuldlos, die Last des Vaters mitträgt.« Der *Spiegel* 11/1987 entlarvte das Buch als Plagiat der in *Die Bunte* zwei Jahre zuvor erschienenen Erinnerungen von Rolf Mengele.

Zweimal 9. November

Oder: Die Juden sind unser Glück

»Kinder, es lebe die Nachkriegszeit, denn bald wird sie wieder zur Vorkriegszeit.«

Song aus dem Film »Wir Wunderkinder«

Erinnert sich noch irgend jemand an den sogenannten Historikerstreit? An jene einschläfernde Debatte über die jüngere deutsche Geschichte, an jene bloß akademische Auseinandersetzung, die in Wirklichkeit längst entschieden war, ehe sie in der Professoralform nochmals verschied und aufwendig in Feuilletons und zwischen Buchdeckeln beerdigt wurde? Das Klagelied über »die Vergangenheit, die nicht vergehen will«, hat sich nach dem 9. November 1989 in einen Triumphgesang verwandelt, mit welchem der unbefleckte Wiedereintritt in die Weltgeschichte gefeiert wurde. Kaum war die Grenze innerhalb Berlins einen Spalt breit geöffnet worden, da fielen im Bonner Parlament schon alle Schranken: die Fraktionen gröhlten die Nationalhymne. Das hatte es zum letzten Mal Anfang 1933 gegeben.

Berlin ist der Ort, an welchem die deutsche Nachkriegsgeschichte für alle sichtbar zu Ende geht. Mit der Öffnung der Mauer brach freilich nicht nur die Begrenzung eines von Deutschen erstmals für die eigene Bevölkerung errichteten Ghettos zusammen, sondern mit jedem Stein, der aus der Mauer gehämmert wurde, fiel auch allen eine Zentnerlast vom Herzen: das letzte markante Erinnerungszeichen daran, daß die Deutschen den Zweiten Weltkrieg doch nicht gewonnen hatten, begann zu verschwinden. Die Teilung hatte dieses Land, wie man nun sehen konnte, nicht halbiert, sondern vor allem dessen Bereitschaft zur vorsätzlichen Amnesie verdoppelt. Und der Regierende Bürgermeister von Berlin brachte die mit Hämmern und Alkohol durchgeführte Selbstabsolution auf die von allen Politikern übernommene Formel, daß dieser Tag ein historisches Datum sei. Die total entsorgten Gemüter und ihre freiwillig gleichgeschaltete Presse mußten erst wieder vom Ausland daran erinnert werden, daß dieses Datum längst ein historisches war. Doch inzwischen lief das »glücklichste Volk der Erde« (Momper) schon in T-Shirts herum, auf denen zu lesen war: »9. November – ich war dabei«. Die Veteranen werden sich über diese generationsübergreifende Wiedervereinigung gefreut haben.

Das übermächtige kollektive Verlangen, den Prozeß der nationalen Rehabilitierung der Deutschen als Deutsche endlich zum Abschluß zu bringen, kulminierte ein Jahr zuvor noch darin, daß 1988 Deutsche und Juden sich heftig versöhnten. Woran indes die damalige Zeremonie noch krankte, war nun behoben: nun fielen sich nur rein Deutsche in die Arme.

Aus dem von einer Mauer umgebenen Gefängnis ihrer eigenen Geschichte befreit, machten sich die Prolet-Arier auf, um sich mit der Drohung »Wir sind das Volk« mit ihren bislang von einer starken Währung, Schweizer Schokolade und amerikanischer Kultur im Zaum gehaltenenen Brüdern und Schwestern in einer Abstammungsgemeinschaft zu vereinigen.

Die Wiedervereinigung mit der deutschen Geschichte ging dem nationalen Zusammenschluß voraus. Für die historische Versöhnung hatte man die Juden noch gebraucht. Mit der im November endgültig und unwiderruflich vollzogenen Verwandlung der beiden deutschen Staaten in die, wie sich rasch zeigen sollte, völkische

Einheit Deutschland, waren hingegen die im letzten Jahr so ausgiebig gefeierten Juden als Seelentröster ganz entbehrlich geworden.

Aus der schon immer an Israel, dem beliebtesten Tummelplatz deutscher Selbstentlastung, gewonnenen Einsicht, es sei niemand besser als die Deutschen, machte der Herausgeber des *Spiegel* Rudolf Augstein einen aktuellen kategorischen Imperativ: »Warum ein geteiltes Berlin, wo doch für Jerusalem trotz aller ethnischen- und Annexionsprobleme gelten wird: Zweigeteilt? Niemals«, schrieb er am 6. November 1989, als käme er aus einer jenseitigen Redaktionskonferenz Axel Springers zurück, der dies fast wörtlich vor über zwanzig Jahren geschrieben hatte. Um jedoch Verwechslungen mit dem vergleichsweise gemäßigten Chauvinismus der *Bild*-Zeitung auszuschließen, fügte Augstein noch folgenden Satz hinzu: »Dies falsche Gewicht wird die junge Generation, weil das nämlich nichts mit Auschwitz zu tun hat, nicht mehr mittragen.« Mit anderen Worten: es sollte niemand etwas tun dürfen, was den Deutschen untersagt ist, schon gar nicht die Juden.

Andere Zeitungen ersparten sich den langen Umweg über Israel und wiesen mit je nach Klientel verschiedenen Andeutungen darauf hin, daß jener flüchtige Staatssekretär der DDR, der nicht so muffig und spießig gelebt hatte wie seine nun vom volksgemeinschaftlichen Sozialneid heimgesuchten Landsleute, daß jener Mann, der Devisen in die Schweiz geschafft hatte, Jude sei. Mit einem catchword des stalinistischen Judenhasses rüstete die *taz* das Ressentiment ihrer antifaschistischen Leserschaft auf und teilte unter der Überschrift »Die Biographie eines Kosmopoliten« mit, daß auch ein Mitarbeiter des Devisenhändlers nun völkisch identifiziert worden war. »Wir sind das Volk« skandierten unterdessen diejenigen, die bloß gern wie die geschaßten Funktionäre im schäbigen Neckermann-Luxus daheim wären. Und der DDR-Staatssekretär Schalk-Golodkowski wußte, als er sich absetzte, daß man besser die Koffer packt, wenn in Deutschland sich die Bevölkerung in das Volk verwandelt. Er wollte nicht jenen in die Hände fallen, die über Nacht aus Mitläufern zu einer nach Ermittlungskommandos gegliederten Volksgemeinschaft geworden waren.

Wie es zum Selbstbild der bundesrepublikanischen Gesellschaft gehört, die Deutschen seien das erste Opfer Hitlers und die Nachkriegsgesellschaft eine Vereinigung von Hinterbliebenen gewesen, so präsentierte sich die Bevölkerung der DDR vom untersten Volkspolizisten bis zum höchsten Parteifunktionär als allesamt von ein paar Schurken betrogene Idealisten. Und natürlich hatten alle von nichts gewußt. Mit diesen Auskünften war auch dem letzten Zweifler im Westen klar, nicht, daß hier jemand seine sofortige Entmündigung verlangte, sondern daß es sich bei dem Mob, der nun zur Parole »Deutschland einig Vaterland« überging, tatsächlich um die eigenen Brüder und Schwestern handeln mußte. Und gerade dieser Nähe wegen werden sie sich, wenn die Familienfeier erst einmal vorüber ist, auch künftig nicht ausstehen können.

Einer mit ganz ausgeprägtem Familiensinn in diesen bewegten Tagen war der Schriftsteller Martin Walser. Seit er an der Teilung Deutschlands litt, genas seine Literatur zusehends. Und die völlige Wiederherstellung seiner Gesundheit vermeldete er in der *Frankfurter Allgemeinen Zeitung* mit einem schwärmerischen Lobgesang auf die Medizin: »Es gibt das Volk, das ist jetzt bewiesen.« Bewiesen war freilich nur, über welche Klarsicht die Nazis damals verfügten mit der Aufforderung: »Nun Volk steh auf und Sturm brich los!« Nun stand ein Begriff auf, und als die Sache losstürmte, wollten viele den Anschluß nicht verpassen. Auch die Grünen nicht. Ganz so, als sei dieser Begriff zwischenzeitlich nur eingemottet gewesen und habe etwas Staub angesetzt, holte ihn Joschka Fischer frischgebügelt aus der historischen Tiefendimension hervor: »Zum ersten Mal auch seit der blutigen Niederschlagung von 1848 hat der Begriff ›Volk‹ wieder einen guten, einen aufrechten Klang«, blochte er in der *taz*. Dieser »gute, aufrechte Klang« hallte wieder in den »Rote raus!«-Parolen der fundamentalistischen Montagsumzüge in Leipzig; er hallte wieder in den Schlägen, mit denen die vom Parteimitglied zum Volksgenossen aufgestiegenen Befehlsempfänger ihrer inneren Stimme nun Ausländer malträtierten; er hallte schließlich wieder im Geräusch umstürzender Grabsteine auf jüdischen Friedhöfen – einer Morgengabe, auf welche noch keine deutsche Volksbewegung verzichten wollte.

Dabei hätten die Deutschen doch Grund genug, gerade den Juden für den erfolgreichen Abschluß ihrer nationalen Selbstfindung dankbar zu sein. Noch im letzten Jahr hatten sie sich in zahlreichen Ausstellungen, im Radio und im Fernsehen, in Geschichtswerkstätten und in neu gegründeten jüdischen Museen über die Toten hergemacht. Je heftiger sie sich mit jüdischen Toten beschäftigten, desto lebendiger wurden sie selbst. Je gründlicher sie erforschten, was jüdisch sei, desto fundamentaler erfuhren sie sich als Deutsche; kurz: am 9. November 1989 wurde ein kollektives Bedürfnis befriedigt, das der manischen Beschäftigung mit den Juden logisch von Anbeginn zugrunde lag. Seit alle wieder Deutsche sind, müßte es deshalb bei ihnen in unbefangener Umkehrung eines alten Grundsatzes nationaler Selbstvergewisserung heißen: »Die Juden sind unser Glück.« Denn was wäre ohne sie aus der Endlösung der deutschen Frage geworden?

1989

Biotop mit toten Juden

Jede Untat hat auch ihre guten Seiten. Der Dieb stiehlt, damit wir das Privateigentum verteidigen, der Mörder mordet, damit wir das Gewaltmonopol des Staates anerkennen. Jedes Laster verweist auf die Tugend: ohne Verbrechen also keine Moral. In den Zustand dieser prästabilierten Harmonie von Gut und Böse ist mittlerweile auch die jüngere deutsche Geschichte aufgestiegen, nachdem allgemein anerkannt ist, »daß Deutschland der Welt viel mehr geschenkt hat als Auschwitz je kaputt machen könnte« (Schönhuber). Schließlich: ohne Hitler kein Staat Israel, ohne die Vertreibung keine Exilforschung und ohne die Vernichtung der Juden keine Woche der Brüderlichkeit.

Vor dem Hintergrund dieser neuen Ausgewogenheit, die von einem hauptamtlichen Geschichtsverwalter mit der ansprechenden Dienstbezeichnung »Leiter des Referats ›Gedenkstätten‹ in der Berliner Senatskanzlei« als »eine erwachsene Form nationaler Identitatssuche« bezeichnet wurde, ist der Enthusiasmus zu sehen, welchen gegenwärtig eine Ausstellung der Berliner Festspiele auslöst: ohne deutschen Lebensraum keine »Jüdischen Lebenswelten«. Die gigantische Ausstellung im Gropius-Bau wird flankiert von einer Reihe weiterer Ausstellungen in der Akademie der Künste, auf dem jüdischen Friedhof Weißensee und im Haus der Wannseekonferenz. Und wer alle dazugehörigen Führungen, Konzerte, Theater- und Filmveranstaltungen, Vorträge und Lesungen besucht, wird dann bis Ende April wahrscheinlich den Zustand geistiger Verwirrung erreicht haben, den der

Berliner Kultursenator schon im Januar bei der Eröffnung einer Ausstellung an den Tag legte, als er sich nicht zu entscheiden wußte, ob die Nazis nun besiegt worden waren, abgetreten sind oder einfach »Tschüß« gesagt haben. Er entschied sich dann doch für: abgetreten.

Während des Historikerstreits hatte der Kanzler ein Machtwort gesprochen: die deutschen Verbrechen seien unvergleichlich und einzigartig. Sein feinsinniger Vorgesetzter Weizsäcker übernahm nun die Schirmherrschaft über die »Jüdischen Lebenswelten«, eine andere Spitzenleistung, nach der es ohne die vorausgegangene kein Bedürfnis gegeben hätte. Vor fünfzig Jahren hatten die Nationalsozialistinnen und Nationalsozialisten Millionen von Juden aus aller Herren Länder ordentlich eingesammelt und fürsorglich umgebracht. Zum Jubiläum wurde, wie es anerkennend in der linken Wochenzeitung *Freitag* hieß, der Versuch gemacht, was übrig geblieben war, »praktisch wieder einzusammeln«. Auf 4500 Quadratmetern sind fast 2500 Objekte von über 300 Leihgebern aus aller Welt zu sehen, eine Meisterleistung, auf die Festspielintendant Eckart besonders stolz ist: »... die bedeutendste Ausstellung von Handschriften, die es weltweit je gegeben hat«. Man gedenke mit dieser Ausstellung auch »des versuchten Völkermordes der deutschen Reichsregierung an den europäischen Juden«, fährt er im Geleitwort des Katalogs fort in der Gewißheit, daß versuchter Völkermord strafbar, aber eine derartige Bemerkung über den Dilettantismus der Nazis ungeahndet bleibt. Ohne die Todeslager keine »Jüdischen Lebenswelten«. Die Aufeinanderfolge gehorcht dem deutschen Grundsatz: erst die Arbeit, dann das Vergnügen. Erst wurden die Juden bürokratisch vernichtet, jetzt werden sie gefühlig veredelt. Die niederen Instinkte, von denen die pflichteifrigen Normalvergaser bei ihrer Dienstausübung ja gar nicht getrieben wurden, kommen erst fünfzig Jahre später und als erhebende Gefühle zutage. Insofern sind die Deutschen erst nach Auschwitz zu Rassisten geworden, die ihren psychischen Haushalt mit der vergleichsweise ungefährlichen postmortalen Sonderbehandlung der Opfer regulieren.

Alle beteuern angesichts der kulturellen Materialschlacht, wie groß der Verlust durch die Austreibung und Ermordung der Juden sei. Doch diesen Verlust hat in den letzten fünfzig Jahren nicht nur niemand verspürt: es ist gar keiner. Denn in Wahrheit hat die Massenvernichtung bewiesen, erstens, daß man sie veranstalten kann, und zweitens, daß ein derartiges Verbrechen langfristig gut ausgeht und sich nicht nur in Exportquoten, sondern auch in Ausstellungen, also in Kultur auszahlt. Die Klage über den Verlust ist ohnehin nicht ernst gemeint. Es handelt sich dabei um eine weinerliche Selbstbezogenheit, nicht um Trauer über andere, sondern um Mitleid mit der eigenen Banalität, kurz: um die Behauptung, die Deutschen hätten sich mit ihren Verbrechen selbst etwas angetan. Indem sie sich nun vor Bildern und Porträts bekannter Persönlichkeiten versammeln, versichern sie sich in einer Art posthumer Familienzusammenführung, daß sie selbst den Verlust eines berühmten Onkels oder einer wohlhabenden Tante zu beklagen hätten.

Stärker noch als das Bedürfnis der Sieger, sich als Opfer einer kulturellen Selbstverstümmelung zu fühlen, ist indes ihr unersättliches Verlangen, die einst Ausgestoßenen sich auf jede nur denkbare Weise einzuverleiben, sei es durch die grassierende Vorliebe für jüdische Vornamen, die peinliche Überwachung israelischer Politik, den ununterbrochenen christlich-jüdischen Dialog, die Inbesitznahme jiddischer Folklore oder eben durch die »Jüdischen Lebenswelten«, der multikulturellen Version wie begrifflichen Zusammendrängung zweier deutscher Konzepte: von Lebensraum und Weltjudentum. Die Ausstellung im Gropius-Bau ist eine mitunter wegen Überfüllung geschlossene Wallfahrtsstätte, an der sich die Besucher in einer Atmosphäre von Betroffenheit und Lust über die Toten hermachen, um deren imaginierte Eigenschaften zu verzehren. Im Unterschied zur selbstlosen Niedertracht der Nazis gehorcht diese frivole Kommunion dem ganz eigennützigen Zweck jener »erwachsenen Form nationaler Identitätssuche«, deren heimliche Devise lautet: am jüdischen Wesen soll Deutschland genesen.

Überhaupt soll, nach so viel Jahren trübsinniger Vergangenheitsbewältigung, bei dieser Jubiläumsfeier alles fröhlicher werden: nicht mehr schämen, sondern schunkeln. Vor gut einem Jahrzehnt hieß es noch: »Das Opfer tröstet den Henker«; heute kann man anläßlich jiddischer Folklore-Abende und Klezmer-Musik vom Fortschritt der Entspannung lesen: »Wenn Max Epstein mit seinem ›Yidish Lidele‹ vor das Mikrofon tritt, hat er auch die hintersten Eckensteher im Saal schnell zum Mitsingen animiert.« Denn die Deutschen sind des trocknen Tons satt und wollen endlich zum geselligen Teil der Fortbildung übergehen. »Immer aber wird in diesem Prozeß die sinnliche Anschauung besonders wichtig sein«, verspricht deshalb verführerisch das Programmheft der »Jüdischen Lebenswelten«, um allerdings einen Atemzug später darauf hinzuweisen, daß man doch besser zuhause bleibt: »Sinnliche Anschauung wiederum vollendet sich dann, wenn ganz bewußt die menschliche Begegnung stattfindet.«

Wie berechtigt diese Warnung ist, zeigt die Ankündigung eines Theaterstücks, dessen degoutantem Titel »Der Liebesgesang der Alphabete von Auschwitz« eine Erläuterung beigefügt ist: »Auschwitz steht als Symbol für die Sprachlosigkeit, zeigt die Gefahren auf, denen der Mensch unterliegt, wenn er sich ins Unbenennbare begibt. Die Auseinandersetzung mit der Vergangenheit durch Vertreter der zweiten Generation erweitert die Wahrnehmungsperspektive in Richtung Gegenwart«. Veranstaltet wird diese bewußte menschliche Begegnung des dritten Grades von einem Verein mit dem programmatischen Namen »Kultur-Brauerei«.

»Einladende Erlebnisräume« werden im Gropius-Bau versprochen. Wer indes dort enttäuscht vor Glasvitrinen steht und die Animateure vermißt, kann sich in eine Veranstaltungsreihe an der Akademie der Künste einschreiben. Dort begleitet eine »Jugendtheaterwerkstatt Spandau« die Ausstellung über jüdisches Theater in der Nazizeit mit einem workshop, bei dem es Geschichte zum Anfassen gibt. Noch vor einiger Zeit hatten Museumspädagogen gemeint, das Riechorgan sei für eine Versinnlichung der deutschen Geschichte entscheidend und hatten für das geplante Deutsche Historische Museum den Nachbau einer Vergasungsanlage mit echtem Zyklon-B-Geruch vorgeschlagen. Anstelle dieses eingeschränkten Schnupperstudiums setzen die Pädagogen der »Jugend-Theaterwerkstatt« auf ganzheitliche »spielerische Vor- und Nachbereitung des gemeinsamen Ausstellungsbesuchs«, auf »Warming up« und »körperliche Spiele«. Und sollte sich beim symbolischen Aufwärmen eines Juden oder beim pädagogischen kontrollierten Fausthieb an der Rampe einer der Schüler zu sehr in die Nazis einfühlen, dann hat er sich damit für eine Gruppentherapie bei Margarete Mitscherlich qualifiziert. Dort können, wie die Psychologin in Berlin vorschlug, Jugendliche den »Hitler in uns« anerkennen, indem sie um den toten Führer trauern. Diese Fähigkeit zu trauern sei die Voraussetzung für Toleranz und Völkerverständigung. Derart abstrus hat noch niemand in Deutschland zur Bildung einer kriminellen Vereinigung aufgefordert.

Wem Geschichte von innen nicht liegt, der kann Geschichte von unten kennenlernen. Der natürliche Ort, an dem Geschichte sozusagen von ganz unten betrachtet werden kann, ist der Friedhof, gegenwärtig vorzugsweise der jüdische Begräbnisplatz. Der größte liegt in Berlin-Weißensee. Zumeist verfallen und von Wildwuchs überwuchert, bietet er sich als reizvolles Erholungsgebiet für alle jene an, die auf dem beschwerlichen Weg der historischen Selbstfindung nicht nur über Leichen gehen wollen, sondern gleichzeitig ins Grüne. Der jüdische Friedhof ist für dieses Bedürfnis historischer und ökologischer Lebensraum zugleich, ein Biotop mit toten Juden, in welchem abwechselnd randaliert und restauriert wird in der Absicht, die drängende Frage: »Wer bin ich?« zu beantworten.

Während der Autor eines Fotobandes über die jüdischen Friedhöfe Berlins seine Recherchen von einem Geburtsfehler, einem »Grunddilemma«, wie er schrieb, beeinträchtigt sah, nämlich von dem Umstand, »als Nichtjude von außen eine hingemordete Kultur zu rekonstruieren«, demonstrierten vor einiger Zeit, im damals noch antifaschistischen Ostberlin, einige Jugendliche auf handgreifliche Weise, daß auch sie mit einem völkischen Restrisiko auf den Friedhof gekommen waren. Erst bei der Zerstörung von jüdischen Grabsteinen, so die Halbwüchsigen vor Gericht, hätten sie sich richtig als Deutsche gefühlt. »Primitive Rechtfertigungsversuche, wie man sie in einer Welt hört, die nicht die unsere ist«, schrieb damals der Gerichtsreporter der Ostberliner *Wochenpost* über die werktätigen Friedhofsbesucher seiner Stadt, in welcher die jüdischen Friedhöfe auch ohne randalierende Nachhilfe verrotteten.

Daß jüdische Friedhöfe gerade bei jenen Zeitgenossen, die sich für die besseren Deutschen halten, gegenwärtig so starke Beachtung finden und sich Fotos mit Gruften im Oktoberlicht bei Lesern oder Ausstellungsbesuchern so großer Beliebtheit erfreuen, hat wenig mit Juden zu tun. Wie jedes Erinnern heute, so ist auch die Verzückung, mit der die nekrophilen nichtjüdischen Mitbürger zur Zeit scharenweise auf jüdischen Friedhöfen einfallen, nicht selbstlos. Der gefühlige Rundgang soll den vergangenen Schrecken mildern und den künftigen – nämlich die Drohung, so spurlos wie die meisten Juden zu verschwinden – bannen, indem der unerträgliche Gedanke an den Rauch aus den Schornsteinen durch die nostalgische Hinwendung zur pittoresken Endlagerstätte ersetzt wird.

Die euphorische Wiederentdeckung der jüdischen Totenwelt, die mit der Begeisterung für die »Jüdischen Lebenswelten« einhergeht, zeugt indes nur von der allen dämmernden Erkenntnis, daß es für ein Eingedenken, welches diese Bezeichnung verdiente, längst zu spät ist. Denn das vorsätzliche Vergessen der Ermordeten – ein Kalkül der Nazis, das erst nach deren miitärischer Niederlage richtig aufging – hat auch schon die Überlebenden aufgesogen. Wie die Postsendung an einen unbekannt verzogenen Empfänger, so wurde die von der ganzen Gesellschaft nach 1945 einvernehmlich formulierte Botschaft, mit der die Ermordeten zu Nichts, zu Phantomen erklärt wurden, an den Absender retourniert: und mit einem Mal standen die Deutschen als betrogene Betrüger da, selber nur Überhang auf Abruf. Diese selbstproduzierte Nichtigkeit konnten sich die Zeitgenossen offenbar nur dadurch erklären, daß sie sich nun ihrerseits zu Opfern machten, wahlweise der Siegermächte, der Bombe, der Verseuchung oder Überfremdung. Selbst die deutsche Wiedervereinigung, die wie jede echte deutsche Volksbewegung die Verwüstung jüdischer Friedhöfe einschloß, hat nicht die von allen erhoffte Erlösung aus dieser Nichtigkeit gebracht, sondern nur Frustration und Katzenjammer.

Der Wunsch, die Verdrängten mögen nicht wiederkehren, liegt dem thanatologischen Enthusiasmus zugrunde, mit dem die Grabpfleger von heute an ein Werk gehen, das doch bloß ihre eigene Seele pflegen soll, aber sie kommen zu spät. Denn die Selbstangleichung der Lebenden an die Nichtswürdigkeit, die den Ermordeten in der Erinnerung zugedacht war, ist bereits vollzogen. Und weil es auch im Leben schon nicht mehr auf sie ankommt, ziehen deshalb immer mehr Menschen in Deutschland die Bestattung im anonymen Großgrab vor. Rund achtzig Prozent der Bevölkerung sterben ohnehin in Krankenhäusern, Alters- und Pflegeheimen, und deren kostengünstige Fortsetzung ist das Massengrab: einfach, billig und pflegeleicht.

Die individuelle Grabstätte auf einem jüdischen Friedhof hingegen ist nach jüdischer Tradition unaufhebbar. Dieser Umstand zieht nicht nur den heimlichen Neid all derer auf sich, an die sich schon zu Lebzeiten niemand erinnert, sondern regelmäßig auch die Zerstörungswut jener, denen jedes jüdische Grabmal ein Stein des Anstoßes ist, weil es auf die deutsche Barbarei hinweist. Insofern sind die Verwüstungen jüdischer Friedhöfe, wie Horkheimer und Adorno in der »Dialektik der Aufklärung« schrieben, keine Ausschreitung des Antisemitismus, sondern dieser selbst. Er hat seine Opfer überlebt, denen nicht vergeben wird, daß sie ermordet wurden. Und noch ehe im Golfkrieg eine irakische Rakete auf Israel niedergegangen war, konnte man sich von der deutschen Treffsicherheit auf jüdischen Friedhöfen überzeugen. Hätten die alternativen Freilandhistoriker vor Jahren den jüdischen Friedhof gleich zum Abenteuerspielplatz gemacht, anstatt sich gegenseitig mit Webtechniken, Mundarten und Volksliedern zu quälen, dann hätten sie vielleicht schon damals eine Antwort auf die auch nach der Wiedervereinigung noch unbeantwortete deutsche Hauptfrage erhalten, was denn Heimat sei. »Zu den lächerlichen Unwahrheiten, die die Juden über sich verbreiten lassen, gehört ja die Rede vom Wandervolk«, schrieb Arnold Zweig 1936 in der *Weltbühne* in einem Nachruf auf Tucholsky. »Ließe man sie einmal in Ruhe, sie gingen nicht mehr vom Fleck. Wo die Gräber ihrer Vorfahren sind, da spüren sie ihre Wurzeln.« Jahrzehnte, ehe Ernst Bloch mit dem einzigen Satz, den alle gelesen haben, dem Schlußsatz seines »Prinzip Hoffnung«, der deutschen Heimatbewegung zuraunen sollte, daß der Ort ihrer Sehnsucht allen in die Kindheit scheine, aber noch niemand dort gewesen sei, hatte Zweig, der von einem ähnlichen Verlangen umgetrieben wurde, unfreiwillig eine radikale Definition von Heimat formuliert: es gibt sie allein sechs Fuß unter der Erde.

So hat alles seine schlechte und seine gute Seite. Auch Auschwitz. Damals hieß es täglich im *Stürmer*: »Die Juden sind unser Unglück.« Selbst die älteren Ausstellungsbesucher und Friedhofstouristen sehen heute, daß man sie mit diesem Slogan fast um die halbe Wahrheit betrogen hätte: »Für mich ist es immer wieder erstaunlich«, erzählte ein 62jähriger Rentner der *taz*, »wie viele Geistesmenschen aus dem Judentum hervorgegangen sind. Ich sag's mal auf berlinisch: Irgendwas muß an der Rasse doch dran sein ... daß die Juden immer wieder ein – zunächst mal – positiver Bazillus sind, der in der Kultur etwas bewegt.« Er traf damit genau jenen »positiven Kontrapunkt«, den der Festspielleiter »gegen die Bilder der Zerstörung und des Todes« mit der Ausstellung setzen wollte.

Bei einer Pressekonferenz wiesen die Veranstalter außerdem darauf hin, wie außerordentlich wichtig eine solche Ausstellung angesichts des wachsenden Rassismus sei. Und alle nickten, nur Woody Allen nicht, denn er war gar nicht dabei. Doch von ihm stammt der vernünftigste Kommentar zu den pädagogischen Absichten der »Jüdischen Lebenswelten«: »Ich bevorzuge Baseballschläger«.

1992

Die Banalität der Guten

Dienstjubiläum 1989

Wer als Angestellter eines Kaufhauses oder einer Sparkasse lange genug durchhält, wird für seine masochistische Standhaftigkeit mit einer Armbanduhr und einem Händedruck vom Chef belohnt. Bei der Ehrung langgedienter Filialleiter gibt es eine richtige Feierstunde mit Häppchen und Kulturprogramm. Der Aufsichtsrat erscheint, Lobreden auf den Jubilar werden gehalten, Präsentkörbe werden verteilt und man stößt auf das Wohl der Firma an.

Ähnlich aufregend war Anfang April 1989 die Feier für Heinz Galinski, der sein 40jähriges Amtsjubiläum als Vorsitzender der Jüdischen Gemeinde Berlins beging. Der wie für einen bunten Nachmittag der Ortskrankenkasse dekorierte Saal füllte sich mit den zumeist angejahrten Betriebsangehörigen, mit den Experten für christlich-jüdische Versöhnung, den Vertretern deutsch-israelischer Kameradschaftspflege, den Fachleuten für dialogisches Denken, professionellen Philosemiten, mit ökumenischen Organisatoren, mit nichtjüdischen Elternpaaren, deren Sprößlinge die jüdische Schule besuchen, weil es dort angeblich intelligenter zugeht, mit spirituellen Gesinnungstätern, mit verkniffenen Konvertiten, protestantischen Freizeitjudaisten und nicht zuletzt mit Politikern; mit einem Wort: wie bei anderen vergleichbaren Anlässen waren die Juden von erbarmungsloser deutscher Gutwilligkeit aller Schattierungen umzingelt.

Mit Walter Momper an der Spitze war der neue Aufsichtsrat fast vollständig anwesend. Und nach den Querelen der vergangenen Tage strahlte dieses Gremium angesichts lebender Juden noch immer jene Harmonie aus, die sich bei der Besichtigung toter Juden zwischen ihnen eingestellt hatte.

Wie erinnerlich ging den Berliner Koalitionsverhandlungen zwischen SPD und Alternativer Liste 1989 ein gemeinsamer Rundgang durch die Ausstellung »Aus Nachbarn wurden Juden« voraus. Zwar wurden, wie man weiß, aus Nachbarn zumeist Antisemiten, aber derlei Spitzfindigkeiten trübten weder den Genuß des historischen Vitaminstoßes, mit dem die beiden Parteien ihre Annäherung begossen, noch hinderte sie dieser Umstand daran, die Umkehrbarkeit des Ausstellungstitels am lebenden Objekt zu demonstrieren: aus Juden seien Nachbarn geworden, war deshalb das mehrfach variierte Motto der Jubelfeier. Und für die 40jährige Anpassung an die Hausordnung wurde Galinski mit einer Vertrauensstellung belohnt. Den Worten des Regierenden Bürgermeisters zufolge übernimmt der Gemeindevorsitzende, nachdem er jahrelang im Außendienst für das internationale Ansehen der Firma BRD tätig gewesen war, nun eine Tätigkeit im Innendienst, eine Art moralische Hauswartsstelle: »Er trägt dazu bei, daß wir die Lehren aus der Geschichte ziehen.« So profan wollte es der Berliner Bischof Kruse nicht sagen. Er nobilitierte Galinski zum himmlischen Scherenschleifer, womit er allerdings nur die mentale Schurbedürftigkeit seiner eigenen evangelischen Herde hervorhob: »Die jüdische Gemeinde ist ein Segen Gottes, um das Gewissen zu schärfen.« Für diesen Dienst christlicher Nächstenliebe durch einen Juden, der gelegentlich die Täter daran erinnerte, daß sie welche waren, hätte der Bischof den Gemeindevorsitzenden, wie er sagte, am liebsten mit einem »Bruder Galinski« belohnt.

Vorbei ist die Zeit, so wurde bei dieser Veranstaltung

deutlich, daß Galinski wie andere jüdische Funktionäre ihre Rolle als Hofjuden der nachfaschistischen Ära hauptsächlich damit ausfüllen sollten, für die Bonität der Firma auf dem Weltmarkt zu bürgen oder zuhause die Henker zu trösten.

Die CDU-Politikerin Laurien stellte den im Namen ihrer Partei verlesenen Glückwunsch ausdrücklich »unter ein Motto des Talmud« und erinnerte dankbar an jene nun zuende gegangene Periode, in der die Opfer als verständnisvolle Therapeuten ihrer ehemaligen Peiniger aufgetreten waren: »Sie haben nicht auf Vergeltung, sondern auf Begegnung gesetzt.« Selten wurde der Tatbestand der unerlaubten Doppelbestrafung so präzise formuliert und so nachdrücklich gutgeheißen: nicht nur, war damit gesagt, haben die Juden auf Rache verzichtet, sondern sie haben diesen Verzicht außerdem noch teuer bezahlt mit einer Sache, deren Leitgedanke seinen Ausdruck im sprachlichen Schwellkörper »Begegnung« gefunden hat.

Galinsksi sei ein »unbequemer Mahner« attestierten ihm alle Redner als zahlten sie ihm nun, da sie ihn aufs Altenteil hinweglobten, mit einem Jagdschein die vielen Persilscheine der Vergangenheit heim. Gelegentlich nicht unbequem genug, fügte launig der Regierende Bürgermeister im Bewußtsein hinzu, daß er mit dieser Bitte nach einem Schuß Altersradikalität die Machtlosigkeit des mit den Gewissensverwaltung beauftragten Gemeinde-Vorsitzenden bekräftigte.

Auch die Gratulantin Heidemarie Bischoff-Pflanz von der Alternativen Liste, die Galinski staatstragendes Verhalten, nämlich »konstruktive Kritik«, kurz: ein guter Jude geworden zu sein, bescheinigte, sähe den Gemeindevorsitzenden gern der von ihrer Partei reklamierten neuen politischen Kultur gegenüber etwas aufgeschlossener. Was sie darunter verstand, sagte sie, zur Frau des Gemeindevorsitzenden gerichtet: »Kein Mann kann diese

Kraft aufbringen ohne Hilfe seiner Frau.« Verglichen damit war das Angebot von Frau Laurien, die Jüdische Gemeinde häufiger mit der CDU-Frauenorganisation heimzusuchen, eine feministische Offerte.

Von allen Festrednern wurden Galinski jene deutschen Sekundärtugenden bescheinigt, deren Untergang die Republikaner aufhalten wollen, nämlich Arbeitsfleiß und Durchhaltevermögen. In der zweitausend Jahre alten Bibel, die für eine Weile als Zitatenquelle sinnstiftender Gemeinplätze diente, komme die Zahl vierzig, so einer der Gratulanten, genau 124 mal vor. Mindestens genau so oft war in der zweistündigen Jubelfeier vom »unermüdlichen Einsatz« Galinskis die Rede, so als wollten dem ehemaligen Zwangsarbeiter alle nachdrücklich bestätigen, er habe die ihm erteilte Lektion wirklich begriffen.

Aus Ostberlin, wo Galinski im November 1988 beim Pogrom-Festival den goldgelben »Stern der Völkerfreundschaft« angeheftet bekommen hatte, war der Staatssekretär für Kirchenfragen zum Gratulationsdéfilé angereist. Zwar machte dieser am Anfang »mit tiefer innerer Bewegung« darauf aufmerksam, daß der Absender seiner Grußadresse, der »oberste Repräsentant der Deutschen Demokratischen Republik, der Vorsitzende des Staatsrats und Generalsekretär der Sozialistischen Einheitspartei Deutschlands Erich Honecker« über einen längeren Titel verfügte als der Empfänger, doch nach dieser Einleitung war alles Trennende vergessen.

Beflügelt vom sprachlichen Wiedervereinigungsangebot des Berliner FDP-Vorsitzenden Rasch, der Galinskis langjährige Amtszeit neidvoll auf ein physiologisches Wunder, auf einen »lautstark erhobenen Finger« zurückgeführt hatte, kannte der DDR-Repräsentant keine Parteien mehr, nur noch Platitüden. Der Massenmord wurde bei ihm zu »jenen schweren opferreichen Tagen damals als die Sonne nicht mehr schien«. Und, dem FDP-Politiker in der Metaphernbildung nacheifernd, sah er im

Wahlerfolg der Republikaner »die finstersten Triebe das Haupt erheben«, gegen welche die »Ehre des deutschen Namens in der Geschichte« verteidigt werden müsse. Wegen der vorausgegangenen Kinderdarbietung »Heut ist ein schöner Tag, dein Jubiläumstag« verlor der Staatssekretär dann auch noch die räumliche Orientierung und glaubte sich bei einem Fest der Jungen Pioniere. Er reimte als Schlußsatz: »Dieser unser Planet blüht und gedeiht, damit Frieden herrscht für alle Zeit. – Schalom.« Otto Schily hätte im Bundestag genau an dieser Stelle die Stimme vor Betroffenheit versagt.

In seinem Schlußwort nahm Galinski die neue Rolle des Referenten fürs Betriebsklima und den Hausfrieden emphatisch an. Das wichtigste sei der »Konsens der Demokraten«: »Mir geht es immer um Gemeinsamkeiten.« Jetzt weiß man, was die vielbeschworene deutsch-jüdische Symbiose meint: gemeinsam sind sie unausstehlich. Oder wie der bekannteste Stadtneurotiker Jerusalems, Gad Granach, einmal über Berlin sagte: ein Dach über die Mauer und man hat eine geschlossene Anstalt.

Heinzelmännchens Wachparade 1992

Wie den dienstfertigen Kölner Kobolden trauerte im Sommer 1992 die wohlmeinende Öffentlichkeit dem verstorbenen Vorsitzenden der Jüdischen Gemeinde nach. Alle Nachrufer seufzten im Chor: »Ach wie war es doch vordem / mit Heinz Galinski so bequem« und hofften, daß die Stelle des Mahnwächters nicht allzu lange vakant bliebe. »Es war seines Amtes, seine Verantwortung und Verpflichtung, anzuprangern, anzumahnen«, schrieb die *Zeit* über den toten Chef der jüdischen Firma »Mahnen & Warnen«.

Wer sollte nun die Drecksarbeit machen, fragte sich auch der *Tagesspiegel*. Und weil die Lebenden fest schliefen, sollte der Tote keine Ruhe haben. Galinski war kaum einen Monat unter der Erde, da buddelte ihn einer der *Tagesspiegel*-Redakteure wieder aus. »Manchmal bringen sich Tote dadurch in Erinnerung, daß das Fehlen ihrer Stimme auffällt«, hieß es salbungsvoll in der Zeitung, deren Fehlen niemandem auffiele, die sich in ihrer Schlafmützigkeit aber unverfroren in Erinnerung brachte mit der Aufforderung an die Juden, als öffentlicher Muntermacher zu fungieren: »Das Wachhalten der Erinnerung an die jüdische und deutsche Vergangenheit, die Anprangerung von Antisemitismus und Rechtsradikalismus – all das wird wie zuvor zu den Hauptaufgaben der jüdischen Gemeinschaft im Land der Täter und ihrer Nachkommen zählen.« Zu den öffentlichen Nebenaufgaben rechnete jener Redakteur, der sich am Grabe Galinskis zu schaffen machte, klärende Worte zu den Folgen neuer deutscher Außenpolitik, etwa zu den Lagern in Jugoslawien. Doch der Tote gab leider keine Antwort. »Niemand kann wissen, was Galinski dazu gesagt hätte«, sinnierte der um die Nachhilfe aus dem Jenseits gebrachte Leichenbeschauer. »Aber eines«, schloß er seine Besichtigung ab, »dürfte gewiß sein: Er hätte nicht geduldet, daß in Deutschland über diese Themen so erschreckend wenig diskutiert wird. Sein Schweigen ist unüberhörbar.« Aber offenkundig nicht laut genug, um solche Sätze zu übertönen.

Die Juden erinnern an die Pogrome, und die Deutschen veranstalten sie. Die Juden mahnen, und die Deutschen machen. Abgeschirmt in Reservaten, den Hochsicherheitsghettos der jüdischen Gemeinden, dürfen sie an Gedenktagen das deutsche Judenschutzgebiet verlassen, um als moralische Pausenclowns für das wohlige Gruseln, für die kleine Betroffenheit zwischendurch zu sorgen. Hätte er, wie die Grünen im November 1988 vergeblich gefordert hatten, im Bundestag gesprochen, wäre der Skandal ausgeblieben, den die Rede Jenningers auslöste.

Galinski hätte verwirklicht, wovon Walter Jens immer nur träumen kann: nämlich Jude zu sein und eine Predigt zu halten. Er hätte gemahnt. Jenninger hingegen plauderte ganz unanständig aus, wie fasziniert bis heute die Deutschen von Hitler seien. Das war ein lichter Moment im deutschen Parlament und wurde ein schwarzer Tag für dessen vorlauten Präsidenten. Denn so genau wollte man nicht wissen, welche Elemente des Nationalsozialismus in der Demokratie fortwirkten.

Der Tod Galinskis bot Gelegenheit, die Arbeitsteilung zwischen Mahnern und Machern zu bekräftigen. Der Galinski schon zu Lebzeiten verliehene Titel »Ein Mahner«, mit dem nicht nur die *Zeit* ihren Nachruf überschrieb, war vor allem eine Auszeichnung, mit der die Ohnmacht der Erinnerung bekräftigt wurde. Die Mahnung, so heißt es im Bürgerlichen Gesetzbuch, ist eine an den Schuldner gerichtete Aufforderung zur Erfüllung seiner Verbindlichkeiten. Die Mahnung unterbricht aber nicht die Verjährung, heißt es ebenfalls dort. Gerade dieser tröstlichen Gewißheit wegen nistete das Ressentiment in der Galinski ausgesprochenen Anerkennung. Denn gleichzeitig war damit auch angedeutet, er gebärde sich als notorischer Gläubiger, als jemand, dessen moralische Hülle notdürftig das nackte materielle Interesse, nämlich den Zahlungsbefehl, verberge.

Dem heimlichen Groll gegen die Entschädigungszahlungen an Israel oder an jüdische Organisationen ähnlich, insinuierte die Galinski nachgerufene Auszeichnung, ein »unbeugsamer Mahner« gewesen zu sein, das Moment des Zwangs, der Erpressung. Die moralische Autorität Galinskis, die ohnehin nur in der Einbildung der Juden bestanden hatte, war damit als bloßes Mittel zum Zweck des Vernichtungsgewinns identifiziert. Wenn er also trotz der Verjährung seinen Schuldnern im Nacken saß, mahnte und auf der Vollstreckbarkeit der Titel beharrte, dann konnte er nicht recht bei Trost gewesen sein.

In der vorgeblich respektvollen Formel vom »hartnäckigen Mahner« schwang augenzwinkernd die etymologische Verwandtschaft von Mahnung und Manie mit, ein Zusammenhang, der im Gedanken vom Gläubigerkomplex wiederspiegelte, was in der gängigen Rede vom Schuldkomplex vorgebildet war: alles krankhafte Regungen. »Was Wunder auch! Er war in Auschwitz der einzige seiner Familie, der überlebte«, warb die *Zeit* um Nachsicht für Galinskis »harte Kanten« und seine »schneidende Stimme«, will sagen für die Marotten »dieses ständig Mahnenden, unverdrossen Warnenden«.

Gelegentlich auf Friedhöfen, insbesondere aber an Gedenkstätten für das vergangene Grauen, findet sich die Inschrift »Die Toten mahnen«. Doch abgesehen von der verlogenen Allgemeinheit dieser Behauptung, welche die Geschichte in ein wohnliches Massengrab für Mörder wie Ermordete verwandelt, sind Tote bloß tot. Sie können gar nichts mehr tun und niemandem etwas anhaben. Bei der gesellschaftlichen Hausaufgabenverteilung in Deutschland ist es der Beruf der Juden, es jenen Toten gleichzutun, zu mahnen. Sie sollen wissen, sie sind Tote auf Abruf. Sie haben nicht, sie sind überlebt.

Daß den Vernichtungslagern etwas Gutes abzugewinnen sei, diese nachkriegsdeutsche Kosten-Nutzenanalyse hat längst aufgehört, exklusives geistiges Eigentum alter und neuer Nazis zu sein. Wer immer betonte, man dürfe die »nationale Frage« nicht den Rechten überlassen, mußte beim völkischen Mitbestimmungsbegehren notwendigerweise versuchen, den extremsten Ausdruck dieser nationalen Frage – Auschwitz – für sich auf erträgliche Weise zu reklamieren. Dabei gingen moralische Attitüde und politisches Kalkül jene Verbindung ein, die im neuen Bewährungshelferidiom mit der Standardformel »Gerade wir als Deutsche« ihrem rhetorischen Dauerausdruck fand. Mit dem regelmäßig an Israel wie an ausgewählte Überlebende gerichteten Ansinnen, die Juden nach Hitler hätten gefälligst die besseren Menschen zu sein, wurden die Konzentrationslager als Tötungsfabriken und Weiterbildungseinrichtungen ins alternative Geschichtsbild integriert.

Wie alles populär wird, was alternative Weltsicht in Umlauf bringt, weil deren Ideologen als Aufreißer des Massenbewußtseins und als Animateure des politischen Betriebs fungieren, so verbreitete sich auch der Gedanke von der pädagogischen Nützlichkeit der Konzentrationslager. Nicht immer wurde daraus ein Vorwurf an Uneinsichtige. Gelegentlich kam es zu einem Lob. Galinski etwa, so erfuhr man bei der Trauerfeier für den verstorbenen Gemeindevorsitzenden, war im Lager tatsächlich durch eine harte Schule, sozusagen durch die Vorschule der Demokratie gegangen, wie der Regierende Bürgermeister Diepgen zu sagen wußte: »Das Leid hat ihn nicht gebrochen, sondern ihm die Kraft gegeben, beim Aufbau einer neuen, demokratischen und freiheitlichen Ordnung mitzuwirken.«

Diese Sichtweise von Auschwitz als Fitnesscenter für künftige Demokraten war ein Plädoyer für die sofortige Deportation der gesamten deutschen Bevölkerung in Konzentrationslager. Ähnlich radikal mußte ein Redakteur des *Tagesspiegel* gedacht haben, als er Galinskis oft wiederholte Äußerung – »Ich habe Auschwitz nicht überlebt, um zu bestimmten Vorkommnissen den Mund zu halten« – mit der Anmerkung zitierte, kein Satz des Verstorbenen sei so richtig gewesen wie dieser. Und wie um diese volkspädagogische Schlußfolgerung aus der Massenvernichtung zu beweisen, machte der *Tagesspiegel* wenige Tage nach dieser Erläuterung den Mund weit auf und trug zu jenen bestimmten Vorkommnissen bei, angesichts derer nicht den Mund zu halten man offenbar erst ein Konzentrationslager überlebt haben muß.

Anfang September lautete eine Meldung im Lokalteil der Zeitung: »Ein in Polen geborener 44jähriger Postangestellter..., der seit 1977 in Berlin wohnt, wurde ... zu einer Geldbuße von 2100 DM verurteilt, weil er sich durch falsche Angaben die deutsche Volkszugehörigkeit erschleichen wollte.« Das war ein Schritt in die richtige Richtung, gemacht von Redakteuren, die nicht das Lager, sondern die Tarifrunde hinter sich haben und deshalb einer demokratiefordernden Erfahrung ermangeln, deren kulturellen Höhepunkt das Feuilleton der Zeitung schon im Frühjahr 1992 mit »Die Stunde der Gasöfen ist die Stunde der Dichtung« beschrieben hatte. Der Weg dorthin ist gepflastert mit trockenen Meldungen. Die Stunde des Pogroms ist unpoetisch, es ist die Stunde des Ariernachweises.

Heinz Galinski war der im kugelsicheren Terrarium gut gehütete Gewissenswurm der Deutschen; er war der meistgehaßte Bürger dieser Republik, der Itzig der Nachkriegszeit. Noch im Tode benötigte er Polizeischutz. Sein Bekanntheitsgrad war ein zuverlässiger Indikator für die Bestimmung des Debilitätskoeffizienten der Bevölkerung. Wer nichts wußte, wußte, wer Galinski war; wer nichts zu sagen hatte, dem fiel zu Galinski etwas ein. Und selbst Kinder, deren Idole und Monster schrille Phantasiegeschöpfe der Filmindustrie sind, standen den Erwachsenen an Realitätstüchtigkeit nicht nach: ein Berliner Schüler, dem zu Bismarck allenfalls der gleichnamige Hering einfiel, überraschte seinen Geschichtslehrer einmal mit der präzisen zeitgeschichtlichen Auskunft, Galinski würde am liebsten alle Deutschen nach Israel deportieren und dort in ein KZ stecken.

Der weit verbreitete Haß auf Galinski freilich war nicht Ausdruck dumpfer Verdrängung der mörderischen Vergangenheit, sondern eine Leistung des wachen Bewußtseins: mit der jüngeren deutschen Geschichte sollte nicht einfach Schluß sein, sondern diese sollte, indem es gegen Galinski ging, erst richtig zu ihrem Abschluß gebracht und – vollendet werden. Daß er noch da war, ging nicht mit rechten Dingen zu. Etwas war schiefgelaufen. Auch das Lamento über »die Vergangenheit, die nicht vergehen will«, war in Wahrheit nur eine Äußerung mürrischer Ungeduld: die Überlebenden, an ihrer Spitze Galinski, sollten endlich von der Bildfläche verschwinden. Denn sie sind die Toten, die nicht sterben wollen. Sie sind die Gespenster der Vergangenheit in der deutschen Gegenwart; sie sind die Untoten der Lager; sie sind die Geister, die ausgetrieben werden müssen, wenn sie sich nicht an die jährliche Geisterstunde halten.

Der Rädelsführer dieser Spukgestalten ist verschwunden, und plötzlich vermissen ihn alle. »Seine Stimme ist erloschen ... Eine Stimme, die den Deutschen fehlen wird, allen Deutschen«, hieß es in der *Zeit*. Mit dieser Verlustmeldung war Heinz Galinski endlich zuhause, richtig eingebürgert und unwiderruflich gemeinschaftsfähig: als moralisches Heinzelmännchen.

1992

Countdown im Feuilleton

I.

So wenig die Deutschen den Juden Auschwitz verzeihen, so sehr tragen sie auch den ehemaligen Alliierten nach, daß damit 1945 Schluß war. Die Befreiung, die sie Amerikanern und Russen nicht vergeben und nun auch den Engländern übelnehmen, war ja auch nur eine für die Insassen von Lagern und Gefängnissen gewesen. Die anderen, die diese betrieben oder die Welt in Schutt und Asche legten, wurden militärisch besiegt; sie wurden gegen ihr Einverständnis und mit Gewalt allenfalls davon befreit, ihren Massenmord bis zur Selbstvernichtung fortzusetzen. Nur durch ihre Niederlage blieben sie am Leben.

Für diesen nachgerade sträflich kurzen Eingriff in ihr Selbstbestimmungsrecht rächen sich seitdem die Deutschen. Nicht einmal die Tatsache, daß sie ein halbes Jahrhundert später als Gewinner dastehen, daß sich das Verbrechen auf lange Sicht doch ausgezahlt hat, kann ihre Rachsucht besänftigen. Der Sieg über den Bolschewismus ist ihnen in den Schoß gefallen: der Gegner kapitulierte vor Devisen, nicht vor Divisionen. Das Land ist wiedervereinigt, und was ihm damals im Osten abgetrennt worden war, haben sich die Bundesbürger in doppeltem Umfang in Westeuropa zusammengekauft. Außerdem liegt Schlesien wie Ostpreußen jetzt nicht als Irredenta, sondern als Immobilie vor der Haustür. Die bis zur Wiederherstellung der vollen Souveränität als Besatzungsmacht ungelittenen Amerikaner räumen das Land, der Dollar geht in die Knie und das britische Pfund ist angeknackst. Doch all dies reicht nicht aus, die mühsam gezähmte Wut in Gelassenheit aufzulösen, jenen bösen Groll, der gerade immer dann besonders stark wird, wenn die ehemaligen Sieger schwach werden. Den Deutschen genügt es nicht, Modell für Europa zu stehen, sie wollen einen Platz an der Sonne. Sie wollen im Licht stehen und tappen immer nur wieder in dem Schatten herum, den sie selber werfen. Sie wollen über den Gewinn hinaus einen Extraprofit erzielen, der nicht aus der Kapital-, sondern aus der Geschichtsverwertung resultieren soll. Sie wollen das heilige Sakrament der Absolution.

Auf diesen ganz besonderen Surplus, der nicht bilanzierbar ist, verschwendete ein normaler Geschäftsmann keinen Gedanken. Aber deutsche Unternehmer, in der Geschichte der europäischen Bourgeoisie immer deren cleverste Abteilung, nämlich feige und erfolgreich zugleich, möchten mit der Mehrheit der Bevölkerung auf diesen Bonus zuallerletzt verzichten. Mit seiner Erklärung, daß angesichts der Wiedervereinigung wirtschaftliche Überlegungen hinter der Politik zurückzutreten hätten, sprach sich 1990 Mercedes-Chef Edzard Reuter freilich nicht für eine Unterordnung des Kapitals unter den Staat aus, er plädierte damit auch nicht für die Abdankung des Privateigentums, sondern er ratifizierte das Ende der »Berechenbarkeit der deutschen Politik«.

Mit dieser Formel hatte die Außenpolitik jahrelang versucht, Befürchtungen zu zerstreuen, die Deutschen seien weniger am Export von Waren interessiert als an der Ausfuhr von politischer Wertarbeit mit dem trade-mark »Modell Deutschland«. Wie nach innen, so bedeutet auch nach außen die Bereitschaft zur Unterordnung unter die Politik in Wahrheit bloß Kumpanei. Nach innen heißt diese Bereitschaft Solidarpakt, nach außen Deutschland, nach innen Gemeinschaftswerk, nach außen Nation. Da der historische Sieg nach Pleite schmeckt, sollen in erinnernder Vorausschau die Verwertungsinteressen in staatliche Regie übernommen werden, ohne daß jene angetastet würden. Die Massen, die sich nach innen zur Gefolgschaft formieren, gehen diesen Solidarpakt, die korporative Fortsetzung der beliebten Runden Tische, schon im Bewußtsein ein, daß sie sich nur an jenen Surplus halten können, nach dem es alle verlangt. Davon können sie sich zwar nichts kaufen, doch dafür fühlen sie sich als Deutsche. Und weil sie nichts davon haben, sollen es andere dann büßen. Nach innen geht es gegen die Ausländer, nach draußen gegen das Ausland.

II.

Der Zweite Weltkrieg ist nachträglich zu Lande gewonnen, hat aber nichts außer einer riesigen Immobilienmasse gebracht. Diese ist bewohnt mit zahlungsunfähigen Kunden, die man weder umstandslos in ein Heer von Arbeitssklaven verwandeln, noch einfach beseitigen, ja nicht einmal draußen halten kann. Um diesen Gewinn, dessen keiner der Landsleute so richtig froh wurde, wenigstens spirituell zu veredeln, machten sich nach den Historikern die Ingenieure fürs Höhere, die Feuilletonisten, ans Werk. Wenn nicht auf Erden, so sollte wenigstens über den Wolken das geschichtliche Glück der Deutschen grenzenlos sein: der Endsieg im Luftkrieg mußte also noch errungen werden. Der Countdown für diesen Luftkampf begann im Frühjahr 1992 mit einer journalistischen Bastelstunde zur jüngeren deutschen Geschichte und endete im Herbst mit einem Fehlstart in Peenemünde. Glücklicherweise kam bei diesem Versuch, die V-2 im Unterschied zur nazistischen Propagandalüge nun wirklich zu einer Vergeltungswaffe fortzuentwickeln, niemand zu Schaden, außer jenen Bastlern, die ihn anderen zufügen wollten.

Ende Mai wurde in London ein Denkmal für den britischen Luftwaffengeneral Harris errichtet, und prompt saß, wie Tucholsky einmal die Reaktion seiner Landsleute auf politische Witze charakterisierte, halb Deutschland auf dem Sofa und nahm übel. Die Oberbürgermeister mehrerer im Zweiten Weltkrieg bombardierter Städte schrieben Protestbriefe nach England. Die notorischen Mahnwachen, die schon während des Golfkriegs mit der Parallele von Dresden und Bagdad Erfahrungen an der Entlastungsfront gesammelt hatten, nahmen ihren Ehrendienst an der Leidensfront der deutschen Geschichte wieder auf. Und schließlich trat sogar das Außenministerium auf den Plan. Genscher ließ die britische Regierung wissen: »Das Vorhaben ist geeignet, alte Wunden aufzureißen. Es könnte zu einem Rückschlag für die in deutsch-englischer Städtepartnerschaft geleistete Arbeit führen.«

Mit dieser Drohung machte das Land der Kaiser-Wilhelm-Plätze und Rommel-Kasernen ernst: ab sofort wurde zurückgedacht. Der *Spiegel* schrieb, Harris habe den »ersten vornuklearen Massenmord aus der Luft« organisiert; die *Welt* war sich mit ihren Lesern einig, der britische General sei ein »Architekt der Vernichtung« gewesen, und die *Frankfurter Rundschau* entdeckte an dem Weltkriegsgeneral der britischen Luftwaffe einen Charakterzug, den man nun wirklich keinem KZ-Kommandanten nachsagen konnte: »tatsächlich ein Schlächter« gewesen zu sein. Die *FAZ*, deren Mitherausgeber Reißmüller wegen des Bodenkriegs an der serbischen Ostfront unabkömmlich war, ließ den Redakteur Gillessen als Abfangjäger in den westlichen Luftraum aufsteigen. Von seinem Einsatz kehrte dieser mit dem Verdikt »Harrisbarbarei« und einer Ehrenrettung für die Nazi-Luftwaffe zurück. Diese habe im Gegensatz zur Royal Air Force nicht die Vorstellung geteilt, »ersatzweise oder direkt Krieg gegen die Zivilbevölkerung zu führen«. Guernica, Rotterdam, Coventry und Belgrad »resultierten aus Fehlern«, meldete er seinen diensthabenden Vorgesetzten, blieb aber die Auskunft darüber schuldig, ob die damals Verantwortlichen dieser bedauerlichen Pannen deshalb vor ein Kriegsgericht gestellt oder gerade deshalb ausgezeichnet wurden.

III.

Kein Luftkrieg kann erfolgreich geführt werden, wenn der Gegner nicht mit einer schlagkräftigen, am Boden stationierten Flugabwehr rechnen muß. In dieser Bodentruppe tat sich durch besonderen Einsatzeifer Günther Rühle vom Berliner *Tagesspiegel* hervor. Er ist nachgerade der verdiente Flakhelfer des deutschen Feuilletons. Rühle mußte sich in diesem Kampf bewähren und für eine von der Öffentlichkeit fast vergessene Niederlage rehabilitieren, die er an einem anderen Frontabschnitt vor Jahren hatte einstecken müssen.

Mitte der 80er Jahre hatte er erfolgreich das Frankfurter Schauspiel in Verruf gebracht mit der Penetranz, mit der er als Theaterdirektor darauf bestand, ein Stück von Faßbinder gegen die Proteste vornehmlich von Juden aufzuführen. Noch als Feuilletonchef der *FAZ* hatte er dieses Stück für belanglos gehalten, als Theaterleiter dünkte es ihn dann genialisch. Die Absichten, die er mit der Aufführung verband, zitierte damals die *New Times* mit dem Ausspruch: »The no-hunting, season is over« – ein Wort Rühles, das man nur bei Strafe einer einstweiligen Verfügung korrekt in den deutschen Originalton rückübersetzen darf.

Faßbinders damals nicht aufgeführtes Stück »Der Müll, die Stadt und der Tod« markierte indes tatsächlich das damals von vielen geforderte »Ende der Schonzeit« für Juden in Deutschland. Es spielte seinerzeit die Rolle eines Katalysators, der die Theateraffäre zum kulturellen

Wiederholungsprogramm von Bitburg machte. Der Theaterdirektor Rühle gab den Kanzler und hielt durch, und die Presse verbat sich jüdische Einmischungen. Damit erlebte Faßbinders wüste Hinterlassenschaft eine Aufführung ganz im Stil des Experimentiertheaters: die Hauptdarsteller saßen im Publikum und exemplifizierten die nur scheinbar paradoxe Einsicht, die Faßbinders Stück durchzieht, daß nämlich die Deutschen heute Antisemiten seien nicht trotz, sondern wegen Auschwitz.

Prompt wurde damals, wie etwa in der liberalen *Frankfurter Rundschau,* der nazistische Terminus vom »jüdischen Kapital« rehabilitiert; der Theaterkritiker der Zeitung sah das deutsche Theater von einer jüdischen Finanzverschwörung bedroht und sich ganz persönlich von den Juden erniedrigt. Die von allen beschworene Freiheit der Kunst entpuppte sich als die Pflicht, die deutsche Ehre zu verteidigen, und als hätte jemand die Parole ausgegeben: »Deutsche wehrt euch, hört nicht auf Juden!« beteiligte sich damals auch die Szene am Abwehrkampf gegen »jüdische Power« und gegen »organisierte jüdische Empörung«.

Rühle mußte damals das Feld räumen. Beim Berliner *Tagesspiegel* ist er heute als Berater der Chefredaktion sein eigener Bewährungshelfer, und wie weiland an seinem Frankfurter Arbeitsplatz versucht er nun, die durch seine Mitarbeit schon demontierte Reputation des Blattes mit wöchentlichen Kolumnen im Feuilleton vollends zu ruinieren. »Das war nun wirklich eine deutsche Woche. Drinnen und draußen«, resümierte er Anfang Oktober. »Die Frage ›Was ist mit den Deutschen los?‹ beschäftigte manches Gehirn. Die seit zwei Jahren lauernde Angst vor dem neuen Deutschland schnürte sich wieder zum Paket; Verursacher von Ausländerfeindlichkeit, Aggressionen gegen jüdische Denkmale, D-Mark-Politik mit Lira- und Pfundsturz, ›V2‹-Jubiläum: das gab draußen Anlaß genug, das Auge zu schärfen, die Stimme zu erheben,

Schlagzeilen von Rom bis London zu erfinden, wie sie im zusammenrückenden Europa unerhört sein sollten.«

Doch seine deutsche Woche hatte neben geschnürten Angstpaketen »freilich auch sichtbare Festigkeiten« im Angebot: die »sachbeglänzte Zustimmung« zur Politik des Kanzlers. Derlei politische Kommentare wurden verfrüht mit dem Spott von Kollegen belegt, der Autor verabreiche damit seiner Zeitung die »letzte Rühlung«. Denn der *Tagesspiegel* hatte auch schon andere Anschläge des tapferen Schreiberleins überlebt, das oft mit einer Spalte gleich sieben Themen erledigt.

»Die Brandherde der Unvernunft sind auch in Europa nur schwer zu löschen«, sprang er einmal nach einigen Zeilen über die Hitzewelle, das Ozonloch und die Aktualität von Dinosauriern mitten in den jugoslawischen Bürgerkrieg: »Die Bilder der Verwüstung schrien weiter zum Himmel, die entsetzten, fliehenden Menschen verlängerten das uralte Bild von der Flucht als Daseinsverhängnis in die aufklärungsfähige Zeit« – womit er wieder im Einzugsgebiet des deutschen Feuilletons angekommen war: »Salzburg 1992: die gelebte Utopie neben dem Blutbad.« Derlei Sprünge von Abel bis Bebel werden in der Psycholinguistik neuerdings als »laterales Denken« bezeichnet. Früher nannte man das einfach wirres Gefasel. Von der »gelebten Utopie« in Salzburg bis zur gelebten Idiotie in einer Berliner Tageszeitung, so wußte man nun, war es nur ein kleiner Schritt.

»Diese Ehrung ist ein Faustschlag für Deutschland« schrieb angelegentlich der Denkmalenthüllung in London ein empörter *Tagesspiegel*-Leser an seine Zeitung und forderte Revanche. Mit seiner Kolumne schlug Rühle zurück. Hier und jetzt konnte er an den nichtjüdischen Alliierten ausleben, was ihm an den nichtalliierten Juden seinerzeit versagt geblieben war. Damals mußte er zurücktreten, nun trat er ersatzweise gegen die Briten zurück. Nach sieben mageren Jahren konnte er endlich das

Ende der Schonkost verkünden: »Die Einweihung des Denkmals für den englischen Luftmarschall, genannt Bomber-Harris, hat in Deutschland doch mehr Emotionen hervorgerufen, als zu erwarten war. Die Wunden schmerzen auch noch nach zwei Generationen«, begann Rühle seinen Beitrag zum Denkmalsturm. Doch insgeheim schmerzte ihn nach zwei Generationen nicht diese Statue in London, sondern ein anderes und viel älteres Monument, ein bleibendes cineastisches Denkmal, das ein jüdischer Regisseur in Hollywood für die Deutschen errichtet hatte. Das Gangsternamen nachgebildete »Bomber-Harris«, wie er den Luftwaffengeneral beharrlich nannte, war Rühles auf England verschobene Rache an Lubitsch, in dessen »To be or not to be« ein Nazi sich vor Freude über die Auszeichnung »Konzentrationslager-Erhardt« gar nicht mehr einkriegen kann.

Rühle warf den Engländern nicht vor, *wie* sie sich an den militärischen Sieg über den Nationalsozialismus, sondern *daß* sie sich erinnerten: »Wer es nötig hat, noch Siege zu feiern, die ein halbes Jahrhundert zurückliegen und schon einer anderen Welt zugehören, offenbart einen stillgestandenen Geist.« Mit wachem Geist freilich rief er sich dadurch selbst »Stillgestanden!« zu und wurde dem brandenburgischen Sozialdemokraten Gustav Just, einer noch älteren Altlast, zum Verwechseln ähnlich. Dieser hatte mit der Auskunft, er habe in einem »anderen Leben« Juden umgebracht und diese Sache sei ein »alter Hut«, seiner Persönlichkeitsspaltung wie einem kollektiven Bedürfnis knappen Ausdruck verliehen.

Rühle indes war nicht so kurz angebunden. Die feuilletonistische Erscheinungsform der Schizophrenie ist die Geschichtsklitterung, und der Überflieger im Tiefflieger, der Historiker im Stammtischbruder formulierte deshalb so: »Nun steht der Bomber-Harris also da, in Erz gegossen, von der uralten Königinmutter gesegnet, und ist doch viel weniger das Denkmal für einen heldenhaften Mann als ein ständiges Mahnmal dafür, wie der Krieg entartet ist, daß er gentlemanlike nicht mehr zu führen war, daß das blinde Töten auch dieses gesittete Volk ergriff.« Damit war im unsittlichen Geschwätz des Historikerstreits die russisch-deutsch-englische Dreifaltigkeit der Schuld etabliert: die deutschen Verbrechen eine Doublette des asiatischen Originals, die britischen Bombardements eine Kopie der deutschen Vorlage. Und wenn Rühle die Engländer als die Massenmörder unter den Alliierten identifizierte, dann konnte es nicht mehr weit sein, nämlich nur bis zur nächsten Zeile, daß er die Angehörigen des anderen gesitteten Volkes, das im Unterschied zu den Häftlingen in Auschwitz ja unter Bombenangriffen zu leiden hatte, daß er die Deutschen als Opfer von Nachahmungstätern sah: »Und die Toten von Köln und Bremen und Berlin und Dresden und Würzburg und Hamburg und Königsberg können nun dem Denkmal noch immer entgegenschreien und auf den Erzgegossenen hin deuten: da steht er, der unsere Höllen entfachte. Ein Denkmal mutiert leicht zum Schandmal.«*

* Daß sein Talent, mit Tätern und Opfern zu jonglieren, sich nicht nur vor dem historischen Horizont entfalten kann, sondern auch im beschränkten deutschen Alltag, demonstrierte Rühle 1992, als ausnahmsweise nicht ein unbekannter Ausländer, sondern ein bekannter Inländer verprügelt wurde: In einem Kölner Restaurant war Stefan Heym von einem Gast als »Drecksau« und »Verbrecher« aus der DDR beschimpft worden, dem man »den Schädel einschlagen« solle. Heym fertigte den pöbelnden Nazi mit der zutreffenden Auskunft über eine Unterlassungssünde ab: »Im Krieg gegen die Faschisten hätte ich auch Ihren Vater vors Gewehr kriegen können. Das wäre schlimm gewesen. Aber dann hätte ich jetzt mit Ihnen keinen Ärger.« Daraufhin wurde der 79jährige Autor zusammengeschlagen. Einige Wochen später schrieb Heym, daß ihn dieser Schläger an bekannte Begegnungen erinnert habe: »So, mit dem Fausthieb ins Gesicht, hatte es angefangen, damals, 1931, im Staatsgymnasium zu Chemnitz; Ich war noch keine achtzehn gewesen, als ich mir den Haß der Nazis am Ort zuzog durch ein paar Verse gegen die Reichswehr ... Und nun wieder, gegen Ende meines Lebens, das Gleiche noch einmal: das verzerrte Maul,

Da haben es die Lebenden leichter. Ein Pfund Unkraut-Ex oder eine Flasche Benzin reichen aus, um Denkmale zu beseitigen, die an die deutschen Verbrechen erinnern und also – wie die von Rühle als »jüdisches Denkmal« apostrophierte KZ-Baracke in Sachsenhausen – zu Schandmalen mutiert sind. Wohl auch wegen dieser Beseitigungswut gegenüber der Erinnerung machte der Londoner *Evening Standard* den begrüßenswerten Vorschlag, gleich hundert Harris-Statuen aufzustellen – in Deutschland. Sie sollten die Deutschen daran gemahnen, was passieren würde, »wenn sie zum sechsten Mal in zwei Jahrhunderten versuchen sollten, ihre finanzielle und wirtschaftliche Hegemonie über Europa auf einer anderen Ebene durchzusetzen.«

Über die rückwärtsgewandte Feierstunde in London trösteten Rühle dann erst einmal praktische Gesichtspunkte hinweg. »Wo die Zukunft nichts bringt, herrscht die Vergangenheit.« Denn das Pfund ist schwach, und die Zukunft gehört der D-Mark. Doch bei einem so irdischen Verdikt mochte der Flakhelfer des Feuilletons es nicht belassen, sein Sinnen und Trachten war berufsmäßig nach oben gerichtet:

»Stärken und Schwächen wechseln wie Tag und Nacht«, sinnierte er über den unaufhaltsamen Lauf der Welt. Und seinen Aufstieg von der Hölle durch die Welt zum Himmel beschloß er mit einem moralischen Fazit:

die Fäuste, der Schlag. Als habe sich der Kreis geschlossen.« »Kurzschluß«, verbesserte der *Tagesspiegel.* »Der Kämpfer geht nun auf den Markt und lamentiert«, ereiferte sich Rühle am 13.8.92 unter der Überschrift »Heyms Klagen«. Sein Kommentar war die Klarstellung eines von Heym sträflich unterschlagenen Unterschieds, des Unterschieds von 1931 und 1992: »In der Heymschen Schilderung des bösen Kölner Vorfalls, der hier weder beschönigt noch entschuldigt werden darf, fehlt schon der Hinweis auf die eigene Provokation«, schrieb Rühle, der damit den 1931 selbstverständlichen Tatbestand der nazistischen Notwehr rehabilitierte. Damals war das Opfer schuldig. Heute gewährt Rühle mildernde Umstände: Heym ist nur Mittäter.

»Die Lehre aus der Sache ist: wer zur unrechten Stunde verklärt wird, verdunkelt die Welt.« In sie brachte Rühle Licht, indem er den Tommies heimleuchtete: »Das Denkmal in London wird manchem die Scham hochtreiben über das, was einmal möglich war – wie in unserem Land die Mahnmale von Dachau und Buchenwald. Die kurze Stunde des Triumphs schlägt schnell um in die Ewigkeit der Schuld.« Damit war den Engländern die Waffenbrüderschaft der SS angeboten – und Rühle zum Rächer der Vergangenheit geworden, indem er sie beerbte.

IV.

Doch alle Einwände, die das deutsche Feuilleton gegen die Royal Air Force abfeuerte, gingen daneben, und die Lage auf dem deutsch-britischen Kriegsschauplatz verschlechterte sich zusehends, als ein Namensvetter des Luftwaffengenerals sich einmischte.

Der britische Journalist Robert Harris, der sich in seinem Roman »Fatherland« die Frage gestellt hatte, wie Europa aussähe, wenn Hitler den Krieg gewonnen hätte, suchte einen Verleger in Deutschland. Fünfundzwanzig Verleger winkten ab, das Werk sei »frivol« und vor allem »deutschfeindlich«. Sofort eilte der deutsche Botschafter in London, der namensmäßig ebenfalls vom Luftkrieg gezeichnete Hermann Freiherr von Richthofen, in die Chefredaktion der *Sunday Times* und drohte, wie zuvor Genscher, die deutsch-englische Freundschaft werde belastet.

Den Kampf gegen Harris, der mit einer deutschen Übersetzung als Franktireur hinter den feindlichen Linien operieren wollte, übernahm dieses Mal der *Spiegel*. »Deutschfeindlich« sei die Stimmung, für die der Thriller geschrieben sei, die Werbung für das Buch habe einen deutlichen »deutschfeindlichen Anstrich«. Virtuos appelliere Harris »an die Ängste und Ressentiments des angelsächsischen Publikums«. Und was unter Ressentiment in Deutschland verstanden wird, erläuterte der *Spiegel* im gleichen Atemzug mit einem Zitat von Harris: »Zum ersten Mal seit fünfzig Jahren beachtet ganz Europa ängstlich die Entscheidungen eines deutschen Kanzlers.« Deutschfeindlich ist, wer den Deutschen auf die Pfoten schaut, und wer sie einmal daran hinderte, weiter damit Millionen umzubringen, ein Massenmörder.*

Doch auch die Abwehr des *Spiegel* konnte nicht verhindern, daß der britische Autor schließlich mit einer Übersetzung bei einem deutschsprachigen Verlag, wenn auch in der neutralen Schweiz, landete. Der Luftkrieg schien zum zweiten Mal verloren. Jetzt konnte wieder nur

* Das Vergehen der Deutschfeindlichkeit wird nur noch, wie man kürzlich in der *taz* belehrt wurde, vom Verbrechen der Inländerfeindlichkeit übertroffen. Gemeint ist damit die besondere Verwerflichkeit jener Autoren, die, anstelle Ausländer zu hassen, was sozusagen eine natürliche Feindschaft ist, ihre eigenen Landsleute nicht ausstehen können und ihnen von Herzen wünschen, daß sie sich gegenseitig an die Kehle gehen mögen. Über Wolfgang Pohrt, der gerade unter dem Titel »Das Jahr danach« einen Bericht über die neue Vorkriegszeit vorgelegt hat, schrieb Reinhard Mohr in der Buchmessenbeilage der *taz*: »Er ist ein deutscher Rassist par excellence, ein manischer Inländerfeind, der dem akuten, komplementären Rassismus der ausländerfeindlichen Gewalttäter von Rostock bis Eisenhüttenstadt nur um das intellektuelle Niveau der Ignoranz voraus ist.« Doch wie immer, so kam die *taz* auch bei der Aufdeckung dieser dem Gemeinwesen drohenden Gefahr zu spät. Schon im Dezember 1991 hatte ein Nolte-Epigone in der *Welt* sich mit »linken Wunschträumen, daß deutschen Urlaubern die Schädel eingeschlagen werden«, beschäftigt: »So wird Gewalttaten gegen Deutsche die Legitimation erteilt«, schrieb er und plädierte für ein Strafverfahren gegen Pohrt und andere Mitarbeiter der Zeitschrift *Konkret* – »wegen Volksverhetzung und Aufstachelung zum Rassenhaß«. Dieses denunziatorische joint venture zur Sicherung des inneren Friedens war freilich nur die Neuauflage einer alten, gleichfalls widerwärtigen Koalition deutscher Intellektueller. Unter dem Label »Innere Emigration« hatte sie nach 1945 Front gemacht gegen bereits davongejagte Kritiker.

noch die Wunderwaffe helfen. Ihr Einsatz war für den 3. Oktober, den »Tag der deutschen Einheit« geplant. Die Hoffnungen der schreibenden Flakhelfer ruhten nun allein auf der Industrie, wie umgekehrt sich die Industrie darauf verließ, daß beim ja nur symbolischen Abheben der Rakete eine symbolische Anschubfinanzierung für die deutschen Unternehmer herausspränge. Denn wie Arbeitnehmer in Deutschland nicht nur ihre Arbeitskraft, sondern immer auch ihre Seele mitverkaufen wollen, so wünschen deutsche Unternehmer, daß ihre Produkte nicht als bloße Waren, sondern als Güter, als Waren mit einem zusätzlichen moralischen Gebrauchswert auf den Markt kommen – made in Germany.

Die deutschen Raketenhersteller, wie die Gaslieferanten insbesondere nach dem Golfkrieg in den Geruch geraten, vorbildliche Geschäftsleute zu sein, wollten sich bei einer staatlich beschirmten Gedenkfeier zur 50jährigen Wiederkehr des ersten deutschen Raketenabschusses dieses moralischen Gütesiegels versichern: es werde eine Pionierleistung der Raumfahrt gewürdigt; man wolle »an die Geburtsstunde einer Technik erinnern, die heute noch die Basis für die bemannte wie unbemannte Raumfahrt« sei, erklärte ein momentan nicht auf Umsatz, sondern ein auf immateriellen Zusatzgewinn, auf Tradition, erpichter Manager der deutschen Raumfahrtindustrie.

Am 21. September 1992 schrieb der *Spiegel* über den Autor von »Fatherland«: »Harris pflegt das Image ... des unbeugsamen Kritikers, des rastlosen Mahners. ›Die Deutschen‹, davon ist der eloquente Jung-Autor nun fest überzeugt, ›wollen im Grunde nichts mehr über ihre dunkle Vergangenheit hören‹.« Wenige Tage später ging die neue Wunderwaffe schon vor dem geplanten Start zu Bruch. Wieder war alles so geheim gehalten worden, daß die ganze Welt über die Feierstunde Bescheid wußte, nur die Veranstalter wußten nichts. Schon gar nichts davon, daß Peenemünde wie dessen Zuliefererstätte nicht die

»Wiege der Raumfahrt«, sondern ein Massengrab für Sklavenarbeiter gewesen war, von den Opfern der Raketen gar nicht zu reden.

Erst vom Ausland daran erinnert, sprach der Schirmherr der Gedenkfeier, ein CSU-Staatssekretär, der ansonsten mit kühlem Kopf eine »asylantenfreie Zone« in seinem Wahlkreis fordert, von »absurden hysterischen Reaktionen«, die zeigten, »wie notwendig es ist, Peenemünde einmal aufzuklären und uns mit dem Inhalt der tragischen Verwicklung zwischen einem verbrecherischen System Adolf Hitlers und der Forschung auseinanderzusetzen.« Diesen Satz mußte die örtliche PDS als Tagesbefehl im Ohr gehabt haben, das gleichzeitig an den Lippen der Lokalpolitiker ruhte. Und von dort murmelte es beschwörend: Raumfahrtpark, Arbeitsplätze und Touristen. Weit entfernt davon, den ganzen Spuk zu verhindern, wollte die PDS alternativ daran teilhaben: mit einer Talkshow zur Geschichte von oben, bei der ein ehemaliger britischer Bomberpilot von seinen Einsätzen über Peenemünde erzählen sollte. Angesichts dieser klassenübergreifenden Vorsätzlichkeit, mit welcher das Raketenprojekt in die politische Pleite geführt wurde, erwärmte sich sogar die *Süddeutsche Zeitung* für die abgewickelte Volkspolizei. »Gäbe es Hammer und Zirkel noch«, trauerte sie der DDR nach, »dann wären Offizielle und Industrielle aus der Bundesrepublik nie auf den Gedanken gekommen, in Peenemünde etwas zu feiern.« Nun hatten allein Proteste des demokratischen Auslands die Feierstunde in eine vorverlegte und selbstverschuldete Blamage verwandelt. »Wir sollten vorsichtig sein mit solchen Veranstaltungen«, sagte deshalb Klaus Kinkel, der Kosmetikberater für deutsches Ansehen. Dann eilte er nach Sachsenhausen, wo eine andere Veranstaltung bereits erfolgreich stattgefunden hatte. Dort wie an anderen Brennpunkten der neuen Republik wurde bewiesen, daß man auf Raketen vorerst verzichten kann.

Das Ausland mit seiner »hysterischen Reaktion« muß auf eine gebührende Antwort noch warten, die einstweilen Ausländern erteilt wird. Im Inland braucht man keine Raketen, sondern Mollis, hier bedarf es keiner ferngesteuerten Waffen, sondern kurzentschlossener Nahkampfbürger. Hier ist nicht einmal eine Flugleitzentrale nötig, denn der kollektive Marschflugkörper zündet mit Selbstauslöser. Diesen technologischen Fortschritt hob der Außenminister bei seiner Stippvisite an der verbrannten KZ-Baracke hervor, indem er den demokratischen Charakter des Bündnisses von Elite und Mob betonte. Auf dem Gelände des ehemaligen Konzentrationslagers rehabilitierte er dessen Voraussetzungen: er sagte den Reportern ins Mikrophon, jetzt müßten die Politiker den »Wünschen des mainstream« nachkommen.

Nur Günther Rühle, dessen heimliche Wünsche nicht zur Verübung gelangen konnten, schwieg beharrlich. Er muß sich damit trösten, daß in der Halle des Flughafens Tegel eine Erinnerungstafel für den V2-Konstrukteur Wernher von Braun hängt. Er muß aus lichten Höhen wieder auf den Boden der Tatsachen herab und die verbrannte Erde des Feuilletons bewässern, auf daß es dort vom Rhein bis zur Oder blühe: »Man muß sich gegenseitig als Teilhaber einer im Getrennten doch gemeinsamen Geschichte begreifen und Denken und Empfindung ohne Selbstgerechtigkeit wieder ineinanderbinden.«

1992

Der hilflose Antisemitismus

Anmerkungen zu seiner Hamburger Verübung

Alle Jahre wieder. Wie die unvermeidlichen Feiertage, wie Ostern und Weihnachten, so gehören seit vielen Jahren regelmäßig wiederkehrende Rituale auch zum linken Kalenderjahr. Ein besonders fester Termin darin ist die jährliche Verabredung zu einer rhetorischen Fragestunde mit dem Thema: Gibt es linken Antisemitismus? Diese Fragestunde hat inzwischen eine über zwei Jahrzehnte reichende Tradition aufzuweisen, doch die ewigen Studenten sind der Frage noch immer nicht auf den Grund gekommen. Die Referenten bei den jährlichen Hauptversammlungen linker Gewissenserforschung sind so seltsam alterslos, wie ihr Thema zeitlos ist. Das Publikum wechselt von Zeit zu Zeit, doch das Podium trifft sich immer wieder. Es wirkt in einer unendlichen Geschichte mit, deren identische Fortsetzungskapitel sich allein durch den Namen des Schauplatzes unterscheiden. Mal ist es die Heimvolkshochschule Göppingen, mal die Evangelische Akademie in Arnoldshain, dann die Universität einer Großstadt oder irgendein Sozialistisches Zentrum in irgendeiner nichtsozialistischen Kleinstadt.

In diesem Jahr tagte man in Hamburg. Dort wollten sich die linken Lehrer der alten Frage neu stellen. »Antisemitismus oder berechtigte Kritik an Israel?« lautete die schon sprachlich verunglückte Variation des Dauerthemas, mit der die Gewerkschaft Erziehung und Wissenschaft Ende Oktober 1992 in Hamburg zur jährlichen

Selbsterkundung aufforderte. Zwar wären vor der eigenen Haustür genügend Anlässe vorhanden gewesen, sich mit Antisemitismus zu befassen, doch bevor man sich damit abgab, mußte erst die linke Gretchenfrage beantwortet werden. Um den Ernst und die Wichtigkeit der ganzen Sache zu begreifen, stelle man sich vor, ein Verein alternativer Pharmakologen stellte seine Jahrestagung unter die Frage: »Grüner Schnupfen?«

Doch auch in Hamburg wollte man sich in der Tradition des linken Rituals nur wechselseitig versichern, daß nicht sein kann, was nicht sein darf. Dabei weiß jeder, daß es Linke gibt, die ihre Frau verprügeln oder ihre Kinder quälen, daß sie, wenn möglich, die Arbeitskraft anderer ausbeuten; daß Linke gelegentlich ihre Freunde an Geheimdienste verraten und sie manchmal sogar umbringen. Warum in aller Welt sollte es deshalb nicht auch linke Antisemiten geben?

Das Thema der Gewerkschaftsveranstaltung war aber nicht in diese schon hundertfach beantwortete Frage gekleidet. Es hieß »Antisemitismus oder berechtigte Kritik an Israel?« Schon die Formulierung verriet die Konfusion, oder vielmehr die verdrückte, verschämte Absicht. Denn logisch kann das Bindewort »oder«, das eine Alternative ankündigt, kein Fragezeichen nach sich ziehen. Standen die Lehrer also vor der Wahl, sich für Antisemitismus oder Kritik zu entscheiden?

Doch mit der Frage war auch schon die Antwort angedeutet. Das Beiwort »berechtigt« sollte, was sich für Kritik hielt, moralisch salvieren und gegen den Einwand, es gehe vielleicht antisemitisch dabei zu, unanfechtbar machen. Kritik freilich bedarf keiner Berechtigung. Wenn sie sich diese eigens bestätigt, hat sie sich bereits dementiert und in Gesinnung verwandelt. Kritik kann jeder an jedem und können alle an allem üben, selbstverständlich auch an Israel. Doch wie in zahllosen vorausgegangenen Diskussionen war es auch in Hamburg nicht Kritik, sondern der Oberton konformierender Empörung, der die Debatte um die rhetorische Frage bestimmte. So unbeholfen sich diese Gesinnung hinter dem verquasten Titel der Veranstaltung versteckte, so unverfroren und direkt kam sie in einer Forderung zum Ausdruck, welche von einer »Arbeitsgruppe Palästina im Friedensausschuß« formuliert worden war: »Nur wenn wir uns kritisch mit Israel auseinandersetzen, können wir glaubhaft im Unterricht latentem Antisemitismus entgegentreten.« Unabhängig von allem anderen Unfug dieses Satzes könnte man seiner Logik zufolge rassistischen Attacken gegen farbige Asylsuchende nur dann glaubhaft entgegentreten, wenn man vorher Südafrika oder noch besser die USA kritisiert hat. Was Leute, die derlei formulieren, glaubhaft bestimmt nicht können, das ist: begründungslos, einfach als Gattungswesen dem Rassismus entgegentreten. Ohne böse Juden kein gutes deutsches Gewissen. Unmittelbarer Anlaß jener pädagogischen Behauptung wie der Gewerkschaftsveranstaltung war der Ärger, den ein längeres Interview der *Hamburger Lehrerzeitung* mit Ralph Giordano ausgelöst hatte. Die Lehrer lamentierten: »Giordano denunziert linke und pazifistische Kritiker Israels, ohne diese Personengruppe näher zu kennzeichnen.« Dieses Versäumnis Giordanos sei hier mit einer genauen Kennzeichnung dieser Personengruppe nachgeholt: es handelt sich beispielsweise um die Gewerkschaft Erziehung und Wissenschaft in Hamburg.

Die innige Verbindung, die Ehrbarkeit und Ressentiment in der besonderen Empörung über Israels Politik längst eingegangen sind, demonstrierte hier Norman Paech, ein Hochschullehrer aus Hamburg. Er lehrt öffentliches Recht, Staats- und Völkerrecht und gelegentlich andere Menschen das Fürchten, indem er Hamburger Lehrern die rechtsradikale Propaganda von der Schuld der Juden am Antisemitismus in leicht entschärfter Form empfiehlt: für ihn sind Juden am Haß auf sie nur mitschuldig. Die Grünen waren vor einem Jahr noch etwas bescheidener, für sie trug Israel die Mitschuld daran, daß es mit irakischen Raketen beschossen wurde.

In der *Hamburger Lehrerzeitung* teilte Professor Paech seinen Kollegen in der GEW mit: »Israel muß sich allerdings in der Tat fragen, ob seine Palästina-Politik nicht einem latenten Antisemitismus in Deutschland Nahrung gibt – und dem können wir nicht entgegensteuern, indem wir schweigen.« Die Frage erübrigt sich: Schweigen worüber? Die demagogische Figur dieser Wendung hat Tradition. Es handelt sich bei ihr um eine besonders beliebte Formel antisemitischer Agitation, um die Formel vom »provozierten Antisemitismus«. Wer sich über historische Beispiele dieser Anschuldigung informieren möchte, sollte gelegentlich mal wieder in ein Buch schauen, das für kurze Zeit zur intellektuellen Grundausstattung der Linken gehört hat, in die von Adorno und anderen vorgelegte Studie über die autoritäre Persönlichkeit. Im Kapitel über Themen und Techniken des amerikanischen Agitators sind all jene Äußerungen versammelt, die sich trotz ihres historischen Alters nachgerade jugendfrisch ausnehmen. Und wie quicklebendig diese alte Formel von der Mitschuld der Juden an ihrer Verfolgung ist, zeigt die im Brustton pädagogischer Verantwortung für Israel vorgetragene Ermahnung von Norman Paech. Nicht vom Antisemitismus will er reden, sondern von dessen Zulieferern in Israel. Der Anwalt der Menschenrechte, als der er sich versteht, präsentiert sich gerade dadurch als ein Gegner des Judenhasses, daß er die Juden beschwört, die Anlässe dazu aus der Welt zu schaffen. Unter diesem Aspekt muß man auch die weiter unten beschriebenen pädagogischen Versuche sehen, die Lehrer in diesem Zusammenhang an ihren Schülern verüben.

Daß Norman Paech über die israelische Beihilfe zum deutschen Antisemitismus nicht schweigen kann, verdankt er, wie er in einem Zeitungsinterview sagte und in

Hamburg wiederholte, einem ganz besonderen Zungenlöser: dem Pfingsterlebnis einer Israelreise.

Er war, wie er mitteilte, vor 25 Jahren »in der Aura der Kollektivschuld« nach Israel gefahren. Und dort war ihm zuteil geworden, worauf die Wallfahrer nach Lourdes immer nur vergeblich hoffen: Gesundheit. »Ich wurde erst dort auf die Lage der Araber aufmerksam«, berichtete er über das wundersame Mittel seiner dauerhaften Genesung. »Seit jener Zeit fühle ich mich in dieser Frage gefordert«, beschrieb er im salbungsvollen Jargon des Berufspolitikers die anhaltende moralische Wirkung dieser Entdeckung. Es war nicht Damaskus, wo es ja auch eine Lage der Araber gab, daß er vom Saulus zum Paulus geworden war, sondern Jerusalem. Dort hatte er sich vom Linken in einen Deutschen verwandelt, in einem moralischen Kurbad, das sich in der Folgezeit des Ansturms von Rekonvaleszenten aus der Bundesrepublik kaum erwehren konnte.

Von der »Aura der Kollektivschuld« erlöst, hatte er schon Mitte der 60er Jahre persönlich ein Ziel erreicht, dessen allgemeine Verwirklichung die *Nationalzeitung* noch immer einklagt. Die Leiden der Palästinenser vor Augen, konnte er aus dem Schatten Hitlers heraustreten. Nun war er frei für eine neue kollektive Aufgabe ganz eigener Art, nämlich für die des Bewährungshelfers. Und wie viele andere Absolventen des Bildungsurlaubs im Nahen Osten entdeckte er eine exklusive Fürsorgepflicht der Deutschen für Israel: »Ich vermag nicht«, begründete er dieses Ansinnen, »als Konsequenz aus den Verbrechen der Generation vor uns zu schweigen, wenn die Überlebenden, ihre Kinder und Enkel, Menschenrechte anderer verletzen.« Wenn israelische Polizisten prügeln, wenn israelische Soldaten Zivilisten erschießen, dann strapazieren diese Taten vor allem die deutsche Kollektivgeduld. Wolfgang Pohrt hat dieses Bewährungshelfersyndrom einmal treffend als sozialarbeiterische Ermächtigung der

Deutschen beschrieben, ihre Opfer davon abzuhalten, rückfällig zu werden.

Über ein Vierteljahrhundert lang versucht Norman Paech nun schon geduldig, dieser Rückfallgefahr entgegenzutreten. »Er hat sich«, heißt es über ihn in der Zeitschrift *Semit*, »mehr als einmal öffentlich engagiert, wenn es darum ging, Recht und Menschenrechte zu verteidigen, oft genug konträr zur offiziellen politischen Meinung ... Im Februar dieses Jahres reiste Norman Paech mit einer Delegation durch die besetzten Gebiete Israels ... Das Ergebnis dieser Reise soll in Buchform veröffentlicht werden. Es weist überprüfbar nach, mit welchen Schachzügen Israel seine Politik den Palästinensern gegenüber durchsetzt.«

Das Buch lag bei der Veranstaltung der GEW noch nicht vor, aber es gab doch genügend publizierte und referierte Hinweise, welcher Geist darin herrscht. »Einige der Mitreisenden«, faßte Paech seine letzte Erkundungsreise zusammen, »hatten Israel bisher noch nicht besucht, sie fanden die Stimmung im ganzen Land so angespannt, so aggressiv, daß sie nicht den Wunsch hatten, ein zweites Mal dorthin zu fahren.« Derartiges käme ihnen zu ihrem eigenen Wohnort, den sie, um solche Stimmungen zu erfahren, gar nicht hätten verlassen müssen, bestimmt nicht über die Lippen.

Von ganz ähnlichen Heimatgefühlen durchdrungen war im Frühjahr 1991 die Israel-Delegation der Grünen, als sie aus der bösen Fremde wieder ins gemütliche Grauen zurückkehrte. Ihr Sprecher Ströbele protokollierte damals die Drecksarbeit, die er einen Ausländer verrichten ließ: »Auf dem Rückflug erklärte ein Mitglied der Delegation, er sei froh, nach Deutschland zurückzukehren. Er, der Ausländer ist und die deutschen Behörden wegen der Behandlung von Ausländern in der BRD heftig kritisiert hat, äußerte spontan seine Liebe zu Deutschland, als wir in Frankfurt den Flughafen betraten.«

Den imaginierten Schachzügen der israelischen Politik, will heißen, den undurchsichtigen Tricks, korrespondiert auf Seiten der Autoren, wie Paechs Erläuterungen zu seiner diesjährigen »fact-finding-mission« belegen, eine durchsichtige Plumpheit, eine von keinerlei intellektuellen Regungen ins Wanken gebrachte Geradheit. Der Eifer der Bewährungshelfer plustert sich geradezu aufklärerisch auf. Jetzt soll man endlich die ganze Wahrheit erfahren. Zwar kann man in israelischen Zeitungen und Zeitschriften detailliert über selbst noch das geringste Vergehen der Besatzungspolitik nachlesen; zwar ist die veröffentlichte Meinung in Israel oft so aggressiv, daß sich dagegen noch der kritischste und meist von israelischen Vorlagen abgekupferte Artikel einer deutschen Zeitung, wie Rohkost ausnimmt, von der Flachheit des politischen Journalismus in Deutschland und der Regierungssprechermentalitat seiner Vertreter ganz zu schweigen; zwar ist jeder politische Vertuschungsversuch in Israel eine unwiderstehliche Aufforderung an alle Reporter, diesen aufzudecken; zwar gibt es dort, mit einem Wort, eine funktionierende Öffentlichkeit, doch der Gestus moralischer Aufgebrachtheit, mit dem Paech und seine gelehrigen Schüler in der GEW auf ihre Entdeckungen in Israel zeigen, suggeriert, daß sie die Wahrheit erst hier ans Licht brachten, weil es dort weder Demokratie noch Pressefreiheit gäbe. Dabei fischen sie nur im Trüben.

In der *Hamburger Lehrerzeitung* schreibt eine Vorbereitungsgruppe der GEW-Veranstaltung den Begriff Demokratie denunziatorisch in Anführungszeichen, wenn von Israel die Rede ist. Auf derlei Faxen kamen die pensionsberechtigten Demokratiekritiker hierzulande nicht, wo schon in Friedenszeiten der Ausnahmezustand erwogen wird, dessen es nachgerade gar nicht mehr bedarf. Und Professor Paech säße sicher schon im Knast und nicht auf einem Lehrstuhl, wenn er in Deutschland einmal für die Menschenrechte eintreten müßte in einer Situation, die auch nur annähernd dem Nahostkonflikt entspricht. Er moniert, Israel sei eine »Demokratie im Belagerungszustand«, eine »Militärdemokratie« und klagt über die Zensur im Lande. Wie lächerlich sich allerdings der deutsche Fackelträger der Informations- und Meinungsfreiheit mit seiner Anklage macht, entgeht am allermeisten ihm selbst: Ausführlich referiert er den Bericht eines im Militärgefängnis von Hebron mißhandelten palästinensischen Studenten, um in einem Nachsatz kleinlaut hinzuzufügen: »Über seine Vorwürfe der Folter wurden in der israelischen Presse berichtet.«

Fazit seiner Reise in Sachen Menschenrechte war: »der biblische Anspruch Israels« sei der Kern des Nahostkonflikts, »und zwar nicht nur was die Feindschaft zwischen Israelis und Palästinensern, sondern auch was die Feindschaft zwischen Israelis und Arabern betrifft«. Offenbar kann, was Juden und Israel angeht, keine Auskunft zu dumm sein, um nicht von Deutschen geglaubt zu werden. Die Feindschaft zwischen einem Israeli und einem hungernden Fellachen in Oberägypten, einem lese- und schreibunkundigen Iraki in Basra, einer unterdrückten saudiarabischen Frau und einem bettelnden marokkanischen Kind – alles im biblischen Anspruch Israels begründet? Keinen Augenblick wird auch nur die Möglichkeit eingeräumt, daß es für die Feindschaft zwischen Israelis und Arabern sachliche Gründe, beispielsweise die Vernichtungsdrohung durch letztere, geben könnte.

Immer wenn Linke zum plumpen Antisemitismus greifen, kommt die Bildung ins Spiel, nämlich die Bibel, die sie den Juden auch nicht verzeihen. Sogar im Anschluß an die weiter oben zitierte Versicherung Paechs, er habe aus der Massenvernichtung die richtigen Lehren gezogen, er könne also nicht schweigen, »wenn die Überlebenden, ihre Kinder und Enkel, Menschenrechte anderer verletzen«, taucht plötzlich ein biblisches Motiv auf: der Fluch

Gottes aus den Zehn Geboten. Paech unterstellt, es gäbe nach Auschwitz ein von Juden unter Berufung auf die Bibel erlassenes Kritikverbot für Deutsche und fragt: »Soll das auch für unsere Kinder und Enkel gelten?« Eigentlich wollte er ja Erpressung sagen, aber der unterschwellige Gedanke an den jüdischen Fluch verleiht der Frage erst den richtigen Kitzel.

Auf der Veranstaltung in Hamburg wurde die Kritik am Verständnis, welches die GEW dem Antisemitismus entgegenbringt, wild entrüstet zurückgewiesen. Ablehnung durch Anbiederung wollte man sich nicht nachsagen lassen, denn schließlich waren lauter gute Menschen hier versammelt. Die inkriminierten Zitate, insbesondere Professor Paechs Propagandalüge von der Mitschuld der Juden am Antisemitismus, seien aus dem Zusammenhang gerissen, lautete der Vorwurf an den Kritiker. Ein Zitat ist freilich, das lernt man offenbar bei diesen Lehrern nicht mehr, immer ein Ausriß aus einem Text. Der Schwachsinn eines bestimmten Satzes wird indes nicht dadurch aus der Welt geschafft, daß man sich auf die mildernden Umstände des Zusammenhangs beruft, in dem er steht. Und gerade die aus den Gewerkschaftsmaterialien zitierten Sätze sind in jeder Umgebung infam und rücken deshalb jeden Kontext, in dem sie stehen, in das trübe Licht des Antisemitismus.

Ein weiterer, auch bei der Hamburger Veranstaltung, beliebter Vorwurf, verfährt nach dem Motto: »Haltet den Dieb«. Wer die moralische Tarnung des linken Antisemitismus durchbricht, gilt als Aggressor, wer die davon ausgehende Bedrohung benennt, als bedrohlich, wer den Gestank moniert, als Stänkerer. Und man selber versteht sich als mutiger Tabubrecher, als ehrbarer Wahrer der Meinungsfreiheit, die von Kritikern mit dem Vorwurf des Antisemitismus erstickt zu werden droht. Mit demselben Gespür, mit dem Politiker das Asylrecht gegen dessen »Mißbrauch durch Scheinasylanten« verteidigen, wirft man sich als Vorkämpfer für ein Grundrecht in die Bresche. Man will der von jüdischen Vorbehalten bedrohten Meinungsfreiheit eine Gasse bahnen.

Ströbele hatte vor Jahresfrist das angestaubte Bekenntnis zur Verteidigung der Meinungsfreiheit aus der Mottenkiste des antijüdischen Agitators hervorgeholt: »Ich sehe den Vorwurf des Antisemitismus als politisches Totschlagsargument mißbraucht, um die harte Kritik an der israelischen Regierung zum Schweigen zu bringen.« Und in Hamburg plapperten Leute dies nach, denen man nichts Schlimmeres antun konnte, als sie zu zitieren.

Wie wollen die linken Lehrer nun »latentem Antisemitismus entgegentreten?« »Natürlich«, versichern sie in ihrer Gewerkschaftszeitung, »muß eine Beschäftigung mit dem Verhältnis von Deutschen und Juden vom Holocaust ausgehen.« Ja, natürlich – soll heißen: Logo, alles klar, versteht sich, ist ja gebongt, machen wir, muß sein. Doch dem flotten »natürlich« folgt auf dem Fuß ein einschränkendes »aber«: »Aber daß aus der Vernichtungspolitik der Nazis gegenüber den Juden abgeleitet wird, Ansprüche und Politik des Staates Israel bedingungslos zu akzeptieren, stößt bei Jugendlichen zunehmend auf Unverständnis.« Auf zunehmendes Verständnis hingegen stößt diese Haltung bei den Lehrern, die sie feststellen. Sie legen dabei jene apologetische Einfühlsamkeit an den Tag, wie man sie inzwischen zu Genüge von Politikern und Sozialarbeitern kennt, die sich zu den Schandtaten des Mobs geäußert haben. Doch abgesehen von der offenkundigen Lüge, die Politik Israels bedingungslos akzeptieren zu müssen, was niemand jemals gefordert hat, sind – wie im Fall der rücksichtsvoll betrachteten Brandstifter – die Schüler nur ein Vorwand zur Bestätigung und Rechtfertigung des eigenen Ressentiments. Es wird auf dem Umweg über die Schüler nur pädadogisch veredelt.

Eine Lehrerin erläuterte beispielhaft, wie sie einmal erfolgreich den latenten Antisemitismus ihrer Schüler bekämpft hatte: es gebe auch gute Juden, habe sie einem Schüler erklärt, der mit so latent antisemitischen Parolen wie »Juden raus« oder »Nieder mit Israel« aufgetreten sei, es gebe beispielsweise israelische Wehrdienstverweigerer. So eng wie seine deutschen Freunde wollte ein palästinensischer Diskussionsteilnehmer das nicht sehen; er erweiterte den Kreis der Juden, die keinen Anlaß zum Antisemitismus böten, auf »demokratische Juden«. Ob auch der Rostocker Politiker Karlheinz Schmidt bei der GEW geschult wurde, weiß man nicht. Jedenfalls redete er beim Empfang für Bubis, als hätte er sich zwei Tage zuvor in Hamburg darauf vorbereitet. Denn mit der Frage, was der Zentralratsvorsitzende der Juden von den Auseinandersetzungen zwischen Israelis und Palästinensern halte, wollte er ganz unbefangen feststellen, ob er es mit einem guten oder einem bösen Juden zu tun habe.

Ein anderer Lehrer, der es mit »judenkritischen Äußerungen« – wie Antisemitismus neuerdings vom *Spiegel* genannt wird – zu tun hatte, wollte einem Schüler bei der Frage der Wiedergutmachung behilflich sein, natürlich in bester pädagogischer Absicht. Auf das dumpfe Geblöke des Schülers, die Deutschen hätten genug geblecht und gebüßt, reagierte er mit ganz besonderer Anteilnahme. Er wies den Schüler weder barsch zurecht, noch machte er den Versuch, ihn aufzuklären. Er hätte ihm beispielsweise erläutern können, wie teuer ihn, den Schüler, ein versehentlich verursachter Verkehrsunfall im schlimmsten Fall käme. Damit wäre der Lehrer automatisch beim besten Fall, nämlich bei der Tatsache, wie vergleichsweise billig die Deutschen mit dem von ihnen vorsätzlich verursachten Massenmord davongekommen seien. Nichts dergleichen. Der engagierte Lehrer echote bloß zurück: auch er hielte die Wiedergutmachung für einen Schwindel, mit diesen Zahlungen seien bloß die Nazis entlastet und die völkerrechtswidrige Politik Israels unterstützt worden.

So sieht es aus, wenn Gewerkschaftsangehörige dem Antisemitismus entgegentreten: sie geben dem Ressentiment Nachhilfeunterricht. Es scheint wieder das bekannte Bild auf, logisch widersprüchlich, aber psychologisch konsistent. Doch die Jugendlichen riechen den Braten. Sie wollen keine linke Verfeinerung des Vorurteils, sie wollen keinen differenzierenden Zuspruch zum Haß. Sie wollen irgendwann aufs Ganze. Begriffen haben sie nur, wie hilflos der linke Antisemitismus ist und daß ihnen ihre linken Lehrer einmal nicht im Weg stehen werden.

Vielleicht erinnert sich noch jemand an eine lange zurückliegende politische Diskussion, die geführt wurde, als es noch nicht um das duale System, sondern um die Frage von Herrschaft und Ausbeutung, nicht um Lebensqualität, sondern um die Frage von Reichtum und Armut ging. Damals entstand der Begriff vom »hilflosen Antifaschismus«, mit der jene Auffassungen von Geschichte und Gesellschaft in Deutschland qualifiziert wurden, über die Max Horkheimer ein vergessenes Urteil gesprochen hatte: »Wer aber vom Kapitalismus nicht reden will, sollte auch vom Faschismus schweigen.«

Die Entwicklung der letzten beiden Jahrzehnte muß man als Aufstieg vom hilflosen Antifaschismus zum hilflosen Antisemitismus bezeichnen. Beiden Konzepten eignet dieselbe Beschränktheit; beide sind ein Gemisch aus Kritik und Apologie; beide changieren zwischen Anbiederung und Ablehnung. Dem eingeschränkten Erklärungshorizont des hilflosen Antifaschismus entspricht heute die begrenzte Reichweite des neuen Antisemitismus. Er findet zu seinem Ärger tatsächlich an Israel seine Grenze. Das macht die in Deutschland lebenden Juden nicht glücklicher, und sicherer bestimmt auch nicht, aber den Antisemitismus von links eben letztlich hilflos. Weit davon entfernt, einen untragbaren Zustand im Nahen Osten beenden zu helfen, befordert er nur, daß ein unerträglicher Zustand sich hierzulande verfestigt.

Der einzige Gewinn für die Protagonisten des hilflosen Antisemitismus besteht darin, daß sie sich selbst demontieren und den Beginn der selbstverschuldeten Überflüssigkeit einläuten. Und wenn in diesem Land tatsächlich das Bündnis von Mob und Elite obsiegen sollte, dann bestimmt nicht über eine Opposition, die Konzessionen ans antijüdische Ressentiment als aufklärerische Pädagogik anpreist.

Mit dem eingangs erwähnten Junktim: »Nur wenn wir uns kritisch mit Israel auseinandersetzen, können wir glaubhaft latentem Antisemitismus im Unterricht entgegentreten«, ist die GEW bereits die Krankheit geworden, als deren Arzt sie auftreten möchte. Dieser Satz ist nicht nur infam, sondern auch bodenlos dumm. Er ist infam angesichts gelynchter Ausländer, brennender Flüchtlingsheime und zertrümmerter Gedenkstätten. Er ist bodenlos dumm, denn niemand wird der Gewerkschaft diese Vorleistung auf einen völkischen Konsens gutschreiben. Das zumindest hätten die Gewerkschaftsmitglieder doch aus der deutschen Geschichte lernen können.

Der Antisemitismus war einmal die erste Frage gewesen, in der sich Linke vom Rest der deutschen Gesellschaft unterschieden hatten. Nun scheint der Antisemitismus zur letzten Antwort geworden zu sein, welche sie beim vollzogenen Wandel durch Annäherung noch geben können. Aus der radikalen Abwehr des Antisemitismus ist am Schluß eine schwächliche Hinwendung zu ihm geworden. Daß die Sozialdemokratie eine »Judenschutzpartei« gewesen sei, war eine Erfindung der nazistischen Propaganda. Daß Juden in Deutschland nicht auf die Linke, schon gar nicht auf die Hamburger GEW zählen können – das ist die Wahrheit heute.

Statt mit dem Nahen Osten sollte sich die Hamburger GEW besser mit dem ganz nahen Osten beschäftigen. Statt mit der israelischen Besatzung in Palästina sollte sie sich mit der deutschen Besessenheit auseinandersetzen, von der sie selbst ergriffen ist. Weltumspannende Moraloffensiven von Leuten, die dem Rassismus im eigenen Lande Konzessionen machen, sind pure Heuchelei. Und die für die Artikulation des eigenen Vorurteils bloß vorgeschobenen kids, die heute schon alle schlauer sind als die Sozialarbeiter von gestern, wissen noch vor ihren Lehrern, daß deren Aufforderung »Menschenrechtsverletzungen müssen kritisiert werden, gleichgültig, wo sie stattfinden« (Paech) nur die Eingangsphrase zur Sonderbehandlung der Juden ist und als Aufreißer dafür dient, warum man sich ausgerechnet und besonders heftig mit Israel befassen muß.

Mit Israel hat das alles gar nichts zu tun, und deshalb blieben die Pädagogen auch besser am Ausgangsort ihrer Absichten. Hier könnte die GEW tun, was sie ein Jahr nach dem Golfkrieg per Zeitungsanzeige verkündete, nämlich »einseitig Partei ergreifen für den Frieden«. Beispielsweise könnte sie einen UNO-Blauhelm-Einsatz in der Bundesrepublik fordern. Natürlich ohne deutsche Beteiligung. Damit wäre dem friedensbewegten Protest neues Leben eingehaucht und auch der deutschen Polizei, der gegenwärtig einzigen organisierten Friedensbewegung, geholfen. Und geholfen wäre vor allem den Ausländern. Aber vielleicht hält der an Israel geschärfte Blick der GEW das, was in Rostock und andernorts passiert, für eine deutsche Intifada?

1993

Moralischer Antisemitismus

Zwei gute Deutsche und der Golf

I.

Er hat Israel noch nicht vernichtet und Palästina noch nicht befreit. Aber in Deutschland hat Saddam Hussein sein Kriegsziel bereits erreicht: der Karneval fällt aus, und dafür geht die Friedensbewegung um. Kein Rosenmontagszug, sondern Mahnwachen; kein Konfetti, sondern Schweineblut. Keine Besoffen-, sondern Betroffenheit. Und erneut zeigt sich, noch unerträglicher als wenn sie fröhlich sind, sind die Deutschen, wenn sie gut sind.

Der begrenzte Krieg im Nahen Osten hat in Deutschland ein grenzenloses Wunder vollbracht. Ostern fällt in die Winterzeit, denn die deutsche Friedensbewegung ist plötzlich von den Toten auferstanden. Noch beim Überfall des Irak auf Kuwait und bei den noch länger zurückliegenden Drohungen, Israel mit Massenvernichtungswaffen auszulöschen, moderte die Leiche friedlich vor sich hin.

Einer der ersten, der sich am Grabe der Friedensbewegung zu schaffen machte, um der Verblichenen neuen Odem einzuhauchen, war der *Spiegel*-Herausgeber Rudolf Augstein. Wie man einen Erfrorenen mit Schnee einreibt, so behandelte er den Kadaver mit den Ursachen seines Zustandes: mit einem Elixier aus Nationalismus und ganz persönlicher Entrüstung. Und den Grund dieser anhaltenden Empörung teilte der schreibende Wiederholungssanitäter mit: Die Leiden des jungen Rudolf A., so erfuhren die *Spiegel*-Leser in der Ausgabe zur Wiedervereinigung Anfang Oktober 1990, waren die Leiden einer noch unerwiderten Liebe zu diesem Staat. Er habe, so teilte er im Brustton des patriotischen Veteranen mit, wegen dieser Liebesbeziehung in drei deutschen Gefängnissen gesessen. Doch mit der von ihm publizistisch begleiteten Verwandlung der deutschen Bevölkerung ins deutsche Volk wurde er reichlich für jenen frühen Liebes- und vergleichsweise komfortablen Freiheitsentzug entschädigt.

Daß andere, beispielsweise die Juden, ihre unerwiderte Liebe zu Deutschland nicht nachträglich auch als Gewinn verbuchen wollen, nimmt er ihnen seitdem übel. Zwar hatte er sich schon vor jeder organisierten deutsch-jüdischen Verbrüderung auf höchst private Weise mit ihnen versöhnt, indem er sich das Pseudonym Jens Daniel zulegte, einen – worauf er jüngst seine Leser eigens hinwies – »nordisch-alttestamentarischen« Namen. Doch trotz dieser alttestamentarischen Namenssymbiose machte ihm ständig zu schaffen, was seiner Auskunft nach auch schon Göring beim Nürnberger Prozeß Magenschmerzen bereitet hatte. Göring habe zu einem Mitangeklagten gesagt: »Wenn nur nicht dieses verdammte Auschwitz wäre! Ohne Auschwitz könnten wir uns richtig verteidigen. So ist uns jede Möglichkeit verbaut. Alle denken, wenn von uns die Rede ist, immer nur an Auschwitz und Treblinka«.

Gottseidank kam dann der Kalte Krieg: »Die Kluft zwischen Ost und West hat uns aus der schlimmen Isolierung der Gaskammern herausgeholfen«, atmete Augstein auf, als seien die Deutschen 1952 gerade noch rechtzeitig vor der Vernichtung bewahrt worden. Mit dem Ende der Nachkriegszeit, die Augstein als früher Sprecher der späteren Friedensbewegung immer als Periode nationaler Demütigung durch die Alliierten begriffen hat, war diese hilfreiche Kluft zwischen Ost und West mit einem Mal verschwunden. Und es drohte nun die vom *Spiegel*-Herausgeber des öfteren beschworene Gefahr, daß die Weltöffentlichkeit sich nicht von der deutschen Amnesie anstecken ließ. Es konnten also auch die Juden daran erinnern, daß das neue Deutschland, dessen »Stunde Null« Augstein jetzt proklamierte, immer noch das Land sei, zu dessen jüngerer Geschichte die Massenvernichtung gehöre.

Die Erinnerung daran hatte er ihnen schon Jahre zuvor nicht verziehen, als er die Reputation des Bundeskanzlers mit dem Hinweis verteidigte, es habe keinen moralischen Unterschied zwischen der schweigenden Mehrheit der Deutschen und der von diesen umgebrachten Juden gegeben. Wenn er also, um an ein Diktum Adornos zu erinnern, zähneknirschend zugab, daß Verbrechen begangen worden waren, dann sollte wenigstens das Opfer mitschuldig sein. Seine journalistischen Trompetensignale vor Ausbruch des Golfkriegs, die er in die noch tauben Ohren der dahingeschiedenen Friedensbewegung stieß, zeigen, daß der *Spiegel* – und nicht etwa die *Bild*-Zeitung – zum Meinungsführer des Volksempfindens bei der Vollreinigung der deutschen Geschichte geworden ist.

Wie indes der wirkliche Führer nur befehlen kann, was die Bevölkerung will, daß er befiehlt, so kann auch der *Spiegel*-Herausgeber nur verlautbaren, was er abgelauscht hat. Er ist nicht der Praeceptor der Nation, für den er sich gerne hält, wenn er seine Leser gelegentlich nicht mit Tagesmeinungen, sondern mit historischen Gesinnungsaufsätzen traktiert, in denen er alles zwischen Plato und Nato hervorkramt, um die deutsche Ehre zu verteidigen. Er ist nicht der zu Unrecht nicht anerkannte deutsche Großhistoriker der zweiten Jahrhunderthälfte, sondern bloß der Stichwortgeber seiner kollektiven Einflüsterungen. Er ist der Biedermann als Anstifter, das Sprachrohr des gesamtdeutschen Vorurteils. Er macht aus dem Stammtisch, wo es vom Himmel durch die Welt zur

Hölle geht, eine für Aufsichts- wie Studienräte akzeptable Tafelrunde des völkischen Ressentiments. Während es in der Kneipe um einen Hocker am Tresen geht, verlangt es ihn nach einem deutschen Platz an der Sonne. Und wenn sich andere dazwischenstellen und einen Schatten darauf werfen, dann schreibt Augstein eine Kolumne.

Seine Artikel sind Verlautbarungen des ehrbaren Antisemitismus, der zwar die Juden nicht verbrennen, sich umgekehrt, wie Augstein kürzlich erklärte, aber auch von diesen »nicht die Erinnerung an die Rampe von Auschwitz für immer ins Gedächtnis brennen« lassen will. Die mit der »Stunde Null« neugewonnene Unschuld möchte er sich nicht von anmaßenden Juden rauben lassen, die besser daran getan hätten, das KZ als Fortbildungseinrichtung zu begreifen. Sie hätten doch, wie der Oberlehrer monierte, »in der eigenen Geschichte erfahren..., wie man mit Minderheiten nicht umgehen sollte, und wohin der Mangel an Toleranz führt«. Jetzt müssen sie also nachsitzen, im Bunker und mit Gasmaske. »Man ist Antisemit, um Antisemit zu sein«, schrieb vor hundert Jahren der österreichische Autor Hermann Bahr. So selbstlos ist diese Leidenschaft heute nicht mehr. Und nach Augsteins rhetorischer Frage »Ist Israel noch zu retten?« muß man jene Wendung neu fassen: »Man ist Antisemit, um Deutscher zu sein«.

Noch fehlte indes jene zündende Parole, welche die von Augstein behandelte Leiche dazu bewegen konnte, als moralischer Herrenmensch ins wirkliche Leben zurückzukehren. Mit »Kein Blut für Öl« war sie gefunden, und als Antwort auf den Heiligen Krieg entstieg der Gruft die fundamentalistische Bewegung zum Heiligen Frieden. Lauter Gesinnungsträger wie ehedem, die trotz ihrer Jugendlichkeit den Altvorderen gleichen wie aus dem verhärmten Gesicht geschnitten; eine Art letztes Aufgebot der Friedensbewegung, die nun, indem sie Schüler und

Kleinkinder mobilisiert, schließlich ihre pazifistische Werwolf-Truppe geschaffen hat. Mit ihrer durch weiße Armbinden vollzogenen Verwandlung von Schülerlotsen in Luftschutzwarte machen die Jugendlichen ihr Gefolgschaftsbedürfnis geltend und demonstrieren mit Schweigemärschen hauptsächlich, daß es keines Krieges hier mehr bedarf, um in Reih und Glied zu denken. Und wer die weißen Bettlaken aus den Fenstern hängen sieht, muß den Eindruck gewinnen, jetzt sei endlich erreicht, was die alte Friedensbewegung immer behauptet hatte, nämlich daß Deutschland ein besetztes Land sei, dessen Bewohner nun auf den Balkon treten mit der Mitteilung: Wir übergeben uns!

II.

Schuld am imaginierten Weltuntergang sind die USA, doch am Grund dieser Schuld liegt Israel – das ist die Botschaft der unbefangenen Apokalyptiker auf der Straße. Deshalb war auch, noch ehe eine einzige irakische Rakete auf Israel niedergegangen war, von der deutschen Treffsicherheit auf jüdischen Friedhöfen zu lesen.

Wenn Ekkehart Krippendorff, Politikprofessor in Berlin und gleichzeitig eine Art freier Mit- und Weiterdenker Augsteins, am 22. Januar 1991 in der *taz* schrieb: »Ohne Wenn und Aber für Israel«, dann war diese Überschrift nur die branchenübliche, das heißt, die aus dem deutsch-jüdischen Versöhnungsgeschäft herrührende Tarnformel für ihr genaues Gegenteil. Denn ohne wenn und aber ist man in Deutschland nur für die toten Juden.

Es handelte sich bei dem Text von Krippendorff, der gelegentlich wie und bei Augstein von der »Fremdbestimmung der Sieger« schwadronierte, um genau jenes Quantum moralischer Nachrüstung, dessen die neu erweckte Friedensbewegung noch ermangelte, um sich das rechte Gewissen zu einer besonderen Fortzeugung des Antisemitismus zu machen: zu einem Judenhaß, der aus der Friedensliebe kommt – zu einem moralischen Antisemitismus. Im Namen des Friedens gegen Israel zu sein ist etwas Neues. Denn dieses Ressentiment hat alle praktischen und politischen Beweggründe abgestreift. Es handelt sich bei ihm nicht mehr um den wie Bebel sagte »Sozialismus der dummen Kerle«. Dieser neue Antisemitismus erwächst weder aus niedrigen Instinkten noch ist er Ausfluß ehrbarer politischer Absichten. Er ist die Moralität von Debilen.

Das antijüdische Ressentiment entspringt den reinsten menschlichen Bedürfnissen, es kommt aus der Friedenssehnsucht. Es ist daher absolut unschuldig, es ist so universell wie moralisch. Dieser moralische Antisemitismus beschließt die deutsche Wiedergutwerdung insofern, als sich durch ihn die Vollendung der Inhumanität ankündigt: die Banalität des Guten.

Vom Giftgas reden weder Augstein noch Krippendorff. Denn im Hause des Henkers redet man nicht vom Strick. Es könnte passieren, daß das neue Deutschland, dessen Beginn Krippendorff im Unterschied zu Augsteins »Stunde Null« einmal auf den 2. Juni 1967 vordatiert hat, in einem Atemzug mit Gas genannt wird. Hatte sich denn Dorothee Sölle bei Gildemeister Zutritt verschafft, um dort ihr Mutter Unser zu beten, oder ist Walter Jens, der Sitzheld von Mutlangen, etwa nach Eschborn gewandert, um sich philologisch über die Ausfuhrgenehmigungen herzumachen? Das damalige friedensbewegte Geschwätz über das auserwählte Volk der Bombe, über die besondere Bedrohung Deutschlands schloß das Schweigen über dessen besondere Bedrohlichkeit ein. Und weil er jahrelang besonders heftig geschwiegen hatte, hängte der DGB kurz nach Ausbruch des Krieges, noch fünf symbolische Minuten an.

Bei ersten Demonstrationen gegen den Golfkrieg kam

das Wort Gas nicht vor, und erst recht nicht, wen es bedroht. Um so heftiger hingegen war die Forderung zu hören, dem Diktator bei der Ausführung seines von ihm angedrohten Massenverbrechens – nämlich Israel in ein Krematorium zu verwandeln – nicht in den Arm zu fallen. Die mit der Friedensforderung behauptete Anteilnahme am Schicksal der irakischen Bevölkerung ist indes nicht so selbstlos, wie sie sich gibt. Diese Sympathie verrät unmißverständlich, daß es sich bei ihr um einen vorausschauenden Rückblick handelt: am Irak soll nicht vollstreckt werden, was den Deutschen bereits widerfahren war. Mit dem beständigen Hinweis der Demonstranten, daß Deutschland aufgrund seiner eigenen Geschichte eine besondere und weltweite Verantwortung für den Frieden habe, soll vor allem eine deutsche Errungenschaft der jüngeren Geschichte vergessen gemacht werden: daß nämlich der einzige deutsche Beitrag zur Zivilisation im 20. Jahrhundert darin besteht, den Krieg als Mittel der Politik eben nicht abgeschafft, sondern im Gegenteil ihn als Sachwalter der Humanität überhaupt erst möglich gemacht zu haben.

Die Juden Israels gelten als *quantité négligeable* – bestenfalls, oder aber als die eigentlich Schuldigen, wie man es bei Krippendorff nachlesen kann. Er übersetzt die irakische Propaganda in die Sprache der deutschen Betroffenheit. Wenn Saddam Hussein tönt, was die Etikette Krippendorf verbietet, daß nämlich die Juden das Unglück der Araber seien, dann heißt das im Jargon der moralischen Nachrüstung des Antisemitismus: »Das ist der Sturm, zu dem die Politik des Staates Israel den Wind gesät hat. Man stelle sich vor, Israel würde sich noch heute bedingungslos aus den besetzten Gebieten zurückziehen ...«

Bedingungslos – das hätte er gern. Außerdem müsse die deutsche Friedensbewegung »unzweideutig darauf bestehen, daß die rigide, arrogante, ja ›rassistische‹ israelische Politik einen wesentlichen Anteil an der Popularität des brutalen Saddam Hussein« habe.

Ähnlich argumentierte vor einem halben Jahrhundert eine andere Bewegung, die unzweideutig darauf bestand, daß die rigiden jüdischen Kaufhausbesitzer einen wesentlichen Anteil an der Popularität des Führers hatten. Der hat ja bekanntlicherweise dann die Kaufhäuser abgeschafft und den Sozialismus eingeführt. Krippendorff setzt, wenn er die Politik Israels qualifiziert, das Adjektiv rassistisch in Anführungszeichen. Was will er damit sagen, wenn er dieses Wort mit Samthandschuhen anfaßt, wo er es doch wörtlich meint? Bedauert er, daß die Nürnberger Gesetze nicht mehr gelten, denen zufolge nur Deutsche Rassisten sein durften? Will er den Leser darauf vorbereiten, daß, sollte er künftig einmal mit Anführungszeichen von der »jüdischen Verschwörung« schreiben, diese dann auch wirklich gemeint sei. Tatsächlich sind diese diakritischen Zeichen Signale der Kumpanei zwischen dem Autor und dem Publikum, sie sind Lidschläge eines einvernehmlichen Zwinkerns: wir wissen schon, was gemeint ist.

In einer 1987 im *Spiegel* erschienenen Eloge auf die Protestbewegung hatte sich Krippendorff an einer Diagnose versucht, die eher einer Selbstbezichtigung gleichkam: »Die deutsche Sprache, ein sichereres Indiz für veränderte Kultur als alle politische Analyse, ist nicht mehr dieselbe wie noch vor zwanzig oder gar hundert Jahren: Sie ist flexibel, schöpferisch, unbotmäßig, phantasievoll geworden.«

Vor allem flexibel, so legt sein antiisraelisches Pamphlet in der *taz* nahe, wenn es um Ursache und Wirkung, und phantasievoll, wenn es um die Wahrheit geht. Im triefigen Mitleidston schreibt er über den »ganz und gar friedlichen, passiven Widerstand der Palästinenser«, als hätten diese nicht schon genug an den Schlägen der Besatzungsmacht zu leiden, sondern auch noch einen Tritt der deutschen Friedensbewegung nötig, mit dem sie, die doch allen Grund haben, nicht mit weißen Armbinden, sondern mit Steinen in der Hand sich zu wehren, auf das Niveau ihrer deutschen Anwälte herabgedrückt werden sollen.

»Ein Deutscher ist ein Mensch«, notierte Adorno einmal, »der keine Lüge aussprechen kann, ohne sie selbst zu glauben.« Krippendorffs Bekenntnis ohne Wenn und Aber zu Israel nimmt sich aus wie das Plädoyer des Advokaten in der »Fledermaus«, der sich dem schlecht vertretenen Klienten gegenüber mit den Worten verteidigt: »Ich wollte Sie nicht beleidigen, sondern verteidigen«. Er hat sich, wie Augstein auch, nur über Kritik von außen geärgert, darüber, daß ein frecher Jude sich in der *taz* über die Dämlichkeit der Friedensbewegung auslassen durfte. Von einem, der nicht ihren Stallgeruch teilen will, lassen sich Krippendorff und die anderen, »die wir mitten drin stehen«, doch nicht den mühsam erworbenen moralischen Antisemitismus vermiesen. Und wie Augstein so fordert auch Krippendorff die Juden auf, sie sollten gefälligst die besseren Menschen sein.

Schon 1942 hätten sie diese Ermahnung mißachtet, indem sie die Deportationen nicht mit einem Sitzstreik abgewendet hätten, schrieb Krippendorff in der *taz* zwei Tage bevor er als Israelexperte debütierte: »Man stelle sich vor, die Kolonne der Hunderte und Tausende auf dem Weg zu den Güterbahnhöfen hätten sich schlicht hingesetzt – hätten Polizei, SA, Wehrmacht und SS es gewagt, im Angesicht aller deutschen Zuschauer diese Menschen zusammenzuschlagen und sie Körper für Körper, widerstandslos und doch mächtig, auf Lastwagen zu verfrachten?«

Ein einziges jüdisches teach-in, und Goebbels hätte einpacken können; ein einziges jüdisches sit-in, und die Deutschen hätten sich in eine Bürgerrechtsbewegung verwandelt. Doch offensichtlich fehlte den Juden die

Zivilcourage, die sie gleichzeitig auch noch den Zuschauern ihres Elends beibringen sollten. Weshalb sie also nicht nur an ihrer eigenen Vernichtung schuld, sondern auch für den fehlenden Widerstand bei den Deutschen verantwortlich sind. Zwischen der Diagnose des selbstverschuldeten Massenmords und der Feststellung der »arrogant-heroischen Selbstmordpolitik des Staates Israel« besteht ein innerer Zusammenhang. Beides sind Wunschvorstellungen eines Judenreferenten von heute.

Die Extreme berühren sich, hieß es einmal. Angesichts des Ineinanders von herrschender Meinung und Kritik an ihr, angesichts der Nähe von Augstein und Krippendorff muß es jedoch heißen: was sich berührt, wird extrem.

1991

Sein Name ist ein Ärgernis

Zur Kampagne des deutschen Feuilletons gegen Marcel Reich-Ranicki

Meine Damen und Herren,

wären die militärischen Verschwörer vom 20. Juli erfolgreich gewesen und nicht die Alliierten, dann würden wir uns weder heute abend hier einfinden können, noch gäbe es den Anlaß zu dieser Veranstaltung. Es gäbe keine Medienkampagne gegen den Literaturkritiker, und zwar deshalb nicht, weil es Marcel Reich-Ranicki nicht gäbe, jedenfalls nicht in Deutschland.

Die letzten Juden Europas, derer die Nazis damals noch habhaft werden konnten, wurden gerade in die Gaskammern gejagt, da verständigten sich die Verschwörer auf einen älteren Plan zur Lösung der Judenfrage. Denn auch sie wollten eine Judenfrage lösen. Die Juden sollten aus Europa nach Kanada oder Südamerika verfrachtet werden. Dieser Plan war in Eichmanns Schublade verschwunden, nachdem die Nazis sich entschlossen hatten, es sei besser, die Juden umzubringen, statt sie zu verjagen. Die Juden, oder was von ihnen übrig war, sollten weggeschafft werden, denn die Welt, so die Auffassung der Verschwörer, käme nicht eher zur Ruhe, bis nicht eine globale »Neuordnung der Stellung der Juden« erreicht sei. Auch deutsche Offiziere fänden dann endlich wieder den inneren Frieden, den die Ermordeten gestört hatten. Durch ihre Abschiebung nach Übersee hätten die Juden keine Gelegenheit mehr, Anlaß der moralischen

Kränkung der Soldatenehre zu sein. Wie sehr Juden in ihrer Eigenschaft als Kandidaten der Ermordung durch SS und Wehrmacht deutschen Offizieren zusetzten, welch unerträgliche Belastungen die Opfer den Tätern aufluden, ja wie geradezu die Täter sich opferten, wenn sie Tote herstellten – von dieser Selbstlosigkeit zeugt nicht nur jene berühmte Rede Himmlers, der 1944 davon gesprochen hatte, daß deutsche Soldaten trotz all dieser Zumutungen anständig geblieben seien. Von General Speidel, dessen Name für die Kontinuität von Wehrmacht und Bundeswehr steht, ist aus dem Jahr 1950 die Auskunft überliefert, daß in Wahrheit nicht die Opfer, sondern die Vollstrecker des Verbrechens gelitten hatten. Über den hingerichteten Mitverschwörer General Carl-Heinrich von Stülpnagel, der an der Ostfront einen »vermehrten Kampf gegen das Judentum« befohlen hatte, über Stülpnagels Einordnung und frühes Leid erklärte Speidel: »Bei seinem hohen ethischen Grundgefühl empfand er das Amoralische des Systems als ständiges seelisches Martyrium.« Damit diese Leidensgeschichte ein Ende hätte, sollten die Juden weg. Reich-Ranicki hätte keine Chance gehabt – ab nach Kanada oder Chile; selbst die Ausnahmebestimmungen, über welche die Verschwörer penibel nachgedacht hatten, hätten ihm damals nicht geholfen. Nur Juden, deren Familie schon über mehrere Generationen in Deutschland ansässig waren, sollten bleiben dürfen, oder jene, die sich um Deutschland verdient gemacht hatten. Aber Reich-Ranickis unheilbare Liebe zur deutschen Kultur hatte damals noch vornehmlich darin bestanden, daß er las und noch nicht publizierte, daß er also noch nicht zum »Verdienstjuden«, wie es bei den Nazis geheißen hatte, avanciert war. Genau unter der Berufung auf diese Anstrengung, Reich-Ranicki habe einen wichtigen Beitrag zur deutschen Kultur geleistet, verteidigten manche den Angegriffenen gegen die Infamien des deutschen Feuilletons.

Von Tucholsky, der andere Daten deutscher Traditionsfindung kommentierte, stammt die treffende Bemerkung: »Nie geraten die Deutschen so außer sich, wie wenn sie zu sich kommen wollen.« Heute wollen sie wieder. Es soll historisch zusammenwachsen, was wirklich zusammengehört, denn nach der geschichtlichen Vorlage ist auch das Modell der Identität gebildet, das nun vom Stapel laufen soll. Die negative Abgrenzung nach außen korrespondiert mit der positiven Bindung nach innen und dem Anschluß der Vergangenheit. Deren Dioskuren oder doppeltes Lottchen heißen Schindler und Stauffenberg, oder auf einen Nenner gebracht: »der gute Nazi«. Doch wie damals, als der identische Deutsche um sein seelisches Gleichgewicht gebracht wurde, so stören die Juden auch heute den Frieden, der mit der Geschichte gemacht werden soll. Ansonsten umworben und für die Imgagepflege Deutschlands bei jeder sich bietenden offiziellen Gelegenheit ins Rampenlicht geschleift, sind die Juden anläßlich der Ausrufung des »anderen Deutschland« auf eigentümliche Weise abwesend. Sie jedenfalls haben nicht vergessen, daß dieses »andere Deutschland« noch, wie Hannah Arendt es einmal formuliert hat, »durch einen Abgrund von der zivilisierten Welt getrennt war«. Und diesen Abgrund nimmt man den Juden übel. Sie hätten ein Problem mit dem 20. Juli, beschwerte sich der Sohn des Hitler-Attentäters, als der Vorsitzende des Zentralrats der Juden vorsichtig auf diesen Abgrund hinwies. Stauffenberg junior kann Bubis freilich nicht verzeihen, daß die Mehrzahl der militärischen Verschwörer ganz ordinäre Antisemiten waren. Für den Umstand, daß darüber beim offiziellen Gedenken nicht die Rede sein soll, wird man seit einiger Zeit ausführlich entschädigt. Dem Schweigen über die Vorgeschichte, die Motive und Pläne der militärischen Verschwörer gegen Hitler entspricht die Geschwätzigkeit über die Opfer. Wenn der Bürger, schrieb Adorno einmal, schon zugibt, daß Verbrechen geschehen sind, dann will er auch, daß das Opfer mitschuldig ist. Der gegenwärtig zu neuem Leben erweckte anständige Deutsche bezieht gerade aus der Unanständigkeit der Ermordeten und Überlebenden seine politische Vitalität. Wie die Kirche den Teufel, so braucht der gute Deutsche den bösen Juden. Dieser Zusammenhang liegt der »Affäre« Reich-Ranicki zugrunde, die eine Affäre des deutschen Feuilletons ist.

Die antijüdische Begleitmusik, die in diesem Fall gespielt wird, ist nicht neu. Die Orchesterbesetzung hat gewechselt. Jahrelang war, um einen verwandten Fall zu erwähnen, Heinz Galinski, der verstorbene Vorsitzende der Berliner jüdischen Gemeinde, die Projektionsfigur für einen weit verbreiteten Antisemitismus von unten, einen Antisemitismus nicht trotz, sondern wegen Auschwitz. Wer gar nichts wußte, wußte immer noch, wer Galinski war; wer nichts zu sagen hatte, dem fiel zu Galinski etwas ein. Er war der »Mahner«, wie es immer wieder hieß, der sich als notorischer Gläubiger gebärdete. Er war der Itzig der Nachkriegszeit, die mit seinem Tod und der Wiedervereinigung zuende ging. Der Haß auf ihn freilich war nicht Ausdruck dumpfer Verdrängung der mörderischen Geschichte, sondern eine Leistung des hellwachen Bewußtseins selbst noch der verblödetsten Landsleute: mit der jüngeren deutschen Geschichte sollte nicht einfach Schluß sein, sondern diese sollte, indem es gegen Galinski ging, erst richtig zu ihrem Abschluß gebracht werden. Daß er noch da war, ging nicht mit rechten Dingen zu. Etwas war damals schiefgelaufen. Er war sozusagen ein Toter, der nicht sterben wollte.

Im Fall Reich-Ranicki, dem man nicht den Titel eines »Mahners«, sondern den um nichts weniger Respekt wie Rankülne vereinigenden Titel eines »Richters«, eines »gnadenlosen Richters« verliehen hat, in seinem Fall verhält sich die Sache etwas anders. Der Mann wird nicht vom Publikum, sondern von Kollegen und Literaten gehaßt, die das Ressentiment erst ausbilden und formulieren müssen, damit es kollektiv wirksam wird. Erst wenn diejenigen, die Reich–Ranicki als Literaturkritiker verrissen oder, schlimmer, ignoriert hat, es geschafft haben werden, den Kritiker im jüdisch-kommunistischen Agenten verschwinden zu lassen, können sich alle, nicht nur die Handvoll bedeutungsloser Schriftsteller und Journalisten, als bedeutende Opfer eines Bösewichts fühlen. Die Kampagne gegen Reich-Ranicki, der in den Augen ihrer Protagonisten den dreifaltigen Vorwurf: Jude, Kommunist und Kollaborateur verkörpert, ist der patriotische Beitrag des klugen Kerls, oder anders gesagt: Antisemitismus von oben. Es ist in diesem Zusammenhang von ausgesuchter Ironie, daß ausgerechnet in seiner eigenen Zeitung, der *FAZ*, vor Jahren die Frage aufgeworfen wurde, die nun anhand seiner Person beantwortet wird. Damals fragte ein Autor angelegentlich der Theateraufführung »Ghetto« ganz ungeduldig: »Wann verlieren die Opfer ihre moralische Unschuld«? Und auch der *Spiegel* nahm damals von einer liebgewonnenen Vorstellung Abschied, derzufolge die umgebrachten Juden alle Kammermusiker, Philantropen und Nobelpreisträger gewesen waren, und sprach von der »Wahlverwandschaft zwischen Henkern und Opfern.« Diese Wahlverwandschaft im Fall Reich-Ranicki zu belegen, war das Privileg eines polnischen Journalisten, den die Herrenmenschen von der *Zeit* engagierten. Auch an der Verteilung der Drecksarbeit hat sich nichts geändert. Außerdem macht ihn die aktuelle Amalgamierung von Nazi und Stasi ohnehin mindestens zu einem halben Nazi, was in seinem Fall natürlich als besondere Anmaßung gilt.

Reich-Ranicki, so ist absehbar, wird zur phantastischen Wunschfigur des ideellen Gesamtantisemiten: Intellektueller, Jude, Kommunist, erst im Geheimdienst, dann Verräter, übt Macht aus, sinnt auf Rache. Ein Ärgernis ist er schon immer gewesen. Doch der Neid auf ihn und seinen

Erfolg tritt nun, da Reich-Ranicki dazu dienen soll, den Blick auf die Vergangenheit frei zu machen, als antijüdisches Ressentiment auf. Durchtränkt von diesem war der Neid schon immer. Talent habe er, aber keinen Charakter, hieß es, weil er unterhaltsam ist. Und vorgeworfen wurde ihm von jenen, die sich, wie Walter Jens etwa, als Hüter des Geistes verstehen, er sei ein Agent der Warenwelt, das Literarische Quartett sei so etwas wie ein Verkaufsveranstaltung für Jacobs-Kaffee. So wird von jenen, die nichts als marktgängigen Edelkitsch und Aufklärung von der Stange zu bieten haben, dem im Unterschied zu ihnen brillanten Exponenten der literarischen Zirkulation vorgeworfen, den Tod der Literatur zu verursachen und deshalb für eine Tendenz verantwortlich zu sein, die Reich–Ranicki doch bloß vorgefunden hat. Am Exponenten des Kulturbetriebs wird die Verwandlung von Literatur in Ware beklagt, eine alte Klage der liberalen Ära, »deren Haß gegen den jüdischen Mittelsmann«, so Adorno, »am Ende das unsägliche Grauen bereitete.«

Der zentrale Satz, der in immer neuen Variationen in die Attacken gegen den Literaturkritiker einfloß, wurde gleich zu Beginn des Treibens verübt: In der Fernsehsendung von Tilman Jens im Mai 1994 mahnte eine garantiert doppel-arische Frau Krone–Schmalz: »Daß der Richter von heute einst ein Gerichteter war, dürfen wir niemals vergessen.« Oder anders gesagt: das Warschauer Ghetto werden wir ihm niemals verzeihen. Immer daran denken, Juden verfolgen, weil sie selbst verfolgt wurden. Verfolgung macht das Opfer zum Verfolger. Der Angriff auf Reich-Ranicki ist sozusagen ein Akt der Notwehr. Es ist dies die Angst für ein unabgegoltenes Kapitel der deutschen Geschichte, eine Angst, die Heiner Müller, der geborene Sprecher des Unterbewußtseins in Deutschland, auf die Formel gebracht hat: »Die Atombombe ist die jüdische Rache für Auschwitz.«

Reich-Ranicki ist den Kommunismus losgeworden,

nicht aber sein Judentum. Das hängt an ihm wie eine Zielscheibe, auf die sich seit Beginn der Affäre alle eingeschossen haben. Da wird selbst seine Tätigkeit im polnischen Geheimdienst eine bloße Funktion seines Judeseins und nicht als Ergebnis sachlicher Gründe gesehen. In der Aneinanderreihung: vom Ghetto über den Geheimdienst zum gnadenlosen Richter erscheint das klassische antijüdische Stereotyp: Verfolgtwerden als eine Vorbedingung der Macht.

Sollte irgend jemand freilich nicht gewußt haben, daß Reich-Ranicki Jude ist, daß Juden Opfer und Opfer dazu da sind, geopfert zu werden, dem verschaffte der *Spiegel* mit einer dem Stürmer nachgeäfften Titelbild Gewißheit, daß sein Unbehagen einem bösartigen Tier galt und demzufolge begründet war. Andererseits freilich war Reich-Ranicki manchen nicht jüdisch genug, und dann gaben sie ihm, wie viele Deutsche das tun, wenn sie auf Juden treffen, Nachhilfeunterricht im Jüdischsein.

Wolf Biermann, vor dessen Zudringlichkeit kein jüdischer Autor mehr sicher ist, ist das beste Beispiel für die Nachäfferei dessen, was als jüdisch gelten soll. Wie einst Eichmann, der beim Besuch eines Konzentrationslagers jüdische Häftlinge beschimpfte, weil sie keine jüdischen Witze erzählen konnten oder die hebräische Sprache nicht beherrschten, also keine richtigen Juden seien, so ging Biermann auf Reich-Ranicki los mit der Vorhaltung, er wisse nichts von jiddischen Dichtern aus dem Ghetto oder es ermangele ihm an Interesse für die moderne israelische Literatur.

»Wir wissen nicht, was Sie draußen gemacht haben, aber wir wissen genau, was wir drinnen gemacht haben« – mit diesem Satz haben die Gleichgeschalteten nach 1945 Emigranten als Verräter und Deserteure verhöhnt. Was Reich-Ranicki »draußen« gemacht haben könnte, ist trotz aller Enthüllungen über seine kommunistische Vergangenheit eine Frage geblieben, von welcher die verfolgende Unschuld des deutschen Feuilletons heftig gequält wird. In der Wochenzeitung *Die Zeit* las man die kleinlaute Zwischenbilanz des drängenden Wunsches, überlebende Juden den Deutschen gleichzumachen: »Über die ›vielen Erfolge‹ des Tschekisten Marcel Reich-Ranicki wissen wir praktisch nichts.« Diesem unbefriedigenden Zustand wurde abgeholfen mit einem Buch über Polen, das die kollektiven Ahnungen zur Gewißheit werden läßt. »Auge um Auge«, so lautet der Titel. Und im Untertitel wird versprochen: »Die nichterzählte Geschichte der jüdischen Rache an den Deutschen im Jahr 1945«. Reich-Ranicki kommt in diesen Protokollen der Rächer von Zion zwar nicht vor, aber in diesem neuen antijüdischen Standardwerk spielt dieser geringfügige Umstand keine Rolle mehr.

1994

Die Protokolle der Rächer von Zion

oder die neuen »Opfer der Opfer«

Dort, wo der Feind gesessen hatte, war plötzlich eine Leerstelle. Mit der bedingungslosen Kapitulation des sozialistischen Systems sind dessen Gegner nämlich auch die Bösewichte abhanden gekommen. So sehr sich Staatsanwälte und Gerichte auch mühen, kein Ersatz weit und breit. Dramaturgen von Zeitstücken verzweifeln: Egon Krenz, der Nachfolger Honeckers, vom Gebiß bis zur Gesinnung ein Supermarkt-Filialleiter, aber doch kein Fiesling; der ehemalige PDS-Parteivorsitzende Gregor Gysi, ein idealer Schwiegersohn, aber doch kein Schurke.

Not macht erfinderisch. Neue Feinde braucht das Land. Und wahlweise versuchte man es mit Kinderschändern, Drogenhändlern, der Mafia oder der angeblichen kulturellen Hegemonie altgewordener Linksradikaler. Aber nur die Asylbewerber und die Elendsflüchtlinge schafften es bislang, die frei gewordene Stelle des Feindes dauerhaft zu besetzen. Willy Brandt hatte bei der Wiedervereinigung angekündigt: »Hier wächst zusammen, was zusammengehört.« Und was nicht dazugehört, das wird zusammengeschlagen.

Doch der Mensch lebt nicht von der Faust allein, er braucht auch eine Seele. Der Deutsche braucht eine Identität. Nach der physischen Zusammenführung verlangt es ihn deshalb nach einer spirituellen Wiedervereinigung. Auch geschichtlich soll endlich zusammenkommen, was durch jene zwölf Jahre künstlich getrennt worden war. Nur wie? Und woher bloß ein Feindbild nehmen? Stand man sich da nicht irgendwie selbst im Wege? Die Lösung des Dilemmas kam ganz unerwartet und gleich im Doppelpack aus den Vereinigten Staaten. Sozusagen als Wiedergutmachung für die Invasion der Alliierten befreiten die einstigen Befreier der Opfer nun auch die Täter. Mit Spielbergs »Schindlers Liste« kurierten sie die Deutschen von einem unguten Gefühl, das die davon Befallenen längst selbst als krankhafte Regung diagnostiziert und deshalb als Schuldkomplex bezeichnet hatten.

Und als wäre das nicht des Glücks genug, schenkt ein anderer amerikanischer Jude, John Sack, den Deutschen das Gegenstück zum guten Nazi gleich im Dutzend: den bösen Juden. »Auge um Auge« heißt sein Buch. Und im amerikanischen Untertitel wird versprochen: »Die nichterzählte Geschichte der jüdischen Rache an Deutschen im Jahr 1945«. Mit diesem Buch haben die Deutschen dann ein Brevier, das sie so nötig brauchen wie der Spießer das Laster und der Christ die Sünde.

»Opfer des Holocaust als Täter« heißt es nun im Untertitel der deutschen Ausgabe. Geahnt hatten es alle, daß mit den Juden nicht ganz zu Unrecht wie bekannt verfahren worden war und daß Auschwitz gewissermaßen ein – vielleicht etwas überzogener – Akt putativer Selbstverteidigung gewesen war. Aber abgesehen vom regelmäßigen Gebrauch des Adjektivs »alttestamentarisch«, das in kaum einer Zeitung fehlte, wenn israelische Militäraktionen kommentiert wurden, traute sich lange Zeit niemand, unbefangen und offen über die chronische Rachsucht, das jetzt auch in der deutschen Öffentlichkeit wiederentdeckte Betriebsgeheimnis des Judentums zu reden.

Schon gar nicht so: »Ein Jude peitschte einen Deutschen aus [...] Wie der Jude so raste, schob sich sein Unterkiefer nach vorn wie eine riesige Baggerschaufel, und auf seinen Zähnen glänzte der Speichel [...] ›Du verdammter Hurensohn!‹ schrie der Jude, als seine sechs Fuß lange Peitsche – wumm! – auf den nackten Rücken des Deutschen niedersauste.« Ein amerikanischer Kritiker schrieb in *The Nation* über John Sacks Buch, das derlei Passagen im Dutzend enthält: »Sack kommt aus der Schule des sadistischen Sensationsjournalismus; er verrührt ein bißchen Mickey Spillane mit einer gehörigen Portion Antisemitismus.« Das war äußerst ungerecht – was Mickey Spillane betrifft.

John Sacks Bericht über die Bestialität der Bösen will den historischen Beweis antreten, daß sich die Deutschen zu recht als zweifaches Opfer der Geschichte fühlen dürfen. Sie waren, das bekräftigten sie selbst immer wieder, das erste Opfer Hitlers gewesen. Und insofern mußte man eigentlich die ermordeten Juden schon immer als Opfer der Opfer betrachten. Mit John Sacks »Geschichte der jüdische Rache gegen Deutsche im Jahr 1945« weiß man nun, daß nach dieser Variante des deutsch-jüdischen Dialogs Deutsche und Juden mindestens quitt, jedenfalls aber die Deutschen erneut das Opfer gewesen waren.

In Polen und in den von Polen nach Kriegsende annektierten deutschen Gebieten wurden vom – so John Sack – jüdisch dominierten Sicherheitsdienst der polnischen Kommunisten 1.225 Konzentrationslager für Deutsche eingerichtet. Gegenüber dieser schieren Zahl nimmt sich das deutsche KZ-System aus wie ein bescheidenes mittelständisches Unternehmen. 200.000 Deutsche waren laut Sack in diesen Lagern eingesperrt. 60.000 bis 80.000 Deutsche, »mehr Zivilpersonen als in Dresden«, sollen dort 1945 verhungert, an Typhus gestorben oder Opfer von Folter und willkürlichem Totschlag geworden sein, »zu 99 Prozent unschuldige Zivilisten.« Wieviele Hundertausend und zu 100 Prozent unschuldige Zivilisten in Osteuropa außerhalb von Lagern und nach Kriegsende eben wegen dieses Krieges an Hunger und Typhus verreckt sind, das ist John Sack freilich keine einzige Zeile wert.

Die Geschichte, die John Sack interessiert, ist nicht

neu; es ist hinlänglich bekannt, daß Deutsche 1945 in Polen drangsaliert wurden. Neu ist nur, wie der Autor das Augenmerk auf die jüdischen Mitglieder des polnischen Sicherheitsapparates richtet. In seiner unablässigen Aufzählung jüdischer Angehöriger des Wachpersonals der Lager erweckt er den Eindruck, daß Kommunisten jüdischer Herkunft sich als Überlebende der Massenvernichtung verschworen hätten zu all jenen Verbrechen, die er selbst mit sadistischer Freude am grausamen Detail als Akt »jüdischer Rache« beschreibt.

Der Kommandant des Lagers Lamsdorf, ein Überlebender von Auschwitz, habe, so berichtet Sack, Frauen aus dem nahegelegenen Grüben befohlen, die Leichen Hunderter von der SS erschossener Polen wieder auszugraben: »Das taten sie und wurden ohnmächtig, als sie die Leichen freilegten, die schwarz wie Schlamm im Gulli waren. Die Gesichter waren verfault, das Fleisch eine klebrige Masse; aber die Wächter – die oft einen psychopathischen Zug an den Tag legten, indem sie eine deutsche Frau zwangen, Urin oder Blut zu trinken und die Exkremente eines Mannes zu essen oder einen ölgetränkten Fünfmarkschein in die Vagina einer Frau einführten, um das äußere Ende dann anzuzünden – diese Aufseher brüllten die Frauen von Grüben an: ›Legt euch dazu! Macht Liebe mit ihnen!‹ und dann drückten sie mit ihren Gewehrkolben solange gegen den Hinterkopf der Frauen, bis deren Augen, Nase und Mund tief in der gallertartigen Masse der polnischen Gesichter vergraben war. Die Frauen, die ihre Lippen zusammenpreßten, konnten nicht schreien, und diejenigen, die doch schrien, verspürten einen ekligen Geschmack. Spuckend und würgend erhoben die Frauen sich schließlich wieder; die nassen Haarlocken der Toten klebten immer noch an ihrem Kinn, an den Fingern und an den Kleidern; die Nässe drang durch den Stoff, und der Gestank umgab sie wie Nebel, als sie zurück nach Lamsdorf marschierten.

Dort gab es keine Duschen, und die Leichen waren offenkundig alle mit Typhus infiziert gewesen, denn vierundsechzig Frauen aus Grüben starben danach.«

Daniel Goldfaden, ein Historiker von Harvard, rechnete John Sack vor, daß unter den rund 25.000 Mitarbeitern des polnischen Sicherheitsapparates 1945 ungefähr 400 Personen jüdischer Herkunft waren. In der Zeitschrift *The New Republic* kommentierte er auch Sacks drastische Schilderung des Lagers Lamsdorf: »Dies ist eine grauenvolle Geschichte, wie man sie nur in den Annalen des Holocaust finden kann. Es gibt nur ein Problem damit, welches auch für Sacks gesamten Bericht über dieses Lager kennzeichnend ist: die Akteure waren keine Juden.« Erst achtzig Seiten später und in einem unüberschaubaren Wust von unlesbaren Anmerkungen findet sich ein Hinweis auf die Identität des Lagerkommandanten: es handelte sich um einen katholischen Polen. »Katholische Rache«?

Durch die penetrante Identifizierung der beteiligten Personen als »der Jude«, »der jüdische Aufseher«, »Wächter mit polnisch klingenden Namen« oder »der jüdische Kommandant« suggeriert Sack, es bestehe ein innerer Zusammenhang zwischen deren jüdischer Herkunft und den von ihm geschilderten Verbrechen. Warum, so wäre zuerst zu fragen, sollten jüdische Überlebende damals eigentlich nicht auf Rache sinnen? Rache ist ein völlig normales Gefühl. Aber in Wahrheit verhielt sich die übergroße Mehrheit der jüdischen Überlebenden völlig unnormal. Abgesehen von wenigen, vereinzelten Racheakten, die sich unmittelbar nach der Befreiung und meist gegen Kollaborateure gerichtet hatten, waren die Überlebenden der Lager nur von einem einzigen Gedanken erfüllt: nichts wie weg von diesem Friedhof Europa. Mit den Mördern wollten sie keinesfalls zusammenleben.

Ein ähnliches Fehlen jeglichen Racheimpulses läßt sich auch für Deutschland feststellen. Wie Hannah Arendt einmal berichtete, hatten die Alliierten befürchtet, es könnte zu Vergeltungsaktionen von Deutschen gegen Deutsche kommen. Aber für diese Art von Zorn war offensichtlich gar kein Grund vorhanden gewesen. Kein einziger alliierter Soldat war nötig, um Deutsche vor Deutschen zu schützen. Die Mörder blieben meist, wo sie waren, und die Deutschen waren nur von einem Gedanken erfüllt: mit ihnen zusammenzuleben.

Was freilich das Judentum der von Sack beschuldigten Personen betrifft, die im Unterschied zu der in den Hintergrund gedrängten Mehrheit der Beteiligten, Verbrechen aus rassischen, ethnischen oder religiösen Gründen begangen haben sollen, schrieb Adam Michnik 1987 in einer polnischen Untergrundzeitung: »Die überwältigende Mehrheit der Kommunisten jüdischer Herkunft identifizierte sich nicht mit der jüdischen Nation. Sie betrachteten sich selbst als Polen oder ganz einfach als Kommunisten [...] Für die jüdische Gemeinschaft waren sie Renegaten, die die Sprache, Religion und nationale Identität ihrer Väter über Bord geworfen hatten.«

Doch Sack besteht auf diesem rassischen Merkmal, denn sonst würde seinem zu neuem Leben erweckten antisemitischen Homunkulus namens »jüdische Rache« der Atem ausgehen, den dieser benötigt, um das Hauptziel des Buches zu erreichen: den Nachweis, daß diese »Überlebenden des Holocaust so wurden wie Nazis.« Das nimmt er ihnen besonders übel, denn eigentlich hätten diese Juden doch allen Grund gehabt, sich besser zu benehmen.

Ganz ähnlich dachten auch die deutschen Grünen, die Auschwitz für eine Besserungsanstalt hielten und den Israelis in der Vergangenheit immer vorwarfen, sie hätten die Lehren des Lagers nicht begriffen. Und Jürgen Reents, einer ihrer Sprecher, prägte angelegentlich eines Besuchs im Lande eine Formel, die mit dem Schicksal der Palästinenser wenig, mit dem deutschen Entlastungsbedürfnis hingegen viel zu tun hatte: die Palästinenser seien »die Opfer der Opfer«.

Das entschuldende »wie die Nazis« wird bei John Sack zu: schlimmer als die Nazis. Hätten die Deutschen noch auf höheren Befehl gehandelt, so hätten die überlebenden Juden ihre Verbrechen willentlich begangen. So geringfügige Unterschiede wie individuelles Vergehen und Massenmord spielen dann keine Rolle mehr. Aber immerhin räumt Sack noch ein, die Deutschen hätten mehr Juden umgebracht als umgekehrt.

Sacks Buch wird in Deutschland ein aufnahmebereites kollektives Sensorium vorfinden. Die Angst vor der imaginierten jüdischen Rache ist hier sozusagen ein anhaltender Unterstrom der Nachkriegsgeschichte. Auch wenn er nicht über spaltbares Material, sondern nur über eine spitze Zunge verfügt – diese Angst lag am Grunde der Kampagne gegen den bekannten Literaturkritiker Marcel Reich-Ranicki. Als »gnadenloser Richter« wird er seit Jahrzehnten wegen seiner scharfen Urteile bezeichnet; ein Ärgernis war der Mann, der das Warschauer Ghetto überlebt und es zum Feuilletonchef der *Frankfurter Allgemeinen Zeitung* gebracht hatte, also schon immer gewesen. Talent habe er, hieß es, doch keinen Charakter, weil er nicht die tödliche Langeweile seiner Kollegen verbreitete. Und jene, die sich als Sachwalter des Geistes sehen, warfen ihm vor, er sei ein Agent der Warenwelt; seine erfolgreiche Fernsehsendung »Das Literarische Quartett« unterscheide sich nicht von einem TV-Werbespot. Am brillanten Exponenten des Literaturbetriebs wurde damit die Verwandlung von Geist in Geschäft, von Literatur in Ware beklagt. Dieser Vorwurf ist freilich bloß ein antijüdischer Ladenhüter der Moderne.

Doch dieses seit Heinrich Heine bekannte Ressentiment harmonierte gut mit dem im Frühjahr 1994 einsetzenden Geheul der deutschen Presse, die plötzlich die Vergangenheit des prominenten Kritikers entdeckte: Reich-

Ranicki war in Polen von 1944 bis 1950 Mitarbeiter des kommunistischen Geheimdienstes gewesen. Auf den kaum kaschierten antisemitischen Charakter der öffentlichen Inquisition reagierte Reich-Ranicki erst spät mit der treffenden Antwort: »Ich weiß nicht, warum ich als Jude, der aus Deutschland nach Polen vertrieben wurde und dort unter deutscher Bestialität zu leiden hatte, warum ich der deutschen Öffentlichkeit Auskunft und Rechenschaft schuldig sein sollte darüber, was ich während des Krieges gegen das ›Dritte Reich‹ und in der ersten Nachkriegszeit als polnischer Staatsbürger und in polnischen Behörden getan habe.« Doch da wurde hinter dem »gnadenlosen Richter« nur noch der Kapitän des polnischen Geheimdienstes, nur noch der jüdische Rächer wahrgenommen. Ein aufmerksamer Leser der liberalen *Woche* hatte rasch das Lernziel erreicht und schrieb: »Das Problem des Herrn Reich-Ranicki ist [...] seine Siegerjustiz über andere Deutsche.«

Das Buch von John Sack schließt nahtlos an die Kampagne gegen Reich-Ranicki an. »Wie aus Opfern Täter wurden«, kündigte der Piper-Verlag das Buch zum Bedürfnis an, demnächst vielleicht Wiedergutmachung von den Überlebenden verlangen zu wollen. Denn diese hätten nichts anderes getan, als »die Rolle ihrer Peiniger zu übernehmen.« Daß das Buch nicht von einem deutschen Vertriebenenfunktionär oder einem Sprecher der Neuen Rechten geschrieben wurde, sondern von einem jüdischen Journalisten, bewies in den Augen des Piper-Verlags vornehmlich, daß man die Nürnberger Gesetze durchaus positiv sehen kann: »John Sack [...] ist seit fast fünfzig Jahren Zeitungsreporter und – was bei diesem Thema wichtig ist – selber Jude.«

Eine Art auszugsweisen Vorabdruck des Buches von John Sack konnte man im Dezember 1994 in der *Zeit* besichtigen. Dort erschien als fünfseitiges Dossier und unter dem Titel »Die Rache des Kommandanten« ein Bericht von Helga Hirsch, der Warschau-Korrespondentin des Blattes. Schon einige Monate zuvor hatte sich die schreibende Sauberfrau der Wochenzeitung mit den »dunklen Stellen« des neuen Nachbarlandes beschäftigt. In der *Zeit* waren Auszüge aus dem Tagebuch eines Kapos zu lesen gewesen, der während des Krieges andere Juden an die deutschen Besatzer ausgeliefert hatte. Dieses Tagebuch, das im Jüdischen Historischen Institut in Warschau einzusehen ist, sei, so kommentierte Frau Hirsch, »unbequem für die Juden, die sich nur als unbescholtene Opfer fühlen.«

Ihr follow-up handelte von einer der Hauptfiguren in Sacks Buch, von Solomon Morel. Morel lebt heute in Tel Aviv. Er war Mitglied der polnischen KP und 1945 Kommandant eines Internierungslagers. Heute wird er beschuldigt, viele deutsche Häftlinge mißhandelt oder zu Tode gequält zu haben.

»Jetzt fordern die Überlebenden späte Aufklärung«, liest man in der großgedruckten redaktionellen Vorbemerkung, versteht aber nach wenigen Sätzen bereits, was gemeint ist: Jetzt fordert die *Zeit* eine Revision der Geschichte. »Niemand«, schreibt Helga Hirsch, »wollte nach 1968 mehr von deutschem Leiden erfahren.« Damals wurden, wie erinnerlich, nämlich Adorno, Horkheimer, Marcuse und andere jüdische Autoren gelesen. Jetzt ist die Zeit reif für eine ganz andere, für eine deutsche kritische Theorie, die Helga Hirsch freilich bloß bei John Sack abkupfert: die überlebenden Juden waren wie Deutsche.

Daß der Redaktion der *Zeit* beim Abdruck dieser Geschichte nicht ganz wohl war, erfuhr man aus einer längeren Zwischenbemerkung in diesem Bericht: Vor über einem Jahr, so wurde mitgeteilt, sei in der Redaktion heftig diskutiert worden, ob man eine in der *Village Voice* in New York als Titelgeschichte erschienene Reportage von John Sack nachdrucken könne. Und es ist interessant zu erfahren, daß es in der *Zeit* Redakteure gibt, die angelegentlich dieses degoutanten Textes meinten, die Meinungsfreiheit verteidigen zu müssen: »Man müßte die Wahrheit doch schreiben dürfen.« Andere, zu denen Helga Hirsch offenbar nicht gehörte, fragten: »Wird nicht der industriell betriebene Massenmord der Nazis verharmlost, wenn man John Sacks Frage dagegensetzt, weshalb Juden dasselbe getan hätten wie die Nazis – da es doch nicht dasselbe war?« Schließlich: »Äußert sich Antisemitismus nicht auch darin, daß man von den polnischen Verantwortlichen nur jene namhaft macht, die jüdischen Glaubens sind?« Dieses Vergehens hat sich die Journalistin ganz bestimmt nicht schuldig gemacht, denn die Namhaftmachung des polnischen Verantwortlichen, den sie sich ausgesucht hat, geschah nicht aufgrund des Kriteriums der Religion, sondern nach den bekannten Vorgaben der Nürnberger Gesetze.

Am Ende, so *Die Zeit*, sei dann vor einem Jahr beschlossen worden, John Sacks Text nicht nachzudrucken, sondern »eine eigene Geschichte zu recherchieren«. Diese eigene Geschichte ist freilich so eigen, wie man es von einer heftigen Einfühlung eben verlangen kann. »Dürfen Deutsche (und deutsche Zeitungen)«, fragt eine tief betroffene Helga Hirsch, »sich hinter der jüdischen Selbstbefragung verstecken, ohne sich des ›Tonfallschwindels‹ schuldig zu machen?« Sie selbst versteckt sich hinter dem, was nur miese Geister für »jüdische Selbstbefragung« halten können. Sie macht sich keines »Tonfallschwindels« schuldig, sie ist der Fall eines tönenden Schwindels: »Der Holocaust nämlich wird durch Geschichten wie die von Solomon Morel nicht relativiert. Im Gegenteil.«

Und was ist das Gegenteil? Am Schluß ihres Berichts zitiert Helga Hirsch nochmals John Sack, den Kronzeugen ihres eigenen Ressentiments, um es jüdisch zu adeln: »Der Holocaust war schlimm, schlimmer als wir dachten.

Wir wußten, daß die Deutschen sechs Millionen Juden töteten. Jetzt wissen wir auch, daß sie einige hundert Juden so stark brutalisierten, daß sie wie Deutsche wurden.« Und in der Ankündigung des Piper-Verlags hieß es ergänzend: »›Auge um Auge‹ erzählt die Geschichte von Menschen, die durch unsagbares Leiden gegangen sind und nun gleiches mit gleichem vergelten wollen.«

Demnächst werden uns Helga Hirsch oder John Sack berichten, wie gleiches mit gleichem vergolten wurde, wie diese Juden eine Wannsee-Konferenz abhielten, die deutsche Bevölkerung zusammentrieben, Fahrpläne aufstellten, Gaskammern und Krematorien bauen ließen. Vorerst freilich müssen wir uns noch mit der einzig originellen Zutat von Helga Hirsch zum Buch von John Sack begnügen: die »Volksdeutschen« in Polen, schreibt sie, waren »die Opfer der Opfer«. Nach dem Wegfall des in der Alternativszene geliebten Hauptfeindes im Nahen Osten hat sie damit eine politische Formel für den ganz nahen Osten gerettet.

Sack und Pack – Neue Folge
Ein Nachtrag

Wenn Opel ein neues Modell wegen Motorschadens zur Reparatur in die Werkstatt zurückruft, dann gilt dies als Dienst am Kunden. Wenn nun ein Verlag, zwar spät, den Dachschaden eines Autors erkennt und dessen Buch erst gar nicht ausliefert, dann gilt dies als Eingriff in die Meinungsfreiheit. Denn Meinungsfreiheit heißt für ihre deutschen Advokaten vor allem die Pflicht, noch den letzten Dreck zu veröffentlichen, denn es könnte auch der ihre sein.

»Zensur!« empörte sich der *Tagesspiegel*, als der Piper Verlag Anfang Februar John Sacks Buch über Juden als Nazi-Doubletten zurückzog. Und *Die Woche*, das Freizeitblatt der Besserverdienenden, sorgte sich um das nun eingeschränkte Bildungsangebot für die arbeitenden Klassen. Nur »privilegierte Rezensenten« hätten das Buch in der Hand gehabt, jammerte dort ein intellektueller Sozialhilfefall über diese Verletzung des Verblödungsrechts der werktätigen Bevölkerung. Der *Spiegel* schließlich, dessen Chefredaktion noch im Januar wissen ließ, Sacks Buch sei eine Ansammlung von »Absurditäten« und keiner ausführlichen Besprechung wert, entdeckte plötzlich die Gefährlichkeit von Kritik am Antisemitismus. Es bestehe nun die Gefahr, »daß sich rechte Hetzer des Themas bemächtigen«.

Wie das ausführliche Plädoyer des *Spiegel* für John Sacks Buch zeigte, ist diese Sorge völlig unbegründet. Auch der Hamburger Kabel Verlag (Motto: »Lebenshilfe zum Verschenken«) kann nun, wenn »rechte Hetzer« auftauchen sollten, wie der Igel im Märchen rufen: »Ick bün all hier!« Die Begründung, mit der dieser Verlag nun die Protokolle der Rächer von Zion veröffentlicht, folgt dem oft beschriebenen Strickmuster des autoritären Charakters, der sich immer selbst für den Hort der Freiheit hält. Der Verlag, so heißt es in der Pressemitteilung, sei der Anwalt des »mündigen Lesers« und das Buch ein »Beitrag zur Versachlichung dieser vorzeitig abgebrochenen Diskussion«. Was gibt es an der Botschaft von Sacks Buch, die überlebenden Juden seien wie die SS und oft schlimmer gewesen, zu versachlichen? Vielleicht diskutieren wir demnächst einmal Bücher über die Minderwertigkeit von Frauen oder über die Berechtigung der Kinderschändung. Alles selbstverständlich in rein versachlichender Absicht.

1995

Die Berliner Schule

Das erste Manifest der Neuen Aufrechten »Die selbstbewußte Nation«

Es ist lange her. Zu Zeiten der Protestbewegung blickten Berliner Intellektuelle neidvoll nach Frankfurt. Und was von der Hauptstadt der Kritischen Theorie herüberdrang, das wurde in den Brustton von Funktionären übersetzt, die weniger einen Gedanken erfassen als Parteien gründen wollten. Das Ergebnis ist bekannt: ein paar hundert Kriegsgewinnler erwarben die Pensionsberechtigung, denn Intellektuelle sind immer auch Stellenanwärter. Schon Metternich hatte gegen aufmüpfige Akademiker den wirkungsvollsten Radikalenerlaß erfunden, auf den seine sozialdemokratischen Nachfolger nach einigen Fehlversuchen nur zurückzugreifen brauchten: eine feste Stelle und eine Familie.

Berlin ist zwar noch nicht Regierungssitz, aber doch schon Hauptstadt einer neuen Bewegtheit geworden, die man die Berliner Schule nennen kann. Gerade in dieser Stadt, in der die Kritische Theorie noch toter ist als andernorts, ist nichts so häufig zu hören wie die Klage, die Frankfurter Schule sei für den Ruin des geistigen Lebens verantwortlich, für den Zerfall der Werte, für den Sinnverlust und deshalb auch für die Umtriebe von Brandstiftern und Totschlägern, kurz: für die seelische Notlage und die mangelnde Reputation Deutschlands. Glaubt man den Vorwürfen, dann senden die Kulturprogramme der öffentlichen Radio- und Fernsehanstalten nur Zwölftonmusik, weil angeblich alle Redakteure ehemalige Schüler von Adorno sind. Die Erziehungseinrichtungen sind beherrscht von Marcuse-Anhängern, die geisteswissenschaftlichen Lehrstühle besetzt von Marxisten und die Feuilletons sowieso in der Hand von alten 68ern. Stimmte dieses Schreckbild, könnten jene, die diesen Unfug zur Triebkraft eines Generationenkonflikts stilisieren, eigentlich beruhigt aufatmen. Denn nichts hat dem Marxismus im Westen radikaler den Stachel gezogen als seine Aufhebung in der Professoralform; nichts garantierte so vorzüglich die absolute Harmlosigkeit der Kritischen Theorie wie deren akademische Institutionalisierung.

Doch der Kritischen Theorie geht es wie der sozialistischen Praxis. Erst in dem Augenblick, in dem es beide nicht mehr gibt, treten deren Gegner geschlossen auf den Plan. Der Kampf gegen den Kommunismus begann bekanntlich für viele Intellektuelle erst, nachdem das sozialistische System zusammengebrochen war, nachdem es keine Kommunisten mehr gab. Und die Unbeschwingtheit, mit der sich die Ankläger der Kritischen Theorie unter der Jahreszahl 89 zusammenrotten, sie hat etwas von der Frische eines Ladenhüters. Deshalb lassen die Angehörigen dieser nachtretenden Verbindung gelegentlich auch gern ihre alten Herren für sich sprechen. Diese können den Amerikanern immer noch nicht verzeihen, daß sie den Deutschen nach 1945 die Demokratie verordnet hatten und daß einige Emigranten zurückkehren durften. Dadurch seien die Deutschen, erklärte Hans Jürgen Syberberg, so umerzogen worden, »daß man von einer seelischen Sklaverei sprechen kann.«

Erklärtes Ziel der Berliner Schule ist es daher, nach der Erlangung der äußeren Souveränität auch die innere Aufrichtung der Nation voranzutreiben. Jetzt liegt mit »Die selbstbewußte Nation« das erste Manifest der Neuen Aufrechten vor. Es ist im geistig durcharisierten Verlagshaus Ullstein erschienen. Und in der Zeitung *Der Tagesspiegel* hat die Berliner Schule nun auch ein Organ gefunden, das glücklicherweise nie auch nur den geringsten Kontakt mit Gedanken gehabt hat, die über den Horizont von Eigenheimbesitzern in Steglitz oder Parkplatzinhabern in Charlottenburg hinauswiesen. »Lirum, Larum, Löffenstiel« übersetzte deshalb treffend Wiglaf Droste das publizistische Motto der Zeitung: »Rerum cognoscere causas«. Trotz aller kosmetischen Veränderungen war es dem *Tagesspiegel* nicht gelungen, das provinzielle und verschnarchte Image einer Lokalzeitung loszuwerden. Jeder Versuch, überregionale Anerkennung zu finden, endete wie die vergleichbaren tapsigen Anstrengungen der politischen Repräsentanten der Stadt. Über Diepgen wird andernorts bloß gegähnt. Dem *Tagesspiegel* geht es auswärts freilich noch schlimmer: er wird nicht einmal ignoriert.

Das sollte nun anders werden, nachdem die liberale Behäbigkeit des Blattes planiert wurde für die Auftritte einer jungen Garde. Jetzt kamen die Kinder und Enkel Noltes zum Zuge. Sie sollten als Tabubrecher für republikweite Aufmerksamkeit sorgen, und sie taten dies als Herzenswärmer. Der 50. Jahrestag des Kriegsendes bot ihnen fast täglich Anlaß zu Frontalangriffen, die freilich in Umarmungen endeten.

Zwei Beispiele dieser konformistischen Rebellion seien hier zitiert. Sie illustrieren, daß es sich bei der Berliner Schule nicht um die neokonservative Elite im Gegensatz zum rechtsradikalen Mob handelt, sondern um eine aus beiden Gruppierungen gemischte Vereinigung.

Vor einigen Wochen beschäftigte sich das Feuilleton des *Tagesspiegels* mit einer vorgeblich krankhaften Regung der Deutschen nach Auschwitz, die ein normales, gleichberechtigtes Verhältnis von Deutschen und Juden erschwere. Es gebe, so war zu lesen, einen »Verdrängungskonsens«, demzufolge es fälschlicherweise immer noch hieße: »Die Opfer sind Opfer.« Verdrängt sei der Umstand, daß die Ermordeten, die »Märtyrer auf dem

Sockel«, vielleicht gelegentlich auch Anlaß geboten hätten, sie nicht für so schuldlos zu halten. Und dann hieß es: »Den industriellen Massenmord haben Juden weder erfunden noch betrieben. Aber wären sie dazu in der Lage? Eine widerliche Frage; die hypothetische Antwort muß lauten: Ja.« Womit zu verstehen gegeben war: erst durch die rückwirkende Anverwandlung der Juden an Nazis entsteht eine tragfähige Grundlage für deutsch-jüdische Normalität heute.

Nachdem die Ähnlichkeit von Juden und Massenmördern gedacht worden war, konnte sie im *Tagesspiegel* wenig später dann schon für Kommunisten und Nazis bekräftigt werden. »Elite des Grauens« war ein Bericht über die Geschichte des KZ Buchenwald überschrieben. Und mit »Elite des Grauens« waren nicht die SS-Wachmannschaften, sondern die inhaftierten deutschen Kommunisten gemeint. Im Untertitel hieß es: »Die roten Kapos waren diszipliniert, gehorsam, zuverlässig und halfen der SS, das Lager zu verwalten.« Eigentlich, so durfte man daraus schließen, saßen die Kommunisten also nicht ganz zu Unrecht im Lager. Sie seien, so erfuhr man weiter, weniger Opfer als vielmehr eine etwas benachteiligte Unterabteilung der SS gewesen. Die »300 roten Kapos« hätten der SS bei Selektionen zugearbeitet und es so geschafft, zur erfolgreichsten Überlebensgruppe zu werden. »Haben sich die Kommunisten«, so fragte der schreibende Kapo der Zeitung, »die nationalsozialistische Rassenideologie zu eigen gemacht? Kann man das, was sie taten, überhaupt als Widerstand bezeichnen? [...] Was die Nazis ›minderrassig‹ nannten, hieß für die Kommunisten völlig undisziplinierbar‹. Das Ergebnis war dasselbe: Zigeuner, Ostjuden, Russen.« Nolte hatte immer behauptet, die Verbrechen der Nazis seien Nachahmungen bolschewistischer Untaten gewesen. Seine Schüler korrigierten ihn nun vorsichtig: nicht Kopie, sondern joint venture.

Die Bemerkung Adornos, das Eingeständnis von Massenverbrechen sei mit dem Wunsch verknüpft, auch das Opfer schuldig zu sehen, war weniger ein zeitgenössischer Befund als eine futurologische Prognose. Und die vom *Tagesspiegel* mit uneingeschränkter Kenntnisfreiheit diagnostizierte Schuld dieser Opfer wurde noch erweitert durch den empörten Hinweis, daß sich unter den 50.000 in Buchenwald Ermordeten »nur 72 Kommunisten« befunden hätten.

Mit solcher Auskunft freilich enthüllt sich der verborgene Sinn der »Befreiung«, die im Jahr 1995 ausgiebig gefeiert wurde. Auf den ersten Blick scheint das Erinnerungsfestival ein bloßer Schwindel zu sein, denn bekanntlich wurden die Deutschen nicht befreit, sondern militärisch besiegt. Daß man den 8. Mai dennoch als Tag der Befreiung begreifen darf, ist die gute Nachricht aus der Berliner Schule. Befreit wurde nicht, wen die Nazis noch übriggelassen hatten, befreit wurde Buchenwald von kommunistischer Herrschaft. Damit hatten die Alliierten einen Fehler wiedergutgemacht, nämlich die Torheit, das verläßlichste Bollwerk gegen den Bolschewismus zu zerstören. Mit ihrem Sieg über die kommunistischen Kapos hatten sie begonnen, dieses Bollwerk wiederaufzurichten.

Und die Überlebenden? Weil davongekommen, waren sie doch mindestens halbe SS-Leute. Jean Améry, Primo Levi und viele andere hätten wahrscheinlich Gnade vor den Augen des jungen Volksgerichtshofs im *Tagesspiegel* gefunden. Denn ganz offensichtlich hatten sie die richtige Konsequenz gezogen, wenn sie mit dem SS-Mann in sich nicht mehr weiterleben wollten. Doch leider folgten zu wenige ihrem Beispiel: »In der DDR drängte diese rote KZ-Elite in Ordnungsfunktionen«, erläuterte der *Tagesspiegel* die Herkunft der nicht nur beim Kanzler beliebten Ansicht, die DDR sei ein einziges KZ gewesen. Im Westen andererseits hatte man die Überlebenden konsequent entnazifiziert. Heuss etwa hatte dem Ermächtigungsgesetz zugestimmt, aber daß er Häftling eines Lagers gewesen wäre, das konnte man ihm nicht vorwerfen. Lübke hatte von außerhalb etwas mit den Lagern zu tun gehabt, aber doch nicht als deren Insasse. Und um etwa der Peinlichkeit aus dem Weg zu gehen, ein ehemaliger KZ-Häftling könnte der erste Botschafter in Israel werden, schickte man einen einwandfreien ehemaligen Wehrmachtsoffizier dorthin.

Über Jahrzehnte war Geschichtsentsorgung von der Art, wie sie der *Tagesspiegel* nun als brandneuen Tabubruch präsentiert, in rechtsradikalen Organen im Schwange gewesen. Doch nun, seit Stasi gleich Nazi ist, muß für den nachholenden Antifaschismus die Gleichung auch rückwirkend stimmen. Stimmig freilich an dieser jugendfrischen Kenntnislosigkeit ist nur, daß die Gnade der späten Geburt wie so oft mit der Strafe der frühen Verblödung einhergeht.

Die Kapos von einst, ob deutsche Juden in Westerbork, polnische Juden in Auschwitz oder deutsche Kommunisten in Buchenwald – sie wurden, was sie waren, unter mörderischem Zwang und im Angesicht des Henkers. Die Kapos der Berliner Schule indes verüben ihre Schäbigkeiten freiwillig und stehen damit bloß in der Tradition der selbstlosen Gemeinheit ihrer Väter.

1995

Die Verstaatlichung der Juden

Im Begriff des Staatsbürgers ist der Widerspruch zwischen Staat und Bürger friedlich versöhnt. Diese nur in der deutschen Sprache geläufige Formel ratifiziert freilich bloß eine eigentümliche historische und gesellschaftliche Entwicklung: in Deutschland ist man vornehmlich Bürger von Staats wegen.

Was für den Bürger im allgemeinen gilt, daß er nämlich mehr dem Staat gehört als umgekehrt dieser ihm, das gilt im besonderen für eine Unterart dieses politischen Gattungswesens, die deshalb als »jüdischer Mitbürger« bezeichnet wird.

Seit Hitler sind die Juden in Deutschland disponibles Eigentum des Staates. Sie sind die Manövriermasse der Macht. Der Staat kann sie, je nach Konjunktur, verderben oder beschirmen, vernichten oder beschützen. Was im Feudalismus noch reine Laune des Herrschers war, das hat die moderne Exekutive planmäßig in Regie genommen. Ihr geht es, wenn sie Juden schützt oder opfert, anders als bei Hofe nicht um die Kasse, sondern um den seelischen Haushalt der Nation.

Wie eng staatlich organisierter Schrecken und Schutz heute beisammenliegen, bezeugt die angeblich letzte Order Himmlers an Eichmann, welcher diese Dienstanweisung sicher so gewissenhaft ausgeführt hatte wie alle vorausgegangenen Befehle: »Wenn Sie bislang Juden ausgerottet haben«, so lautete jene Aufforderung, »dann müssen Sie ab heute Judenpfleger sein.«

Die Bundesrepublik hat nach dieser Devise gehandelt und die Überlebenden nie vergessen lassen, daß sie unter

Kuratel stehen. Die erzwungene Nähe zur Macht andererseits war eine fabelhafte Garantie für das Fortwirken eines antisemitischen Lieblingsmotivs, demzufolge die Juden selbst über Macht verfügen oder doch in inniger Beziehung zu ihr stehen. Und noch die nüchterne Pressemeldung bekräftigt dieses Gerücht. Als sich der DGB-Chef und der Vorsitzende des Zentralrats der Juden im Sommer 1994 trafen, mußte man aus Agenturmeldungen den Eindruck gewinnen, der Gewerkschaftsboß habe sein Akkreditierungsschreiben bei einer jüdischen Nebenregierung abgegeben: »Schulte hatte«, so *dpa*, »dem Vorsitzenden des Zentralrats der Juden den ersten Antrittsbesuch seiner Amtszeit als DGB-Chef abgestattet.« Zur selben Zeit beglaubigte der einst liberale Berliner *Tagesspiegel* mit einer Überschrift die supranationale Gültigkeit des Gerüchts über die Macht der Juden. Nach dem Attentat auf das Gemeindezentrum in Buenos Aires titelte die Zeitung: »Bombenanschlag auf jüdische Zentrale.« Das war Nachricht und Genugtuung zugleich.

Die Obhut, in welche der Staat die Juden nimmt, ist eine wattierte Falle. Der Aufenthalt darin ist nicht umsonst. Anders als am Beginn der Neuzeit muß die Schutzgebühr unbar, in ideologischer Münze bezahlt werden. Und noch der Alltag ist geprägt von der prekären Ambivalenz des staatlichen Schutzes. Denn die Juden können nie sicher sein, ob sie umsorgt werden, weil sie erniedrigt waren, oder ob sie Zuwendung erfahren, um gestoßen zu werden; ob das Schulterklopfen eine Reaktion auf den Totschlag ist oder dem nächsten vorausgeht, ob das Verdienstkreuz dem gelben Stern folgt oder den nächsten ankündigt.

Bis zur Wiedervereinigung hatten sie hauptsächlich zu schweigen. Abgeschirmt in Reservaten, den Hochsicherheitsghettos der jüdischen Gemeinden, durften sie an Gedenktagen das deutsche Judenschutzgebiet verlassen, um als moralische Pausenclowns für das wohlige Gruseln, für die kleine Betroffenheit zwischendurch zu sorgen. Die Juden durften erinnern. Und Heinz Galinski galt als der Chef der Firma Mahnen & Warnen. Sein Nachfolger, dem die deutsche Öffentlichkeit anrechnet, daß er nicht nach Zyklon B riecht, sondern den Charme von RTL versprüht, hat in die Kosmetikbranche gewechselt: seit der Wiedervereinigung sollen die deutschen Juden dem neuen Nationalstaat internationale Reputation besorgen.

Und je deutlicher hervortritt, daß da etwas zusammenwächst, was wirklich zusammengehört, desto heftiger verteidigen sie Deutschland. Sie sind das Deodorant , für den Achselschweiß der Republik. Wenn diese etwas ausschwitzt und die Welt sich über den Geruch beschwert, dann müssen die Juden zur Volkskörperpflege antreten.

Nachdem Mannheimer Richter im Urteil gegen den NPD-Vorsitzenden Günter Deckert zu verstehen gegeben hatten, daß sie auch Eichmann freigesprochen hätten, weil dieser ein guter Familienvater und nicht vorbestraft gewesen war, erklärte Ignatz Bubis: »Es ist falsch, wenn das Ausland immer wieder auf Deutschland zeigt, während solche Zwischenfälle im eigenen Land toleriert werden.«

1933 wollten jüdische Funktionäre die Wut der Nazis besänftigen, indem sie Erklärungen gegen die »Greuelpropaganda« des Auslands verfaßten. Damals hielten sie ihr Eisernes Kreuz wie ein Kruzifix in den Händen, um den zum Teufel gewordenen Nationalismus zu beschwören. Heute erklären sie aus der nämlichen Angst heraus auf Plakaten: »Das Land sind wir.«

1994

Opfersehnsucht und Judenneid

Ein Kommentar zur Nationalisierung der Erinnerung

Kaum jemand hat sich in den letzten Jahren die Frage gestellt, warum Kritik und Opposition in Deutschland so ausgebrannt waren, daß der Protest zu Wunderkerzen greifen mußte, um sichtbar zu werden. Als sich keiner mehr rührte, waren endlich alle gerührt.

Daß die vorgeblich kritische Öffentlichkeit auf das anhaltende Treiben von Mob und Elite so spät, so unpolitisch und pseudoreligiös reagiert hat, rührt daher: Die Deutschen, insbesondere deren selbsternannter besserer Teil aus Grünen, Christen und Friedensbewegten, haben in den vergangen Jahren ihre gesamte politische Energie damit verbraucht, sich als Opfer darzustellen. Als Opfer Hitlers, dann der Siegermächte, des kalten Krieges, der Nachrüstung, der Verseuchung, der kulturellen Kolonisierung und in regelmäßigen Abständen auch als Objekt moralischer Erpressung durch Israel oder das amerikanische Judentum.

Die Deutschen haben sich nie als Bürger dieser Welt, sondern immer als Verdammte dieser Erde gesehen. Auch die Wiedervereinigung hat daran nichts geändert. Gab es vor dem Fall der Mauer sechzig Millionen Opfer, so hat sich deren Zahl nun um siebzehn Millionen Insassen einer Einrichtung erhöht, die nicht nur der Kanzler schon vor 1989 als Konzentrationslager bezeichnet hatte. Einige Tausend Wächter muß man von dieser Zahl natürlich abziehen. Diese werden jetzt im Zug eines nachholenden Antifaschismus entnazifiziert. Und der Zeitpunkt ist abzusehen, wann Hitler und Honecker in einem Atemzug genannt werden und die Verstaatlichung von Produktionsmitteln als verschärfte Arisierung gilt.

Man kennt die unsägliche Auskunft von DDR-Dissidenten, ihr Staat, in dem es keine Freiheit gab, allerdings auch nicht die Freiheit, Ausländer abzufackeln, habe ein »Auschwitz in den Seelen« (Jürgen Fuchs) seiner Bürger angerichtet. Bei soviel Verwechslungskomödie ist es nicht verwunderlich, daß eine ehemalige SS-Aufseherin im Kostüm des Stasi-Opfers* reüssieren konnte.

Der protestantische Theologe Heinrich Fink, dem niemand ein Haar gekrümmt hatte und der im Zug der Ausdehnung der freien Marktwirtschaft nach Osten – oder des Kapitalismus, wie man früher sagte – unter die Räder kam, entdeckte plötzlich, daß er der Dreyfus der Vereinigung sei; mehr noch: er hieße besser Heinrich Stasi Fink. Mit dieser Auskunft war der Einigungsvertrag zu einer Art Fortschreibung der Nürnberger Gesetze geworden. Die Schriftstellerin Christa Wolf, früher heimlich bespitzelt, dann öffentlich kritisiert, ließ aus Kalifornien verlauten, sie fühle sich wie eine jüdische Emigrantin der dreißiger Jahre, die ja bekanntlich alle mit einem Stipendium nach Amerika gekommen waren. Wie komplett die Wiedervereinigung der selbsternannten Opfer inzwischen ist, erfuhr man kürzlich in einer amerikanischen Zeitung: Unter den zahlreichen Glückwünschen, die beim *Aufbau* zum sechzigsten Geburtstag dieses deutsch-jüdischen Periodikums in New York eingingen, befand sich auch ein Gratulationsschreiben des PDS-Vorsitzenden Lothar Bisky. Er sprach die Emigranten als Leidensgenossen an und schrieb: »Aus eigenem Erleben wissen wir, wie

* Die ehemalige KZ-Aufseherin Margot Pietzner wurde 1992 als Opfer der Stalinismus anerkannt und mit 64350 Mark entschädigt.

wichtig der Zusammenhalt für Menschen ist, die in eine für sie neue, unbekannte Welt geraten sind und denen großes Unrecht widerfährt.« Die jüdischen Emigranten waren undankbar und schickten kein Solidaritätstelegramm zum Hungerstreik der eingebildeten Juden. »Von der Sowjetunion lernen heißt siegen lernen«, lautete einst eine Parole. Sie ist ersetzt worden durch: »Vom Westen lernen heißt Opfer sein.«

Unbeschadet der Tatsache, daß es nun entlang des Ost-West-Gefälles Opfer erster und Opfer zweiter Klasse gibt, nämlich die Opfer mit der Gnade der frühen Geburt und deren Nachäffer aus der Zone, übersteigt die Anzahl dieser eingebildeten Juden die Anzahl der leibhaftigen in Deutschland um ein vielfaches. Man könnte nachgerade sogar sagen, die Deutschen seien, wenn man sie beim Wort nähme, das größte jüdische Volk. Die Herstellung dieser imaginierten Existenz hat die moralischen und psychischen Ressourcen politischer Opposition in diesem Land verbraucht, sie wurden von einer anhaltenden Eifersucht aufgezehrt. Diese Eifersucht ist, in Anlehnung an einen Begriff der Freudschen Sexualtheorie, am besten als Judenneid bezeichnet.

Die Sache selbst reicht weit hinter den gegenwärtigen Opferenthusiasmus bis in den rassistischen Antisemitismus am Ausgang des 19. Jahrhunderts zurück. Am Ende der bürgerlichen Ordnung schickte man sich an, die an den Juden als völkische Charakterzüge neidvoll wahrgenommenen Eigenschaften selbst zu verwirklichen, um den Zerfall jener Ordnung aufzuhalten: aus der Vorstellung vom wandernden Juden wurde der marschierende Deutsche, aus den jüdischen Familienbanden die Volksgemeinschaft, aus der Diaspora das Volk ohne Raum, aus dem Kosmopolitismus die deutsche Weltherrschaft.

Von diesen vielfachen Ausdrucksformen völkisch geprägter Mißgunst sind gegenwärtig hauptsächlich zwei Arten zu besichtigen: der Neid auf die Opfer und die

Eifersucht, die der jüdischen Erinnerung gilt. Kaum ein Argument wurde in der Diskussion über die Errichtung eines zentralen Denkmals für die ermordeten Juden so engagiert vorgetragen wie der Bewunderung und Neid vereinende Hinweis, daß Juden fähig seien, kollektiv zu gedenken: »Während es in Israel die großartige Gedenkstätte Yad Vashem [...] gibt und in Washington ein ›Holocaust Memorial‹ errichtet wird, gibt es im Land der Täter ein solches Denkmal nicht«, schrieb der Historiker Eberhard Jäckel 1989. Lea Rosh, seine Mitstreiterin für eine Gedenkstätte »im Land der Täter« fügte hinzu, die Amerikaner hätten sich dadurch an fremdem Eigentum vergriffen: »Dieses Museum wird außerhalb Europas errichtet, in einem Land, das in den Mord nun wahrlich nicht verstrickt war.« Zuvor schon hatte die Sozialdemokratie, die immer noch den alten Vorwurf der Heimatlosigkeit entkräften möchte, im Bundestag erklärt, wie durch kollektives Gedenken die Deutschen wieder zu einem Volk werden könnten: »Ist ein Volk«, fragte damals Horst Ehmke, »das seiner Toten nicht mehr gemeinsam gedenken kann, eigentlich noch ein Volk?« Wie die Zoneninsassen einst nach Mangos und Kiwis, so gieren die wiedervereinigten Deutschen heute nach der Erinnerung und ihren Symbolen, nach Gedenkstätten und Denkmälern. Diese sind die Südfrüchte der nationalen Identität.

Das Verlangen nach einem Denkmal für die ermordeten Juden hatte als Bürgerinitiative begonnen und endete wie ähnliche Veranstaltungen der jüngeren Geschichte mit dem Bekenntnis: wir Deutsche. Dieser völkische Plural war einst an lebenden Juden vollstreckt worden. Daß sich auch tote Juden vorzüglich als Bindemittel fürs nationale Kollektiv eignen, das erfährt man verstärkt, seit sich die Landsleute als Deutsche verabredet haben, ein »Denkmal für die ermordeten Juden Europas« zu errichten. Eberhard Jäckel, der Sprecher eines Förderkreises zu Errichtung eines Denkmals, hatte schon seit Jahren betont, daß es sich bei diesem Projekt »um eine nationale Aufgabe und Verpflichtung« handelt.

Auschwitz war also doch noch gut ausgegangen. Dieser Unort war nicht das Massengrab nationaler Aufgaben und Verpflichtungen gewesen, vielmehr hatte dort die von Juden geschaukelte Wiege eines ganz besonderen Gemeinschaftsgefühls gestanden. Diese positiven Auswirkungen der Vergangenheit auf die innere Einheit der Deutschen beschrieb der CDU-Fraktionsvorsitzende Schäuble folgendermaßen: »Ich mag dieses Land, weil es das meine ist, zu dem ich gehöre, zu dem ich stehe, ob Stolz oder Scham [...] Wie – ohne das Nationale – sollen wir denn noch Verantwortung für Hitler und seine Schergen tragen? Das geht doch nur, wenn wir Deutsche sind und uns dazu bekennen.«

Für ihren selbstlosen Einbau von Sinn in die deutsche Geschichte, für diesen jüdischen Beitrag zur neuen Selbstfindung bedankten sich in diesem Sommer (1994) die Auslober des Wettbewerbs für das in Berlin geplante nationale Denkmal. Die Opfer von einst wurden sozusagen posthum zu »Verdienstjuden« ernannt.

Mit diesem Titel hatten die Nazis einst jenen Juden Aufschub gewährt, die sich etwa mit einem im Ersten Weltkrieg abgeschossenen Bein um Deutschland verdient gemacht hatten. Heute freilich werden alle dafür belobigt, daß sie mit ihrer Ermordung Anlaß geworden sind für eine »Gemeinschaftsaktion der Deutschen«. So formulierte es Edzard Reuter, der Chef von Daimler-Benz. Den naheliegenden Gedanken, daß bei diesem Erinnerungsprojekt seine Firma zur Kasse gebeten werden müßte, wischte er mit dem Hinweis auf den gemeinschaftsstiftenden Charakter des Massenmords beiseite: es sei jetzt die »gesellschaftspolitische Verantwortung des deutschen Volkes, der deutschen Nation« gefragt.

In Anerkennung ihrer Verdienste schenkt Deutschland

den Ermordeten ein Denkmal. Diese waren zwar für nichts und wegen nichts umgebracht worden, aber vielleicht dafür, daß Leah Rosh in marktgängiger Edelbetroffenheit wieder »Wir Deutsche« schreiben konnte. »Wir Deutsche«, so heißt es im Begleitheft der Ausschreibung für das Denkmal, »müssen ein weithin sichtbares Zeichen setzen, um in aller Öffentlichkeit zu dokumentieren, daß wir die Last dieser unserer Geschichte annehmen, daß wir aber ein neues Kapitel in dieser unserer Geschichte zu schreiben gedenken.« Vor Jahren hätte derlei noch als Parodie Kohlscher Verlautbarungen gegolten. Jetzt freilich weiß man, daß viele Kritiker des Kanzlers diesem wegen der »Neuen Wache« deshalb so böse waren, weil sie ihm zum Verwechseln ähnlich sind.

»Das Vergessen verlängert das Exil, und das Geheimnis der Erlösung heißt Erinnerung« – diesen jüdischen Spruch hat sich die Politik der Erinnerung angeeignet. Da aber niemand mehr erlöst werden kann, weil diese Auskunft an der Geschichte zuschanden geworden ist, soll die veranstaltete Erinnerung Erlösung von der Geschichte bringen. Die Deutschen wollen aus dem Exil, aus der Kälte der Gesellschaft in die Wärme, in die Gemeinschaft, sie wollen zu sich kommen. So ist aus der Asche der Ermordeten der Stoff geworden, mit dem sich der neue Nationalismus das gute Gewissen macht, jetzt können die Landsleute statt Menschen Deutsche sein.

1994

Die Fähigkeit zu mauern

Das Holocaust-Denkmal als nationale Kuschelecke

In der begründeten Hoffnung, ihre Kunden verschmerzten dann leichter die rapide Verschlechterung ihrer Dienstleistungen, hat die Bundespost beschlossen, Briefmarken mit einem neuen Aufdruck zu versehen. Auf den neuen Postwertzeichen steht nur noch »Deutschland«, die Bezeichnung für die politische Form des Gemeinwesens, »Bundesrepublik«, entfällt. Wer seine Post nun mit noch größerer Verspätung erhält, darf sich mit der nationalen Botschaft des Aufklebers trösten; wer künftig einen Brief frankiert, entrichtet keine bloße Beförderungsgebühr mehr, sondern einen Solidaritätszuschlag. Ab jetzt werden Beitragsmarken geklebt.

Wer indes nicht nur mit der Zunge, sondern auch mit dem Herzen dabei sein möchte, wie die Bundesrepublik sich in Deutschland verwandelt, der schenkt dem kleinen, gezackten Viereck weniger Aufmerksamkeit als den großen Symbolen, den Gedenkstätten, Museen und Denkmälern, in denen die Deutschen ihre nationale Identität verewigen wollen. Und das größte Symbol ist das Holocaust-Denkmal, das in Berlin errichtet werden soll.

Waren die Juden Europas vordem wegen nichts und für nichts ermordet worden, so sollen sie nun, ein halbes Jahrhundert nach Auschwitz, endlich den Profit abwerfen, den man damals nicht aus ihnen hatte ziehen können: Nach fünfzigjähriger Lagerfrist im Nirgendwo sind die Seelen der Ermordeten zu jenem süßen Stoff vergoren, durch dessen Verzehr die Deutschen endlich Geschmack an sich selber finden wollen. Und der Ort dieser frivolen Kommunion wird das Holocaust-Denkmal sein. Es wird zum Monument der Vernichtungsgewinnler, die hier dann die Messe eines neuen Kollektivs zelebrieren, das sich wahlweise Erinnerungsgemeinschaft, Verantwortungs- oder Wertegemeinschaft, vorzugsweise aber – so die Initiatoren des Projekts – »Land der Täter« nennt. Dank der Ermordeten haben sie sich zu diesem Reich der Dritten Art zusammengefunden, wie um die Plausibilität des Kollektivschuldvorwurfs auch im nachhinein zu demonstrieren. Vor einem Jahrzehnt waren sie noch auf der Suche nach Mutti und Vati gewesen, um die durch die Geschichte zerrissenen Familienbande wiederzusammenzuknüpfen. Lieber einen Nazi als gar keinen Vater, so lautete die Devise, unter der sich die Bewältiger damals zusammenrotteten. Ihr familiäres Verhältnis zur Vergangenheit findet nun, wo sie mit der Auffassung ernst machen, die Familie sei die Keimzelle eines Volkes, seine logische Fortsetzung in Stahl und Beton von gigantischen Ausmaßen. Das künftige Holocaust-Denkmal, keineswegs so handlich wie etwa Peter Schneiders schmale Erzählung *Vati*, ist vor allem Ausdruck eines heftigen Wunsches seiner Befürworter: Sie wollen lieber ein »Land der Täter« als gar keine nationale Kuschelecke. Und insofern ist die Hauptinitiatorin des Projekts, Lea Rosh, nur eine Art Fortsetzung Peter Schneiders mit anderen Mitteln.

Das geplante Denkmal, konzipiert als nationale Weihestätte mit Vorgaben zur »Annäherung an das Denkmal durch die Bevölkerung« und zur »Annäherung im Rahmen staatlicher Anlässe«, ist freilich nur der rituelle Schlußstein einer jahrelang gepflegten Bemächtigungspraxis. In deren Verlauf haben sich die Landsleute bei Ausstellungen, Seminaren, Kursen und Betroffenheitsprojekten aller Unart über die imaginierten Eigenschaften der vertriebenen oder umgebrachten Juden hergemacht, um angeblich herauszufinden, was jüdisch sei. Am Ende sagen sie voller Inbrunst »Wir Deutsche«. Sie haben sich bei diesem spirituellen Kannibalismus nicht anders verhalten als die Angehörigen eines wilden Stammes, die das Gehirn oder andere Körperpartien des getöteten Feindes verspeisen, um dessen eingebildete Qualitäten auf sich zu übertragen. In der Bundesrepublik hatte die völkische Wahrnehmung und Inbesitznahme der Ermordeten die Form einer kollektiven Selbsttherapie angenommen. Aufgrund dieser Erfahrung können nun viele Zeitgenossen den Juden wieder erklären, wie sie sich als solche zu verhalten hätten. Manche pochen dabei auf mehr als die durch den geistigen Verzehr erworbenen Kenntnisse von Folklore und Religion, sie reklamieren verwandtschaftliche Beziehungen.

Die Fernsehjournalistin Lea Rosh war, wie sie einmal gegenüber der *Zeit* ausplauderte, über die Beschäftigung mit dem administrativen Massenmord (den sie lieber Völkermord nennt) zur Neigungsjüdin geworden, weshalb sich die arische Edith dann Lea rufen ließ. In ihrem Fall blieb es freilich nicht bei Neigung und Wahlverwandtschaft, also bei den durchschnittlichen Zudringlichkeiten, derer sich die Juden erwehren müssen. Sie unternahm den erfolgreichen Versuch, die toten Juden unter deutsche Vormundschaft zu bringen. Einspruch von den Überlebenden blieb aus. Und wenn man heute in Deutschland das Wort Holocaust hört, denkt man deshalb unwillkürlich an eine GmbH unter dem Vorsitz von Lea Rosh.

Ihr und ihren Mitstreitern zufolge sollte sich die Monstrosität des Verbrechens in die Dimension des Mahnmals übersetzen. Es sollte, wie der Direktor des Jüdischen Museums in Berlin, Amnon Barzel, lakonisch kommentierte, »eine große Sache auf einem riesigen Areal« entstehen. Außerdem mußte man gegen die Konkurrenz bestehen, gegen Israel, »die da natürlich ganz anders rangehen« (Lea Rosh), und natürlich gegen die USA, deren Griff nach dem deutschen Eigentumsrecht an den Ermordeten Lea Rosh besonders empörte, als in Washington das Holocaust-Museum ohne ihre Zustimmung gebaut wurde. Schließlich galt es, sich gegen falsche Mündel abzusichern, die es sogar hingenommen hätten, von der Denkmalsinitiative unter Kuratel gestellt zu werden. Zigeuner nicht erwünscht, ließ die eingebildete Jüdin von ihrem Ehemann Jakob Schulze-Rohr, dem Geschäftsfüher des Denkmalvereins, erklären: »Die reinrassigen Zigeuner wurden gescheut und als interessante Rasse anerkannt. Die wurden nicht verfolgt [...] Wir wollen einfach verhindern, daß durch eine Pauschalisierung alles in einen Topf geworfen wird.«

Als die Jury Ende März 1995 zwei erste Entwürfe prämierte, eine überdimensionale, schräg ansteigende Grabplatte und ein Geviert aus Stahlträgern, da kaprizierte sich die vornehmlich auf ästhetische Fragen: »monumental und offiziös«, »Schwere des Materials« (*taz*), »heroisches Zeichen« (Museumsdirektor Barzel), »jämmerliche Materialschlacht« (3. Preisträgerin Renata Stih). Leser fragten besorgt: »Wie wäre es mit Zärtlichkeit, der Aufforderung zum Verweilen, mit konkretem Leben?« Andere rechneten vor, daß für das Eingravieren der Namen aller Ermordeten, sollten diese Namen eine andere Schriftgröße haben als die Buchstaben auf dieser Seite, eine Grabplatte von der dreifachen Größe des zur Verfügung stehenden Grundstücks erforderlich wäre. Einhundert Graveure wären 30 Jahre beschäftigt, und es entstünden Lohnkosten von rund 300 Millionen Mark. Eine »Machbarkeitsstudie« sollte Auskunft geben über die Fähigkeit zu mauern.

Man könnte zur Finanzierung der Platte, schlägt die Denkmalsunternehmerin vor, auch einen toten Juden adoptieren und für dessen Namenszug zahlen. Aus Neigungsjuden würden durch diese postmortale Zwangsadoption dann vollwertige Nachkommen der Toten. Und damit wäre das Holocaust-Denkmal der Stein der Waisen, die endlich ihre Eltern gefunden haben. Die neuen Erbschleicher vergreifen sich deshalb auch gleich an der Tradition ihrer annektierten Vorfahren und wollen die Grabplatte mit Felssteinen aus Massada garnieren. Dort hatten Juden zur Zeit der römischen Besatzung kollektiv Selbstmord begangen. Für diesen frühen Schritt in die richtige Richtung werden sie nun spät von den Deutschen geehrt, die leider jenem Heroismus zwölf Jahre lang etwas nachhelfen mußten.

Alle beteuern ihre gute Absicht. Und genau die gilt es zu fürchten. Niemand hat bei dem Dreischritt von der Humanität über die Nationalität zur Frivolität je die Frage gestellt, mit welchem Recht sich Deutsche so fürsorglich an den Ermordeten vergreifen. Walter Benjamins Warnung, daß die Sieger vor den Toten nicht Halt machten, wäre für Lea Rosh das Geschwätz »ewiger Besserwisser«. Zu diesen gehört auch Julius Posener, der aus der Emigration zurückgekehrte Architekturhistoriker. Schon 1985 schrieb er: »Nach vierzig Jahren habt ihr das Recht auf ein Mahnmal an diesem Ort verwirkt.«

Und warum melden sich die Juden nicht zu Wort gegen diesen Diebstahl ihrer Erinnerung? Sie sind die lebenden Ausstellungsstücke in einem Land, das kein nationales Holocaust-Museum braucht, weil es selbst eines ist. Ihre zaghaften Einwände nehmen sich aus wie Feigheit vor dem Freunde, dessen Zuneigung sie sich nicht sicher sein können. Je bohrender ihre Zweifel, desto heftiger schmiegen sie sich an die Macht an. Sie zahlen nun an Lea Rosh den Preis für das Geschenk, das sie dem Kanzler gemacht haben. In der Neuen Wache mußten sich die Opfer den Tätern beimengen lassen. Jetzt müssen sie die Umklammerung durch den Sieger hinnehmen.

1995

Die Bauchredner der späten Geburt

Anmerkungen zu einer besonderen publizistischen Volksfürsorge

Für Otto Normalvergaser ist die Welt von gestern noch in Ordnung gewesen. Sie war, weil jüdisch beherrscht, zwar unerträglich, aber er konnte dies sagen und durfte auch etwas zu ihrer Rettung unternehmen. Nach dem fehlgeschlagenen Rettungsversuch befinden sich die Nachfolger dieses Unterfangens in der überaus mißlichen Lage, daß ihnen in der Frage der jüdischen Weltherrschaft nicht nur die Hände gebunden sind, sondern auch der Mund verboten ist. Gelegentlich konnte einer ihn dann doch nicht halten und plauderte aus, was ihn bedrückte. Das war fast Landesverrat, das war vor allen Dingen aber peinlich. Amerika, du hast es besser, dachten viele und blickten sehnsüchtig über den Ozean. Dort nahm niemand ein Blatt vor den antisemitischen Mund; dort durften sogar Schwarze öffentlich äußern, was Weiße in Deutschland nur heimlich denken konnten; dort war das Land der unbegrenzten antijüdischen Möglichkeiten. Auch Journalisten schauen neidvoll auf die Freiheit ihrer amerikanischen Kollegen. Diese sind, wenn sie die jüdische Gefahr beschwören, nicht – wie etwa Franz Alt – auf den moralischen Beistand von Vorzeigejuden angewiesen. Sie sind Antisemiten ohne Netz und doppelten Boden. Pat Buchanan zum Beispiel, einer der prominenten Fernsehmoderatoren, kommt immer ohne Umschweife zur Sache. Von ihm stammt die über CNN in alle Haushalte verbreitete Botschaft, die Schönhuber immer bloß auf der Zunge lag:

»Der amerikanische Kongreß ist israelisches Besatzungsgebiet.«

Anläßlich der Eröffnung zweier Museen (im Februar 1993 das »Museum of Tolerance – Beit Hashoa« in Los Angeles und Mitte April das »Holocaust Memorial Museum« in Washington), die ohne deutsche Vorarbeiten nie entstanden wären, zeigte sich das bekannte Dilemma. Man grollte den Amerikanern und der amerikanischen Judenheit. Die Museen seien antideutsch, das »andere Deutschland« werde ignoriert; die Nachkriegszeit werde ausgeblendet, die Wiedergutmachung verschwiegen. Doch statt erleichtert darüber zu sein, daß die Museen nicht zeigen, wie das »andere Deutschland« über die Juden dachte, nämlich gar nicht so sehr viel anders; statt froh zu sein, daß die Museen keine Wendehalsgalerien der Nachkriegszeit enthalten; statt von Herzen dankbar zu sein, daß es dort keine Abteilung mit dem Thema »Wiedergutmachung« gibt, wo die Pensionszahlungen an alte Nazis mit den Entschädigungen der KZ-Häftlinge verglichen werden; statt also rundum zufrieden zu sein, ignorierte das bessere Deutschland in Gestalt seines Bundespräsidenten die Einweihungsfeierlichkeiten. Zu Recht, schrieb der *Spiegel*, der meinte, deutsche Politiker hätten dabei mit einem »Spießrutenlauf« rechnen und sich innerlich »ducken« müssen.

Wer also sollte dem Groll, der anläßlich dieser Ereignisse erneut heftig aufbrach, Ausdruck verleihen? Die Suche nach den Vorzeigejuden begann, und drei große Blätter wurden rasch fündig, die alte Forderung von Strauß, es müsse ein Ende haben mit »dem gekrümmten Gang«, jüdisch zu bekräftigen. Gerade darauf habe er lange gewartet, schrieb ein Leser des *Spiegel* erleichtert, nachdem er Henryk M. Broders Bericht über die amerikanischen Museen gelesen hatte; endlich habe jemand unmißverständlich gesagt, daß die Amerikaner mit der Erinnerung an den deutschen Massenmord ihre eigenen

Verbrechen verdrängen wollten. Jetzt kam das berühmte Kanzlerwort von der »Gnade der späten Geburt« zu seiner vollen Bedeutung. Und der Gnadenerweis kam gleich dreifach: vom Bundeswehrprofessor Michael Wolffsohn, vom Schriftsteller Rafael Seligmann und vom Autor Henryk M. Broder, der sein Debüt in dieser sich für Deutschland schlagenden Verbindung gab.

Broders im *Spiegel* (Nr. 16/93) veröffentlichte Abrechnung mit der »Amerikanisierung des Holocaust« hat andererseits den Teil seiner anhänglichen Leserschaft heftig irritiert, dem er selbst mühsam beigebracht hatte, daß es keinen Exklusivanspruch der Nichtjuden auf Dummheit gebe. Und diese Leute fragten sich nun irritiert: Warum denn ausgerechnet er? Man kann sie beruhigen. Es soll an dieser Stelle verraten werden, was bislang nur Broders engste Freunde wissen: Wie weiland Kujau den *stern* mit falschen Hitler Tagebüchern, so hat Broder den *Spiegel* mit einem echten, nur leicht redigierten Text aus den deutschnationalen Restbeständen der Alternativszene genasführt. Broder hat ein bekanntes Spiel, das schon manchen Lektor in arge Verlegenheit gebracht hat, einfach umgedreht. Wie erinnerlich bereitet es manchen Leuten Spaß, die Dämlichkeit des deutschen Literaturbetriebs dadurch bloßzustellen, daß sie unter ihrem eigenen Namen Textauszüge berühmter Autoren an Verlage einschickten, und meist hielten die Lektoren das angebliche Erstlingswerk, das ja längst in ihrem eigenen Verlag erschienen war, für nicht veröffentlichenswert.

Broder hat nun diesen Entlarvungsulk imitiert. Er nahm das Pamphlet eines unbekannten Amerikahassers, setzte auf ein bekanntes Ressentiment und seinen Namen darunter. Es funktionierte so, wie er vorausgesehen hatte. Zwar traf er mit dem Text beim *Spiegel* auf ein ohnehin offenes Ohr, aber die Redaktion hätte den Bericht weder so bebildert, wie man das aus rechtsradikalen Broschüren kennt, noch hätte sie ohne Broders Unterschrift einen

Bericht abgedruckt, der die infame Behauptung, der amerikanische Kongreß sei in der Hand von Juden, nur noch dadurch überbot, daß er sie erläuterte: Das »Holocaust Memorial Museum« in Washington, so war da zu lesen, sei das Ergebnis einer Erpressung, sei das steinerne Zeugnis besonders verwerflicher jüdischer Chuzpe, da die Juden aus einem amerikanischen Waffengeschäft mit Saudi-Arabien durch moralischen Druck einen finanziellen Gewinn geschlagen hätten, nämlich über 150 Millionen Dollar für den Bau des Museums. Das war zwar gelogen, denn über 200.000 Amerikaner haben diese Summe durch Spenden aufgebracht, aber ergab doch ein stimmiges Bild im Rahmen dieser Identitätsbeschaffungsmaßnahme, zu der noch zwei andere jüdische Autoren gehörten.

Von zwei »jüdischen Flakhelferrn« sprach Josef Joffe in der *Süddeutschen Zeitung* und meinte damit Michael Wolffsohn und Rafael Seligmann. Den von Broder mit böser Ironie lancierten Text kannte er noch nicht, und bei diesen beiden Autoren wäre jeder Gedanke an eine publizistische Spaßguerilla ganz abwegig gewesen. Sie waren beide als Gastarbeiter der psychologischen Entsorgung zu Genüge ausgewiesen. Sie selber bezeichnen sich lieber als Anwälte der deutsch-jüdischen Normalisierung. Ihre nur notdürftig als jüdische Bedenken verkleideten Einwände dagegen, daß der Massenvernichtung im Museum gedacht werde, haben allerdings insofern zu einer deutsch-jüdischen Normalisierung beigetragen, als durch ihre patriotisch aufgeladenen Vorwürfe gegen die »Amputation des Judentums« und gegen eine »holocaust-zentrierte Identität« die den Juden 1933 aufgezwungene Erklärung, Amerika betreibe »Greuelhetze«, nun eine Neuauflage erlebt.

Michael Wolffsohn, normalerweise Historiker, dilettierte im Fach Judaistik, und wollte nachweisen, daß Gedenkstätten und Museen eine »Dejudaisierung des Judentums« und eine »Holocaust-Fixierung« beförderten. »Angestrengte Traditionspflege« nannte die *FAZ* (15.4.93) dies in ihrer einleitenden Bemerkung. Die Musealisierung, schrieb Wolffsohn, sei ein Traditionsbruch, »ein Verstoß gegen das biblische Bilderverbot«, dies sei »zutiefst unjüdisch«. Daß damit eigentlich gemeint war, die Museen seien zutiefst antideutsch, verriet Wolffsohn am Schluß seines judaistischen Kollegs: »Die Juden benötigen deshalb den Holocaust als allgemeines und, daraus abgeleitet, Deutschland als besonderes Symbol der Sinnstiftung. Sie sind an Deutschland gekettet, um jüdische Identität zu bewahren [...] Jüdische Identität wird dabei nicht durch positive Selbstbestimmung [...], sondern durch negative Fremdbestimmung [...] erworben.« So viel Blödsinnstiftung konnte nicht einmal in der *FAZ* unwidersprochen bleiben. Ein christlicher Theologe bürstete den Hobbyjudaisten ab: Judaistik ungenügend, Wolffsohn setzen! Dabei hatte Wolffsohn gar nichts Theologisches im Sinn gehabt, er wollte nur eine deutsche Projektion jüdisch-religiös unterfüttern. Seine Behauptung, die Juden seien an Deutschland gekettet, ist das nicht einmal notdürftig retouchierte Bild von Deutschland im Würgegriff der Juden. Doch gerade weil Wolffsohn hier einmal nicht als Mitstreiter des Historikers Zitelmann, des historiographischen Herrenausstatters der Nazis (»Zitelmann zieht Hitler an«), aufgetreten war, versteht man, warum der verstorbene Vorsitzende des Zentralrats der Juden, Galinski, einmal davon sprach, Wolffsohn sei »gefährlicher als die Skinhads«.

Rafael Seligmann hatte bereits im November 1992 davor gewarnt, sich allzu sehr mit den umgebrachten Juden zu beschäftigen. Sein *Spiegel*-Essay war »Die Juden leben« überschrieben, handelte aber weniger vom Leben der anderen als davon, wie schwer ihm sein eigenes als Autor gemacht werde. Er hatte immerhin ein persönliches Motiv dafür, daß er sich anläßlich der Eröffnung des

Museums in Washington in der *Süddeutschen* (13.4.93) nochmals zu Wort meldete und sich erneut beschwerte, daß man versuche, das Judentum auf eine »Holocaust-Nostalgiegemeinschaft« zu reduzieren. Er wollte gelesen werden, und deshalb sollten sich seine potentiellen Leser, Juden wie Nichtjuden, »auch wenn es schmerzlich ist [...], aus dem Schatten Hitlers befreien«. Das deutsche Judentum möchte er, so als wäre bloß kurz die Telephonleitung unterbrochen gewesen, »wieder aufleben« lassen: »Voraussetzung dafür ist, daß man neben den toten auch an die lebenden Juden denkt.« Er meinte natürlich: an ihn, was diese Auskunft so sympathisch unideologisch macht.

Seligmann beklagte, daß es vier Jahrzehnte, nämlich bis zum Erscheinen seines ersten Buches, keine »jüdischen Gegenwartsromane« in Deutschland gegeben habe. Diesem Mangel hat er mittlerweile mit einigen autobiographischen Romanen abgeholfen, die er, weil er aus begreiflichen Gründen die Unterscheidung in gute und schlechte Literatur nicht mag, als jüdische verstanden wissen möchte. Seine Bücher handeln von der Entwicklung eines verklemmten Pennälers zum enthemmten Spießer, der gleichzeitig der ideale Leser ist, weil er allein vom Durchblättern schon feuchte Finger bekommt. Doch daß Seligmann als Autor »die Nöte der real existierenden Juden in Deutschland« wahrnehme, danke man ihm, vor allem von jüdischer Seite, schlecht. Er und seinesgleichen, wozu er Wolffsohn rechnet, würden in jüdischen Gemeinden als »Antisemiten«, schlimmer noch, als »Deutsche« beschimpft. Und da sage noch einer, die jüdischen Gemeinden in Deutschland seien politisch ahnungslose Vereine.

Während Seligmann und Wolffsohn bei ihren Plädoyers für Deutschland einen Umweg über das Judentum machen und augenzwinkernd meinen, die Museen in den USA seien »unjüdisch«, heißt es im von Broder dem

Spiegel untergeschobenen Text schlicht: alles amerikanisch. Die »Amerikanisierung des Holocaust« ist besonders schlimm, denn »Amerikanisierung« an sich ist bereits von Übel. Kolonisierung der Köpfe hat Hochhuth dies einmal genannt und seither bewiesen, wie nötig er sie hätte. Es fing bekanntermaßen mit dem Sieg der Amerikaner über die Nazis an, das war die erste Amerikanisierung. Jetzt wird fremdes Gut in Amerika amerikanisiert, das ist sozusagen der perverseste Kulturklau einer Nation, die sich schon immer an europäischen Originalen vergriffen hatte. Auschwitz als gigantische Inszenierung: alles nur Show, alles Ersatz, alles aus zweiter Hand, alles Instant-Geschichte, Wenn die Amerikaner erklären, sie schlössen die Verbrechen der Nazizeit in ihre kollektive Erinnerung mit ein, dann tönt es aus Deutschland: Dieses Eigentum ist Diebstahl; Auschwitz bleibt deutsch. Wir lassen uns nicht von der Kopie in den Schatten stellen. Ähnlich hatte der Kanzler im »Historikerstreit« gesprochen: Kohl erklärte mit Hinweis auf das deutsche Copyright die Debatte darüber für beendet, ob es sich bei dem Massenmord nicht vielleicht um ein Plagiat gehandelt haben könnte.

Dieses Auschwitz aus zweiter Hand verzeihen die Deutschen den Amerikanern noch weniger als das Original den Juden. Zur Strafe müssen sich die amerikanischen Leichenfledderer anhören, wie vergleichsweise besser man in Deutschland über Indianer, Schwarze und Vietnam Bescheid weiß, daß man hier die »drei historischen Leichen im Keller« der USA genau kennt, wie die dezente pars pro toto-Formulierung lautet. Mit ihr werden die Amerikaner daran erinnert, daß die Deutschen sich mit einem einzigen Völkermord zufrieden gegeben hätten.

Broder hat mit der Wahl dieses Textes Gespür bewiesen, denn er enthält all jene Ressentiments, die Adorno einmal Anlaß zu der Bemerkung gaben, eine wirksame

Bekämpfung des Antisemitismus sei von der Abwehr des antiamerikanischen Affekts nicht zu trennen. In den USA gibt es seit Jahren eine heftige Debatte über die Aporien geschichtlicher Erinnerung im Allgemeinen und über die politischen, moralischen, ästhetischen und pädagogischen Fragen von Holocaust-Museen im Besonderen. Die Diskussion füllt inzwischen ganze Bände. Hier kommt sie mit Verspätung an, übersetzt in den Brustton der Betroffenheit engagierter Studienräte. Der Text im *Spiegel* versammelt alle Momente dieser Empörung: »pseudopädagogischer Anspruch«; Vermarktung der Opfer – »ihre Leichen werden nun zum zweiten Mal verbrannt«; amerikanische Mitschuld am Massenmord – ein Argument, das man gerne hört, weil es den Unterschied zwischen unterlassener Hilfeleistung und vorsätzlichem Mord verwischen hilft; Geldverschwendung oder der Autor als Anwalt des kleinen Mannes – »während viele karitative jüdische Einrichtungen ihre Arbeit kaum noch finanzieren können, fließen Millionen und Abermillionen in das Holocaust-Projekt«; es gibt Wichtigeres zu tun oder der Autor als Sozialarbeiter, der nach der Polizei ruft – »in einer Stadt, in der täglich zehn Menschen ermordet werden, bedarf es der Vorführung von sechs Millionen Toten, um den Wert des menschlichen Lebens anschauliche darzustellen« (der pastorale Beiklang dieser populistischen Forderung ist nicht zu überhören – dabei weiß jeder, daß immer dann vom »Wert des menschlichen Lebens« geschwatzt wird, wenn Menschen bloß diesen, also gar nichts haben sollen); die Dummheit der Amerikaner, vor allem ihrer Jugend, »deren geistige Aufnahmekapazität der Dauer eines Videos von MTV entspricht«; schließlich die mangelnde Betroffenheit oder der Lehrer als Sadist – nach dem Besuch des Museums seien die Jugendlichen nicht in der Situation der Auschwitzhäftlinge und könnten sich »entscheiden, ob sie den Rest des Tages am Strand von Santa Monica oder einer der neuen«

Shopping-Malls in Culver City verbringen möchten, ohne darüber nachdenken zu müssen, daß »die ›Besucher‹ der wirklichen Gaskammern diese Qual der Wahl nicht hatten«. Mit anderen Worten, eine Prise Auschwitz, vielleicht ein wenig Folter in der Selbsterfahrungsgruppe, wären nicht schlecht als Strafe für den Umstand, daß gerade die Freiheit, zwischen Strand und Kaufhaus auswählen zu können, die unabdingbare Voraussetzung dafür ist, über Verhältnisse nachzudenken, die diese Wahl nicht zulassen.

Was aber, wenn Broder den *Spiegel* nicht als Zentralorgan des Chauvinismus entlarven wollte, der Text tatsächlich und entgegen allen Beteuerungen von Freunden doch von ihm selbst stammt? Wenn er selbst den »Holocaust-Rausch« der USA im Zustand eigener hochgradiger Sturzbetroffenheit entdeckt haben sollte?

Was dann? Das wäre ein weiteres Beispiel finaler déformation professionnelle, wie etwa im Fall der Löwenforscherin, die schließlich von ihrem Untersuchungsobjekt aufgefressen wurde. Dann hätte ihn das Syndrom, dem seine jahrelange Aufmerksamkeit galt, am Ende verschluckt.

1993

Familienbande

Die nationale Kranzabwurfstelle Neue Wache

Berlin ist der Ort, an welchem die deutsche Nachkriegsgeschichte für alle sichtbar zu Ende geht. In ihrer östlichen Hälfte, ihrem historischen Zentrum, ist die Stadt eine Großbaustelle. Hier entstehen gegenwärtig nicht nur Konsumkathedralen und Büropaläste, die architektonischen Siegeszeichen des Privateigentums und der freien Marktwirtschaft, hier werden auch Fassaden alter Häuser restauriert, die mit ihren zahllosen Einschußlöchern noch davon zeugen, wie widerwillig sich die Deutschen im Frühjahr 1945 von den Alliierten befreien ließen. Andere Monumente der jüngeren Geschichte sind längst geschleift. Der kolossale Lenin ist zersägt und abtransportiert, die Berliner Mauer abgetragen. So sehr diese beiden steinernen Untaten an die Teilung der Welt in zwei Gesellschaftsordnungen erinnerten, so sehr gemahnte freilich die Berliner Mauer noch an etwas anderes als an eine Systemgrenze. Sie zerteilte die Geschichte. Mit ihrem Fall brach deshalb nicht nur die Begrenzung eines von Deutschen erstmals für die eigene Bevölkerung errichteten Ghettos zusammen, sondern es verschwand auch das letzte Erinnerungszeichen daran, daß die Deutschen den Zweiten Weltkrieg doch nicht gewonnen hatten. Jetzt war alles wieder normal.

Diese neue Unschuld hat freilich ihre eigenen Tücken. So sicher wie die nächste rassistische Schandtat, so unvermeidlich ist die nachfolgende Versicherung, es handle sich dabei um bedauerliche Entgleisungen, wie sie überall auf der Welt passierten. Je heftiger die neue Normalität beschworen wird, desto deutlicher tritt indes hervor, daß es sich dabei um eine Propagandalüge handelt, die der »Imagepflege« dienen soll. Seit dem ersten verbrannten Ausländer gilt die Sorge der Politiker weniger Leib und Leben der Bedrohten als dem »Ansehen Deutschlands«. Als Neonazis im Herbst 1992 eine jüdische Gedenkbaracke auf dem Gelände des ehemaligen Konzentrationslagers Sachsenhausen abfackelten, schickte die Exekutive keine Beamten des Bundeskriminalamtes zum Tatort, die nach den Brandstiftern fahnden sollten, sondern sie entsandte ihren Außenminister dorthin, um Reputationskosmetik zu betreiben. Schon einmal war der Ruf Deutschlands gefährdet gewesen, und traditionsstiftend hatte Hermann Göring 1938 vorgeführt, wie darauf zu reagieren sei. Bei einem Treffen mit hohen Nazifunktionären am 6. Dezember 1938, wenige Wochen nach dem Pogrom, hatte er erklärt: »Der Jude ist mir hierbei völlig gleichgültig. Nicht gleichgültig ist mir das Ansehen der Partei im Volke und das Ansehen des Volkes dem Ausland gegenüber.«

Die Rückkehr zur Normalität wird am 14. November 1993 symbolträchtig begangen. Mit diesem Datum beginnt in Deutschland die Vorkriegszeit, denn mit der Einweihung der »Neuen Wache« wird der offizielle Schlußpunkt hinter die Nachkriegszeit gesetzt, die nun ins Dunkel der Vergangenheit hinabsinkt. Bei Nacht, sagt man, sind alle Katzen grau, und so soll es nun auch den Toten gehen, die hinter der Losung »Den Opfern von Krieg und Gewaltherrschaft« in einem Nebel standardisierter Trauer verschwinden. Noch ehe die Bundesregierung ein einziges Ministerium von Bonn nach Berlin verlegt hat, bezieht per Dekret der Geist der neuen Normalität Quartier. So auffällig abwesend der Kanzler bei der Eröffnung des Holocaust Memorial Museums in Washington gewesen war, so betont anwesend wird er hier sein.

Anders als bei den Amerikanern ist Erinnerung in Deutschland eine höchst egalitäre Regung. Im Tod sind alle gleich. Was außenpolitisch in Bitburg begonnen hatte, wird nun innenpolitisch vollendet. Damals lagen zwischen Tätern und Opfern noch einige hundert Kilometer. Doch die eine Stunde Flugzeit, die man, wie Elie Wiesel damals schrieb, brauchte, um Deutschland wiederzuerkennen, kann man sich jetzt sparen. Juden und Deutsche haben als Tote nun einen gemeinsamen Platz gefunden.

Nachdem sie alle umgebracht worden waren, hat man also den Juden in Deutschland das volle Bürgerrecht verliehen. Jetzt gehören sie sogar, was früher im besten Fall peinlich gewesen wäre, richtig zur Familie. Lessings berühmtestes Lehrstück über Toleranz und Humanität, ein singulär gebliebener Versuch der Zivilisierung auf deutscher Seite, ist nach dem Massenmord von der Wirklichkeit zu Ende geschrieben worden, und zwar in einer Radikalität, die Ende des 18. Jahrhunderts dem Autor von »Nathan der Weise« ganz ferngelegen hätte. Im Schlußakt seines sozialethischen Theaterstücks stellt sich heraus, daß wir auf der Bühne ein Familiendrama erlebt haben: es fallen sich alle in die Arme, weil alle miteinander verwandt sind – nur der Jude Nathan gehört nicht dazu. Er ist, wenn auch geistig dessen teilhaftig, was zu Recht Familienbande genannt wird, schon damals nur das, wofür es erst viel später einen besonderen deutschen Ausdruck geben sollte: jüdischer Mitbürger. Heute nun gehört er endgültig dazu. Deutsche und Juden sind nach der Vernichtung der letzteren so enge Bekannte geworden, daß man eigentlich erst jetzt von einer symbiotischen Beziehung sprechen kann. Weil diese verwandtschaftliche Beziehung naturgemäß aber keinen lebendigen Ausdruck finden kann, haben die Deutschen entschieden, den Juden einen Platz im nationalen Familiengrab anzubieten. Dieses ist der Ort, an dem eine kulturhistorische Fiktion zur Wirklichkeit wird, denn hier hat die bei jeder Gelegenheit beschworene deutsch-jüdische Symbiose ihre Erfüllung gefunden.

Ob die Überlebenden es wollen oder nicht, in der neuen Gedenkstätte werden unter der Inschrift »Den Opfern von Krieg und Gewaltherrschaft« familiäre Bande geknüpft zwischen dem Kriegsopfer Roland Freisler, dem bei einem Bombenangriff umgekommenen Henker des Volksgerichtshofs, und der in Bergen-Belsen elend verreckten Anne Frank. Hier ist von nun an der Geist einer postmortalen Volksgemeinschaft zu Hause, dem ein Kollektiv von unterschiedslos Hinterbliebenen Reverenz erweist. Auf dem Gelände des ehemaligen Konzentrationslagers Auschwitz war der Versuch katholischer Nonnen gescheitert, die Macht über die Erinnerung zu ergreifen. In Berlin war diese Machtergreifung nun erfolgreich.

Fünfzig Jahre lang wußten die Deutschen nicht genau, ob sie nun Täter oder Opfer oder beides ein bißchen gewesen waren. Mit der Errichtung der nationalen Kranzabwurfstelle in Berlin haben sich die ohnehin schwachen historischen Selbstzweifel erledigt. Wie die Mörder und Brandstifter der Gegenwart verständnisvoll als Opfer der Umstände, nämlich als Opfer der »Asylantenschwemme«, der »Überfremdung« und des »Identitätsverlusts« umsorgt werden, so wird das Erinnerungszeremoniell an diesem Platz die Täter von gestern als Opfer in ein Gedächtnis einschließen, das keines mehr ist. Während auf jüdischen Friedhöfen sich die Wut gegen die Erinnerung mit der geschmierten Parole »Juden raus!« austobt, womit ja nicht die Ausweisung der Handvoll lebenden, sondern die Verbannung des Andenkens an Millionen ermordeter Juden gemeint ist, lautet die heimliche Devise an dieser säulenbewehrten Recycling-Anlage deutscher Selbstvergewisserung: »Juden rein!« Damit wird Erinnerung zur höchsten Form des Vergessens.

1993

Triumph des guten Willens

Die Selbstinszenierung der edlen Seelen

Wer zu spät kommt, der bestraft die Lebenden. Beispielsweise mit einer Lichterkette. Und weil einem auch noch das Hören vergehen soll, läuten die Kirchenglocken. »Eine Stadt sagt nein«, wollten die versammelten Spätzünder von München auf ihrer öffentlichen Adventsfeier mitteilen. 400.000 kamen zum glockenbeschallten Laternenumzug, und die Initiatoren dieser audiovisuellen Betroffenheitsgala erhielten folgerichtig einen »Bambi«-Preis. Sie hatten die Bevölkerung aufgefordert: »Bringen Sie alles mit, was blinkt und leuchtet (Kerzen, Taschenlampen – bitte keine Fackeln)«. Doch in der Hauptstadt der Bewegtheit konnten viele es dann doch nicht lassen, am 6. Dezember 1992 mit dem brennenden deutschen Gruß auf abgefackelte Ausländer zu antworten. Und in Zeitungsanzeigen wurde die ältere Generation mit einem vertrauten Slogan für die Großkundgebung des guten Gewissens mobilisiert: »Deutsche, wehrt euch!«

Diesmal war die leuchtende Mehrheit am Zuge. Nicht die brandschatzende Minderheit fungierte als Durchlauferhitzer, um den politischen Entscheidungsprozeß vorzuwärmen. Noch im Feuerschein des Pogroms von Rostock hatte Innenminister Seiters erklärt, jetzt müsse der »Mißbrauch des Asyls« beseitigt werden. Und für diese Beseitigung war wiederum ein Lichtsignal erforderlich.

Die Münchener Müllabfuhr hatte die Überreste des städtischen Feldgottesdienstes schon beseitigt, da lag noch immer ein Abglanz dieser Veranstaltung über der

Pressekonferenz im entfernten Bonn. Dort versicherten die Fraktionsvorsitzenden Schäuble und Klose mit strahlender Miene, daß Flüchtlinge weiterhin Asyl genießen könnten: draußen. Drinnen war es ja bekanntermaßen für die Betroffenen kein Genuß gewesen.

Wogegen also sollten sich die Wunderkerzenhalter von München und die nachfolgend bis nach Hamburg reichenden Leuchtgemeinschaften eigentlich wehren? Doch nicht etwa gegen den heimlichen Wunsch, auch mal zuzulangen gegen Fremde? Denn anders läßt sich die allerorts illuminierte Wiederholung der regierungsamtlichen Demonstration von Berlin kaum verstehen.

In Berlin war man stolz darauf gewesen, daß einige hunderttausend Bürger sich versammelt hatten, um unter der Anleitung des Bundespräsidenten zu versichern, man dürfe andere Menschen nicht einfach totschlagen. Derlei Äußerungen gelten in Deutschland schon als festes Bekenntnis zur Demokratie und nicht als Beleg dafür, wie notdürftig die Barbarei im Zaum gehalten ist. Einige hundert Besucher des Spektakels von Berlin fühlten sich nicht nur unangenehm an die befohlenen Aufmärsche im Osten der Stadt erinnert. Sie hielten das Ganze auch für eine überaus schlechte Theateraufführung und protestierten gegen deren Hauptdarsteller, wie man es aus den bewegten Glanzzeiten des Schmierentheaters kennt: mit Eiern und Tomaten. Nicht eine Stadt, aber immerhin einige hundert hatten damit tatsächlich nein gesagt. Sie hatten begriffen, daß sich die andächtig wiederholte Phrase von der Menschenwürde sehr wohl verträgt mit der Absicht, Menschen, die nichts als jenes armselige Gut vorzuweisen haben, an der Grenze abzuweisen oder sie deportationsfähig zu machen, wenn sie, wie auch SPD-Politiker vorzugsweise formulieren, als »Altfälle« die Republik belasten und zu einer »emotionalen Überforderung« (Klose) führen.

Von München bis Hamburg freilich versammelte sich

das gute Gelichter der Republik. Es sah sich durch die vielen Morde keineswegs herausgefordert, den Pogromgewinnlern heimzuleuchten, es galt allein, sich selber ins rechte Licht zu setzen. In einem Remake jener Menschenkette der Friedensbewegung, die von Flensburg bis zum Bodensee reichte, glühten bei der Selbstinszenierung der edlen Seelen nun die damals ineinander verhakten Händchen. Jeder sein eigener Herzenswärmer, jeder sein eigenes leuchtendes Vorbild und alle zusammen von erwiesener Harmlosigkeit. »Mein Freund ist ein Neger« variierte eine Rockgruppe in Frankfurt die verständlicherweise aus der Mode gekommene Standardauskunft des philantropischen Rassisten: »Einige meiner besten Freunde sind Juden«.

Lauter gute Menschen, denen man eben die von ihnen betonte Ausländerfreundlichkeit an den Hals wünscht für den Fall, daß sie selbst mal irgendwo Zuflucht suchen müßten. Sie lieben den Pizzabäcker, den Kebabverkäufer, den fiedelnden Zigeuner und den Griechen nebenan, lauter sogenannte Bereicherungen, auf welche die Herkunftsländer der Immigranten mit Sicherheit verzichten müßten, wenn eines Tages Deutsche in Scharen einträfen.

Auf soviel Sympathie können die kasernierten Elendsfüchtlinge nicht rechnen. Zu ihrer drohenden Abschiebung, zu der vorbereiteten Abschaffung des Asylrechts und zu der beschlossenen Abschottung der Bundesrepublik sagte keine Stadt nein. Es sollte beim anheimelnden Kerzenschein ja auch überhaupt nichts, schon gar nicht nein gesagt, sondern nur gefühlt werden, nämlich die Symbolkraft der kleinen moralischen Leuchte, als welche sich jedes Glied der Lichterkette verstand. Man wollte ergriffen sein, nicht eingreifen. In München hieß es: »Die Lichterkette soll eine halbe Stunde lang stehen – eine ruhige halbe Stunde zum Nachdenken. Um 17.30 Uhr ist die Aktion beendet.«

Danach traten die Akteure auf den Plan, die »Skins mit

Krawatte«, wie Günter Grass das Zusammentreffen von Mob und Elite im Habitus einzelner Politiker charakterisierte, und schlossen den »Asylkompromiß«. So ein Ding hat seinen Reiz, das verriet schon die Körpersprache der heiteren Fraktionschefs, die ihr Jointventure auf der Pressekonferenz präsentierten wie den ersten Akt einer neuen Gleichschaltung. Sie hatten die Leuchtspur von München richtig gedeutet, nämlich als überfälliges Begräbnisritual des politischen Protests, der in Wahrheit schon längst abgedankt hatte. Die unmittelbare Nähe von moralischen Glühwürmchen und kaltblütiger Exekutive in der Gegenwart erinnert an eine bekannte Erfahrung: In Deutschland war schon immer nicht die Regierung, sondern die Opposition gegen sie das Desaster. Denn weit bedrohlicher als die lange Frist, welche die Bundesregierung seit Hoyerswerda verstreichen ließ, um auf Druck des Auslands und nicht auf Druck der deutschen Öffentlichkeit gegen die Nazimörder vorzugehen, weit bedrohlicher als die einfühlsame Zurückhaltung der Exekutive ist die um nichts weniger einfühlsame Zurückhaltung ihrer Kritiker gewesen.

Die Strecke von Hoyerswerda über Rostock und Mölln bis zum Lichterumzug in München war ihr langer Weg zum kurzen Abschied. Die schummerigen Selbstbekundungen guter Gesinnung sind nicht, wie manche inbrünstig hoffen, der noch infantile Beginn politischer Erleuchtung, sondern ein letztes Signal, mit dem sich die selbstverschuldete Überflüssigkeit der Opposition ein gutes Gewissen schafft.

1992

Leuchtender Konformismus

Protest mit Tropfschutz

Er sprach, es werde Licht, und jetzt findet er den Schalter nicht mehr, um es auszuknipsen. Nun fühlt er sich wie Goethes Zauberlehrling und jammert im *Spiegel*: Deutschland einig Lichterland – das habe er nicht gewollt. Überall blinkende Geister, die Giovanni di Lorenzo, der Erfinder des Protests mit Tropfschutz, nun nicht mehr los wird.

Angesichts der letzten Manifestationen ihrer Lichteridee sind den Initiatoren erste Zweifel gekommen. Jetzt, da ihr Zündfunke eine flächendeckende Gemütspflege nach dem Motto »Schöner Leuchten« entfacht hat, werden den Patentinhabern, wie di Lorenzo im *Spiegel* mitteilt, die Nachahmungstäter etwas unangenehm; jetzt, da die Initiative zum Städtewettbewerb avanciert ist und sich bald jedes Kaff am »Großen Preis« beteiligen will, sind den Erfindern die »Manifestationen des besseren Deutschland«, wie die *taz* das stolz nennt, irgendwie peinlich: es müsse nicht unbedingt, lamentiert der gute Mensch von München, jedes Dorf eine Lichterkette veranstalten.

Warum eigentlich nicht? Klaus Hartung, der in der *Zeit* wöchentlich beweist, daß die Ostdeutschen keinen Exklusivanspruch auf das Prädikat »Wendehals« besitzen, geriet am 30. Januar angesichts der Flämmchenwerfer am Brandenburger Tor derart ins Schwärmen, daß ihm fast eine neue Strophe der Nationalhymne geglückt wäre: »Jetzt aber«, schreibt er, »leuchtet das bessere Deutschland erneut im Glanz seiner Lichterketten.« Die von München aus in Schwung gebrachte »teutonische Walze«, wie er die Verüber der guten Absicht bezeichnete, diesen Flurschaden adelt er im selben Atemzug zum »bundesrepublikanischen Konsens«, und er hofft »daß wir nun eine Lichterkettenbewegung bekommen«. Denn heute da leuchtet Deutschland und morgen die ganze Welt. Österreich ist bereits angeschlossen.

Was also kann den Initiatoren an der Fortzeugung des guten Willens so unerwünscht sein? Etwa daß Politiker mitmarschieren, die keine Verantwortung für ihre Brand-Sätze, sondern eine Kerze tragen; die nun für die gute Sache kokeln und sich damit die Absolution erteilen für ihre Beihilfe zum Pogrom? Oder daß der Kanzler, der bei seinem Regierungsantritt 1983 eine »menschlich anständige« Hinausbeförderung der Ausländer ankündigte, nun vor dem Europaparlament die Lichterkette als Beleg für eben diese menschliche Anständigkeit ins Feld führt? Kohl mißbraucht doch den Lichterreigen nicht, in dem er sich jetzt sonnt, wenn er meint, Feuer und Flamme für diesen Staat hätten das Ansehen Deutschlands der Welt repariert. Denn wonach es alle verlangte, das war Reputationskostmetik: Innerlichkeit für den Außenhandel.

Di Lorenzo rümpft im *Spiegel* die Nase darüber, daß Industrie und Gesinnungspflege eine innige Verbindung eingegangen sind: daß Politik und Public Relation jene Austauschbarkeit aufweisen, die ihn an seiner eigenen Kampagne gar nicht gestört hat. Aber handelt es sich nur um peinliche Entgleisungen, wenn deutsche Unternehmer ganzseitige Anzeigen schalten, auf denen sie versichern, sie liebten russischen Kaviar, japanische Anmut, arabische Märchen und ungarische Salami, kurz: all jene angenehmen Dinge, mit denen uns die Elendsflüchtlinge aus Rumänien oder Somalia beglücken? Oder haben es die Erfinder des flammenden Konformismus nicht eher versäumt, sich vorzustellen, was sie da anstellen? Man glaubt ihnen gerne, daß die unerbittliche Gutwilligkeit der Wiederholungstäter sie unangenehm berührt. Vor allem dann, wenn diese nicht in der von der Münchner Initiative aus nachgerade gutem Grund empfohlenen Scham- und Schweigestellung verharren, welche *Le Monde* zu der Bemerkung veranlaßte, die Lichterketten seien ein modern inszeniertes barbarisches Ritual, ein christliches Purgatorium, nicht von der Kirche, sondern von den Medien angeleitet; ein schweigender mittelalterlicher Bußgang unter dem Auge des himmlischen Führers, dem Auge Gottes, das sich in zweihundert Meter Höhe über den Demonstranten in einem Helikopter mit TV-Kamera befand.

In München und anderswo sollte geschwiegen werden. Denn schlimmer offenbar als schweigende Kerzenhalter und dröhnende Kirchenglocken sind nur dröhnende Kerzenhalter und schweigende Glocken. Bei dieser Fortsetzung der Lichterkette mit anderen Mitteln teilte eine Rocksängerin mit dem verpflichtenden Namen Humpe mit: »Ich laß mich lieber mit 'nem Neger ein als mit 'nem dummen Nazischwein.« Auch andere Musiker stellten ihr ausländerfreundliches Licht nicht unter den Scheffel und propagierten das kleinere Übel: »Selbstjustiz ist kein taugliches Mittel«, lautete ein Slogan, »Selbstjustiz bringt's nicht.« Als dieser parafaschistische TV-Spot auf verschiedenen Kanälen ausgestrahlt wurde, saß gerade die Exekutive beisammen und bastelte an jenem tauglichen Mittel, welches die Leipziger Pop-Gruppe »Prinzen« auch deshalb empfahl, weil ihr der Gedanke so vertraut war, daß es allein die Sache des Staates sei, zu bestimmen, welche Bürger zu drangsalieren seien.

Lauter Ausrutscher, lauter überzogene Fortbildungen des angeblich guten Ausgangsgedankens? Kein Zusammenhang zwischen Original und Kopie, zwischen Anfang und Ende, das ja noch gar nicht abzusehen ist?

Gute Menschen wollen immer das Beste, und am

Schluß kommt heraus, was keiner gewollt hat: beispielsweise die Hölle von Stalingrad, wohin vor kurzem das Hamburger Thalia-Theater den Weg mit guten Absichten gepflastert hatte. Bei dem vom Fernsehen übertragenen Marathon der Fremdenliebe, wo für Ausländer rezitiert, getanzt, gesungen und gefiedelt wurde, las ein Schauspieler aus Gründen, die wie bei allen Darbietungen irgendwo im Irgendwie lagen, zwei deutsche Soldatenbriefe aus Stalingrad vor, die angeblich ihren Empfänger nie erreicht hatten. Exakt zur selben Zeit konnte man auf einem anderen TV-Kanal in einer Dokumentation erfahren, daß es sich bei eben diesen Briefen um Fälschungen handelte, nach dem Krieg eigens zu dem Zweck geschrieben und herausgegeben, um den andauernden Mythos von der verratenen soldatischen Volksgemeinschaft zu begründen.

Für alle diese widerwärtigen Auftritte sind natürlich nicht die Erfinder der Lichterkette, sondern die xenophilen Gesinnungstäter selbst verantwortlich, oder wie es die Leuchtspur-Genossen von der *taz* mit pädagogischer Absicht formulierten: »Jeder und jede ist für seine Kerze verantwortlich.« Erlaubt sein muß allerdings die Frage, ob derlei Unfug nicht notwendig aus dem illuminierten goodwill resultiert, ob Erfindung und Anwendung nicht mehr miteinander gemein haben, als den Initiatoren begreiflicherweise lieb ist. Und erst recht muß die Frage gestellt werden, ob das leuchtende Bekenntnis zu den Ausländern nicht nur gleichzeitig, sondern vor allem als glänzende, pseudosakrale Bestätigung des eigenen Kollektivs diente, wie ja überhaupt die penetrante Beschäftigung mit Ausländern oder mit Juden immer vom Bedürfnis nach Selbsterfahrung geprägt war. Von Leuten, die allenfalls ihre Frau oder ihre Kinder verprügeln, aber einem Ausländer bestimmt kein Haar krümmen würden, war in diesen Tagen kein Satz so oft zu hören, wie: »Wir schämen uns als Deutsche.« Ohne Kollektiv keine

Scham. Schamgefühl alleine macht hierzulande offenbar noch keine menschliche Regung aus, weshalb die durchaus nichtmenschliche Eigenschaft, deutsch zu sein, als Auslöser von Gesittung dienen muß.

Gerade in Berlin, wo am 30. Januar die größtmögliche Distanz zum Nationalsozialismus herbeigeleuchtet werden sollte, zeigte sich, daß auch heute, wie Walter Benjamin über die Ästhetisierung der Politik damals schrieb, die Massen nicht zu ihrem Recht, sondern zu ihrem Ausdruck kamen. Und zwar zu einem gerade wegen der behaupteten »Umbewertung des Lichtsymbols« äußerst verwandten Ausdruck. In den Aufrufen zur Münchener Lichterkette im Dezember 1992 wurde ausdrücklich davor gewarnt, Fackeln mitzubringen. Diese Warnung erging jedoch nicht deshalb, weil die Veranstalter befürchteten, die mitgeschleppten Kinder, die meist ihre eigenen Eltern nicht lieben und nun Ausländer gern haben sollten, könnten sich dabei die Patschhändchen verbrennen. Sondern ein Gran historischer Bewußtheit, vielleicht auch ein Rest guten Geschmacks war noch im Spiel. Beim Spiel mit dem Feuer in Berlin hatten sich diese Reste verflüchtigt. Zwar wurde der glühende Wunsch nach einer Fackel mit der Aufforderung bedient, doch bitte ein Windlicht dagegen einzutauschen, aber erstmals wurde in distanzierender Nachahmung des faschistischen Umzugs das Ritual mit der Kerze politisch begründet. In der *taz* war von der »verfremdeten Aneignung eines von den Nationalsozialisten kompromittierten Rituals« die Rede, ganz so, als sei der faschistische Feuerzauber nicht der zur Wahrheit gebrachte Wahn von der reinigenden Kraft des Feuers und als sei derlei Symbolik damit nicht für immer und ewig diskreditiert. Nicht die Nazis haben das Ritual kompromittiert, das besorgen nun gründlich die Antifaschisten mit Kerze.

Giovanni di Lorenzo ist im *Spiegel* von seiner eigenen Ahnungslosigkeit völlig erschüttert und entblößt vor dem

Leser sein reines Herz: »Auf die Vorstellung, eines Tages ausgerechnet eine Bürgerinitiative wider den Rechtsradikalismus in Schutz nehmen zu müssen gegen den Vorwurf, sie sei in Wirklichkeit ein Traditionsverein zur Pflege nationalsozialistischen Brauchtums, auf diese Vorstellung wäre auch der phantasiebegabteste Mitstreiter in unserer Gruppe allenfalls unter der Folter gekommen.« Selten hat man in jüngster Zeit ein überzeugenderes Plädoyer für die Wiedereinführung der Daumenschrauben gehört.

Den Unterschied der beleuchteten Betroffenheit zu einer politischen Demonstration formulierte der Kabarettist Martin Buchholz, der in Anlehnung an die vorjährige »Blutspur« in Berlin zur »Lichterspur« aufrief: »Keiner braucht«, schrieb er, »das Gefühl zu haben, das *Aktionsvieh* (Hervorhebung EG) für irgendwelche Politik zu sein«, womit der Leithammel im Schweigen der Lämmer gleichzeitig zum Ausdruck brachte, wie reumütig er in den Schoß des gemischten Gelichters mit den bekannten Gefühlen zurückgekehrt war.

Weit mehr indes als die peinlichen Begleiterscheinungen bei der Inflation von Lichterketten stört deren Verfechter die Kritik einiger weniger, die öffentlich die Gefolgschaft verweigern. Einer der Störenfriede ist Heinrich Lummer, der nach zwei Korn gelegentlich auch eines findet, wie man seit dessen etwas verhegelter Definition, die Polizei sei das Wesen des Staates, weiß oder seit seiner Auskunft, am Grunde der deutschen Identität liege ein Schäferhund. Doch offenbar allein dadurch, daß Lummer nach eigener Auskunft die Lichterketten »zum Kotzen« findet, sind diese fraglos nobilitiert. Dieser Logik zufolge dürften etwa die von den Antikommunisten des Verbrechens bezichtigten Mitglieder der Stasi sich als Angehörige des Arbeitersamariterbundes betrachten.

Giovanni di Lorenzo will viel Verständnis, aber bitte wenig Verstand. Wer über Sinn und Unsinn seiner

Leuchtkampagne nachdachte, den erklärt er im *Spiegel* zum »Gesinnungskommissar«, was ebenso zeitgeistig klingt, wie Kritik als »Rechthaberei« zu denunzieren. Die begründeten Einwände gegen die Olympiade guter Gesinnung hält er für intellektuellen Sperrmüll aus der linken Protestbewegung. Mit den Lichterketten habe man erreicht, wovon jene in den sechziger Jahren nur hätte träumen können. Welch ein Alptraum. Dieser ist nun wahrgeworden, und zwar genau als später Sieg des politischen Protestes, aus dessen Zerfall ja in Wahrheit nicht nur Müsli und der Grüne Punkt hervorgegangen sind, sondern auch die Rehabilitierung von für immer diskreditiert geglaubten Ritualen und Symbolen wie Mahnwache, Schweigemarsch, Fackelzug und Lichterkette.

Die nächste Umbewertung eines Rituals steht ins Haus, und di Lorenzo hat sie auch schon vorsichtig angekündigt. Lichterketten sind out. Er sei davon beeindruckt gewesen, erzählt er im *Spiegel*, wie spontan im Ausland, in Italien, Menschen auf die Straße gegangen seien mit dem Ruf »Wir sind alle Juden«, nachdem Faschisten jüdische Geschäfte in Rom beschmiert hatten mit der Aufschrift »Kauft nicht bei Juden!« Nach dem großen Erfolg des 30. Januar 1993 gibt es am 1. April, dem 50. Jahrestag des Naziboykotts, erneut Gelegenheit, ein historisches Datum per Verfremdung sich anzueignen: »Deutsche wehrt euch, kauft bei Juden!« wird der Aufruf zur »Judenspur« dann vermutlich lauten. Oder eben: »Wir sind alle Juden« – ein Bekenntnis, das den vielen eingebildeten Juden schon längst auf der Zunge liegt. Dann wird die Kerze weggepackt und der Stern herausgeholt. Und dann kommt auch Christa Wolf wieder.

1992

E.T. bei den Deutschen

Nationalsozialismus mit menschlichem Antlitz

1.

Vor einigen Jahren, als normale Leute noch von der Bevölkerung und nicht vom deutschen Volk redeten, sprach der Vorsitzende der Republikaner, Franz Schönhuber, gelegentlich noch in Rätseln: »Deutschland hat der Welt«, erklärte er damals, »viel mehr geschenkt, als Auschwitz je kaputtmachen könnte.« An welche Geschenke hatte er dabei gedacht? An die Rentenversicherung? An Margarine? An das Leitmotiv? An Tesafilm?

Ungefähr zur gleichen Zeit wurde damals ein ganz anderer Autor von demselben Gedanken umgetrieben, daß nämlich Auschwitz den Blick auf erinnerungswürdige Leistungen der Deutschen verstelle. »Es muß [...] endlich ein Ende haben mit dem gekrümmten Gang«, pflichtete 1987 Peter Schneider Franz-Josef Strauß bei und ließ uns nach diesem von Bloch zu Blech veredelten Satz wissen: »Die deutsche Geschichte ist länger als zwölf Jahre, sie hat Traditionen hervorgebracht, auf die wir stolz sein können; niemand ist auf die Dauer mit der deutschen Bußfertigkeit gedient und mit dem ewigen schlechten Gewissen.« Doch auch Peter Schneider, schon damals freischaffender Einkaufsberater für die seelische Innenausstattung der Nation, blieb die präzise Auskunft schuldig, welche Traditionsgüter die Deutschen denn nun im Supermarkt ihrer Vergangenheit erwerben könnten. Selber ratlos inmitten des allgemeinen Wendebedürfnisses, dessen Sprachrohr er geworden war, fuhr er Anfang 1994 nach Sarajevo und kam als wiedergeborener Wehrmachtslyriker zurück. Mitte Februar 1994 konnte man dann im *Spiegel* die erfolgreichen Bemühungen nachlesen, an die Tradition des literarischen Frontberichts anzuknüpfen. Er schrieb: »Der nächtliche Himmel über der lichterlosen Stadt wurde von Salven gedankenschnell fliegender roter Lichtkörper durchpflügt.« Die Jünger-Generation nickte erinnerungseelig, die jüngere machte erstmals Bekanntschaft mit dem Krampf als innerem Erlebnis. Aber sollten nun alle Landsleute erst einmal nach Sarajevo fliegen, um dort ihre nationalen Identitätsprobleme zu lösen? Das wäre zu teuer, und außerdem war es schon einmal schiefgegangen.

2.

Jetzt freilich ist der größte anzunehmende Glücksfall eingetreten; jetzt kann nichts mehr schiefgehen, denn seit Anfang März 1994 gibt es ein Heilmittel, das in gut drei Stunden den chronischen nationalen Haltungsschaden beseitigt. Der preiswerte volksorthopädische Artikel heißt »Schindlers Liste« und ist ein Renner. Bereits Mitte März hatten, wie der *Spiegel* stolz vorrechnete, »317.482 Zuschauer die Rettung von 1100 Krakauer Juden gesehen.« Es wird jeden einzelnen Überlebenden freuen, daß ihm nun schon mindestens 337 aufrechte Deutsche nachträglich zur Seite stehen.

»Schindlers Liste« ist die Auskunft auf die alle bedrängende Frage, wie denn der in Deutschland gerissene Traditionsfaden wieder zusammengeküpft, wie das durch die Nazizeit dummerweise unterbrochene Ferngespräch mit der eigenen Vergangenheit wiederaufgenommen werden könne? Spielbergs Film über Oskar den Menschlichen ist weniger eine Replik auf das israelische Verfahren gegen

Iwan den Schrecklichen als die Antwort, die Schönhuber, Schneider und andere hauptberufliche Deutsche bislang vergeblich gesucht haben. Spielberg hat den Deutschen einen guten Mann zurückgegeben, den die Deutschen der Welt geschenkt hatten. Denn ohne die tätige Mithilfe seiner Landsleute wäre Schindler nie nach Hollywood gelangt. Und insofern ist der »Oscar« auch eine Auszeichnung für das Land, das die Vorlage geliefert hat.

Spielbergs Schindler ist der Jäger der verlorenen Ehre und eines in den geschichtlichen Untiefen verloren geglaubten Schatzes. Und dieses kostbare Fundstück heißt: Anständigkeit.

Zwar hatte sich schon längst die Ansicht durchgesetzt, daß man den Nationalsozialismus nicht einseitig verurteilen dürfe, sondern differenziert betrachten müsse. Es sei nicht alles schlecht gewesen damals, lautet eine der diesbezüglichen und schon älteren Auskünfte, man denke nur an den Bau der Autobahnen. Genau die Autobahnen, so andererseits ein jüngeres Gegenargument, seien jedoch ein Beweis dafür, daß bei den Nazis nicht alles gut gewesen sei. Derlei nennt man dann Ausgewogenheit. Aber die in unzähligen Fällen zutreffende Feststellung, daß einer ein guter Nazi gewesen war, bedeutete trotzdem immer noch, daß mit »guter Nazi« das rührige Mitglied einer hochgradig kriminellen Vereinigung gemeint war. Seit Spielbergs Film freilich hat sich das umgangssprachliche Verdikt in ein Plädoyer verwandelt, und zwar in ein Plädoyer für eine bessere Vergangenheit. Sie trägt neuerdings den Titel, den der *Spiegel* ihr zur Premiere des Films verpaßt hat: »Der gute Deutsche«. Mit dieser contradictio in adjecto war die Ausnahmeerscheinung Schindler zum Typus stilisiert und für Deutschland reklamiert. Nach dem guten Opfer war endlich das Gegenstück zu Anne Frank gefunden – der gute Täter. Schindler avancierte gar, wie die *taz* in einer Besprechung des Films andeutete, zum ersten Kerzenhalter einer Lichterkette, die im Ghetto ihren Ausgang genommen hat. In Erinnerung an ihr eigenes Poesiealbum, welches wahrscheinlich die Eintragung: »Und immer wenn Du denkst, es geht nicht mehr / Dann kommt von irgendwo ein Lichtlein her« enthielt, schrieb die Filmkritikerin der Zeitung, Spielbergs Wunderlampe sei »das kleine Licht, das im Dunkeln leuchtet.« Manchmal flicht die Nachwelt doch etwas, nämlich einen Adventskranz.

Schindler war freilich nur Schindler, eine singuläre Erscheinung, eine Person, die im Wortsinn auf eigene Rechnung und auf eigenes Risiko gehandelt hat. Seine Landsleute hätten ihn denunziert, gehetzt und erschlagen. Auf den moralischen Gewinn seines Verhaltens hätte also niemand anderer Anspruch als er ganz allein. Und wenn die dank seiner Hilfe Überlebenden ihn ehren, so ist das allein deren Sache. Die Deutschen haben, wie auch im Fall vereinzelter Widerstandskämpfer, nicht den geringsten Grund, ihn für die Nation einzukassieren. Denn als Typus hat es ihn nie gegeben. »Der gute Deutsche« ist immer ein Phantom jener gewesen, deren politischer Bankrott unmittelbar aus dem Bestreben resultierte, so gänzlich diskreditierte Regungen wie Heimatgefühl und Nationalbewußtsein alternativ wiederzubeleben. Nun aber geht in allen Medien ein Gespenst um, das Gespenst eines »anderen Deutschland«, der gute Geist eines Reiches der dritten Art.

3.

Die Revisionisten hatten es schon immer gesagt, wenn auch etwas plump: die deutsche Geschichte war nicht so. Spielbergs Film ist der Anlaß, daß nun auch andere, die ihre Lust an der allseitigen Verbesserung der Vergangenheit immer zügeln mußten, jegliche Hemmung abstreifen können. Notfalls können sie sich später herausreden, sie seien wieder einmal von Amerika überwältigt worden: »Ein Film packt die Deutschen« titelte die *Woche* auf der Frontseite. Und die Chefredaktion dieses Blattes, das wie der Billigprospekt des OBI-Baumarktes aussieht, packte selbst mit an: »Spielbergs Film [...] (wird) die Nation erschüttern, aufwühlen und – gerade im Wahljahr – auch politisch bewegen [...] ›Schindlers Liste‹ ist mehr als ein Film, er ist ein nationales Ereignis.«

Der Massenmord an den Juden war ja bekanntermaßen das Ergebnis verschiedener packender nationaler Ereignisse der Deutschen gewesen. Daß neuerdings die Ursachen der Katastrophe als therapeutisches Mittel gegen sie helfen sollen, ist freilich nicht so neu. Etwa ein halbes Jahr vorher hatte der Fraktionsvorsitzende der CDU in einem Interview mit der *taz* über die Wiederverwendbarkeit des Nationalen nach Hitler nachgedacht. Seinen Worten zufolge war Auschwitz nicht das Massengrab des Nationalismus, sondern eher die Wiege nationaler Identität gewesen: »Wie – ohne das Nationale – sollen wir denn noch Verantwortung für Hitler und seine Schergen tragen?«, referierte Schäuble eine jahrzehntealte rhetorische Frage, die schon die Gründerväter der Bundesrepublik so gestellt hatten, allen voran der Sozialdemokrat Kurt Schumacher. Auch damals gab es einen bekannten Schriftsteller, der sich wie sein jüngerer Namensvetter heftig um Deutschland sorgte, freilich ohne dabei regelmäßig einen Strauß von Stilblüten zu überreichen. Reinhold Schneider schlug vor rund fünfzig Jahren vor, die Deutschen sollten sich als nationales Patientenkollektiv konstituieren; jeder solle jedem versichern, wie schuldig er sich fühle, denn nur so entstünde wieder echte Gemeinschaft.

Daß diese in Wahrheit gar nicht zuende gegangen war, notierte Anfang der sechziger Jahre Max Horkheimer in einem Rückblick unter dem Stichwort »Wir Nazis«. Dort heißt es: »Immer wieder formulieren: das Schuldbekenntnis der Deutschen nach der Niederlage des Nationalsozialismus war ein famoses Verfahren, das völkische Gemeinschaftsempfinden in die Nachkriegsperiode hinüberzuretten. Das Wir zu bewahren war die Hauptsache [...] Das Wir ist die Brücke, das Schlechte, das den Nazismus möglich machte.« Wie man unschwer sehen kann, war dieses famose Verfahren ein überaus erfolgreicher Langzeitversuch.

Die *Wochenpost*, das ostdeutsche Pendant zur *Woche*, machte als Lebenshilfeblatt für geistige Obdachlosigkeit jenseits der Elbe ihre Leser mit den gewünschten Ergebnissen des nationalen Ereignisses schon vertraut, noch ehe dieses verübt worden war. Im Konjunktiv vermeldete die Zeitung, was sie selbst bereits ratifiziert hatte, daß nämlich der Held des Films »eine Zäsur in der ›Aufarbeitung‹ des Holocaust markieren könnte.« Und weil die Ost- nicht nur mit den Westdeutschen, sondern auch mit der Geschichte wieder zusammenwachsen sollen, bot die Zeitung historische Ehrenrettung und aktuellen Trost zugleich an. »Er trägt das Parteiabzeichen, weil es ihm opportun erscheint, aber er ist kein Opportunist«, hieß es über Oskar Schindler in einer Vorausbesprechung des Films, deren Autor Karl Valentin gewesen sein könnte: ein Mitläufer ist kein Mitläufer unter Mitläufern.

4.

»Schindlers Liste« ist Spielbergs List. Mit einem konventionellen Abenteuerfilm, dem Duell eines fiesen Charakters und eines smarten Helden, schafft er es, daß die gesamte bundesdeutsche Presse wieder einmal total betroffen auf der Couch liegt und die Katharsis hat. »Der Bann, der bis heute über der Darstellung dieser Hölle lag, wird endgültig gebrochen sein«, dankte der Kritiker der *Zeit* dem Analytiker in Hollywood.

Vor fünfzehn Jahren flossen Tränen der Rührung anläßlich der TV-Serie »Holocaust«, und der *Spiegel* schrieb über die Massengemütsbewegung in der Bundesrepublik: »Eine Nation ist betroffen«. Jetzt fließen wieder Tränen, aber diesmal auch solche des Stolzes. Damals verloren die Deutschen zwar die Contenance, aber endlich gab es wieder eine Geschichte, deren Höhepunkt entschlossen gegen den Vorwurf verteidigt wurde, man habe den Massenmord bloß bei den Bolschewisten abgekupfert. Jetzt sind sie nicht nur wie Gläubige nach der Beichte erleichtert und froh darüber, daß ihre Untaten weder auf Erden noch im Himmel vergolten werden, sondern jetzt wurde, was sie immer vermutet hatten, als erlösende Gewißheit bestätigt: Auschwitz war, man mußte es jahrzehntelang in seinem Innern unterdrücken, doch noch gut ausgegangen. Freilich nicht nur das. Nicht nur ein Happy End gab es, sondern die Lager hatten außerdem noch einen nützlichen Aspekt, einen Vorteil, in dessen Genuß die Deutschen nicht gekommen sind. »Aus den Familien auf Schindlers Liste ist ein Volk von sechstausend Menschen geworden«, bilanzierte Andreas Kilb in der *Zeit* den bislang negierten demographischen Schub, den die Nazis bei den Juden auslösten, indem sie sie umbrachten. Die Deutschen hatten damals nicht das Privileg, im Lager zu sitzen, sondern sie mußten es leiten. Und nun sind sie, wie die gängige Klage lautet, ein aussterbendes Volk.

Das Happy End kommt farbig daher. Der rosige Schimmer am Horizont der Massenvernichtung heißt Israel. Ghetto, Lager und Massenmord erscheinen damit als verschiedene Vorstufen der Errettung, als Fegefeuer vor der Erlösung. In dieser Teleologie, der Spielberg zur Genugtuung der Deutschen huldigt, sind die Nazis logischerweise der verlängerte Arm Gottes, der die Kinder Israels straft, bis sie geläutert sind und zur Belohnung einen eigenen Staat kriegen. Wenn die »Gesellschaft für christlich-jüdische Zusammenarbeit« ihre kühnsten Träume verfilmen dürfte, sie sähen aus wie die Schlußpassage des Films: Eine Woge der Brüderlichkeit mit Kreuz, Kipa und Kieselstein. Und das Ganze unterlegt von einer Musik, die auch in Deutschland ein folkloristischer Ohrwurm geworden, aber von keinem der Kritiker als geschmacklos empfunden worden ist. Erst in Israel wurden Proteste gegen den Soundtrack laut, dessen Schlußmusik aus einem ganz anderen Zusammenhang vertraut ist: Der Song »Goldenes Jerusalem« war nach 1967 sozusagen zur Hymne des 6-Tage-Krieges geworden. (Spielberg hat danach die Musik ausgetauscht.)

5.

Wie auf keiner Fete heute jüdische Witze oder was man dafür hält fehlen dürfen, so kommt heute kein Feuilleton ohne jüdische Weisheiten aus. »Das Geheimnis der Erlösung heißt Erinnerung« war die meistgezeichnete Anleihe bei der jüdischen Tradition während der achtziger Jahre, als sich herausstellte, daß die heimatkundliche Erinnerung an den Alltag im Nationalsozialismus ziemlich erlösend wirkte. Ähnlich verhält es sich mit dem talmudischen Spruch: »Wer nur ein einziges Leben rettet, rettet die ganze Welt«, einem Satz, der in kaum einem Artikel über »Schindlers Liste« fehlt. Damit wird freilich nicht das Vierte Reich der Moral und der Vorsatz proklamiert, daß an einem einzigen deutschen Wesen die Welt genesen soll. Vielmehr ist dieser pathetische Satz nur der bescheidene Hinweis, daß Schindler nicht die ganze Welt, sondern die Reputation Deutschlands gerettet habe.

In derselben Woche, in der Spielbergs Film in die Kinos kam und vom Bundespräsidenten gelobt wurde, pries der deutsche Bundestag einen anderen ausländischen Künstler, der sich anschickte, sich um ein positives Bild der Bundesrepublik verdient zu machen. Noch ehe Christo damit begonnen hatte, den Reichstag einzuwickeln, herrschte nationales Einvernehmen zwischen den Gegnern und den Befürwortern dieser Schnapsidee: beiden ging es vor allem um das internationale Ansehen Deutschlands. Andere Bilder als brennende Asylbewerberheime und abgefackelte Ausländer sollten um die Welt gehen, das Deutschland der Gegenwart bestehe nicht nur aus Haß, sondern auch aus dem Humor derer, die ihn angestiftet haben.

Das Deutschland der Vergangenheit andererseits, so lautet die tröstliche Botschaft, die in Spielbergs Film hinein- und aus ihm herausgelesen wird, besteht nicht nur aus Parteigenossen, Mitläufern, Wehrmachtsangehörigen und Massenmördern, sondern auch aus den bislang von den Amerikanern oder vom Jüdischen Weltkongreß in Schutzhaft gehaltenenen »anständigen Deutschen«. Doch jetzt ist Oskar Schindler, der Retter von gestern, aus diesem Gefängnis befreit; er wird zum Willy Birgel der Traditionspflege und – rettet für Deutschland.

6.

Überhaupt sind nun die Retter en vogue. Fast unbemerkt von der Öffentlichkeit waren in den Wochen vor der Premiere des Spielberg-Films einzelne Deutsche, unter ihnen ein Wehrmachtsoffizier, mit dem Titel eines »Gerechten der Völker« in Israel geehrt worden. In der heiligen Stadt Jerusalem, wo man bekanntlich mit dem Allerhöchsten zum Ortstarif in Verbindung treten kann, gibt es dafür ein Büro mit der Bezeichnung »Abteilung für die Gerechten unter den Völkern«, eine Einrichtung mit Direktor, Sekretärin und Faxanschluß. Seit freilich »Schindlers Liste« in der Bundesrepublik angelaufen ist, vergeht fast kein Tag, an dem sich nicht in Talkshows oder in Leserbriefen ein Judenretter outet. Wie Weiland Walter Jens während des Golfkriegs nichts Gutes tun, nämlich zwei amerikanische Deserteure beherbergen konnte, ohne es gleich der Öffentlichkeit mitzuteilen, so posaunen nun Leute mit überaus schäbigen Motiven ihre oder ihrer Eltern gute Tat hinaus, als wären sie stolz darauf, auf etwas verzichtet, nämlich keine Juden umgebracht zu haben. Eine Fernsehschauspielerin, die nekkisch von »Adolf« sprach, als gehörte Hitler zu ihrer Familie, brüstete sich damit, daß ihre Eltern einmal zwei Juden versteckt hätten und ergänzte diese gute Tat durch die immer noch nicht strafrechtlich ahndbare Auskunft: ihre beste Freundin in der Kindheit sei ein polnisch-jüdisches Kind gewesen. Vor Jahren waren derlei persönliche Bekenntnisse im Fernsehen nicht zu hören. So unverfroren der Drang zur öffentlichen Mitteilung jetzt ist, so dubios allerdings werden auch die Motive der früheren Zurückhaltung gewesen sein.

Gerade in Berlin wird hartnäckig ein geschichtliches Image der Stadt gepflegt, demzufolge die Berliner Bevölkerung sich in der Nazizeit oft schützend vor ihre jüdischen Nachbarn gestellt haben soll. Nirgendwo, so blickt man in der Hauptstadt gerne auf deren Geschichte zurück, wurden so viele Juden versteckt wie hier. Wie man allerdings weiß, ist diese heftige Nächstenliebe deren Empfängern zumeist schlecht bekommen.

Wenn nicht nur Schindler, wie etwa Henryk Broder in der *Woche* hochrechnete, »Tausende (!) von Juden gerettet hat«, sondern Tausende von Deutschen demnächst nach vorne treten und ihre Rettungstat bekennen, dann werden nicht nur eingefleischte Nazis verstärkt »Auschwitzlüge« brüllen, sondern die besinnliche Mehrheit wird zum Taschenrechner greifen, damit endlich die Wahrheit ans Licht komme. Wenn jeder dieser Retter einen Baum in Israel pflanzen wird, dann ist der Negev bald grün. Dann heißt es dank Hitler: Die Wüste lebt.

Ganz ähnlich verhält es sich mit der Betrachtung des Widerstands gegen die Nazis, einem anderen unangenehmen Kapitel der jüngeren Geschichte. Zur Ehrenrettung eines »anderen Deutschland« wurde der Begriff des Widerstandes derart inflationär noch der unbedeutendsten privaten Geste übergestülpt, daß man sich nachgerade fragen muß, warum nicht die Nazis im Gefängnis, sondern die Antifaschisten im Lager saßen. Das Ergänzungsprogramm zu »Schindlers Liste« wird man besichtigen können, wenn der fünfzigste Jahrestag des dilettantischen Versuchs gefeiert wird, mit dem einige in der Zerstörung eines ganzen Kontinents erfahrene Wehrmachtsoffiziere den Anführer ihrer Bande beseitigen wollten.

Von Leo Baeck, dem überlebenden Repräsentanten der vertriebenen oder ermordeten deutschen Judenheit, kam nach dem Krieg die Anregung aus London, man solle neben den Schuldigen auch die Unschuldigen erwähnen. Und Max Horkheimer, der 1951 aus der Emigration nach Deutschland zurückgekehrt war, machte damals den Vorschlag, all jene Fälle zu sammeln, in denen Menschen sich der Mittäter- oder Komplizenschaft verweigert hatten. Diese Studie, die nicht das Gewissen beruhigen, sondern in jenen Jahren den Blick auf den erneuten Konformitätsdruck der Volksgemeinschaft schärfen sollte, kam nie zustande. Vierzig Jahre später scheint man jenes Vorhaben nun als versöhnlichen Rückblick nachholen zu wollen.

7.

1993 gab es eine kuriose Doppelausstellung in Bremen. Unter einem Dach wurde die Geschichte des Untergangs zweier Gruppen von Lebewesen präsentiert. Wer das Ende der Dinosaurier besichtigt hatte, konnte sich anschließend der Auslöschung einer anderen Spezies zuwenden, dem Schicksal der deutschen Juden. Was in Bremen nicht gelingen wollte, das schaffte Hollywood binnen eines Jahres. Die Dinosaurier sind wieder putzmunter, und auch die Juden sind wiederbelebt.

Warum »Schindlers Liste« in Amerika und nicht in Deutschland produziert worden sei, fragen unisono alle Rezensenten und fügen leicht vorwurfsvoll hinzu, daß Hollywood damit zum zweiten Mal die deutsche Vergangenheit bewältige. Doch angesichts der frohen Botschaft dieses Films verzeiht das deutsche Feuilleton auch eine unerwähnt gebliebene dritte Einmischung in die inneren Angelegenheiten der Deutschen: die Eröffnung der Holocaust-Museen in den USA. Vor einem Jahr noch konnte man lesen, daß es sich bei diesen Museen um antideutsche Einrichtungen handle, in welchen die Geschichte auf Walt-Disney-Niveau herabgewürdigt werde. Daß nun E.T. in der Gestalt von Schindler zu den Deutschen kommt und daß ein jüdischer Regisseur zum Propheten eines neuen Schutzheiligen der deutschen Vergangenheit wird, das darf man getrost als Wiedergutmachung für die Landung der Alliierten, für die Besatzung und die Nürnberger Prozesse verstehen.

Nur der Berliner *Tagesspiegel* war etwas begriffsstutzig und fand es degoutant, daß Spielberg mit dem Schicksal der Juden vielleicht Geld verdienen könnte. Spielberg ermangelte in den Augen dieser Zeitung jener idealistischen Begeisterung, mit der die Deutschen seinerzeit die Juden umsonst umgebracht hatten. Dieser Mangel an selbstloser Gemeinheit wurde dann durch eine Auskunft des *Spiegel* wettgemacht: Spielberg wolle alle Gewinne aus dem Film für karitative Zwecke spenden.

Keiner der zahlreichen Kritiker, die Spielbergs Melodram als »epochales Meisterwerk« anpriesen, konnte schlüssig begründen, was denn eigentlich »Schindlers Liste« als Film so einzigartig machte. Denn als Film interessierte sie dieses mit anderer Besetzung perfekt inszensierte Remake von »Jurassic Park« überhaupt nicht. Alle sind nur wie wild hinter der Botschaft her. »Doch wer erinnert sich heute noch [...] an ›Holocaust‹«? fragte Andreas Kilb in der *Zeit*. Er hielt seine Ressentiments an der kurzen Leine, verlor nur wenige Worte über den »allgemeinen Fernsehbrei«, den »Haufen Schutt« aus Amerika, und kam rasch zu einem Urteil, das kein ästhetisches mehr war: »Mit ›Schindlers Liste‹ sind wir von ›Holocaust‹ erlöst«, betete er in die Schreibmaschine. Die Anführungszeichen, in denen die Fernsehserie noch stand, waren bloß das Zwinkern zum Leser hinüber, der schon richtig verstehen konnte.

Und einmal erlöst, besang er den Nationalsozialismus mit menschlichem Antlitz so überschwenglich, daß man sich die sofortige Rückkehr amerikanischer Besatzungstruppen wünscht. Daß die Deutschen nicht wie gewollt mit der »Endlösung« fertig wurden, erklärte Kilb in der *Zeit*, »lag nicht an der SS, nicht an der Reichsbahn und kaum am Kriegsverlauf. Es lag an Leuten wie Oskar Schindler.« Vielleicht sollte er diesen netten Gedanken gelegentlich den Überlebenden eines Konzentrationslagers oder den farbigen Veteranen aus Pattons Panzerbrigade vortragen, die Dachau befreit haben.

Wenn E.T. oder Schindler viel können, dann kann der Erlöser alles. Jesus war auf der Höhe seiner Kunst, als er Wasser in Wein verwandelte. Spielberg läßt den christlichen Messias weit hinter sich. Er erlöst die Deutschen von einem besonderen Übel, vom üblen Geruch ihrer Geschichte: er verwandelt Zyklon B in Wasser, das aus den Duschköpfen an der Decke herabfließt. »Mit diesen Bildern«, so las man in der *Zeit*, »hat Spielberg den Kampf um die Erinnerung gewonnen.« Diese Erfolgsmeldung besagt nichts anderes, als daß sich hinter der Netzhaut der deutschen Betrachter der Spiel- in einen Dokumentarfilm verwandelt hat.

Es ist die erzählte Geschichte, die alle fasziniert. Und allein aus deren Sinn und Gang werden Urteile abgeleitet, die im schlimmsten Fall darin gipfeln, daß die Massenvernichtung Stoff für eine runde Story abgebe, oder wie es die *FAZ* in einem Leitartikel formuliert: das große Erzählkino sei rehabilitiert, Spielberg »setzt die individuelle Geschichte wieder ins Recht, die das Leben der Menschen ausmacht.« Um Wahrheit oder um ein ebenso geringfügiges Gut wie Gerechtigkeit geht es dabei nicht. Ein Besucher der Premiere in Tel Aviv, ein Überlebender dank Schindler, ging nach der Aufführung auf den Regisseur zu und erklärte ihm, in seinem Lager wäre er recht gern gewesen.

Spielbergs Film ist ein Film über die Rettung, also ein Film über die absolute Ausnahme, ein Film über das Unwahrscheinliche und über das hilfreiche Handeln eines Einzelnen, der unter den obwaltenden Umständen wie ein Außerirdischer erscheinen mußte. Noch in der unsäglichen Verkitschung, mit der die Filmzeitschrift *Cinema* aus Schindler einen Vorgänger von Albert Schweitzer oder Mutter Teresa machte und vom »deutschen Engel in der arischen Hölle« schrieb, steckt ein Körnchen Wahrheit insofern, als Menschen wie Schindler offenbar von einem anderen Stern auf diesen Planeten gekommen sein mußten.

8.

Nichts ist weiter von der Wahrheit der Massenvernichtung entfernt als die von allen Medien kolportierte Behauptung, Spielbergs Film über einen sadistischen Lagerkommandanten und sein schlitzohriges Gegenüber schildere den Normalzustand des nazistischen Mordterrors. Mit Schnaps, Geld und Juwelen sei man an die eigentlich verwundbare Stelle der Nazis herangekommen. Die Russen haben sich Gottseidank lieber auf ihre Stalinorgeln verlassen. »Der Film zeigt«, hieß es im ZDF, »daß die Vernichtungsmaschinerie der Nazis korrumpierbar war.« Und Hellmuth Karasek erzählte dem Regisseur des Films in einem *Spiegel*-Gespräch, wie wenig er selbst je vom Nationalsozialismus begriffen hatte. Die Nazis seien nicht nur »funktionierende Fachkräfte«, sondern auch »durch und durch korrupt« gewesen, erklärte er Spielberg.

Nun ist der Vorwurf der Korruption ja heute ungefähr das schlimmste Vergehen, dessen man einen Politiker in Deutschland bezichtigen kann. Er mag Rassist sein, seine Kinder verprügeln oder vielleicht auch jemanden erschießen, Bestechlichkeit ist heute der Gipfel der Amoralität. Vor dem Hintergrund dieser Rangfolge nimmt sich die Feststellung, die Nazis seien durch und durch korrupt gewesen, aus, als sei Geldannahme die kriminelle Handlung gewesen, für die dann der Begriff »Verbrechen gegen die Menschheit« geprägt wurde. Nur leider verhält sich die Sache in Wahrheit ganz anders. Denn die Deutschen lassen sich alles Mögliche nachsagen, nur nicht Bestechlichkeit. Man kann ihnen vorwerfen, sie hätten zwei Weltkriege entfesselt, sechs Millionen Juden und zwanzig Millionen Sowjetbürger umgebracht, man kann ihnen vorhalten, sie hätten Europa in Schutt und Asche gelegt – und sie werden tief betroffen das Haupt senken. Aber wehe, man beschuldigt sie der Korruption. Dann werfen sie sich in die Brust und entgegnen mit in diesem Fall berechtigter Empörung: dies doch nicht. Korruption ist also der allerletzte Vorwurf gegen die Nazis – und außerdem ist er falsch. Gerade das nicht Korrumpierbare an ihnen machte sie so unausdenklich schlimm, denn »abgesehen von Ausnahmen menschlicher Schwäche«, wie es in jener berüchtigten Himmler-Rede hieß, waren sie anständige Verwaltungsmassenmörder geblieben. Darauf legten die Nazis großen Wert. In Holland etwa, dessen jüdische Bewohner in der Regel besser gestellt waren als ihre ärmlichen Verwandten in Osteuropa, endete der Versuch, sich freizukaufen damit, daß sich die Nazis Diamanten, Gold und Devisen in Millionenhöhe aneigneten und danach die rund einhunderttausend holländischen Juden ordnungsgemäß umbrachten.

Solche vorsätzlichen Mißverständnisse führen natürlich auch zu der so irrigen wie beruhigenden Auffassung, bei der SS und ihren Vernichtungsexperten habe es sich um einen Haufen übler und sadistischer Gestalten gehandelt. Der Lagerkommandant, der böse Gegenspieler Schindlers sei sozusagen die Verkörperung dieses sadistischen Typs. Man liebt den Teufel nicht nur in der Kirche, sondern auch in Redaktionen. Und deshalb wurde Schindler von der *Zeit* zum »Saboteur des Teufels ernannt«. Umgekehrt hingegen soll Schindler, wie es in der *FAZ* hieß, ein Mann mit Schwächen gewesen sein, »wie Du und ich«, soll heißen, wie Schirrmacher, der sich damit schon jetzt einige Optionen offenhielt, beispielsweise die Schwäche, NSDAP-Mitglied zu werden.

An dieser Sichtweise ist nichts wahr. Sie verdrängt bloß den unerfreulichen Gedanken, daß es sich bei diesen Leuten in aller Regel um korrekte Beamte oder Angestellte, um normale Familienväter mit Job und Hobby gehandelt hat. Für sie stellte sich die Frage gar nicht, ob sie morden oder nicht. Selbst wenn sie die Ausrottung der Juden nicht bejahten, so waren sie doch immer und uneingeschränkt bereit, sie dennoch durchzuführen. Plünderungen, Diebstähle und tätliche Übergriffe von SS-Angehörigen störten den reibungslosen Ablauf des Massenmordes und wurden in der Regel streng geahndet. Doch ahnungslos, als hätte seine eigene Zeitung in ihren besseren Tagen nicht ausführlich über NS-Prozesse berichtet, als habe es nicht zahlreiche Serien über die bürokratische Organisation der Juden-Vernichtung im *Spiegel* gegeben, wollte Hellmuth Karasek die Nazis einer logischen Unstimmigkeit überführen. In seinem Gespräch mit Spielberg sagte er über den Lagerkommandanten: »Abstruserweise wollten ihm ja die Nazis wegen seiner mörderischen Übergriffe den Prozeß machen.«

Ohne einen Sadisten freilich wäre Spielbergs Film langweilig geworden. Ein Sadist hat, wie verdreht auch immer, noch menschliche Regungen. Spielberg hätte das Drehbuch mit Sicherheit abgelehnt, wäre Rudolf Höss oder Adolf Eichmann der Gegenspieler Schindlers gewesen. Insofern mußte Spielberg als Dramaturg die Fehlbesetzung der Nazis für eine Idealbesetzung halten.

Nicht abstruserweise, sondern der perversen Logik seiner Berufsethik folgend, antwortete Eichmann bei seinem Verhör in Jerusalem auf die Frage, ob er sich an etwas erinnere, das ihm nun leid täte: Ja, daß er einmal in Wien die Fassung verloren und den Vorsitzenden der Jüdischen Gemeinde geohrfeigt habe. Ansonsten war er anständig geblieben. Anständigkeit indes ist, wenn man durchliest, was das deutsche Feuilleton zu »Schindlers Liste« und zur Tugend, die Schindler am häufigsten attestiert wird, zu sagen hat. Leiden alle Redakteure an der Alzheimerschen Krankheit? Sie müssen ja nicht beim Sozialdemokraten Kurt Schumacher nachlesen, der es für »ein großes Wunder hielt, daß nach zwölf Jahren Diktatur noch so viele Menschen anständig geblieben sind.« Es reichte, wenn sie sich an die Zeit zurückerinnern, als der Helmut Kohl in seiner Regierungserklärung versprochen hatte, für eine »menschlich anständige Rückführung« der Ausländer zu sorgen. Er hat sein Versprechen gehalten.

In *Zitty*, einer Berliner Programmzeitschrift, wurde Schindler gleich fünfmal auf dreißig Zeilen in den Anstand erhoben. Der Dauerrede von der Anständigkeit freilich kann man nur in Anlehnung an ein vergessenes Wort von Horkheimer entgegnen: Wer von Himmler nicht reden will, sollte auch von der Anständigkeit schweigen.

9.

Die Beschwörung dieser Tugend resultierte in der Regel aus einem abgedroschenen pädagogischen Gedanken: Schindler sei ein Vorbild gewesen. Als solches kann er nun in die Fußstapfen von Albert Schweitzer treten, der Leitfigur der geschichtslosen 50er Jahre. Der Arzt von Lambarene konnte nur im fernen Afrika helfen, Schindler jedoch heilt hier. Zwar räumte Erich Böhme in seiner SAT1-Talkshow ein: »Auch Schindler hat mit den Nazis heulen müssen«, und dieses »auch« durfte man sich auf der Zunge zergehen lassen, aber übereinstimmend stellten die Kritiker fest: an Schindler hätten sich andere ein Beispiel nehmen sollen. Dann wäre die Geschichte noch besser ausgegangen. Nur hat dieser pädagogische Eifer einen logischen Haken. Die Nachahmung Schindlers hätte dann dem Original vorausgehen müssen. In der *Woche* wischte Henryk Broder solche Einwände beiseite und pries die Haltung des »Nein, bis hierher und nicht weiter« als den guten Kern in Schindlers Schale. Bis vor die Lagertore von Auschwitz, bis hierher? Die Abschaffung der Demokratie reichte nicht? Nicht die »wilden KZs«, wo es ja unanständig zuging? Nicht die Nürnberger Gesetze? Nicht die »Kristallnacht«? Wenn also das nächste Mal fast keiner mehr übrig ist, der gerettet werden kann, sagen alle: Bis hier und nicht weiter. Dann gibt es nur noch anständige Deutsche.

So groß der Spielraum ist, den er den Deutschen zugesteht, sich als Menschen zu erweisen, so groß ist auch die Nachsicht, die Broder gegenüber sich selbst walten läßt. Seit er das Buch »Erbarmen mit den Deutschen« geschrieben hat, weiß man, daß es sich dabei um die höchst nichtironische Bitte handelt, Erbarmen mit ihm, dem Autor zu haben, der jahrelang im Geruch stand, alles Deutsche zu verunglimpfen. Vor einem guten Jahrzehnt hatte er sich den Haß des friedensbewegten Patriotismus zugezogen. Damals hatte er Hohn und Spott ausgegossen über die Ausbürgerungsversuche, mit denen die Nazis ins Exil gejagt werden sollten. Wie erinnerlich waren die Nazis an allen möglichen Orten der Welt, hauptsächlich aber in Gestalt der israelischen Armee vor den Toren Beiruts. Damit man sich seiner erbarme, entschuldigt er sich für jeden vernünftigen Satz, den er je in die Maschine getippt hatte, und schreibt stattdessen an der Fortsetzung jener unendlichen Geschichte mit dem Titel: Die Nazis sind immer die anderen. In der *Woche* formulierte er die Lehre, die aus dem Film zu ziehen sei: »Es ist kaum möglich, einen Mann zu ehren, der Tausende von Juden gerettet hat, und zugleich die Meinung zu vertreten, zum Schutz der Muslime in Bosnien könnte nichts unternommen werden.«

Früher kannte Broder den Unterschied zwischen Völkermord und den durchaus widerwärtigen, aber normalen Betriebskosten der vorgeblich zivilisierten Gesellschaft noch. Jetzt sitzen Hitler und seine Spießgesellen für ihn in Belgrad, und das von ihnen betriebene Massenvernichtungslager liegt in Sarajevo und heißt eigentlich Sobibor. Und deshalb ist es »einem Menschen, der in Sarajevo massakriert wurde [...] völlig gleich, ob er im Rahmen eines ›industriell organisierten Massenmordes‹ (Anführungstriche nicht von mir, EG) umkam oder in einem eher konventionellen Gemetzel vom Leben zum Tode befördert wurde.« So ähnlich sagte es neulich auch der Funktionär eines ökologischen Radfahrerverbandes, der vom »Holocaust auf der Straße« sprach. Denn einem Verkehrsteilnehmer ist es ja letztlich völlig gleich, ob er beim konventionellen Gemetzel während des Berufsverkehrs oder auf industriell organisierte Weise ums Leben kommt. Ob seine einstigen Feinde ihm diese Verschiebung Beiruts auf den Balkan wirklich anrechnen, steht dahin. Vielleicht wenn er nächstens erläutert, der Zwangsumtausch in der Ex-DDR sei die wirkliche Arisierung gewesen. Man muß nur die nächste Ausgabe der *Woche* abwarten.

Diese Zeitung verspürte vor einiger Zeit den brennenden Wunsch nach einer neuen Führergestalt. Um sich das gute Gewissen zu diesem Verlangen zu machen, schlug sie Ignatz Bubis als Nachfolger im Bundespräsidentenamt vor. Die Kampagne war ein Flop. Bubis roch den Braten und lehnte ab. Schindler, wäre er noch am Leben, wäre heute der ideale Ersatzkandidat. Von keinem der drei Bewerber ließe sich im Ernst sagen, was die deutschen Gazetten Schindler anerkennend bescheinigen. Jens Reich ein »Hallodri«? Roman Herzog ein »Weiberheld«? Johannes Rau ein »Hasardeur«? Nichtjüdisch wäre er auch, was angesichts der neuesten Umfragen vorteilhaft ist. Fast ein Drittel der Bevölkerung lehnt einen jüdischen Präsidentschaftskandidaten ab. Schindler hat Juden gerettet, das könnte ein Nachteil sein. Aber jetzt hat man ihm dieses Vergehen verziehen. Die gute Tat unterschiede ihn von seinen Vorgängern. Aber er könnte auf eine Reihe von Gemeinsamkeiten verweisen, und dann wären wir wieder bei der Anständigkeit von Parteimitgliedern und Wehrmachtsoffizieren angelangt.

1994

Zündlers Liste

Ein Fall jüdischer Ausländerfeindlichkeit

Gemein. Ehemalige SS-Angehörige werden in Israel diskriminiert. Ein Schatten fiel dort auf die Gedenkfeiern zur 50jährigen Wiederkehr der Befreiung von Auschwitz: Alfons Zündler, dem »Schindler in München«, wie deutsche Zeitungen den ehemaligen SS-Unterscharführer nennen, wird nicht die Ehrenmedaille von Yad Vashem verliehen. Er wird nicht den Titel »Gerechter unter den Völkern« bekommen. Über diesen besonders schweren Fall jüdischer Ausländerfeindlichkeit informierte die *Süddeutsche Zeitung*. »Keine Ehrung für SS-Mann«, beschwerte sie sich über die Anspruchshaltung der Gedenkstätte in Jerusalem: »Der Retter ist nicht gut genug«.

Alfons Zündler hatte 1942/43 in Amsterdam zur SS-Wachmannschaft des zentralen Sammellagers gehört und dabei geholfen, daß von den 140.000 holländischen Juden kaum jemand am Leben blieb. Gelegentlich ließ er ein Opfer laufen und »verzählte« sich beim Appell. Dokumenten und Aussagen von Zeitzeugen zufolge soll er diese menschlichen Regungen aufgrund einer anderen lobenswerten Unzulänglichkeit gehabt haben: er sei bestechlich gewesen und habe Frauen im Tausch gegen Liebesdienste freigelassen.

Einige der Juden, die dank seiner beeinflußbaren Neigungen der Vernichtung entkommenen waren, haben ihn deshalb in Jerusalem zur Ehrung als Retter vorgeschlagen. Sie bestreiten jede Gegenleistung für die Pflichtverletzung Zündlers. Und auch der ehemalige Unterscharführer weist empört von sich, er habe gegen den Verhaltenskodex der SS verstoßen und sei bestechlich oder unanständig gewesen. Rückblickend nennt er die Motive seines Handelns »streng katholisch«. Müßte er also nicht eher dem Vatikan zur Seligsprechung vorgeschlagen werden als Yad Vashem zur Auszeichnung? Diese Einrichtung in Jerusalem hat nun freilich mit den falschen Gründen die Aufnahme des ersten SS-Angehörigen in den geehrten Kreis der Retter von Juden abgelehnt. Nicht wegen der Mitwirkung an Deportationen, also wegen seiner *Arbeitsmoral*, bleibt Zündler ungeehrt, sondern wegen seiner persönlichen Schwächen, also wegen seiner *Moral*.

Daß überlebende Juden Zündler dankbar sein und ihn ehren möchten, ist deren Sache. 75 Bäume, deutsche Eichen, haben sie für ihn in Israel gepflanzt. Zündler selbst hat sich nie um eine Anerkennung oder Auszeichnung bemüht. Er war mehr als genug geehrt damit, daß die Holländer ihn 1945 nicht aufgeknüpft haben.

Sehr rasch zu ihrer Sache freilich hat die deutsche Öffentlichkeit den Fall Zündler gemacht. »Wer nur ein einziges Leben rettet«, so eine jüdische Weisheit, »rettet die ganze Welt.« Ins Deutsche übertragen lautet dieser Spruch: »Wer nur ein einziges Leben rettet, der rettet das Ansehen Deutschlands.«

Ganz heftig bemüht um die jüdische Anerkennung Zündlers hat sich die deutsche Presse. Als im Gefolge des Spielberg-Films sich plötzlich überall Judenretter meldeten, die nun sicher sein konnten, daß ihr Vergehen verjährt war, da entdeckten die Zeitungen auch den ehemaligen Unterscharführer. »Gab es gute Nazis?«, fragte im vergangenen Frühjahr die *Frankfurter Allgemeine Zeitung*, ohne den Doppelsinn ihrer Frage zu begreifen, und präsentierte Zündler als Opfer der Nazis. Der gute Mann lebe krank und mit einer winzigen Rente in München.

Der *Spiegel* legte sich für den »Judenretter« mächtig

ins Zeug und titelte sein für Yad Vashem gedachtes Empfehlungsschreiben mit der Auskunft einer Überlebenden: »Er hatte so gütige Augen.« Zündler, so erfuhr man in der Reportage, sei in der Erinnerung einer Frankfurter Jüdin »der netteste SS-Mann, den es gibt«. Und der *Spiegel* schloß daraus, Zündler »war inbrünstiger Nazi-Gegner«.

Als bekannt wurde, daß in Yad Vashem der Vorschlag eingegangen war, Zündler zu ehren, kam es in Holland und in Israel zu Protesten. Zündler habe sicher Einzelne verschont, aber doch mitgeholfen, die Juden Hollands zu vernichten. Deutsche Zeitungen wiesen ihrerseits darauf hin, daß gerade Nazis zu guten Taten fähig gewesen seien, daß sozusagen die tätige Mitwirkung die Voraussetzung gewesen sei für menschliches Verhalten. »Auch Schindler hat mit den Nazis heulen müssen«, sagte der Chefredakteur der *Berliner Zeitung* in einer Talkshow, und in der Zeitschrift *Die Woche* wurde ein Loblied auf den Nationalsozialismus mit menschlichem Antlitz angestimmt: »Viele dieser ›Gerechten‹ waren, wie Schindler, NSDAP-Mitglieder.«

Nun war Zündler nicht einmal Parteimitglied gewesen, weshalb er zur Ausführung von guten Taten dann in die SS eintreten mußte. In der Gedenkstätte Yad Vashem hat man dies nicht begriffen. Damals ohne Eisernes Kreuz, wird er nun auch heute keine Verdienstmedaille erhalten.

Darüber hinwegtrösten werden ihn und seine deutschen Fürsprecher die 75 Eichen im Heiligen Land. Mit ihnen hat auch in Jerusalem der Nationalsozialismus mit menschlichem Antlitz Wurzeln geschlagen. Denn so lange dort der Wind der Erinnerung weht, er wird auch immer die deutschen Eichen zum Rauschen bringen. Und im Rauschen der Baumkronen können nun auch Juden die frohe Botschaft vernehmen: Es war nicht alles schlecht damals.

1995

Die Fortsetzung der Zwangsgemeinschaft

Anmerkungen anläßlich eines davon handelnden Theaterstücks

I.

Präzise Auskünfte sind anstößig. Wer schwarz fährt, zahlt keine Geldstrafe, sondern ein »erhöhtes Beförderungsentgelt«; wenn vorsätzlich getötet wird, dann ist das in bestimmten Fällen kein Mord, sondern »Putativ-Notwehr«; wird denen etwas weggenommen, die nichts haben, dann wird der Sozialetat »verschlankt«. Von den vielen neugeschaffenen Tarnbegriffen hat es einer sogar zum ersten Platz auf einer Hitliste gebracht. 1979 rangierte als »Wort des Jahres« vor den »Alternativen«, der »Nachrüstung« und dem »Ölschock« die Neuschöpfung »Holocaust«. Dieser unvermindert populäre Begriff, seitdem ausgedehnt auf Prüfungsstreß, den möglichen Atomkrieg, einen Verkehrsstau oder den vergifteten Wald, ersetzte durch exotische Verfremdung eine andere, weit ältere Tarnformel: Die »Endlösung«.

Daneben existiert – und zwar schon lange – eine scheinbar vom Verdacht der Verschleierung völlig unberührte dritte Formel, welche die präzise geschichtliche Auskunft in einen aseptischen Begriff verpackt. Die Ermordung der europäischen Juden durch die Deutschen – eine Feststellung, die Opfer, Täter und Ort des Verbrechens genau bezeichnet, wird in jener dritten Formel zu einem nebelhaften Abstrakten: Zur »Vergangenheit«. Mit dieser Bezeichnung wird die Geschichte der Massenvernichtung umschrieben, neutralisiert, von der Gegenwart radikal abgetrennt und aus dem Zusammenhang historischer Zeit, aus Vergangenheit, Gegenwart und Zukunft hinauskatapultiert. Der Begriff »Vergangenheit« meint in der Bundesrepublik nie den Kolonialismus, das Mittelalter, das Römische Imperium oder gar die Steinzeit, also nie eine wirklich vergangene Epoche. Gerade das, was Vergangenheit ist, wird in seine besonderen Einzelformen zerteilt, während die spezifische Differenz zum Allgemeinen, nämlich ein bestimmter Abschnitt, in bloßer Vergangenheit aufgeht.

Die öffentliche Rede in der Bundesrepublik wimmelt von diesem Topos, er ist ein unentbehrliches Versatzstück des geschichtslosen Bewußtseins. Kaum war das organisierte Morden damals zu Ende, wurde von der »Vergangenheit« gesprochen; und mittlerweile bezeichnet diese Wendung etwas fast Prähistorisches, außerhalb der wirklichen Welt Liegendes, das es dennoch, weil es beständig Schatten wirft, durch dauernde Beschwörung zu bannen gilt.

So eignet auch der häufigen Rede von der »unbewältigten Vergangenheit« etwas von einem magischen Ritual, als fauler Zauber zwar, aber nicht weniger zwanghaft als die Gespensterfurcht eines primitiven Stammeswesens. Die Heimsuchung durch die TV-Serie »Holocaust«, welcher der *Spiegel* nicht zufällig den Titel »Die Vergangenheit kommt zurück« widmete, war dann auch eine totale, die ganze Nation versuchte, den bösen Geist durch organisierte Rührung zu besänftigen.

Die Exterritorialisierung des Nationalsozialismus in weite Ferne hat neben einem offen praktischen Zweck auch einen verborgenen Grund: Die Ahnung von der erschreckenden Ähnlichkeit mit jenen, die man zu Monstern und Blutsaugern verbiestert. Denn diese Ahnung, verwandelt in Einsicht und Bewußtheit, wäre der Versuch, jene Katastrophe aufzuhalten, von der Benjamin geschrieben hat, sie sei größer als die vergangene, nämlich jene: Daß es weitergeht.

Wären die Nazis grausame Sadisten und die Ghettos und Konzentrationslager der Ort gewesen, an welchem sich blutrünstige Schlächter ausgetobt haben, dann wären, weil die bisherige Geschichte eine immer nur momentan unterbrochene Kette von Untaten war, jene Verbrecher als Verrückte, als Exzeßtäter, als Perverse, als Ausnahmen zu begreifen – wie das in der Regel deutsche Gerichte auch tun. Aber die Nazis waren keine Sadisten. Hannah Arendt bezeichnete, was die nazistischen Verbrechen von allen anderen unterscheidet als »Organisierte Schuld« und beschrieb deren avanciertesten Vertreter in ihrem gleichnamigen Essay von 1944: »Er ist ein Spießer mit allem Anschein von Respektabilität, mit allen Gewohnheiten des guten Familienvaters, der seine Frau nicht betrügt und für seine Kinder eine anständige Zukunft sichern will.« Also jemand, dem man heute bei jedem Behördenbesuch, in jeder Schule, jeder Universität, in jeder Fabrik und in jeder Klinik über den Weg läuft: Der kleine Unbekannte. Bei Hannah Arendt hat er einen Namen: »Heinrich Himmler hat seine neueste, das gesamte Land umfassende Terrororganisation bewußt auf der Annahme aufgebaut, daß die meisten Menschen nicht Bohemiens, nicht Fanatiker, nicht Abenteurer, nicht Sexualverbrecher und nicht Sadisten sind, sondern in erster Linie ›jobholders‹ und gute Familienväter.«

Es ist gerade die Verbindung von persönlicher Banalität und technischer Rationalität, welche das Vernichtungsprogramm hervorgebracht und im Unterschied zu allen vorangegangenen Grausamkeiten zum Ziel die vollendete Sinnlosigkeit hatte. Innerhalb dieses Systems war das Konzentrationslager der Normalfall und die Vernichtung seiner Insassen nur die logische Konsequenz aus dem Umstand, daß ein Mensch vom Augenblick seiner Verhaftung an schrittweise aufhörte, ein Mensch zu sein, um schließlich als lebendiger Leichnam dem nazistischen »Untermenschen« zu gleichen, der ausgelöscht werden mußte.

Die Ghettos, welche die Nazis in den besetzten Gebieten Osteuropas errichteten, waren eine logistische Behelfsvorrichtung innerhalb des Ausrottungssystems, eine Zwischenstation, in welcher die Grenzen zwischen Tod und Leben fließend wurden, in welcher das Ineinander von Mord und Alltag zu einem schizophrenen Dasein zwang, wo Wahn und Realität bald nicht mehr auseinanderzuhalten waren.

H.G. Adler schreibt dazu in »Theresienstadt. Das Antlitz einer Zwangsgemeinschaft«: »Im wahren Wortsinn war die Wirklichkeit verrückt. Nichts deckte sich in ihr mit dem, was gemeinhin Wirklichkeit gewesen war. So erfuhr man sie als Trug, Schein, Traum, Ausgeburt kranker Phantasie ... wo nur die wenigsten zwischen Wirklichkeit und Trug zu unterscheiden vermochten ... die Wirklichkeit war selbst schizophren gespalten und zerfallen«. Und an anderer Stelle heißt es über den Unterschied des Ghettos zum Vernichtungslager: »... alles Private und Persönliche wirkt noch mit, ein schauerlicher Karneval, der fast niemandem zu Bewußtsein kam«.

Von diesem »schauerlichen Karneval«, diesem »dämonischen Zwischenreich«, diesem »Irrenhaus« (Adler) berichtet das Theaterstück von Joshua Sobol über das Wilnaer Ghetto. Auch in Wilna ist jene markante Differenz zwischen Leben und Sterben verwischt, ein Umstand, der es uns nicht erlaubt, das Ghetto in exotische Ferne zu schieben, sondern uns zwingt, die gespenstische Nähe zum Alltag der Deutschen, schließlich zum Leben nach der Katastrophe zu sehen und zu beurteilen. Nachdem die SS-Einsatzgruppen Zehntausende Juden massakriert hatten, entwickelte sich im Ghetto unter den Übriggebliebenen und beständig vom Tod Bedrohten ein reges gesellschaftliches Leben. Wilna, das »Jerusalem von Litauen«

wurde zum »Jerusalem der Ghettos«: Es gab Theater, Jugendclubs, Sportvereine, Literaturzirkel, Religionsschulen. An 200 Abenden, so berichtet eine Quelle, waren 70000 Besucher im Theater und die Bibliothek lieh täglich ungefähr 300 Bücher aus. Die Ghettopolizei veranstaltete Parties und Bälle. Spekulanten und Kriegsgewinnler wurden wohlhabend, indem sie am illusionären Programm »Rettung durch Arbeit« verdienten, und sie amüsierten sich entsprechend. Das kann nun nicht bedeuten, daß man im Ghetto ein lustiges Leben führen konnte, sondern heißt, daß die Simultaneität von Kultur und Grauen, von Amüsement und Vernichtung uns definitiv der Möglichkeit beraubt, diese Zwangsgemeinschaft im eindeutigen Unterschied zu uns zu bestimmen und zu sagen: das war.

Ob seitdem die Welt nicht in ein einziges Ghetto verwandelt worden ist, über dem als Fluch die fortwährende Möglichkeit kollektiver Selbstvernichtung durch vergleichsweise effiziente Waffen steht, diese Frage läßt sich nicht mehr mit absoluter Gewißheit verneinen. Gewiß ist, daß Ghettos und Konzentrationslager nicht aufgehört haben zu existieren. Gewiß ist auch, daß nirgendwo der Zusammenhang zwischen Apokalypsefurcht und Vergeltungsangst so auf der Hand liegt wie in der Bundesrepublik. In allen Erklärungen der Grünen, Bunten, Alternativen und Friedensbewegten wird deutlich, daß sie die Ahnung, die deutsche Geschichte rechtfertige einen Begriff, der nie und nimmer, höchstens durch sie zu rechtfertigen wäre, auf die Bombe projizieren: den der Rache. Schon jetzt verhalten sich die endlosen Demonstrationszüge der Friedensbewegung wie jene Schafherde, zu der man die mit Terror und Tod bedrohten Juden immer gemacht hatte. Niemand zwingt die Friedensfreunde, keiner wird gefoltert oder erschossen; ganz freiwillig hat sich mit der Friedensbewegung die größte Behördenberatung seit dem Blockwart- und dem Kaposystem etabliert. Ohne Gewalt von oben ist die Friedensbewegung in innige Beziehungen zum Staatsapparat getreten und stimmt freiwillig über ihre eigene Erfassung durch jenen ab wie über die Verteilung und Lenkung ihrer Menschenströme. Gewalttätig nur gegen jene, die sich für den inneren Frieden nicht gleichschalten wollen, vollzieht sich die Verpolizeilichung des Protests durch Umarmung. Diese Umarmung ist im Unterschied zu der durch Terror erzwungenen Annäherung der Opfer an ihre Henker für niemanden lebensgefährlich, in ihr erstirbt nur der letzte Rest von Autonomie. Eine neue Manövriermasse der Macht ist geboren.

II.

In der israelischen Tageszeitung *Al Hamishmar* protestierte eine ehemalige Partisanin heftig gegen Sobols »Ghetto«. Es frevle, sagte sie, an der jüdischen Geschichte, und es sei verboten, die Juden so zu zeigen. Schiller, zum Beispiel, habe in seinen historischen Dramen die Geschichte für seine Ideen zurechtgebogen, aber solange noch Menschen lebten, die den Vernichtungswahn am eigenen Leib verspürt hätten, müsse man der historischen Wahrheit verpflichtet bleiben. Das klingt plausibel vor dem Hintergrund wissenschaftlicher Bemühungen in der Bundesrepublik, Hitler zum Allmächtigen der fabrikmäßigen Menschenvernichtung zu stilisieren; die modernen Massenverbrechen sollen nicht Verbrechen auch von Massen gewesen sein.

Die Forderung, der historischen Wahrheit verpflichtet zu bleiben, klingt weiterhin plausibel angesichts der Versuche von Politikern, die Geschichte zum Verhandlungsgegenstand ausgerechnet deutscher Juristen werden zu lassen. Die NS-Prozesse schlügen damit auf ihren Gegenstand selbst zurück: Ob es ihn überhaupt gegeben habe, soll gerichtlich festgestellt werden. Der institutionalisierte Zweifel deckte sich dann auf verblüffende Weise mit der inkriminierten Parole von der »Auschwitz-Lüge«, dieser so anstößig ausposaunten Schlußfolgerung aus Verhältnissen, die sich so darbieten als habe es Auschwitz nie gegeben.

Aber bei der historischen Wahrheit zu bleiben meint mehr und anderes als die Tatsachen nicht wegzulügen. Es meint hier die der Massenvernichtung vorausgehende und von ihr nicht abzutrennende moralische Zerstörung, welche die Nazis über die Menschen, über Opfer wie Verfolger gebracht haben, denn diese Verwüstung hat ihre militärische Niederlage überlebt. Am 25. Januar 1943 erklärte der oberste Nazibeamte im besetzten Polen, Hans Frank, den Teilnehmern einer dienstlichen Gesprächsrunde: »... zimperlich dürfen wir nicht sein, wenn wir die Zahl von 17000 Erschossenen hören ... Wir sind jetzt verpflichtet zusammen zu halten. Jeder muß dem anderen Verständnis entgegenbringen ... Wir sind sozusagen Komplizen im welthistorischen Sinne geworden. Gerade deshalb müssen wir uns zusammenfinden, wir müssen zusammen fühlen, und es wäre lächerlich, wenn wir irgendwelche Streitigkeiten über Methoden austragen wollten.«

Man muß nur geringfügige Korrekturen an diesem so brutalen wie schwülstigen Appell vornehmen und er eignet sich für's Kommunique eines Weltwirtschaftsgipfels. Dessen Teilnehmer dürfen so wenig zimperlich sein wie die durchschnittlichen Zeitungsleser, wenn ihnen die Jahresrate an Hungertoten vorgelegt wird. Angesichts des verschuldeten Elends muß jeder dem anderen Verständnis entgegenbringen; und weil das Komplizentum nun wirklich welthistorisch und außerdem noch solcherart demokratisiert worden ist, daß ein Teil der Menschheit automatisch, durch Geburt, darin eingeschlossen ist, finden sich und fühlen auch alle zusammen und leisten sich gegenüber den Hungernden und Unterdrückten keinen lächerlichen Streit über Methoden.

Bei der berechnenden moralischen Zerstörung der Opfer kam es den Nazis darauf an, die Menschen erst abzurichten und dann hinzurichten, sie – dem verdinglichten Denken gemäß – »fertigzumachen«. Die Juden galten zwar nicht als Menschen, aber sie waren immer noch welche und verhielten sich auch so. Dieses Restrisiko bei der gewaltsamen Verwandlung von lebendigen Menschen in tote Materie galt es für die Nazis auszuschalten. Für diesen Zweck wurde ein ausgeklügeltes und durchorganisiertes System geschaffen, welches die verbliebenen Äußerungsformen und Handlungsmöglichkeiten des prominenten Vorsitzenden eines Judenrats wie des unbekannten Lagerkapos unausweichlich unter die Logik des Vernichtungsprozesses zwang und die klare Trennungslinie zwischen Opfer und Verfolger verwischte. In authentischen Reflexionen über die Ghettoerfahrung wird dieses Verschwinden eindeutiger Bestimmungen und Unterscheidungen häufig als wahnhafte Verdopplung der Macht im Reich der Ohnmacht beschrieben, als Spiegelung: »Die Spiegelung, die im Lager die in der Außenwelt stehende Pyramide spiegelt, wirkt vom Judenältesten in einem dicht gesponnenen Instanzengang hinunter bis zum Fundament und so ist das Unwahrscheinliche erreicht – dieser letzte Jude ist an den ›allmächtigen Führer des Großdeutschen Reiches angeschlossen‹«, notierte H.G. Adler, dessen Einsichten in die totalitäre Liquidierung des traditionellen Menschenbildes so bestürzend wie vergessen sind.

In unmittelbarem Zusammenhang mit der Beschreibung der Ghettohierarchie als unwirkliche Karikatur der Wirklichkeit, hält H.G. Adler fest, daß die beständige Erniedrigung der Opfer auf die Täter zurückfalle: »Der ›Führer‹ spiegelt sich im ›Judenältesten‹, ob sie es wollen oder nicht, und alle einzelnen gefangenen Juden spiegeln sich gleichfalls in den Rollen aller Nichtjuden. Die den Juden zuerkannte Nichtswürdigkeit in diesem System rächte sich durch die Spiegelung an den Nichtjuden, denn es gibt kein Nichts. Die Nichtigkeit dessen, den man als Nichts erachten will, wird das Etwas sein, an dem jener, der etwas sein will, selbst zunichte wird«. Man darf diesen Satz nicht als Wortspiel mißverstehen: In ihm ist präzise die Logik der Vernichtung benannt, die ohne einzuhalten bis zur Selbstvernichtung fortschreiten muß. Mit anderen Worten: Ihre militärische Niederlage hat den Deutschen das Leben gerettet. Die Aktualität dieser Überlegung liegt in dem simplen Umstand begründet, daß die Ermordeten im Bewußtsein der Gegenwart dieselbe Rolle spielen wie damals für die Mörder: Nämlich keine. Deshalb zeugt sich jene den Opfern zuerkannte Nichtswürdigkeit fort als Spiegelung an einer gedächtnislosen Gesellschaft, über deren Angehörigen die Drohung liegt, auf bloßes und jederzeit widerrufbares Dasein, auf geschichtslose Wesen reduziert zu sein, denen ein kollektives Phantomurteil beschieden sein könnte.

So unerträglich für viele Überlebende der Ghettos und Lager die auch im Schauspiel von Sobol dokumentierte Verschiebung der Grenze zwischen Verfolger und Opfer sein mag, so willkommen ist die Darstellung der ambivalenten Rolle des Judenrates für das wachsende historische Entlastungsbedürfnis insbesondere des neudeutschen Patriotismus. Im Nu verwandelt er die vor dem Hintergrund von Folter, Massenexekutionen und Gaskammern erfolgte Angleichung des Opfers an den Verfolger in eine Gleichung und entledigt sich endlich auch noch der letzten, bloß noch innerlichen Hemmungen: Der Bundespräsident Richard von Weizsäcker, dessen erste amtlichen Worte dem deutschen Nationalgefühl galten, sprach nicht nur diesselbe Sprache, sondern den alternativen Heimatsuchern auch aus dem Herzen. Sie, die dauernd die Rolle des Opfers mimen, sind, ohne daß sie jemand gezwungen hätte, dem eingebildeten Verfolger, der Macht, die sie umarmt, schon zum Verwechseln ähnlich geworden.

Genau jene exkulpierende Wirkung befürchtet die oben erwähnte Kritik einer ehemaligen Widerstandskämpferin: »Das Stück von Sobol gießt Öl in ein Feuer, das jetzt überall auf der Welt entfacht wird: Juden sind durch Juden und durch Zusammenarbeit mit den Nazis umgekommen.« Die Befürchtung muß man teilen, aber nicht deren Begründung. An den Ermordeten ist nichts zu retten und nichts mehr wiedergutzumachen; nicht ihrer Klugheit oder ihrer Dummheit wegen, nicht ihrer Integrität oder ihrer Bestechlichkeit wegen, nicht um ihrer Sanftmut oder ihrer Brutalität willen wurden sie umgebracht, sondern weil sie Juden waren; daß ein gelehrter Rabbiner ermordet wurde, das spricht so wenig für das Opfer, wie dagegen, daß es sich um einen Kriminellen gehandelt hat, denn als Opfer sprechen sie beide mit einer Stimme: Gegen die Mörder.

So wenig die – aufs Ganze gesehen – Handvoll deutscher Widerstandskämpfer erlaubt, von einem anderen Deutschland zu reden, sondern im Gegenteil verpflichtet, nie die Tatsache aus den Augen zu verlieren, daß die übergroße Mehrheit die Verbrechen wenn nicht unterstützt, so doch gebilligt hat, so wenig können der Warschauer Ghettoaufstand und die jüdischen Partisanen*

* In Israel dient der jüdische Widerstand dazu, einen Gespensterkampf am Leben zu erhalten: Begin war wirklich, ohne Demagogie, davon überzeugt, Arafat sei ein Nachfolger Hitlers und müsse in seinem Beiruter Führerbunker vernichtet werden – von den jüdischen Partisanen. In der Bundesrepublik werden nicht Gespenster aus der Vergangenheit bemüht, um die Analyse der Wirklichkeit zu ersetzen, sondern hier werden rückschauend Gespenster geschaffen für eine bessere Vergangenheit: Widerstandskämpfer à la Filbinger, Kiesinger u.a.

über die vernichtende Wahrheit des nazistischen Systems von Terror und Massenmord hinwegtäuschen: Es ist möglich geworden, Menschen aller menschlichen Eigenschaften zu berauben, um sie schließlich zu einem Ding zu machen. Es hat sich hierbei nicht um die letzten wilden und grausamen Pogrome gehandelt, sondern um das erste große Experiment moderner Herrschaft, als deren Labore die Ghettos und Lager betrachtet werden müssen.

Die Herrenmenschen haben sich in diesen Laboren jüdische Hilfskräfte gehalten, die das »Schlimmste verhindern wollten«, was unter totalitärer Herrschaft immer nur heißt, schließlich mitzuhelfen, das Schlimmste herbeizuführen. Die Nazis schufen Lebensbedingungen, unter denen das Gewissen der für die Gemeinden wie für die Nazibehörden tätigen jüdischen Funktionäre zusammenbrach, weil das Gewissen für die Entscheidung zwischen Mord und Mord keine Instanz ist. Die Judenräte, deren Ordnungsdienst und andere interne Zwangsmittel wurden schließlich zum notwendigen Werkzeug bei der Vernichtungsplanung und deren Durchführung, indem sie die Reibungsflächen verminderten, den deutschen Steuerzahler schonten und die Personalprobleme der Nazis linderten. Dafür gewährten ihnen die Nazis, innerhalb der Gemeinde wohltätig wirken zu dürfen, was – als »Selbstverwaltung« bezeichnet – manchmal den Charakter selbstverordneter Euthanasie annahm, wie Raoul Hilberg in seiner großen Untersuchung »Die Vernichtung der europäischen Juden« am Beispiel jüdischer Funktionäre in Berlin belegt. »Selbstverwaltung««, ein heute in der Alternativszene beliebter Begriff für von behördlichem Gutdünken und finanziellem Wohlwollen abhängige Projekte, hat seit jener Zeit notwendig böse Implikationen: Wie der moderne sadistische Pädagoge das Kind sich selbst strafen läßt, meint Selbstverwaltung die freiwillige Angleichung an bürokratische Herrschaft. In H.G. Adlers »Antlitz einer Zwangsgemeinschaft« heißt es: »Hitler hatte (die Juden) nicht nur als Ausbund aller Bösheit bezeichnet, er hat sie auch wirklich in das Reich des Bösen getaucht. Die mißhandelten Opfer spricht das nicht von eigener Schuld frei, doch es vergrößert Hitlers und seiner Gesellen Schuld ins Unermeßliche: Sie haben die Welt zu einem einzigen Übel verdorben.«

Die um die Wiedergutwerdung der Deutschen Besorgten werden diese Wertung H.G. Adlers, in welcher der Zerfall der traditionellen Begriffe und Normen resümiert wird, in der nämlichen Weise lesen und verstehen wie das Schauspiel Sobols: Daß Deutsche wie Juden damals ihre Verbrecher hatten, die unter Befehlsnotstand handelten. Vorhang. Dann reicht die Trümmerfrau aus Berlin der Überlebenden von Majdanek die Hand, denn offenbar war alles nur ein Mißverständnis. Und danach beginnt der Dialog zwischen den Honoratioren: Daß eben jeder sein Auschwitz habe.

So ähnliche sähe das Szenario aus zu einem ungeschriebenen Stück mit dem Titel »Normalisierung«. Ihm zu Grunde liegt die so tröstliche wie lebensgefährliche Schlußfolgerung aus der deutschen Geschichte, daß es keines vom realen Menschen mehr verschiedenen Begriffs von ihm bedürfe, denn die Menschen seien alle Verbrecher.*

* Schon das vielen Deutschen zu offenherzige Eingeständnis der Untaten, das renommierte Theologen kurz nach Befreiung im sogenannten »Stuttgarter Schuldbekenntnis« vorlegten, münzte die Verbrechen der Volksgemeinschaft um in eine metaphysische universelle Schuld. Folgt man den Interpretationen eines Mitverfassers, des Theologen Asmussen, dann läßt sich zur Schuld kein triftiger Unterschied mehr feststellen: In Adam seien wir alle gestorben. Ein letzter Funken Zweifel hielt damals noch davon ab, innerhalb des theologisch begründeten Schuldzusammenhangs Heinrich Himmler und seine Opfer in einem Atemzug als allzumal Sünder vor Gott zu erwähnen. Als Ersatz für die Juden mußte damals ein amerikanischer Soldat

Solche Gewißheit führt an den Ort zurück, dem sie ihre Herkunft verdankt: Zum Konzentrationslager. Dort wurde die Behauptung, daß alle Menschen Bestien seien, dadurch plausibel, daß die Nazis sie wahrgemacht haben. Weil ihnen die menschliche Gattung nur als zufällige Form der Natur galt, haben sie mit Erfolg den Versuch unternommen, aus der zufälligen Form wieder Rohstoff zu machen. Die Natur hingegen, so faßt Hannah Arendt an einer Stelle die Erfahrung des Konzentrationslagers zusammen, sei nur insofern »menschlich«, als sie es dem Menschen freistelle, »etwas höchst Unnatürliches, nämlich Mensch zu werden«.

Doch das Unnatürliche war in Deutschland immer verpönt.

1984

einspringen. Jetzt braucht man keine Skrupel mehr zu haben, jene Logik zuende zu denken. Wie etwa der *Spiegel*, der in einer Vorauskritik das Ghetto als Ausdruck der Wahlverwandtschaft von Deutschen und Juden, als »gegenseitige Anziehung« beschrieben hat (9. Juli 1984).

Die Gegenwart der Vergangenheit:

Stichworte

Normalzustand

1943 wurde der Ingenieur und Untersturmführer Max Täubner vom Obersten SS- und Polizeigericht München zu zehn Jahren Zuchthaus verurteilt. Er hatte zu Hause mit Photos von Exekutionen in der Ukraine geprahlt und sich der gräßlichsten Quälereien an Juden gebrüstet. Die Richter befanden: »Es ist um keinen der getöteten Juden schade.« Der Angeklagte habe jedoch seine Dienstpflicht verletzt, sein Verhalten sei »im höchsten Grade eines ehrliebenden Mannes unwürdig«.

Die Sichtweise vom allgemeingültigen und Normalität stiftenden Charakter der Konzentrationslager haben die meisten Gerichte bis heute übernommen. Manchmal wird ein besonders brutaler Folterknecht – wie auch bei der SS – verurteilt, weil er Häftlinge zu Tode geprügelt hat. Für das Verbrechen hingegen, daß Menschen im Konzentrationslager *leben* mußten, ehe man sie umgebracht hat, wurde noch niemand angeklagt.

Gerade das von der Sensation, vom Sadismus Abgezogene, die erschreckende Ähnlichkeit mit dem Leben außerhalb der Lager, dessen zugespitzte Form sie darstellen – das macht die bestürzende Verschiedenheit zu allen vorangegangenen Gesellschaftssystemen und deren Verbrechen aus. Das KZ erweist sich als der Normalzustand, der nicht mehr zu begreifen ist, und der Sadist als der Delinquent, der noch menschliche Regungen zeigt. Rudolf Höss, der Kommandant von Auschwitz, schrieb, er habe keinen Haß empfunden. Das ist die Wahrheit. Eine Lüge hingegen spricht der Titel aus, den er seinen Aufzeichnungen gab: »Meine Psyche«.

Überleben

»Ehre dem unbekannten Konzentrationär«.
(Artikelüberschrift in einer Zeitung
vom November 1945).

Respekt vor den Toten setzte immer voraus, daß dem Sterben ein Sinn innewohnte, der die Lebenden mit der Qual und der Endlichkeit des Daseins wie auch immer versöhnte. Angesichts der Gaskammern und Massengräber wird jedoch jede Berufung auf Gott wie auf jede andere bislang plausible Ausrede, bestenfalls zur hilflosen Geste. Vor diesem Massenmord steht alle Philosophie ohne Auskunft, jede Sinngebung wird zur Lüge. Die Opfer sind weder der Preis des gesellschaftlichen Fortschritts, vor denen die beschämten Zeitgenossen den Blick zu senken hätten, noch die unvermeidbaren Verluste eines notwendigen Kampfes. Schon gar nicht ist ein Feld der Ehre die Schädelstätte derer, die mit dem Neologismus »Konzentrationäre« irreführend als Teilhaber jenes Unternehmens erscheinen, für welches sie doch den Rohstoff abgegeben hatten. Insofern als die Opfer die faux frais objektiver Unvernunft verkörperten oder auf das Konto menschlicher Leidenschaften verbucht werden konnten, eignete dem Tod immer noch ein spekulatives – im letzteren Fall sogar äußerst irdisches – Moment der Harmonie. An den Toten der Lager gibt es nichts zu ehren. Sie sind umsonst gestorben, für niemanden und nichts. Nur zum Tod bestimmt war auch das je besondere Leben zu Nichts geworden. Und eine Gesellschaft, in der nur noch gestorben wurde, ergab keinen Sinn mehr. Also hätte es nicht überflüssiger Trauer, sondern des rächenden Hasses als des durch die instrumentelle Vernunft am wenigsten in zivilisatorische Schranken gezwängten Triebs bedurft, um die Gesellschaft von diesem Alp für immer zu befreien. Ohne diesen Blitz in das Dunkel der Geschichte blieb die Befreiung nur eine halbe. Die Ahnung, daß der Rest noch aussteht, hat in den modernen Vernichtungswaffen Gestalt angenommen, die mit einem Schlag dann eine letzte Gerechtigkeit herbeiführen könnten. Im Aufstieg vom »Unbekannten Soldaten« (der immerhin sein Gewehr nach hinten richten oder desertieren konnte) zum unbekannten Häftling erkennt man die blutige Spur, welche die fortschreitende Barbarei in der Zivilisation hinterläßt. Den legendären unbekannten Soldaten, dem in jeder Hauptstadt der Welt steinerne Ehre zuteil wird, ereilte der gewaltsame Tod zwar mit den avanciertesten Waffen, aber es blieb doch immer noch ein Rest von Zufall. Wer davongekommen war, dankte Gott, und wenn er Glück hatte, war er auf der Seite der Sieger. Im unbekannten Häftling hingegen erkennt sich keiner wieder, weil keiner davonkommen sollte. Für den Zufall war kein Raum und jeder war ein Unbekannter. Einige wenige haben das Lager überstanden und leben weiter wie nach ihrem Tod. Indem die Gesellschaft sie wie böse Gespenster behandelt, rächt sie an ihnen, daß es außerhalb und seit der Zeit der Lager auch nur Überlebende geben darf.

Kontaktbereich

Die Wahnvorstellung, die Ohnmacht der Juden stelle eine Bedrohung dar, konnten die Nazis sich selbst nur glauben, indem sie jene planvoll realisierten: In den Lagern. Das fortwährende Morden, die zur materiellen Gewalt gewordene pathische Projektion, war ihr Kriterium von Wahrheit, und deshalb durfte kein Innehalten sein.

In einem – in englischer Sprache erschienenen – Prozeßbericht findet man die folgende Antwort einer KZ-Aufseherin aus Bergen-Belsen: »Der Zustand der Häftlinge war so schlecht, daß sie einem fast Angst und Schrecken einflößten.«

Nachdem die Nazis die Häftlinge schrittweise nach ihrer Vorstellung zu »Untermenschen« gemodelt hatten, konnten sie ihrerseits tiefsitzende Zivilisationsängste mobilisieren. Die Massenvernichtung wurde dabei zum Hygieneprogramm, dessen Säuberungsaktionen vermittels einer schmutzfreien Apparatur durchgeführt wurden.

Aus Furcht vor Ungeziefer und ansteckenden Krankheiten haben in der Regel die Aufseher der Herrenrasse es strikt vermieden, sich unter den Häftlingen zu bewegen, die deshalb selbst ihre unmittelbaren Wärter, die Kapos, stellen mußten. Geschah es dennoch, dann sahen sie sich keinen Menschen gegenüber, sondern bloßer Natur, tierhaften Wesen, zuletzt Gegenständen, zu denen sie in kein wechselseitig durch Gebärden, Gesten und Sprache mehr vermitteltes Verhältnis traten. Ihre Beziehung zu den Häftlingen war dann – trotz eines dazwischengeschobenen Gegenstands – der direkte Kontakt: Mit Peitsche, Gürtel, Pistole, Spritze, schließlich Gas.

Dieser mechanische Vollzug der unmittelbaren Gewalt war der sichtbare Ausdruck des Umstands, daß die den Häftlingen aufgezwungene Entmenschlichung sich in den Henkern widerspiegelte. Sie selbst waren vermittels der Waffen, welche die Distanz markieren sollten, zu der Nichtperson, zu dem Ding geworden, als welches sie den Häftling schon immer angesehen hatten. Und die Beziehung zwischen zwei Dingen ist eine physikalische. Der von allen gesellschaftlichen Äußerungsformen getilgte Raum, in dem sich die Mörder bewegten, muß deshalb als der mit einer Distanzwaffe ausgemessene Kontaktbereich bezeichnet werden. Der aseptische Wahn, einen zu Ungeziefer entmenschten Gegner sauber und aus der Distanz auszurotten, hat in den Vernichtungslagern nicht sein Ende gefunden, sondern dort seinen längst überholten Anfang genommen. Die Spraydose hat diesen Wahn demokratisiert, und in der Neutronenbombe ist der Spätzeit ein Deodorant ohnegleichen erwachsen.

Gruppe

Bettelheim berichtet in »Aufstand gegen die Massen« (München, 1960), daß im Konzentrationslager keine Beziehungen der Freundschaft entstehen konnten: »Doch wenn auch das Elend Gesellschaft liebt, so schafft das Elend doch keine Freunde«.

Es gab nur »Kameraden«, d.h. Mithäftlinge bei der Zwangsarbeit und in der Baracke, die für das Überleben wichtig waren. Alle anderen waren nur Bekannte.

Die freiwillige Zwangsgemeinschaft von heute ist die Gruppe. In ihr verschmelzen, jenseits des je spezifisch formulierten Zwecks, die einzelnen Individuen zu einem Kartell, dessen esprit de corps genau darin zu bestehen scheint, jenen besonderen Zweck durch die bloße Zugehörigkeit zu ersetzen. Auch hier gilt: je mehr Bekannte, desto weniger Freunde.

Denn Freundschaft setzt voraus, sich auf ein anderes Individuum als ein Einzelner zu beziehen. Unter der unmittelbaren Bedrohung im Konzentrationslager erstarb vor allen anderen Eigenschaften diese Fähigkeit. Und als Notgemeinschaft der erzwungenen Entpersönlichung entstanden die Häftlingsgruppen, die das Lager wie die bizarre Verzerrung einer Klassengesellschaft erscheinen ließen. Bettelheim führt an anderer Stelle aus, daß die immanente Logik dieses Prozesses mit dem Herrschaftskalkül konform ging, weil »die Gruppe ihre Gewalt über den einzelnen öfter und wirkungsvoller ausübte als die SS«. Die fortschreitende Mutation der Gesellschaft in ein Konglomerat von Gruppen scheint zu bestätigen, daß jenes Kalkül seine Experimentatoren überlebt hat.

Sachzwang

In der *Lüneburger Post*, dem Nachrichtenblatt der Alliierten Militärregierung, heißt es am 25.9.1945: »Durch die Gaskammern von Auschwitz, eingerichtet wie Baderäume mit Brausen, nur ohne Wasserabfluß am Boden, sind ungefähr vier Millionen Juden gegangen. Hatte das Gas seine Wirkung getan, so wurden die Klappen am Boden geöffnet, die Leichen fielen in die Loren und rollten ins Krematorium.«

Die Menschen sind tot oder draußen, aber die Sprache ist noch im Lager. Noch in der Berichterstattung über das Morden klingt dessen Absicht nach, lebendige Menschen in tote Materie zu verwandeln: »Hatte das Gas seine Wirkung getan ...« – dieser Satz ist die zu Worten geronnene Mentalität des industriellen Vernichtungsprozesses. Er hat die gesamte abendländische Anthropologie gleich mitvernichtet, und es darf nicht ins Bewußtsein dringen: Daß die Verwandlung von Menschen in Produkte ein Produkt von Menschen war.

Die Formulierung ist kein Notbehelf des übermächtigen Subjekts, die Sprache kapituliert nicht allein vor dem entsetzlichen Gegenstand und behilft sich provisorisch mit einer Verdinglichung, durch welche eine von Menschen begangene Handlung als die Tätigkeit einer Sache erscheint. Darin drücken sich nur auf extreme Weise dem Nationalsozialismus vorausgegangene objektive Momente aus. Diese wurzeln in der Warenproduktion und den sie begleitenden subjektiven Formen. Diese lassen sich weit zurückverfolgen, bis in die Anfänge protestantischer

Doppelmoral, die Trennung von Produzent und Produkt, von Person und Praxis: »Die Werke aber sind todte Dinge, können Gott nicht ehren noch loben«, heißt es bei Luther.

Gleichwohl muß man die Wahrheit zur Kenntnis nehmen, die von solcher Sprache gespiegelt wird: Ohne die gigantischen industriellen Vernichtungsmittel wäre Auschwitz nicht möglich gewesen. Die Gaskammern, einmal etabliert, machten die Zufuhr von menschlichem Rohstoff für die Fabrikation von Leichen zu einer absoluten Notwendigkeit.

Seit Auschwitz – und mit effektiveren Mitteln ausgerüstet – steht die ganze Menschheit unter einem selbstgeschaffenen Bann: Das aufgehäufte Vernichtungspotential seiner logischen Bestimmung zuzuführen.

Apathie und Verfolgung

Horkheimer schreibt in »Die Juden und Europa«, die ersten Pogrome der Nazis seien eine Art gewalttätig gewordene Demoskopie gewesen, um herauszufinden, ob sich etwa einer rühre.

Die Verfolgung nahm, weil es zu keinem Widerstand kam, der diese Bezeichnung verdiente, Schritt für Schritt zu; gerade weil die SS keinen Sieg errungen hatte, weil die Diskriminierung und fortwährende Erniedrigung kampflos hingenommen wurde, kam jene auf den Gedanken, man könne Menschen soweit bringen, daß sie freiwillig an ihrer eigenen Vernichtung mitarbeiten.

Erst als es keine organisierte Opposition mehr gegen die Nazis gab, begann der systematische Ausbau der Konzentrationslager. Je weniger sich einer rührt, desto mehr wird ihm angetan – dieser paradoxe Zusammenhang von Unschuld und Strafe ist seither regelmäßig zu beobachten: Erst als die angebliche Gefahr der Protestbewegung gebannt war, kam das Berufsverbot. Je eifriger die Intellektuellen ihren kurzlebigen Dissens dementierten, desto unnachsichtiger wurden sie gedemütigt und verachtet. Jede Todesmeldung aus der Terrorszene erweckte eine neue Fahndungsbranche zum Leben.

Erst als es nichts mehr zu erfahren gibt, wird eine Volksbefragung angeordnet. Erst als der Friede eingekehrt ist, nach welchem alle so laut rufen, wird jeder katalogisiert, verkodet und vernetzt, denn die Gesellschaft soll nie vergessen, warum sie wie eine Herde trottet.

Moderne Herrschaft zeichnet sich vor allem dadurch aus, daß sie die Botmäßigen straft.

Falsche Vergleiche

Von den ersten Berichten über das System der Konzentrationslager bis zu den zahlreichen wissenschaftlichen Detailstudien der Gegenwart reichen die Versuche, das Grauen durch Vergleiche zu begreifen. Diese Versuche, einen Gegenstand, dem keinerlei Vernunft innewohnt, unter Bestimmungen des Denkens zu zwingen, münden immer in Ideologie.

Wie unangemessen und oft haltlos bis zur Geschmacklosigkeit jeder Vergleich geraten kann, darauf weist Bloch in »Der Nazi und das Unsägliche« hin. Die Sprache, selbst zutiefst beschädigt, quoll über von vertrauten Bildern, die als Inbegriff des Schreckens galten. Dantes Hölle hatte von Anfang an Konjunktur wie kaum eine andere literarische Analogie und brachte die unbegreifbare Nähe von Auschwitz auf eine begreifbare Distanz.

Dieses gebildete quid pro quo, erstes und den Begriff suchendes Stammeln nach dem Abklingen des choc, verkannte, was den Nationalsozialismus von allen vergangenen Untaten unterschied, ganz.

Das geschichtliche Denken war gewohnt, noch in den größten Verbrechen der Vergangenheit eine zumindest unvermeidliche Abschlagszahlung der zu vernünftigen gesellschaftlichen Verhältnissen emporstrebenden Menschheit zu sehen, oder, wie es die abendländische Literatur von Sophokles bis Goethe an herausragenden Einzelschicksalen dargestellt hat: als Tribut des Lasters an die Tugend. Noch in seiner grausamsten Gestalt erschien das Verbrechen verständlich, und auf der Folie großer Gedanken gewann selbst der schlimmste Übeltäter eine eigentümliche moralische Größe: »Jedem, auch dem Lasterhaftesten ist gewissermaßen der Stempel des göttlichen Ebenbildes aufgedrückt, und vielleicht hat der große Bösewicht keinen so weiten Weg zum großen Rechtschaffenen, als der Kleine«, schrieb Schiller in der Vorrede zu »Die Räuber«.

Gegenüber dem Nationalsozialismus aber enthüllen Vergleiche etwa mit dem Inferno Dantes nur das Versagen traditioneller Begriffe und Vorstellungen. Denn einem Eisenbahnbeamten, der die Züge in die Vernichtungslager abfertigt, eignet nichts Diabolisches; die Herstellung von Zyklon B erfordert keinen Schurken, wie man ihn vom Theater kennt, sondern einen Facharbeiter. Für den Nationalsozialismus ist nicht ein Übermaß an blindem Schicksal charakteristisch, gegen das menschliche Anstrengung sich aufgerichtet hätte im Eingedenken an eine bessere Welt. Im Nationalsozialismus fallen die traditionellen Bestimmungen des Verbrechens unterschiedslos in einem einzigen Paar zusammen: Es gibt nur noch Opfer und Henker. Und in diesem Verhältnis liegt die Selbstvernichtung beschlossen. So trivial wie diese Bestimmung sind deshalb auch die Protagonisten. Jeder Versuch, den Nationalsozialismus mit Analogien aus der Literatur zu beschreiben, muß an dieser Trivialität scheitern. Nicht Schillers »Verbrecher aus verlorener Ehre« betritt im Kollektiv die Bühne der Zeitgeschichte, noch weniger die barbarischen Horden der Vorzeit, sondern das Rohmaterial der modernen Sozialwissenschaften. Sie bilden darum auch den angemessenen literarischen Ausdruck der Epoche, wenn sie von Funktions- und Rollenträgern statt von Individuen sprechen.

Weder Teufel noch Dämon, weder Nero noch Iwan, nicht Hamam, nicht Dschinghis Khan, noch eine andere Ungestalt verbarg sich in der schwarzen Uniform der SS. Die Henker waren nicht schlechter als andere große Verbrecher, sondern völlig verschieden. Zur kalkulierten Einrichtung einer Welt, in welcher nur noch die Mechanisierung der Vernichtung zählte, bedurfte es keiner Bösewichter, sondern Beamter. Über diese heißt es an einer Stelle in den Gesprächen Kafkas mit Janouch, daß in jedem ein Henker stecke. Dieser moderne Durchschnittsheld, gleichzeitig Familienvater und Tierliebhaber ist – erst recht unter den Bedingungen totalitärer Herrschaft – als ein von seiner eigenen Banalität nicht mehr unterschiedenes Wesen deshalb zuallerletzt mit einem literarischen Vergleich zu verstehen. »Auch ist ein Mensch, der ganz Bosheit ist«, schrieb Schiller in der nämlichen Vorrede, »schlechterdings kein Gegenstand der Kunst ... Man würde umblättern, wenn er redet.« Damit sind schon die Aporien des zeitgenössischen Dokumentartheaters benannt.

So beliebig und nichts der Einzelne, so einerlei sind auch die Schauplätze. Nicht Hades und Hölle, nicht Rom und Karthago, sondern das Büro und die Baracke.

Die verständliche Tendenz, Analogien zu ziehen, folgt einem einfachen logischen Lehrsatz: Man kann immer nur schon Gleiches vergleichen. Dadurch würde die Massenvernichtung verständlich – und schließlich verziehen.

ca. 1980

Deutsche Seelenwanderungen

Rückblick auf eine zehnjährige deutsch-jüdische Verwechslungskomödie

»Wir sind noch einmal davongekommen« – war nicht nur der deutsche Titel eines in den ersten Jahrzehnten nach dem Krieg erfolgreichen amerikanischen Theaterstücks, sondern auch der Stoßseufzer einer ganzen Generation. In ihm kam die Erleichterung darüber zum Ausdruck, wie vergleichsweise glimpflich die Sieger mit den Deutschen verfahren waren. Daß das erwartete Strafgericht ausblieb, bestärkte schon damals die Deutschen in der Ansicht, die Alliierten teilten ihre Auffassung, daß nämlich der Nationalsozialismus Verbrechen und Strafe zugleich gewesen sei. Waren die Deutschen Täter, so waren sie doch gleichermaßen auch Opfer.

Vierzig Jahre später stellte sich die lange Zeit hindurch praktikable Formel vom Nationalsozialismus als Verbrechen *und* Strafe als bloß zeitbedingte Konzession heraus. Im halbherzigen Eingeständnis, nicht Täter, sondern *auch* Täter gewesen zu sein, lag schon die Absicht beschlossen, der Welt einmal die Wahrheit zu sagen. Es mußte nur erst die Zeit dafür reif sein – und das wurde sie in den 80er Jahren, dem Jahrzehnt der Vollreinigung der deutschen Geschichte. Nach der Kranzniederlegung des Kanzlers in Bitburg [am 5. Mai 1985], wo die Mörder der Befreier geehrt wurden, ohne daß es zu nennenswerten Protesten von Deutschen kam, wußte nun die ganze Welt, was vorher ein Betriebsgeheimnis der bundesdeutschen Gesellschaft gewesen war: daß es sich bei ihr um die

Volksgemeinschaft von Hinterbliebenen und Kriegsopfern handelte.

Um die Juden ging es bei dieser historischen Vollreinigung nur insofern, als ihr Protest gegen die Gleichsetzung der Opfer mit den Mördern zum ersten Anlaß genommen wurde, ihnen zu bedeuten, daß es nun nicht mehr auf sie ankomme. Verübelt hatte man ihnen die Opferrolle, die man doch selbst beanspruchte, schon lange, wie die an dauernde Konkurrenz von Heimat- und Tierschützern, Antiimperialisten, Friedensfreunden und Lebensreformern um das heißbegehrte Stigma Jude bewies. Die Deutschen hatten zwar den Krieg verloren, sollten aber als Vernichtungsgewinnler aus ihm hervorgehen, indem sie den Ermordeten noch die Rolle des Opfers stahlen. Und dieser Diebstahl gehörte zu den habituellen Waffen, mit denen schließlich am Ende des Jahrzehnts bei der Neuaufteilung Europas von den Deutschen der Frieden gewonnen wurde.

Mitte der 80er Jahre pochte die Öffentlichkeit ungeduldig auf diesen Alleinvertretungsanspruch, und Georg Hensel fragte angelegentlich des Theaterstücks »Ghetto« von Joshua Sobol in der *FAZ*: »Wann verlieren die Opfer ihre moralische Überlegenheit?« Die Antwort darauf war sehr einfach und kam vom *Spiegel*: ab sofort. Von ihm erfuhr die Öffentlichkeit, was sie schon immer bestätigt haben wollte, nämlich daß es eine »Wahlverwandschaft« zwischen Henkern und Opfern gegeben habe. Wenn man schon zähneknirschend zugab, daß Verbrechen geschehen waren, dann sollten wenigstens auch die Opfer schuldig sein. Und prompt schrieben die Grünen bei einem Besuch in der Gedenkstätte Yad Vashem den Israelis die Mahnung ins Gästebuch: »Nie wieder Faschismus!« Mit der Parole von der »Wahlverwandschaft« ging der Vorhang hoch vor einer kollektiven Verkleidungskomödie, in welcher sich die einen in den Kaftan, die anderen in die Khakikluft warfen. Die ganze Gesellschaft spielte das

Stück vom eingebildeten Juden, um herauszufinden: was heißt deutsch? Wenig Beachtung haben bei diesem Gesellschaftsspiel bislang die Statisten gefunden, die in ihrer Rolle oft so aufgingen, daß sie tatsächlich das wurden, was andere mit taktisch politischem Geschick nur vorgaben zu sein: Juden.

Von ihnen soll im folgenden die Rede sein. Nur wenige Proselyten, d.h. zum Judentum Übergetretene, reden oder schreiben über die Beweggründe ihrer Entscheidung. In den USA so trivial wie ein Einkauf im Supermarkt, ist die Konversion in Deutschland ein Mysterium, ein von den jährlich rund 300 beteiligten Personen streng gehütetes Geheimnis. Wenn überhaupt, so geben sie sich durch ihren neophytischen Eifer zu erkennen, indem sie etwa Leserbriefe an die *taz* schreiben und regelmäßig beginnen: »Ich als Jude meine ...«, um ihre Eingabe dann mit Ben Abraham zu unterzeichnen, was zweifelsohne klangvoller ist als Müller. Manche hebraisieren nur den Vornamen und bewahren, wie ausnahmsweise eine Frau Paulus, die zu den ersten Absolventinnen der Jüdischen Hochschule in Heidelberg zählte, im Nachnamen sowohl die Erinnerung an einen geistigen wie einen historischen Ort, auf: an das Neue Testament und Stalingrad. Meist ist der neue Name jedoch der Riegel, den die Wiedergeborenen vor die eigene Vergangenheit schieben; sie streichen alles durch, was bisher war, ihre Identität hat keine Geschichte. Konvertiert betrachten sie sich als den identischen Juden, und wehe, ein anderer entspricht diesem Reinheitsgebot nicht – wie etwa Henryk Broder, über dessen unjüdischen Lebenswandel sich eine Konvertitin bei der *Zeit* beschwerte: er lebe in Israel, schreibe aber für deutsche Zeitungen.

Oft ist man daher auf Berichte aus zweiter Hand angewiesen, wie etwa im nachfolgenden Fall. Hier Auszüge eines Gesprächsprotokolls:

»Als Jugendlicher war ich oft mit der Jugendgruppe der jüdischen Gemeinde weg. Das war dann so wie bei den Pfadfindern mit Lagerfeuer und Kartoffelbraten. Einmal, ich werde das mein ganzes Leben nicht vergessen, saßen wir so ums Feuer und sangen unsere Lieder, als ein etwa 17jähriger Jugendlicher näher kam und fragte, ob er sich zu uns setzen dürfte. Er war ganz militärisch gekleidet, und es stellte sich bald heraus, daß er mit irgendeiner Neonazigruppe hier war, die in der Nähe ihre militärischen Übungen abhielt. Er wußte zu Beginn nicht, daß wir Juden waren. Als er es mitbekam, wurde sein Gesicht starr, und er wollte gleich aufspringen. Aber wir fragten ihn alles mögliche und ließen ihn nicht gleich gehen.

Es stellte sich heraus, daß sein Vater SS-Offizier gewesen war und noch heute wie auch seine Mutter begeisterter Nazi ist, auf die Juden schimpft und einen neuen Hitler herbeisehnt. Irgendwie hatten wir es geschafft, daß er ziemlich lange bei uns sitzen blieb und mit uns redete. Als er dann ging, sagten wir ihm noch, daß er doch einmal zu uns ins Jugendzentrum kommen solle. Keiner von uns hat wirklich daran geglaubt, daß er wieder auftauchen würde. Aber ein paar Tage später war er da, kam dann immer regelmäßiger und begann, sich für das Judentum zu interessieren. Wenig später ging er zum Rabbiner in den Unterricht, konvertierte zum Judentum und wanderte nach Israel aus. Dort meldete er sich freiwillig zum Militär und bekam auch die israelische Staatsbürgerschaft. Im Oktoberkrieg kämpfte er als Fallschirmspringer in der israelischen Armee, wurde schwer verwundet und ist heute noch gezeichnet von den Verletzungen. Ein ehemaliger Nazi opfert sich für die Juden. Die Eltern sind völlig verzweifelt, der Sohn ein halber Krüppel, so dreht sich die Geschichte um.«

Die Geschichte dreht sich um, doch sie dreht sich auch im Kreis. Wie real oder wie eingebildet der Attraktionswert des Staates Israel für einen militaristischen Charakter ist, soll hier nicht weiter interessieren. Denn die aktuelle umstandslose Mutation vom Neonazi zum Verteidiger Israels, eine Art Spätfolge der bundesweiten Euphorie nach dem 6-Tage-Krieg, ist historisch vorgeprägt. Beispiele dafür, daß zum antisemitischen Syndrom Vernichtungswunsch und Bewunderung gleichermaßen gehören, bietet die deutsche Geschichte von Martin Luther bis Hans Jürgen Syberberg zuhauf.

Hitler etwa war ein begeisterter Leser der »Protokolle der Weisen von Zion« und sprach mit neidvoller Verehrung über die von den Antisemiten ausgedachte jüdische Weltherrschaft. Eichmann gab bei seiner Vernehmung in Jerusalem eine der letzten Anordnungen Himmlers zu Protokoll: »Wenn Sie bisher Juden ausrotteten, dann müssen Sie jetzt Judenpfleger sein.« Dieser Umschwung wäre Eichmann, hätte er noch Gelegenheit dazu gehabt, nicht schwergefallen, denn er hatte sich, wie er aussagte, schon früh für das Judentum interessiert. Er hatte sich etwas Hebräisch und Jiddisch beigebracht und ließ Juden dann gelegentlich im KZ antreten, um sie wegen ihrer fehlenden Hebräischkenntnisse zu beschimpfen. Der fleißige Spezialist für jüdische Angelegenheiten, der seine Dienststellen mit Vorliebe in den Zentren jüdischen Gemeindelebens einrichtete, gab manchmal vor, in Palästina geboren zu sein, wo er sich 1937 sogar persönlich einmischen wollte. Zwanzig Jahre später erklärte er, der Aufbauenthusiasmus wie der Lebenswille der Juden dort habe ihn stark beeindruckt, um so mehr, als er selbst Idealist gewesen sei. Und wenn er Jude gewesen wäre, dann bestimmt auch ein fanatischer Zionist, sagte er. Kaum hatten ihn die Israelis in Argentinien gefangengenommen, beteuerte er seinen Häschern, er sei schon immer ein Freund der Juden gewesen und begann, den Kaddisch, das jüdische Totengebet, auf Hebräisch herzusagen.

Daß die beiden extremen Erscheinungsformen in der Sonderbehandlung nicht nur in zeitlicher Aufeinanderfolge, sondern in friedlicher Koexistenz auftreten, belegt beispielsweise auch eine Figur in Joshua Sobols Theaterstück »Ghetto«. Ein Dr. Otto Paul stellt sich dem Bibliothekar des Wilnaer Ghettos, einem sozialistischen Intellektuellen, mit folgenden Worten vor:

»Dr. Paul. Vom Einsatzstab Rosenberg zur Erforschung des Judentums ... Also ... unser Amt arbeitet mit Wissenschaftlern und Gelehrten aller Schattierungen der jüdischen Kultur und schickt sie in bestimmte dafür ausgewählte Ghettos. Unser Ziel ist die Erforschung und Dokumentierung der geistigen und religiösen Bestandteile dieser Kultur ... Mir wurde die Ehre zuteil, nach Wilna geschickt zu werden, und ich hoffe, daß sich zwischen uns die engen geistigen Beziehungen entwickeln werden, wie man es unter Wissenschaftlern erwarten kann. ... Darf ich Ihnen ... meine letzten Bücher verehren?«

Der Bibliothekar blättert dann ein wenig in den Büchern und stellt verwundert fest, daß es sich um Untersuchungen über den Talmud handelt. Und Dr. Paul goutiert dieses Erstaunen: »Genau. Der Jerusalemer Talmud. Wie Sie sehen, ist das mein Spezialgebiet. Zu meiner Schande muß ich gestehen, daß ich noch nicht das Aramäische beherrsche. Aber ich habe angefangen, es zu lernen. Und sogar der Babylonische Talmud ist mir nicht ganz fremd. Ich kann auch eine Seite Gemore übersetzen.«

Dieser Wissenschaftler, der außerdem noch mit allerlei jüdischen Anekdoten, Zitaten hebräischer Dichter und jiddischen Sprachkenntnissen aufwartet, ist keine makabre Erfindung des Stückeschreibers Sobol, sondern eine historische Kreatur des nazistischen Wissenschaftsbetriebs. Es handelt sich um Dr. habil Otto Paul, geboren am 4. Mai 1888. Dieser Judaist im Offiziersrang galt, wie man Büchern über die Geschichte Wilnas entnehmen kann, im Ghetto als »Der Hebräer«. Er hielt dort Vorträge über die Bedeutung der jüdischen Feiertage, den Zionismus und über die britische Politik in Palästina. Mitte der 30er Jahre war er längere Zeit in Jerusalem gewesen.

Über das Ende seiner Karriere gibt es mehrere Versionen. Er soll nach der Befreiung von Wilna im Sommer 1944 untergetaucht und als ein den Deutschen entkommener Jude wieder aufgetaucht sein. Ein ehemaliger Partisan des Ghettos habe ihn dann enttarnt. Nach einer anderen Lesart ist er im Oktober 1944 gefallen. Würde man sich im Stil von Edgar Hilsenraths »Der Nazi und der Friseur« eine dritte Version ausdenken, dann sähe man Dr. Paul nach 1945 als überlebenden polnischen Juden in die Westzonen kommen, wo er bis zu seiner Pensionierung einen der ersten Lehrstühle für Judaistik innehat.

Der Habitus dieses vom Judentum faszinierten Schreibtischtäters, der ausdrücklich in »enge geistige Beziehungen« mit den Opfern treten möchte, west heute fort in der manischen Beschäftigung der Deutschen mit jüdischen Dingen. Nirgendwo wurde so viel über Juden und Judentum publiziert, und nirgendwo war auch die damit beabsichtigte Aufklärung so folgenlos wie hier. Daß der habilitierte Nazi im jüdischen Ghettobibliothekar den »werten Kollegen« sieht, ist keineswegs Ausdruck professoraler Weltfremdheit, sondern diese groteske Respektbezeugung gehört zum antisemitischen Syndrom.

»Ist Ihnen nicht aufgefallen«, soll Hitler den Danziger Senatspräsidenten Rauschning gefragt haben, »daß der Jude in allem und jedem das genaue Gegenteil des Deutschen ist und ihm doch wieder so verwandt, wie es nur zwei Brüder sein können?« Diese einfühlsame Wahrnehmung der prospektiven Opfer als familiäre Doppelgänger setzte sich bei den Nachgeborenen fort als die magische Sucht, vermittels jüdischer Namensgebung sich zu Brüdern und Schwestern der Ermordeten zu machen. Aus einem Hans-Jürgen, der doch deshalb so hieß, weil seine Eltern die Hitlerjugend im Namenskürzel aufbewahren wollten, wurde ein Jochanan, aus einer Edeltraut wurde in der Frauenbewegung eine Esther und aus Edith im Fernsehen eine Lea Rosh. Kein Kinderladen heute, in dem es nicht einen David, Simon oder Ruben gäbe. Und ruft auf dem Spielplatz eine Mutter nach Sarah, dann drehen sich gleich mehrere Mädchen um, denen dieser nach den Nürnberger Gesetzen verordnete Zwangsname verpaßt wurde.

Wenn Horkheimer und Adorno in der »Dialektik der Aufklärung« schrieben: »Kein Antisemit, dem es nicht im Blute läge, nachzuahmen, was ihm Jude heißt«, so war damit auch die Attitüde charakterisiert, mit welcher sich die Vernichtungsgewinnler familiär über die Opfer hermachten. Die wachsende Beliebtheit jüdischer Witze wie die penetrante Verwendung jüdischer Redewendungen, die Begeisterung für jiddische Folklore in Ton und Bild und die akribische erkennungsdienstliche Rekonstruktion jüdischen Lebens demonstrierten anschaulich, daß diese neue Brüderlichkeit, für die es dann auch entsprechende Wochen gab, nur ein Zerrbild der vielbeschworenen deutsch-jüdischen Symbiose war. Aus der einstigen Illusion war eine Karikatur geworden. Und im von ihr umschriebenen verwandschaftlichen Verhältnis entsprach dem »Ewigen Juden« der »Ewige Goj«. Letzterer war die Nachkriegsausgabe von Otto Normalvergaser, wie man in der Protestbewegung noch die durchschnittlichen Deutschen der Nazizeit bezeichnet hatte. Nicht zufällig stammt der Gründungsgedanke der ersten deutschen Kleinbürgerinitiative, der deutsch-jüdischen Versöhnung, von einem Antisemiten, der Opfer und Täter als von der Geschichte Geprellte brüderlich zusammenführen wollte.

Während des Nürnberger Prozesses machte der später hingerichtete Robert Ley den Vorschlag, einen paritätisch besetzten »Versöhnungsausschuß« einzurichten, eine Idee, die Eichmann in Jerusalem wieder aufgriff, als er sagte: »Auch Frieden mit meinen ehemaligen Gegnern möchte ich finden.«

Im Zuge dieser forcierten Familienzusammenführung war es nur logisch, daß man auf diese wahlverwandtschaftlichen Verhältnisse einen abstammungsgeschichtlichen Blick warf: diesmal nach drinnen. Und nach dem »Eichmann in uns« wurde glücklicherweise auch der »Jude in uns« ausfindig gemacht. Einer gesetzlichen Regelung bedurfte es bei dieser introspektiven Ahnenforschung nicht. Gleichwohl wirken die Nürnberger Gesetze gerade in der deutsch-jüdischen Szene fort, in jenem unerträglichen Gemisch aus jugendbewegtem Begegnungskitsch und immergleicher Beschäftigungstherapie, aus betroffenen Christen, schwärmerischen Israeltouristen, geduldigen Berufsjuden, bekennenden Deutschen, eifernden Hobbyjudaisten und akribischen Alltagshistorikern. Nirgendwo wird mit soviel Lust und Gründlichkeit nach wirklicher, viel öfter nach eingebildeter jüdischer Verwandtschaft in der Vergangenheit gesucht wie hier; jeder macht sich zum leibhaftigen Sippenamt, um mathematisch exakt nachzuweisen, wie recht die Nazis mit ihrer Behauptung hatten, das deutsche Volk sei entlang unendlich abgestufter Bruchzahlen verjudet.

Sie sei zu einem Sechzehntel jüdisch, erklärte eine Berliner Professorin einem jüdischen Wissenschaftler aus den USA, als dieser sich ihr vorstellte. Aus dieser Auskunft konnte der Neuankömmling nur schließen, daß die restlichen fünfzehn Sechzehntel aus der Unzurechnungsfähigkeit bestehen mußten, mit der sie sich habilitiert hatte.

Zur Verschwisterung mit den Opfern und der Verbrüderung mit den Überlebenden gehörte auch die fürsorgliche Haltung, die man ihnen gegenüber einnahm. Ihren Verstimmungen trat man als Arzt gegenüber, jedoch mit der Absicht, sich vom Patienten kurieren zu lassen. Wohl niemand käme auf den Gedanken, der viele Deutsche, wenn sie Juden kennenlernen, nicht losläßt: nämlich den Juden zu erklären, daß und warum sie verfolgt wurden. Als der Bundeskanzler Mitte der 80er Jahre vor einer Versammlung jüdischer Wissenschaftler in Berlin sprach, wußte er hauptsächlich zu sagen, daß es in Deutschland zwischen 1933 und 1945 den Nationalsozialismus gegeben habe. Seine Zuhörer waren ausnahmslos Historiker.

Während die übergroße Mehrheit der Teilnehmer bei dieser Verwechslungskomödie in jüdische Rollen schlüpfte, um als Deutsche dann an die Rampe zu treten, gingen einige wenige den Weg der Annäherung bis zu seinem logischen Ende und konvertierten. Die schrittweise Khomeinisierung des Westens, in der Bundesrepublik mit Kirchentagen und Jugendsekten, schuf das fundamentalistische Klima, in welchem selbst die Konversionskandidaten die Motive ihrer Neigung zum Judentum verkannten. Deshalb war in der Regel der Übertritt auch nicht die Erlösung im Diesseits, die sich die Betreffenden erhofft hatten.

Zu den wenigen Ausnahmen gehörte ein Berliner Psychoanalytiker, der therapiesuchenden Ehepaaren mit eigenem Beispiel den Ausweg aus der Beziehungskrise vorführte. Mit zwei Frauen und mehreren Kindern lebte er unter einem Dach und im Einklang mit rabbinischen Traktaten über die Vielehe.

Oft frustriert dagegen vom kühlen Empfang bei den Juden, denen das beharrliche Interesse und die Begeisterung reichlich suspekt waren, schlossen sich die Konvertiten als besondere Gruppe zusammen. Und mit ihren neuen Leiden wie mit ihren alten Motiven mußte sich dann der Psychologe der Jüdischen Gemeinde in einer eigens für Neigungsjuden und Übergetretene eingerichteten therapeutischen Gesprächsrunde abrackern. Die obsessive Energie und die Zähigkeit, mit der die Aspiranten ihr Ziel einer Wiedergeburt verfolgen, wurde vor über 2000 Jahren bereits im Talmud glossiert. Über einen damals besonders eifrigen Teilnehmer auf dem langen Marsch durch die Religionen heißt es dort: »Zu dem großen Gesetzeslehrer Hillel kam ein Heide und sagte: ›Ich will Jude werden, wenn du mich die ganze Thora lehren kannst, während ich auf einem Bein stehe‹.«

Von einem ähnlichen Durchhaltewillen sind die Gesinnungsjuden von heute beseelt. Je kälter die Schulter, die ihnen gezeigt wird, desto heißer das Verlangen nach ihr. Manche brauchen, um ihr Ziel zu erreichen, »zwölf Jahre und eine Psychoanalyse«, wie eine Richterin dem *Sonntagsblatt* verriet, manche bemühen sich erfolglos sogar mehrere Jahrzehnte lang.

Die gar nicht so verborgenen Beweggründe der meist mittelständischen Annäherungstäter wurden gelegentlich treffend beschrieben. In einer Mitte der 80er Jahre erschienenen Sammlung von Gesprächsprotokollen mit jungen Juden berichtete eine Journalistin über sich als Objekt einer obskuren Begierde, die man als vergangenheitsbewältigende Rassenschande bezeichnen könnte: »Für den ... Intellektuellen ist eine Jüdin so etwas wie für den einfachen Arbeiter eine Frau aus Thailand. Das prickelnde Gefühl, mit einer im Bett zu liegen, wofür man vor vierzig Jahren verhaftet worden wäre. Die waren dann oft so gütig, so verständnisvoll, als hätten sie es mit einer Behinderten zu tun.«

Dieser seelischen Winterhilfe korrespondierte der Sachverhalt, daß gerade unter jenen, die zum Überhang der Gesellschaft, zu ihren Randgruppen rechnen, die Neigung wuchs, sich als eine Art Juden der Klassengesellschaft zu verstehen. In der Redaktion der *Jüdischen Allgemeinen Wochenzeitung* trafen mit schöner Regelmäßigkeit Briefe ein, in denen die Absender darüber berichteten, daß und wie sie Opfer einer sozialen oder politischen Diskriminierung geworden seien, und daß sie als Außenseiter das Schicksal der Juden nachfühlen könnten. Und oft verlangten diese Benachteiligten nach eben der betriebswissenschaftlichen Kameradschaftspflege, wie sie Juden von Deutschen auf zahllosen Symposien und in deutsch-israelischen Vereinigungen angetan wurde, und wollten deshalb zum Judentum konvertieren. Wenn die Juden sie dann, wie der bereits erwähnte Gemeindepsychologe etwa von einem Spastiker berichtete, nicht gleich brüderlich in die Arme schlossen, dann offenbarten die Abgewiesenen zumeist, daß der Wandel durch Annäherung doch nicht so ganz geglückt war. Das Judentum sei leibfeindlich, kommentierte der Rollstuhlfahrer die seinem Konversionseifer gegenüber reservierte Haltung der jüdischen Gemeinde; schon im Alten Testament sei ja zu lesen, daß man Krüppel diskrimieren müsse. Und einer älteren Dame in bescheidenen Verhältnissen, die sich mehr als vierzig Jahre lang den Besuch von Gottesdiensten, Gemeinderestaurants und Festveranstaltungen angetan hatte, ohne dafür die Eintrittskarte ins Judentum zu erhalten, entfuhr es unwillkürlich, Geld und gehobener Beruf zählten beim Übertritt offenbar mehr als das Herz.

Der individuellen Inanspruchnahme der Juden als Heilmittel persönlicher Probleme entsprach eine ebenso zweifelhafte gesellschaftliche Nutzanwendung. Zwischen dem verschwiegenen Geständnis einer Frau, sie sei wegen ihrer roten Haare und ihrer Sommersprossen schon in der Kindheit in eine Außenseiterrolle gedrängt worden und deshalb später zum Judentum übergetreten, und der unter Feministinnen gängigen Rede von den Frauen als den Juden der Sozialgeschichte besteht ein innerer Zusammenhang. In beiden Fällen handelt es sich um ein vorsätzliches Mißverständnis nach dem Motto: »Tut nichts, der Jude wird verkannt«. Der Unterschied besteht allerdings darin, daß die erste Äußerung eine private ist. In ihr drückt sich immerhin noch die Befangenheit einer Person aus, die den Zweifel nicht losgeworden ist, vielleicht einem selbstfabrizierten Schwindel aufgesessen zu sein. Von derlei verschämten Ahnungen gänzlich unbelastet waren hingegen die öffentlich inszenierten Verwechslungskomödien.

Alice Schwarzer etwa, die nach den Frauen auch noch die Versuchskaninchen der Tiermedizin als Juden der Männerherrschaft entdeckt hatte, wurde im Unterschied zur anonymen Konvertitin von keinem Zweifel geplagt, sondern räumte den letzten aus und beseitigte en passant ein altes Definitionsmonopol. Hatte Göring einst befohlen: Wer Jude ist bestimme ich! – so ist nun auch in dieser Frage die Mitbestimmung eingeführt. Während also manche Konvertiten sozusagen höchstpersönlich mit der allgemeinen Befindlichkeit der 80er Jahre, nämlich mit der Auffassung, die Deutschen seien die neuen Verdammten dieser Erde, die Juden unter den Völkern, ernst machten und sich im Extremfall in eine fanatische Religiosität stürzten, blieben die selbsternannten Juden der Öffentlichkeit gelassen. Sie zehrten auf eine für ihre Person ungefährliche Weise vom kollektiven Wahn. Aus diesem bezogen sie geradezu ihre persönliche Stabilität, und ihnen blieb individuell der Ausbruch der Geisteskrankheit erspart, die in der radikalen Selbstverwandlung ins verfolgte Opfer lauert wie in jeder Überidentifizierung.

Protokoll einer Verwandlung: Ende Januar 1984 betritt Sabine S. Gelhaar das Martin-Buber-Institut für Judaistik der Universität Köln. Sie hatte hier Judaistik im Nebenfach studiert. Mit gezogener Pistole stürmt sie in einen der Seminarräume, in denen Professor Hermann Greive, ein bekannter Judaist, gerade einem Dutzend Studenten Hebräisch-Unterricht erteilt. Sie schießt aus nächster Nähe in den Kopf des Professors. Greive stirbt am nächsten Tag. Ein anderer Professor, der herbeieilt, wird durch einen Steckschuß verletzt. Die Täterin wird schließlich überwältigt und bekennt sich vor der Polizei zu der Tat:

»Ursprünglich wollte ich vier umbringen, aber leider waren es nur zwei.«

Sabine S. Gelhaar war 1979 zum Judentum übergetreten und nannte sich mit zweitem Vornamen Sara. Geboren als Kind evangelischer Christen in der DDR, wuchs sie in der Bundesrepublik auf, machte ein exzellentes Abitur und immatrikulierte sich für die Fächer Philosophie und Geschichte. Mitte 1975 lernte sie an der Universität einen emigrierten polnischen Juden kennen, der dort als wissenschaftlicher Assistent arbeitete. Sie drängte sich ihm auf, er wollte nichts von ihr wissen. Damals begann sie, sich als Jüdin zu betrachten. Zwei Jahre später zog ein anderer Jude, ein Student, ihr Interesse auf sich. Sie erklärte ihm, sie sei Jüdin, zeigte Schabbathleuchter aus angeblichem Familienbesitz vor und beklagte sich bitter, die Synagogengemeinde registriere sie wegen fehlender Papiere nicht als Mitglied. Fünf Jahre hindurch nahm sie regelmäßig an den Seminaren des Martin-Buber-Instituts teil. Wie ähnliche Einrichtungen an anderen Universitäten oder wie selbst die Jüdische Hochschule in Heidelberg, hatte dieses Institut kaum jüdische Studenten. Während Sabine S. Gelhaar bei ihrer wissenschaftlichen Arbeit in einem Archiv der Universität eine stille, unauffällige Erscheinung blieb, trat sie im Judaistik-Institut um so demonstrativer auf, immer mit dem Hinweis, sie sei Jüdin. Als Jüdin verlangte sie, bevorzugt behandelt zu werden, und sie protestierte dagegen, daß sich hier Nichtjuden mit jüdischem Schrifttum befaßten. Als ein Institutsmitglied sie einmal mit dem Hinweis zurechtwies, an der Universität werde Wissenschaft betrieben und keine Religion praktiziert, außerdem sei sie gar keine Jüdin, brach erstmals ihr mühsam ausgehaltenes Doppelgängertum zusammen. Sie schrie, daß sie alle »Gojim«, also die Nichtjuden, hasse.

Während sie einerseits, von einem Hochbegabten-Stipendium unterstützt, eine wissenschaftliche Arbeit im

Fach Judaistik beendete, gewannen andererseits ihre auf das Institut bezogenen Wahnvorstellungen an Macht. Aus dem Martin-Buber-Institut wurde für sie ein Martin-Luther-Institut. Hatte sie vorher nur vegetarisch gegessen und das »koscher« genannt, so berief sie sich nun in allen Dingen des täglichen Lebens auf die Halacha, auf die Vorschriften des jüdischen Traditionsgesetzes. Mit dem Rabbiner, bei dem sie konvertiert war, überwarf sie sich. Er hätte sie als geborene Jüdin akzeptieren müssen.

Zunehmend ersetzte sie die realen Erfahrungen mit der Außenwelt durch Halluzinationen. Sie fühlte sich »computergesteuert«, von Doppelgängern ihrer Bekannten und vor allem von den nichtjüdischen Professoren des Judaistik-Instituts bedroht. Sie hielt es nun für ihre zwingende Pflicht, so ein Eintrag in ihrem Tagebuch, »die bundesdeutsche Öffentlichkeit über die Machenschaften dieser religiös-weltanschaulich verbrämten Gruppierung aufzuklären. Für den Fall, daß meine Forderungen unerfüllt bleiben, habe ich der Gruppierung einen Vergeltungsschlag auf ihr repräsentatives Zentrum, das Martin-Buber-Institut an der Universität Köln, angekündigt. Ich werde dort mehrere der Gruppe zugehörige Mitglieder mit Vorderladerpistolen erschießen, damit durch diese exemplarische Tat die Gerichte gezwungen sind, sich um die Aufklärung der Vorfälle zu bemühen.«

Auf die Straße ging sie nun häufig mit Hut und Gebetsschal, den Insignien des orthodoxen männlichen Juden. Im Herbst 1983 beschaffte sie sich mehrere alte Pistolen, wurde Mitglied eines Schützenvereins und absolvierte sogar einen Sprengkursus. Wenige Monate später betrat sie das Martin-Buber-Institut zum letzten Mal.

Die Schüsse erregten damals großes Aufsehen. Doch das publizistische Interesse war sich der Motive seiner eigenen Heftigkeit kaum bewußt. Daß die Täterin zum Judentum konvertiert war und sich diesem mit derart paranoider Energie verschrieb, daß sie der phantasierten

Bedrohung durch einen nichtjüdischen Professor schließlich mit der Waffe entgegentrat – das ließ sich als besonders reizvoller Amoklauf einer Geisteskranken darstellen. Damit war der unangenehme Gedanke aus der Welt, daß mit dieser Tat eine wahnhafte gesellschaftliche Normalität ihre logische Zuspitzung und ihren extremen Ausdruck gefunden hatte.

Sabine »Sara« Gelhaar hatte mit der im politischen Raum gespielten Rolle des eingebildeten Juden persönlich ernst gemacht. Das war ihr Fehler. Wie die kollektive, so endete auch ihre individuelle Seelenwanderung in einer Karikatur: Als wandelndes Zerrbild des Juden wurde sie zur Täterin. Auf ihre eigene Weise bringen Israelis zum Ausdruck, daß sie Konvertiten für Menschen mit Persönlichkeitsstörungen halten; sie erklären sie einfach für verrückt. Nachgerade verwundert es nicht, daß bei Konversionen in Israel – der Voraussetzung für die Einbürgerung – die Deutschen an der Spitze lagen. Nicht in absoluten Zahlen, sondern im Verhältnis zur Einwohnerzahl des Herkunftslandes. Die Motive, nach Israel zu gehen und Israeli zu werden, sind vielfältig und reichen noch heute von der Begeisterung fürs kollektive und ländliche Leben im Kibbutz bis zu religiösen Begründungen. Doch zusätzlich wird fast jeder deutsche Neuisraeli wie unter Zwang seine höheren Beweggründe ins Feld führen.

Vor fünfzig Jahren, als der jüdische Flüchtlingsstrom aus Deutschland nach Palästina anschwoll, galt den Immigranten die spöttische Frage: »Kommen Sie aus Zionismus oder aus Deutschland?« Bei der Invasion der Konvertiten konnte man die Frage reduzieren auf: »Kommen Sie aus Deutschland?« Mit der bejahenden Auskunft versehen, verstanden Israelis auch die gelegentliche Wandlung von eingefleischten Pazifisten, etwa Mitgliedern der »Aktion Sühnezeichen«, die nun in der israelischen Armee für die deutsche Geschichte gegen die Palästinenser sühnten. Daß sie dabei auch von der besonderen Verantwortung für die Juden umgetrieben wurden, welche die Deutschen daraus ableiten, daß sie sie vordem umgebracht haben, zeigte eine 1986 mehrfach veröffentlichte Gewissenserleichterung eines Konvertiten in Israel.

Ein Gershon von Schwartze, der bei seinem Übertritt zum Judentum weder auf das Monokel im Namen noch auf eine neuere deutsche Eigenart, die Betroffenheit, verzichten wollte, schrieb über die Motive seiner Konversion: »Als ich 18 Jahre alt war, begann ich, tief über den Holocaust und die jüdische Frage nachzudenken ... Ich begann Hebräisch zu lernen und fühlte mich immer stärker betroffen ... Ich konnte mit der kürzlichen Vergangenheit Deutschlands, mit Auschwitz, nicht leben. Ich ging auf die Suche nach mir selbst, nach einer neuen Ideologie und glaubte sie im Judentum gefunden zu haben.« Als er sich schließlich wirklich selbst während des Libanon-Kriegs gefunden hatte, entdeckte er den Bewährungshelfer in sich: »Meine schlimmste Erfahrung machte ich, als ich Wächter im ersten Konzentrationslager der jüdischen Geschichte war, in Ansar ... es ähnelte durchaus einem deutschen Konzentrationslager.«

Auf andere Weise, doch ebenso sinnfällig, kurierte in der Altstadt von Jerusalem ein protestantischer Theologe, dessen Vater bei der SS gewesen war, sein inneres Leiden an Deutschland. Seit er Rabbiner wurde, nennt er sich She'ar Yashuv, was soviel heißt wie »Rest der Gemeinschaft« – und weil dieser Rest ihm zu klein war, hat er seiner Frau sechs Kinder gemacht. Für jede Million eines, wie er einem Reporter erzählte.

Den spektakulären Anfang des neudeutschen Kreuzzugs ins Gelobte Land machte in den 70er Jahren der Sohn eines Nazirichters aus Nordrhein-Westfalen. Die Geschichte von Reinhold alias David Bergmann ist die Geschichte des sogar aus der kontinentalen Distanz geglückten Dialogs zwischen den Generationen, der Bericht einer Annäherung aus der Ferne, einer Heimkehr im Ausland. Denn David Bergmann mußte sich erst in einen frommen israelischen Juden verwandeln, um ganz wie seine deutschen Eltern zu werden. Am Protokoll dieser geglückten Anverwandlung ist nichts – außer dem Namen – erfunden.

Ende der 80er Jahre kursierte bei deutschen Verlagen ein Manuskript aus Tel Aviv. Es handelte sich um die »Ein Augenblick der Wahrheit« überschriebenen autobiografischen Aufzeichnungen einer Frau. Die Verfasserin beschreibt darin die Stationen eines zerstörten Lebens, das in Wilna begann. Als einzige Überlebende ihrer Familie und durch viele Lager geschleppt, kam sie nach Kriegsende nach Palästina, heiratete dort und verlor noch vor der Staatsgründung ihren Mann bei einem Bombenanschlag. Die Erinnerungen wandten sich in vielen Passagen direkt an ihre beiden – nun erwachsenen Kinder, für die sie geschrieben wurden. Diese ausführliche Vorbemerkung war notwendig, denn mit dem »Epilog« überschriebenen letzten Abschnitt dieser Aufzeichnungen beginnt die Geschichte von David Bergmann.

»Vor einigen Jahren hielt sich mein Sohn in Europa auf und ließ nur selten etwas von sich hören. Eines Tages, als mein (zweiter) Mann und ich nach Hause kamen, sahen wir einen großen, schlanken Jungen auf der Treppe zu unserer Wohnung. Er war verdreckt und völlig verschwitzt. Wir fragten ihn, wer er sei. Er sagte, er heiße Reinhold; er habe unseren Sohn Chaim auf der Akropolis kennengelernt und eine Woche mit ihm zusammen verbracht. Sie hätten eine Menge miteinander geredet und Schach gespielt. Ich lud ihn ein hereinzukommen, und er gab mir einen Brief von Chaim. Darin stand, daß der junge Mann ein Deutscher sei, ein Christ, 17 Jahre alt, und daß er konvertieren wolle. Chaim bat uns, dem Jungen nach Möglichkeit behilflich zu sein und für eine gute Unterkunft zu sorgen. Der Junge sei von Deutschland mit dem Fahrrad bis nach Brindisi gefahren und von dort aus mit dem Schiff über Griechenland nach Israel. Im ersten Augenblick wollte ich ihn wieder hinauswerfen. Ich dachte bei mir: ›Ein Deutscher in meinem Haus! Wie kann ich dieselbe Luft atmen wie er!‹ Aber dann sah ich ihn mir an und stellte fest, daß er sehr müde, schmutzig und hungrig war. Mein Herz zog sich zusammen und ich dachte daran, daß mein Sohn vielleicht auch in eine solche Lage geraten könnte. Und so war ich einverstanden, daß er die Nacht über blieb, denn er hatte ja sonst nichts. Überhaupt keine andere Adresse. Als ich ihm etwas zu essen anbot, wollte er nur etwas haben, was auch koscher war. Nach dem Essen fragte ich ihn einiges: Er erzählte mir, aus welcher Stadt er sei und daß sein Vater einer der höchsten Richter des Bundeslandes sei, aus dem er komme ... Ich wollte von ihm wissen, warum er so plötzlich Jude werden wolle. Er gab mir zur Antwort, daß er sich schon seit seinem 12. Lebensjahr damit beschäftigt habe, daß in seinem Heimatort aber kein einziger Jude leben würde. Nachdem er einmal ein Buch mit üblen Witzen über Juden gelesen habe, sei er an dem Thema interessiert gewesen und habe beschlossen, selbst herauszufinden, wer und was die Juden sind.

Dann fing er an, über Juden und Judentum zu lesen und gelangte allmählich zu der Überzeugung, daß das Christentum unmoralisch und unlogisch sei. Das Judentum faszinierte ihn. Früher als andere machte er sein Abitur und kam mit Erlaubnis seiner Eltern nach Israel, um hier in einer Yeshiva zu studieren, in einem traditionellen theologischen Seminar. Dieser Abend endete damit, daß ich ihn zu Bett brachte und mich entschloß, ihm am nächsten Tag vorzuschlagen, in einen Kibbutz zu gehen und dort in einem organisierten Sprachkurs Hebräisch zu lernen. Das tat er, doch abends war er wieder da, denn es stellte sich heraus, daß er als Deutscher nur in einem sozialistischen Kibbutz akzeptiert würde. Doch dort wäre das Essen nicht koscher, und das kam nicht in Frage. Als er zurückkam, bemerkte ich den fiebrigen Glanz in seinen Augen und sah, daß er hinkte ... Wie er erzählte, hatte er sich eine Verletzung in Italien zugezogen, wo er mit dem Fahrrad unterwegs gewesen war. Ich ging mit ihm zum Arzt, und danach blieb er bei uns. Mit einem solchen Bein konnte ich ihn doch nicht wegschicken. ... In dieser Zeit lernten wir uns kennen. Er erwies sich als sehr begabt, gut erzogen, gebildet und sehr entschlossen. Zweimal täglich betete er und erklärte mir die Grundlagen der jüdischen Religion. Wir sprachen sehr viel miteinander. Ich erzählte ihm über die Deutschen, wie ich sie kannte, und über die Konzentrationslager ... Ich sah, daß er über alles sehr ernsthaft nachdachte, und deshalb wollte ich ihm auch weiterhelfen. Er blieb dann weitere zwei Monate bei uns.

Erst am Schluß stellte sich dann heraus, daß sein Vater ein Nazi gewesen war. Obwohl ich das schon früher vermutet hatte, konnte ich doch in dieser Nacht nicht schlafen. Ich dachte daran, was meine Eltern dazu gesagt hätten, wenn sie gewußt hätten, daß ich den Sohn eines Nazi in mein Haus gelassen habe. Aber letztlich entschied ich mich trotz alledem, ihm zu helfen. Er lernte Hebräisch und studierte dann an der Yeshiva Rav Kook in Jerusalem. Danach wurde er beschnitten, wurde in der ›Mikve‹, dem Ritualbad, untergetaucht und nahm die israelische Staatsbürgerschaft an ... Dann ging er in eine Yeshivat Hesder, wo die religiösen Studien mit dem Militärdienst kombiniert werden können, und inzwischen hat er eineinhalb Jahre als Panzerkommandant im Sinai hinter sich. Er besucht uns oft und nennt uns seine ›geistigen Eltern‹ ... Sein Vater, ein ehemaliger Nazi, schickt jeden Monat Geld an die Yeshiva. Wenn er mit seiner Frau nach Israel kommt, dann sehen sie ihren begabten Sohn mit einem Tallit, einem Gebetsschal bekleidet, und er betet – das ist ihr Sohn, der wahrscheinlich eine Jüdin heiraten und der

Vater jüdischer Kinder sein wird Ich bin überzeugt, daß er unsere Rache an seinen Eltern ist.«

Auf ganz andere Weise als die Autorin dachte, ging dies in Erfüllung, nämlich dergestalt, daß aus David Bergmann ein jüdischer Faschist wurde, was aus dem Blickwinkel der Nazis betrachtet sicherlich die allergrößte Beleidigung darstellt. Der israelische Schriftsteller Amos Elon besuchte Bergmann, der sich in Hebron, in den besetzten Gebieten, niedergelassen hatte, und schrieb nach einem Gespräch mit ihm im *Haaretz*: »Es ist von ausgesuchter Ironie, wenn jemand wie er vom ›auserwählten Volk‹ spricht ... Es läuft einem kalt den Rücken hinunter, denn was da jemand im Kaftan sagt, das könnte genau so gut vom Träger einer schwarzen Uniform kommen.« Bergmann hatte ihm erklärt, daß die Juden als auserwähltes Volk einen nationalen Auftrag zu verfolgen hätten, auch auf Kosten anderer. Mit der Besiedlung der besetzten Gebiete werde der Wille Gottes durch Israel verwirklicht. Die Gewalt, die dabei notwendig sei, sei eine Verkörperung der obersten Moral. »Wenn das nicht so wäre«, fuhr Bergmann fort, »welches Recht hätten wir dann gehabt, Eichmann zu töten? Einst hatte er die Macht und ließ Juden umbringen. Danach wurden die Juden mächtig und ließen ihn töten. Auf der logischen Ebene besteht kein Unterschied zwischen der Gewalt der Nazis und der Gewalt der Israelis, sondern nur auf der Gefühlsebene.«

Einem anderen Journalisten erklärte er: »Am Berg Sinai bekamen die Juden das Gesetz, und es wurde ihnen gesagt: erobert das Land aus den Händen der Kanaanäer. Da hätten sie damals auch fragen können: und was ist mit den Interessen der Kanaanäer? Machen wir es noch extremer: In der Bibel steht auch das von niemandem bestrittene Gebot, das Volk Amalek auszurotten – die einzige Parallele dazu wäre das völlig irrationale Gebot, das jüdische Volk auszurotten. Und in der Bibel gibt es keinen Hinweis darauf, womit die Amaleker das verdient hätten oder welchen Nutzen man daraus ziehen könnte.«

Oder anders gesagt: mit dem modernen Massenmord wäre alles in Ordnung gewesen, hätten die Nazis sich auf die Bibel berufen können. »Ein Volk, eine Religion, ein Rabbiner« kommentierte Amos Elon die Maximen dieses jüdisch drapierten Faschisten, der aus der Bibel nicht das Recht, sondern die heilige Pflicht zur Besiedlung von Judäa und Samaria herleitete. Seinen wirklichen Namen wollte Bergmann nicht genannt haben. Nicht weil er seine Privatsphäre schützen oder seinen Vater decken wollte. Nicht weil ihm die öffentliche Mitteilung über einen deutschen Konvertiten unangenehm war. Aus »Gründen der Staatssicherheit« bestand er darauf, seinen Namen nicht veröffentlicht zu sehen.

Die Wege der Seelenwanderung verliefen nicht immer so dramatisch, sondern nahmen in ihrer eigenen Logik manchmal auch burleske Wendungen wie diese: Eine Frau aus Israel lernte während ihres Studiums in der Bundesrepublik einen jungen Deutschen kennen. Beide verliebten sich ineinander, wie das bei jungen Leuten gelegentlich noch der Fall ist, und nach einiger Zeit beschlossen sie zu heiraten. Doch nun begingen die beiden den Fehler, die Eltern von ihrer Absicht zu informieren. Während die Angehörigen des jungen Mannes über derlei Familienzusammenführung auch aus den nun bekannten Gründen entzückt waren, meldeten die Angehörigen aus Israel Vorbehalte an: zur Heirat könnten sie ihre Zustimmung nur geben, wenn der Ehemann zuvor konvertiere, denn die leidige Situation in Israel, ohne Zivilrecht, die Verlobten wüßten schon. Also nahm der junge Mann Stunden bei einem Rabbiner, während die Braut ihren profanen Studien an der Universität nachging. Mit der Zeit vertiefte sich der künftige Ehemann immer mehr in die Quellen und entschied sich schließlich, zur Freude aller Beteiligten, seinen rituellen Übertritt in Israel zu vollziehen. Nach einer Weile schrieb er seiner Verlobten, es tue ihm sehr leid, aber aus der Hochzeit könne nichts werden. Schon allein die Tatsache, daß sie überhaupt in Erwägung gezogen habe, einen Nichtjuden zu heiraten, verböte ihm nun, sie zu ehelichen.

Mit dem Fall der Mauer fielen auch die Kostüme. Die Schauspieler traten ins wirkliche Leben zurück; aus eingebildeten Juden wurden wieder handfeste Deutsche. Und die das vergangene Jahrzehnt en suite gespielte Verwechslungskomödie mit dem Titel »Am jüdischen Wesen soll Deutschland genesen« wurde abgesetzt. Happy End, denn nun dürfen alle nach Herzenslust wieder ganz ordinäre Antisemiten sein.

1991

Premiere und Pogrom

Wäre, wenn man von der organisierten Vernichtung sprechen muß, von Kunst und Künstlern nicht zuallerletzt zu reden? Denn nicht die Kultur, wie es die feuilletonistische Sicht auf Auschwitz will, wurde ermordet, sondern deren lebendige Voraussetzung. Juden wurden nicht als Künstler, sondern Künstler wurden als Juden drangsaliert und deportiert. Und nicht deren individuelles Schicksal, sondern der anonyme Verwaltungsakt, nicht die abenteuerliche Flucht, sondern der immer gleiche Abtransport gehören zur Wahrheit des Nationalsozialismus. Vor allem aber: überlebende Juden waren nicht vorgesehen. Die Beschäftigung mit dem kulturellen Leben der Juden in Deutschland nach 1933 oder gar mit dem Los einzelner Künstler scheint angesichts der vollendeten Barbarei daher bloß frivol zu sein. In der beliebten und dem antijüdischen Ressentiment verwandten Auflistung vertriebener oder ermordeter jüdischer Künstler, im Gerede von der Austreibung und Vernichtung des Geistes liegt diese Frivolität offen zutage: der Massenmord sei deshalb so schlimm, weil er die Verdienstvollen getroffen habe. Und noch im gegenwärtig erneuerten Bündnis von Mob und Elite* lebt diese Ansicht als rassistische Maxime fort: ein tragisches Schicksal wie das Walter Benjamins dürfe sich nicht wiederholen, erklärte vor einiger Zeit ein Sprecher der Bundesregierung – womit er gleichzeitig alle Welt

* Gemeint sind das Pogrom in Rostock-Lichtenhagen zwischen dem 22. und 26. August 1992 und die vorausgehenden rechtsextremistischen Anschläge gegen Ausländer.

darauf hinwies, daß, falls sie es benötigten, 99 Prozent aller Deutschen eigentlich nirgendwo auf der Welt Asyl bekommen dürften. In der selektierenden Erinnerung ist kein Platz für die Namenlosen; und die regelmäßig bekundete Trauer über die verjagte oder ermordete jüdische Intelligenz wird mit gleicher Regelmäßigkeit zu einer Kundgebung des Selbstmitleids, bei der die Deutschen sich als Opfer Hitlers betrachten, nämlich als kulturell von ihm zur Ader gelassene und nun schutzlos der – neuen – Überfremdung preisgegebene Nation.

Die Klage über den Kulturverlust ist jedoch hoffnungslos unbegründet. Man redet von Kultur im Gegensatz zur Barbarei, als sei jene nicht schon längst in dieser aufgegangen. Denn es gab keine zwei Reiche im Dritten. Der berüchtigte, meist Göring zugeschriebene Satz: »Wenn ich das Wort Kultur höre, greife ich zum Revolver« wird bis heute vorsätzlich mißverstanden als Siegesmeldung der Borniertheit über die Bildung, als Auskunft über einen unversöhnlichen Gegensatz. Friedlich vereinbart lebten diese beiden einander angeblich feindlichen Welten in Gestalt von zahllosen SS-Kadern, die nach dem Streß der Vernichtungsarbeit Entspannung bei klassischer Musik suchten, ins Theater gingen oder selbst Verse schrieben, um sich erhebende Gefühle zu verschaffen. Die friedliche Koexistenz von Goethe und Gaskammer war keine in einzelnen Monstern verkörperte moderne faustische Marotte, sondern nur extremer Ausdruck dieser ersten wirklich bürgernahen Form von Herrschaft. Zu ihren charakteristischen Betriebsmomenten gehörte das Ineinander von Kultur und Terror. Auch im Hinblick auf die Opfer, die ihre Zurichtung mit einem kulturellen Rahmenprogramm schmücken durften und vor ihrer Hinrichtung fidel sein sollten, bezeichnet die Naziauskunft über Kultur und Revolver keinesfalls einen schroffen Gegensatz von hohen Werten und niederen Instinkten, sondern die beiden Seiten einer sich ergänzenden Einheit.

Kultur hieß zwar immer auch Herrschaft, sie ging aber nie restlos darin auf. Doch seit jener störungsfreien Liaison von Kunst und Konzentrationslager, seit der organisierten Verschränkung von Kultur und Grauen, die in Kultur *als* Grauen mündete, ist die Kultur irreparabel beschädigt; jede Verteidigungsrede auf sie wird zur Lüge, jede Klage über den Kulturverlust zum Schwindel.

1984 kam das Theaterstück »Ghetto« des israelischen Autors Joshua Sobol an verschiedenen Bühnen der Bundesrepublik zur Aufführung. Es handelte von der Unterhaltung im Angesicht der Massenvernichtung und hatte einen historischen Schauplatz: das Wilnaer Ghetto. Doch was dem erstaunten Publikum als Ausbund perverser Charaktere, als extremer Ausnahmezustand im fernen Polen präsentiert wurde, war über Jahre hinweg, von 1933 bis 1941, gespenstische Normalität mitten in Berlin, Frankfurt, Hamburg, Köln, Breslau, München und vielen anderen deutschen Städten. Und eben diese Normalität, diese alltägliche Simultaneität von Kultur und Schrecken, die in den Lagern ihren bizarren Höhepunkt erreichte, beraubt uns definitiv der Möglichkeit, die jüdische Zwangsgemeinschaft wie die deutsche Volksgemeinschaft im eindeutigen Unterschied zu unserer Gegenwart zu bestimmen und zusagen: das war.

2

Am 1. April 1933, zwei Monate nach der Wende, wurden in ganz Deutschland jüdische Geschäfte boykottiert, Beamte aus dem öffentlichen Dienst entlassen, Ärzte und Anwälte bedroht und Künstler mit Auftrittsverbot belegt. Rund 8000 jüdische Schauspieler, Musiker, Sänger, Regisseure und technische Angehörige des Bühnen- und Konzertbetriebs saßen plötzlich auf der Straße.

Drei Jahre später blickte ein höherer Beamter des Propagandaministeriums auf die Startschwierigkeiten des neuen Regimes zurück: »Wer bedenkt, in welch unglaublichem Maße gerade das damalige Theaterleben in Deutschland jüdisch überfremdet war«, schrieb »Reichskulturwart« Hans Hinkel, »kann ermessen, wie viele jüdische Künstler zwangsläufig vor die Frage gestellt wurden, wo sie künftig beschäftigt werden konnten ... Kein Wunder, daß in eben dem Maße, mit dem wir – nun im Besitz der politischen Macht – 1933 die Entjudung unseres deutschen Kunst- und Kulturlebens begannen, die Frage gestellt wurde, was mit all den vielen jüdischen Künstlern geschehen sollte...« Seine grammatikfreie Zwischenbilanz vom Herbst 1936 war mit »Judenreine Theaterpolitik« überschrieben.

Anfänglich wußten die Nazis nicht so genau, was sie mit den Tausenden entlassener Juden machen sollten. Noch hatte sich das für die nationalsozialistische Herrschaft typische Institutionsgeflecht von Behörden, die Opfer herstellten, und Apparaten, die dann die Opfer fürsorglich verwalteten, nicht herausgebildet. Im klaren waren sich die Nazis jedoch darüber, daß ihre Reputation im Ausland unter dem möglichen Skandal jüdischer Massenarbeitslosigkeit leiden könnte. Noch sorgten sie sich um ihr internationales Ansehen. Sie waren deshalb rasch bereit, einem jüdischen Selbsthilfeunternehmen zuzustimmen, welches die ökonomischen und sozialen Ausgrenzungskosten tragen sollte. Auf diese Weise konnten sie die Juden planmäßig von Bühnen und aus Konzertsälen verdrängen, ohne daß etwa die arbeitslosen Künstler und Angestellten der staatlichen Fürsorge zur Last fielen. Im Sommer 1933 genehmigten die Behörden, die mit einer derart bequemen Lösung gar nicht gerechnet hatten, die Gründung eines »Kulturbundes Deutscher Juden«. Er wurde zu einer Auffangorganisation für Künstler aller Sparten. Allein der Name des Unternehmens macht jedoch deutlich, daß es sich bei dieser neuen Organisation weder um eine bloße Fortsetzung des gewohnten Kulturbetriebs unter außergewöhnlichen Bedingungen, also um eine eingeschränkte Weiterführung von philharmonischen Konzerten, von Opern- und Theateraufführungen handeln sollte, noch um eine bloße Maßnahme der Arbeitsbeschaffung. Der Religionsphilosoph Martin Buber, der dem Ehrenpräsidium der neuen Vereinigung angehörte und bis zu seiner Emigration nach Palästina zu den prominenten Rednern in der Vortragsabteilung des Kulturbundes zählte, hob im Oktober 1933 hervor, daß die Bezeichnung »Kulturbund« programmatisch gemeint war. Seiner von anderen Gründungsmitgliedern geteilten Auffassung zufolge war die Namenswahl Ausdruck der Absicht, daß es weniger um die Abschaffung einer materiellen Obdachlosigkeit als um die Schaffung einer moralischen Behausung ging. »Man braucht nur die vier Worte, aus denen der ›Kulturbund Deutscher Juden‹ besteht, einzeln und in ihrer Zusammensetzung ernst zu nehmen«, schrieb Buber zur Eröffnung der ersten Spielzeit, »mehr ist hier nicht not. Kultur gibt es in der Wirklichkeit immer nur als Kultur in einer Gemeinschaft … Für die deutschjüdische Kultur also ist seinem Namen nach dieser Bund gegründet worden, und zwar nicht als Verein, nicht Gesellschaft, sondern eben als Bund. ›Bund‹, das bedeutet, daß die Menschen, die dazugehören, nicht durch Interessen, nicht durch einen Zweck allein, sondern lebensmäßig unmittelbar miteinander verbunden sind … Es ist eine Aufgabe der Bindung, der inneren Bindung.«

Doch Bubers Versuch, diese neue moralische Behausung im alten Ton alternativer Zivilisationskritik zu bestimmen, brachte nur auf prekäre Weise zum Ausdruck, wie vollständig und endgültig die Emanzipation der Angesprochenen widerrufen war. Denn noch die Reaktion auf die Abschaffung der Juden als Bürger war von ihrer Ursache eigentümlich durchdrungen. Buber beschwor die innere Bindung, die Unmittelbarkeit und andere Lebensgefühle der deutschen Jugendbewegung genau in dem Augenblick, als diese radikal verwirklicht wurden, als die Gesellschaft sich in Gefolgschaft verwandelte. Der »Bund« war sozusagen als deren noble Version gedacht, als erhabene Form der Volksgemeinschaft. Er war nicht in den Niederungen des Mobs angesiedelt, hier gab es keinen Goebbels und keine Vulgarität, hier herrschte Höhenluft, Geist und George. Und nachgerade von ausgesuchter Ironie war der Umstand, daß der »Kulturbund« bei seiner behördlichen Zulassung mit dem Vertreter eines anderen Bundes, mit Hans Hinkel zu tun hatte, der nicht nur Staatsbeamter, sondern auch Leiter des »Kampfbundes für deutsche Kultur« war. In der Praxis hingegen sah alles bald ganz profan aus. Hier spielte weder die gelegentlich religiös unterfütterte Sinngebung des Namens eine Rolle, da gab es keine Bundeslade, sondern eine Registratur, noch stellte sich die von Buber beschworene lebensmäßige Unmittelbarkeit ein. Ganz lakonisch hieß es im Resümee der ersten Spielzeit: »Der Berliner Kulturbund trägt Vereinscharakter.«

Gründer und Leiter des Unternehmens bis zum Novemberpogrom 1938 war der Berliner Neurologe, Musikwissenschaftler und Dirigent Kurt Singer. Zu den Persönlichkeiten, die beim Aufbau eines jüdischen Theater-, Opern- und Konzertbetriebs unterstützten, gehörten der frühere Ullstein-Journalist Werner Levie; der Schriftsteller und Theaterwissenschaftler Julius Bab; die Regisseure Fritz Jessner und Fritz Wisten, letzterer auch der dominierende Schauspieler des Ensembles; der ehemalige Bühnenbildner der Berliner Städtischen Oper, Heinz Condell, und eine Reihe später international berühmter Dirigenten wie Joseph Rosenstock, Wilhelm Steinberg und Rudolf Schwarz. Viele prominente Vertreter des deutschen Judentums stellten sich dem Kulturbund entweder ehrenhalber zur Verfügung, wie etwa der Maler

Max Liebermann oder die Schriftsteller Jakob Wassermann und Georg Hermann, oder wirkten in der neuen Organisation als Funktionäre mit. Indes, die treibende Kraft beim Auf- und Ausbau des Unternehmens war Kurt Singer, der als stellvertretender Intendant der Städtischen Oper in Berlin entlassen worden war und nun den Jüdischen Kulturbund als sein »Lebenswerk« betrachtete. In seiner Person reflektiert sich überdeutlich und auf gelegentlich komische, zumeist jedoch groteske und schließlich tragische Weise der die Nothilfe überhöhende Gründungsgedanke des ganzen Unterfangens: nämlich die erklärte Absicht, die Deutschen davon zu überzeugen, daß Juden nicht nur Menschen, sondern kultivierte Menschen seien. Wie man heute weiß, war dieser Versuch, die nazifizierte Bevölkerung zu erziehen, nur insofern nicht erfolglos, als es nun die Nachkriegsdeutschen sind, die von Juden oft verlangen, die besseren Menschen zu sein und mit gutem Beispiel voranzugehen.

An die Kraft des guten Beispiels glaubte auch Julius Bab. Zwar sprach er von »ekligen« Verhandlungen mit den Nazibehörden und war einer der wenigen, die von Anfang an den Ghettocharakter des jüdischen Kulturbetriebs sahen, aber auch er hoffte, der jüdische Kulturbund könnte zur moralischen Anstalt für die Deutschen werden. In einem Brief vom Juni 1933 schrieb er: »... es bleibt doch eine bittere Sache – ein Ghettounternehmen, das wir freilich so gut machen wollen, daß sich die Deutschen schämen müssen«; womit er ausgerechnet vom jüdischen Theater erwartete, was seine eigene Volksbühnenbewegung in den Jahrzehnten zuvor nicht zuwege gebracht hatte. Von seiner dennoch eher nüchternen Sichtweise waren andere an der Gründungsdebatte beteiligte Künstler, Intellektuelle und Funktionäre oft weit entfernt. Moritz Goldstein etwa, einer der prominenten Autoren Berlins, der die unsägliche Formel von den Juden als den »Verwaltern der deutschen Kultur« geprägt hatte, erklärte Ende 1933 der *Jüdischen Rundschau*: »Weitermachen! Wenn wir auch erleben, daß die staatsbürgerliche Gleichberechtigung der Juden zurückgenommen wird: die welthistorische Tatsache ihres Eintritts in die europäische Kulturgemeinschaft läßt sich nicht zurücknehmen ... Mag das, was man uns aufzwingt, als Ghetto gemeint sein: der Geist wird darin herrschen. Darauf allein kommt es an. Alles andere ist äußerlich.« Den mit zeitgenössischer Lyrik vertrauten Lesern muß das damals wie eine Neuauflage der poetischen Tröstung: »Armut ist ein stiller Glanz von innen« vorgekommen sein, mit welcher Rilke einst die Lage der Habenichtse veredeln wollte. Über derlei Versuche, dem Ghetto etwas Gutes abzugewinnen, spottete damals der Schriftsteller René Schickele in einem Brief an Thomas Mann: »Nach Zeitungsberichten gehört (Wassermann) dem Gremium des neugegründeten Berliner Ghettos an ... Die Prügelknaben organisieren sich unter Aufsicht der S.A. – ein erbaulicher Anblick.«

Geradezu überschwenglich reagierte der gewesene Staatsschauspieler Fritz Wisten, den man eben in Stuttgart aus jener von Goldstein angerufenen »europäischen« Kulturgemeinschaft« hinausgeworfen hatte. »Desto mehr leuchtet mir ein«, teilte er Julius Bab in Berlin mit, »daß hier ein Unternehmen im Entstehen ist, welches das *Ideal*-Theater rundweg zu werden verspricht. Ein Ensemble, das durch äußere Umstände gezwungen wird, mit heroischer Besessenheit und aus einer Gesamtheit heraus Theater zu spielen, wie schon lange nicht mehr gespielt worden ist.«

Tucholsky im schwedischen Exil kannte diesen Brief nicht, aber doch genügend ähnlich hochgestimmte Stellungnahmen. Ihm erschien das Unterfangen wie eine Realsatire, wie die gräßliche Schlußform oft von ihm karikierter Verhältnisse. In einem berühmt gewordenen letzten Brief an Arnold Zweig ließ er erkennen, daß aus den Gegenständen seiner Kritik Objekte der Verachtung geworden waren: »Da sehen Sie«, schrieb er über den Jüdischen Kulturbund, »daß dieselben Leute, die auf vielen Gebieten die erste Geige gespielt haben, das *Ghetto* akzeptieren – die Idee des Ghettos und ihre Ausführung … Man sperrt sie ein; man pfercht sie in ein Judentheater mit vier gelben Flecken vorn und hinten, und sie haben ... nur einen Ehrgeiz: ›Nun werden wir ihnen mal zeigen, daß wir das bessere Theater haben.‹«

Max Reinhardt hatte den Behörden aus dem Londoner Exil lakonisch mitgeteilt, weshalb er nicht daran dächte, weiterzumachen: Duldung sei keine Atmosphäre für Theater. Das Theater des jüdischer Kulturbundes wurde freilich nicht nur geduldet, sondern, wie sich bald herausstellen sollte, planmäßig gefördert. Am Rande des Berliner Theaterbezirks mietete man mit Genehmigung der Nazibehörden ein Theater an, welches in der Folgezeit unter seinem Dach vereinte, was ansonsten auf viele Spielstätten verstreut ist: Schauspiel, Musiktheater, Konzert, Kabarett, Film und Vorträge. Am 1. Oktober 1933 wurde der »Kulturbund deutscher Juden« feierlich mit Lessings »Nathan der Weise«, einer Art Credo des jüdischen liberalen Bürgertums, eröffnet. »Der Abend war eines der großen Erlebnisse im Berliner Judentum jener Jahre«, schrieb der Chronist des »Jüdischen Theaters in Nazideutschland«, Herbert Freeden. »Noch trat die beginnende Pauperisierung nicht in äußeren Formen in Erscheinung. Das Parkett bot ein Bild wie bei den Premieren der Reinhardt-Zeit.« Auf der Bühne wurden Merksätze edler Gesinnung deklamiert, wie etwa: »Ich weiß, was gute Menschen denken, weiß / Daß alle Länder gute Menschen tragen«, und der Schauspieler Kurt Katsch, der gerade an seinen Erinnerungen mit dem Titel »Von Ghetto zu Ghetto« schrieb, wandte sich als »Nathan« ans jüdische Premierenpublikum: »Es eifre jeder seiner unbestochenen / Von Vorurteilen freien Liebe nach!«

Eine ganz andere Aufforderung enthielt die Programmankündigung zur Aufführung von Lessings Lehrstück über Aufklärung und Toleranz: »Aus technischen Gründen ist das Parken von Autos vor dem Theater nicht zulässig. Wir bitten unsere Mitglieder, in Auftreten, Kleidung und Haltung zu berücksichtigen, daß wir Repräsentanten einer in Not befindlichen Gemeinschaft sind. Wir wollen unserer Umgebung keinen Anlaß zum Ärgernis geben. Wir bitten unsere Mitglieder, politische Gespräche jeder Art während der Veranstaltung zu meiden.« Dies war das einzige Mal, daß der »Nathan« in Nazideutschland gespielt wurde. Ein musikalisches Gegenstück dazu bildeten die vier Aufführungen von Beethovens »Eroica« durch das Kulturbundorchester im August 1934 zu Ehren des verstorbenen Reichspräsidenten von Hindenburg.

3

Die Ausgeschlossenen gingen nun in geschlossene Vorstellungen. Auf die Programme und Spielpläne durfte nicht in der Öffentlichkeit, sondern nur in der jüdischen Presse hingewiesen werden; öffentlicher Kartenverkauf war verboten. Die Besucher der Veranstaltungen mußten sich mit einem besonderen Lichtbildausweis legitimieren. Treffend kommentierte Ende 1933 ein amerikanischer Journalist diese negative Exklusivität: »In einer paradoxen Umkehr des üblichen Naziverfahrens betrachtet man hier nur den Nichtarier mit Wohlwollen. Ausnahmsweise einmal ist rassische ›Minderwertigkeit‹ eine Art Vorteil.« Der Korrespondent der *New York Times* hatte eine Aufführung des »Figaro« gesehen und war unentschlossen, was ihn mehr bewegt hatte: das hohe künstlerische Niveau der Inszenierung oder die von normalen Opernabenden völlig verschiedene Atmosphäre dieser Vorstellung, die er mit den »Zusammenkünften der frühen Christen in den Katakomben Roms« verglich.

Vom »Büro Hinkel« im Propagandaministerium gegen Schikanen lokaler Parteichargen und Eingriffe konkurrierender Instanzen abgeschirmt, verlief der Theater- und Musikbetrieb bis 1938 relativ störungsfrei. Zwar mußten alle Veranstaltungen vom »Reichskulturwart Hinkel« genehmigt, alle Texte der Zensur vorgelegt werden, und es durften nach und nach keine deutschen Autoren oder »arischen« Komponisten mehr aufgeführt werden, doch die Funktionäre des Kulturbundes begriffen die systematische Einengung ihres Spielraums immer noch als nur vorübergehende Beschränkung oder aber als allmählich sich stabilisierendes Arrangement. Das Nebeneinander von Kultur und Kontrolle nährte bei vielen leitenden Mitarbeitern die Illusion, es wäre auf Dauer eine Koexistenz von Nazis und der von diesen entrechteten Minderheit möglich, ein Gedanke, der am schärfsten ausgeprägt war in der Vorstellung vom »Jüdischen Staatstheater im Dritten Reich«; dieses wiederum sollte die Anstalt sein, in welcher jüdische im Gegensatz zur deutschen Kultur nicht nur gepflegt, sondern überhaupt erst geschaffen werden mußte. In diesem bizarren Schlußstadium der deutsch-jüdischen Symbiose versuchten die jüdischen Kulturfunktionäre, aus jeder Not eine neue Tugend zu machen; Zensur und Verbote wurden zwar als massive Beschränkung, andererseits aber als ebenso große Chance der Rückbesinnung auf jüdische Tradition begriffen. Und so wurden die Anordnungen des Propagandaministeriums übersetzt in jüdische Selbstkritik. Wenn Hinkel befahl, dann galt es offenbar nicht nur zu gehorchen, sondern den Befehl einfühlsam für sich selbst zu begründen. Hinkel erklärte beispielsweise in der *Frankfurter Zeitung* über die Programmgestaltung des Kulturbundes: »Als Anmaßung muß ... empfunden werden, wenn bei Vorschlägen bzw. Anträgen zu Veranstaltungen der Judenschaft unter sich Werke von *Beethoven*, *Goethe* und *Mozart* auftauchen; denn es ist nicht der Zweck der Übung, inhaltlich deutsche Kulturbünde mit jüdischen Mitgliedern aufzuziehen. Vielmehr soll dem Judentum Gelegenheit zur Entfaltung in den eigenen geistigen und schöpferischen Grenzen gegeben werden. Sollte diese Entfaltung dem Juden zu dürftig sein, dann wird er es besser verstehen, warum wir ihn nicht als Herrn und Meister über unser Kulturleben haben wollen.« Auf derlei Zurechtweisungen reagierte das jüdische Feuilleton, indem es diese in Selbstvorwürfe umwandelte: »Verfolgt man die ab und zu laut werdende Kritik am jetzigen Kulturbund-Theater, so erkennt man den Grund im wesentlichen darin: daß die Kulturbund-Bühnen im Reich viel mehr das Signum des alten deutschen Gesellschafts-Theaters tragen als dasjenige eines spezifisch jüdischen Spielplans. Man spielt Klassiker: Shakespeare, Lessing, Goethe, mitunter auch die Griechen; dann Shaw, Ibsen, Wilde, Pirandello, Schnitzler, Zweig, Beer-Hofmann, Ossip Dymow. Selbst in den einzelnen aufgeführten Stücken ist dieser Spielplan vollkommen identisch mit demjenigen des alten bürgerlichen Theaters, und die Kritik fragt: ob eine derartige Wiederholung Sinn und Zweck einer jüdischen Schaubühne sei! Die Frage muß man bei objektiver Beurteilung allerdings mit einem glatten Nein beantworten.«

Über Jahre hinweg beschäftigte sich nun das Feuilleton der jüdischen Presse damit, wie das Manko behoben, wie aus Mangel Fülle, wie aus dem Nachteil ein Vorzug zu machen sei. Die einerseits politisch, andererseits akademisch, gelegentlich unter religiösen und immer wieder unter ästhetischen Aspekten heftig geführte Debatte über die Frage, was denn jüdische Kunst, jüdisches Theater oder jüdische Musik sei, nimmt sich nicht nur in der Retrospektive so aus, als beschäftigte sich eine Gruppe von Menschen, denen man das Essen verboten habe, nun mit der Frage, wie man von Luft leben könne. Wurde am

Anfang noch Goethe gespielt oder der »Figaro« aufgeführt, so wurden nach und nach die Werke der Klassik und der deutschen Romantik verboten; Beethoven durfte ab 1937 nicht mehr gespielt werden, Mozart »entfiel« nach dem »Anschluß« Österreichs. Die immer größer werdenden Lücken im Repertoire mußten also mit Werken jüdischer Autoren und jüdischer Komponisten ausgefüllt werden. Doch abgesehen von der allerchristlichsten Musik Mendelssohns oder der Musik Mahlers, die beide damals ausschließlich im Kulturbund zu hören waren, erwiesen sich nahezu alle sogenannten jüdischen Vorstellungen als Flop. Das Publikum blieb weg, nicht weil das Repertoire zu wenig jüdisch, sondern weil es überhaupt jüdisch war.

Die Debatte über jüdische Kultur, die sich bereits unmittelbar nach dem »Nathan« im Oktober 1933 entzündet hatte, flammte in den Monaten nach den »Nürnberger Gesetzen« wieder auf, als das Büro Hinkel verstärkt die Judaisierung des Programms verlangte. Dem fehlenden jüdischen Bewußtsein sollte, so die Befürworter der Bekenntniskultur, mit »jüdischen Musik- und Theatererlebnissen«, das heißt mit synagogalen Kompositionen, hebräischen und jiddischen Volksliedern und ostjüdischen Theaterstücken abgeholfen werden. Auf einer Kulturbundtagung im September 1936, an der Hinkel in Begleitung von Gestapobeamten teilnahm, wurde die von den Nazis geforderte und von den leitenden Funktionären des Kulturbundes gewollte Judaisierung des Repertoires beschlossen. Kurt Singer, der jede neue Herabwürdigung als Herausforderung zu pathetischer Sinngebung verstand, erklärte auf dieser Tagung: »Der Name ›Kulturbund deutscher Juden‹ hatte seine Symbolkraft erwiesen. 1934 wandelte er sich um, von außen zum ›Jüdischen Kulturbund‹, von innen her zu der Aufgabe, die Judaisierung westlicher Kulturbegriffe und Kulturbedürfnisse auf dem Theater zu entwickeln ... jetzt erst ist der Jude in

Deutschland reif zur Mitgliedschaft im ›Bund für jüdische Kultur‹.« Es wurde die Einrichtung einer dramaturgischen Zentralstelle im Kulturbund beschlossen, die u. a. mit einem Hebraisten und einem Jiddisten besetzt werden sollte. Die Schauspieler sollten »jüdisch geschult« und das Publikum durch Vorträge und Programmhefte auf die »jüdische Kultur« vorbereitet werden. Gleichwohl sprach auf dieser Tagung der bekannte Berliner Rabbiner Prinz, der diesen Beschluß mit einer programmatischen Rede über die »nationalpädagogische« Funktion des Theaters vorbereitet hatte, von der objektiven Unmöglichkeit einer jüdischen Kultur in Deutschland: »Das Judentum in Deutschland, das sich innerhalb einer sehr starken Auswanderungsbewegung befindet und dessen musikalische Lebensbegleitung der Pfiff der Lokomotive und die Signale der Schiffe sind, hat im Angesicht der Tatsache, daß innerhalb der letzten 3 1/2 Jahre nahezu 100000 zumeist junge Menschen uns verlassen haben, sehr geringe Aussichten, eigene jüdische Kulturwerte zu schaffen ...« Daran waren auch offenkundig weder die Schauspieler noch das Publikum interessiert: Das erfolgreichste Stück auf der Bühne des Berliner Kulturbundtheaters im Jahr 1936 war Shakespeares »Sommernachtstraum«.

In die Auseinandersetzungen über die Frage, was »jüdische Kultur« sei, war auch die Kunst von Anfang an einbezogen. Wenige Tage vor Hitlers Regierungsantritt war in Berlin das Jüdische Museum eröffnet worden unter dem Leitgedanken, daß jüdische Kunst – eine Parklandschaft wie eine Prophetendarstellung – als Werke von Künstlern jüdischer Herkunft zu definieren sei. Aus dieser schon zweifelhaften Entscheidung war nun die Forderung an eine Zwangsgruppe von Künstlern geworden, ihre Abstammung in ein Stilmittel zu verwandeln. Schon anläßlich einer ersten Ausstellung im Dezember 1933 hatten Kritiker angemerkt: »Es fiel auf, daß keiner der Künstler ... wenn selbst nur in veränderten Bildinhalten, auch das dokumentiert, was eines der Ergebnisse des Jahres für uns ist: die jüdische Welt, die Besinnung auf den jüdischen Umkreis.« Daß damit nicht der mangelnde Realismus der Maler gemeint war, wurde im Frühjahr 1936 anläßlich der »Reichsausstellung jüdischer Künstler« im Jüdischen Museum in Berlin deutlich: »Hieße die Ausstellung nicht eine der jüdischen Künstler, aus ihr selbst ginge nicht hervor, daß es sich um jüdische Menschen handelt, die diese Werke geschaffen haben. Nur in ganz wenigen Fällen, wie etwa Illustrationen zu biblischen Motiven ... wird das jüdische Motiv angeschlagen ... und auch hier fast immer nur konventionell. Es ist, als seien alle diese dem Judentum nicht einmal von außen, geschweige denn in sich selbst begegnet. Wo ein jüdisches Antlitz als Porträt sichtbar wird, ist es immer ein dunkles Judentum, ein hoffnungsloses, unfreudiges ... Es ist eine Ausstellung ... ohne alles Pathos.«

Aus der Gründungsauflage, keine »deutschen« Werke aufzuführen, war der penibel überwachte Befehl geworden, ein »jüdisches Repertoire« zu präsentieren – etwas, womit die übergroße Mehrheit des jüdischen Publikums wenig anzufangen wußte. Es gab nur geringes Interesse an Stücken mit spezifisch jüdischer Thematik oder an Übersetzungen und Bearbeitungen jiddischer Autoren wie Scholem Alejchem oder Mendele Moicher Sforim. Auch eigens vom Kulturbund in Auftrag gegebene Stücke oder gar ein Kompositionswettbewerb konnten nicht verhindern, daß das Publikum trotz aller oft demütigenden Erlebnisse lieber in öffentliche Theater ging oder sich von der »Gräfin Mariza« – dem letzten Publikumserfolg im Berliner Kulturghetto – unterhalten ließ als von »Weihestunden« und bestellter Gesinnungsmusik. Ironisch kommentierte der *Manchester Guardian* 1935 die paradoxe Tatsache, daß bei dem Unternehmen etwas herausgekommen sei, was die Nazis gar nicht gewollt hätten: nämlich keine jüdische, sondern deutsche Kultur.

Der Berliner Korrespondent der Zeitung schrieb: »Ein Stachel im Fleisch der deutschen Behörden ist der Umstand, daß die Juden unter sich eine Atmosphäre von absolut deutscher Kultur geschaffen haben; damit jedenfalls war nicht gerechnet worden.«

Während der Olympischen Spiele drosselten die Nazis ihre antijüdischen Maßnahmen. Erstmals wurde eine ganze Reihe deutscher und ausländischer Journalisten zu Theatervorstellungen des Jüdischen Kulturbundes zugelassen. Sie sollten von der Liberalität der nationalsozialistischen Diskriminierungspolitik und von der erfolgreichen Durchsetzung der »kulturellen Autonomie« der Juden, also von der Judaisierung des Kulturghettos berichten. Doch nur die deutsche Presse glaubte diese Propagandalüge so entschieden wie ihr Vorsprecher im Büro Hinkel. Das *Berliner Tageblatt*, die Zeitung für die gebildeten Naziständе, schrieb nach einer Aufführung des ost jüdischen Stücks »Die goldene Kette«: »Der Titel des Stückes, wie auch sein ganzer Inhalt, hat Symbolcharakter; gezeigt wird der Sieg einer traditionsbedingten, aus dem Blut geborenen, östlichen Religiosität und Weltanschauung über westlichen Rationalismus – alles, versteht sich, in der jüdischen Seelenreligion.« Befriedigt stellte der Kritiker fest, »wie unendlich fremd diese Welt dem fremden Besucher sein muß ... er findet den Zugang nicht.« Der Kulturbund habe damit einen Schritt in die richtige Richtung getan und gezeigt, »daß hier ein Weg, wohl der einzige Weg überhaupt, anhebt«. Damit war die in jenen Tagen erzwungene Judaisierung des Kulturbundrepertoires feuilletonistisch bekräftigt.

Doch innerhalb des Kulturbundes stießen alle Versuche, den Spielplan mit ostjüdischen Volksstücken oder mit liturgisch und chassidisch gefärbter Programmusik anzureichern, bis zuletzt auf Skepsis, Desinteresse oder gar offene Ablehnung. Eine »jüdische Kunst« wurde weder geschaffen, noch konnte sie sich etablieren. Selbst auf seiten der Machthaber wurde dies gelegentlich erkannt. 1935 beschwerte sich im *Völkischen Beobachter* der Nazi-Ideologe Alfred Rosenberg, der Kulturbund habe seine Hausaufgaben nicht gemacht: »Damit, daß z. B. der Berliner Kulturbund eine Serie von Aufführungen herausgebracht hat, die mit jüdischen Dingen so gut wie nichts zu tun haben, ist doch wirklich ebensowenig getan wie mit den noch so erhebenden und hochkünstlerischen Konzerten, bei denen zwar Juden für Juden wirken, ihnen aber eigentlich nichts jüdisches vermitteln.«

4

Nach Berliner Vorbild wurden ab 1934 im ganzen Reichsgebiet regionale und lokale Kulturbünde gegründet. 1938 gab es 76 Kulturbünde in 100 Städten. Neben Berlin verfügten Hamburg und Köln über ein eigenes Theaterensemble, der Kulturbund Rhein-Main über ein eigenes Sinfonieorchester. Der mitgliederstärkste Kulturbund war Berlin mit rund 18000 Abonnenten im Jahr 1937; die kleinste Filiale war Küstrin mit 24 Mitgliedern. 1935 mußte der »Kulturbund Deutscher Juden« seinen Namen in »Jüdischer Kulturbund« umändern. Die Gestapo hatte »aus staatspolitischem Interesse« Einspruch gegen die Eintragung ins Vereinsregister eingelegt: Deutsche Juden sollte es nicht mehr geben. Hingegen war nun die Rede von der »Autonomie des jüdischen Kulturlebens«, einer Vorform der später im KZ Theresienstadt praktizierten »Selbstverwaltung«. Hinter diesem hauptsächlich für die Betroffenen selbst wie für das Ausland bestimmten Propagandaschwindel, der die systematische Ausschaltung der jüdischen Künstler wie des Publikums als minderheitenfreundliches Mäzenatentum verbrämte, verbarg sich vor allem die Absicht, die Juden planmäßig zu ghettoisieren. Als gewissermaßen kulturpolitisch flankierende Maßnahme der berüchtigten »Nürnberger Gesetze« ordneten 1935 das Propagandaministerium und die Gestapo den Zusammenschluß aller Kulturbundorganisationen zum »Reichsverband jüdischer Kulturbünde« an. Eifersüchtig auf die Kompetenzaneignung in der »Judenfrage« bedacht, hielten sich beide Nazi-Apparate zugute, ihre Behörde habe es geschafft, »sämtliche kulturellen jüdischen Vereinigungen zur leichteren Erfassung und zentralen Überwachung zusammenzufassen«.

Angemeldet beim »Reichsverband« und damit zur »zentralen Überwachung« zusammengefaßt waren 1937 genau 1425 ausübende Künstler: 111 Schauspieler, 81 Schauspielerinnen, 78 Opernsänger, 119 Opernsängerinnen, 100 Konzertsänger, 148 Konzertsängerinnen, 174 Instrumentalisten, 154 Unterhaltungsmusiker, 32 Rezitatoren, 54 Vortragende, 49 Kabarettisten, 25 Artisten, 22 Diseusen, 61 Tänzerinnen und Artistinnen, 171 Maler, 225 Bildhauer und 21 Graphiker. Insgesamt zählte der »Reichsverband« in den Jahren 1936 und 1937 etwa 50000 Abonnenten, also nur wenig mehr als 10 Prozent der noch in Deutschland lebenden jüdischen Bevölkerung. Der Intendant Kurt Singer beklagte damals das geringe Interesse vor allem der Juden Berlins. In dieser Stadt gab es noch 12000 Familien, von denen niemand dem Kulturbund angehörte. In einem internen Rundschreiben vom 6. April 1937 bemängelte Singer: »Es ist allgemein bekannt, daß ein größerer Teil der Juden Berlins sich aus Grundsatz dem jüdischen Kulturbund fernhält: es sind Menschen, die den Weg zu den anderen Theatern Berlins für wesentlicher halten, sich nicht ›ghettoisieren‹ lassen wollen ... überhaupt nicht gebunden sein wollen.« Auch das Büro Hinkel im Propagandaministerium kritisierte die mangelnde Bereitschaft, sich dem Kulturbund anzuschließen, weil dies seine Erfassungspolitik gefährdete. Immer der perfide Anwalt der jüdischen Sache, monierte Hinkel: »Auch den jüdischen Künstlern würde es noch besser gehen, sie würden noch mehr bezahlt werden können und noch mehr Betätigungsmöglichkeiten haben, wenn alle jüdischen Rassegenossen die jüdischen Veranstaltungen besuchten. Von den weit mehr als 160000 Juden in Berlin sind nur 18500 im Kulturbund, das ist ein Zeichen für zuwenig jüdisches Rassebewußtsein.« Wie dieses zu entwickeln sei, erklärte Hinkel einige Monate nach der »Kristallnacht« dem Reporter eines NS-Pressedienstes: »Darf ich Sie daran erinnern, daß es erst der bekannten Verbotsmaßnahme Dr. Goebbels' bedurfte, um zahlreiche noch in Deutschland befindliche Juden endlich vom Besuch deutscher Kulturveranstaltungen auszuschalten. Von sich aus taten es in den ersten fünfeinhalb Jahren unseres Staates die angeblich so verfolgten und unterdrückten Juden nicht. Dafür besaßen sie nicht das kleinste Quantum ›völkischen Ehrgefühls‹!« Und weil alle Verbote weder das »völkische Ehrgefühl« noch den Organisationsgrad des Kulturbundes verstärkten, pferchten die Nazis die Juden schließlich in Lager. Doch selbst dort wollte sich »jüdisches Rassebewußtsein« nicht so recht einstellen: Eichmann soll bei einem Besuch im KZ ganz empört gewesen sein, daß keiner der Häftlinge die paar Brocken Hebräisch kannte, die der Hobbyjudaist gelernt hatte.

Natürlich lag ein wesentlicher Grund für die stagnierende oder abnehmende Mitgliederzahl des Kulturbundes darin, daß durch Tod, Verarmung und vor allem durch Auswanderung der Organisation jährlich Tausende von Abonnenten verlorengingen. Zu den vielen Paradoxien des Unternehmens gehörte, daß jeder Emigrant ein Mitglied weniger war. Wer vor den Nazis ins Ausland floh, ließ auch den Kulturbund hinter sich. Jeder, der sich rettete, war für den Kulturbund verloren. Und je mehr die Auswanderung anstieg, desto stärker schrumpfte das Publikum und schwanden die Einnahmen aus Mitgliedsbeiträgen. Noch bis 1938 reagierte die Leitung des Kulturbundes mitunter sehr ungehalten, wenn ein Schauspieler, ein Sänger, eine Tänzerin oder ein Musiker emigrierte. Der Kulturbund wollte seine künstlerischen Spitzenkräfte nicht verlieren und betrachtete beispielsweise das im Aufbau begriffene Palestine Orchestra als unliebsame Konkurrenz.

Die professionellen Musiker und Sänger hatten es in der Emigration in der Regel leichter als die Schauspieler. Viele von ihnen kamen an den großen Bühnen der freien Welt unter – solange die Ausreise aus Deutschland noch möglich war. Nur wenige Schauspieler hingegen blieben in der Emigration bei ihrem Beruf, wie etwa Kurt Katsch, der »Nathan« der Kulturbund-Premiere. Er gehörte zu jenen Schauspielern, die wegen ihres deutschen Akzents in Hollywood bald gefragte Nazi-Darsteller wurden. Im Falle Kurt Katschs hatte diese zweite Karriere als »accent clown« noch eine weitere Pointe. Als der Schauspieler nach dem Krieg wieder nach Frankfurt zurückkehren wollte, teilte ihm der Intendant des Theaters, Harry Buckwitz, mit, an Katschs Rollenfach bestehe kein Interesse, kurz: Der Schauspieler wurde von dem Theater, das ihn hinausgeworfen hatte, dafür bestraft, daß er emigriert war und in Antinazifilmen mitgewirkt hatte.

5

Im November 1938 wurde die von den Nazis sorgfältig gehegte Illusion einer »kulturellen Autonomie« der Juden brutal zerstört. Die leitenden Mitarbeiter des jüdischen Kulturbundes hatten bis zuletzt daran geglaubt und noch wenige Monate vor dem Pogrom Anteilscheine zum Erwerb des bislang gepachteten Theaters in Berlin ausgegeben. Im November 1938 gehörte dieses Gebäude zu den wenigen jüdischen Einrichtungen, die nicht demoliert oder in Brand gesteckt wurden. Der Hilfsregisseur Kurt

Baumann, der im Jahr 1933 einen ersten Entwurf für die Gründung und die Organisation des Jüdischen Kulturbundes angefertigt hatte, berichtet in seinen unveröffentlichten Erinnerungen über den Tag nach dem Pogrom:

»Am nächsten Morgen fuhr ich mit der Straßenbahn wie üblich in mein Büro und sah zum ersten Mal einige der Dinge, die in dieser Nacht geschehen waren. Ich war beinahe überzeugt, daß es unserem Theaterkomplex nicht anders ergangen sei ... Vor der Tür stand wie immer einer der mir bekannten Schutzpolizisten und sagte: ›Guten Morgen‹. Ich konnte beim besten Willen keine Beschädigungen am Gebäude wahrnehmen. Ich ging in die Direktionsräume im Vorderhaus, und da war alles Büropersonal, das um 9 Uhr dazusein hatte, anwesend ... Zwei Dinge wurden uns langsam klar: daß die Nichtzerstörung unseres Hauses und die Tatsache, daß scheinbar niemand, mit einer Ausnahme, verhaftet war, darauf schließen ließ, daß dieser ›Ausbruch der kochenden Volksseele‹ unter straffer Regie der Behörden vor sich gegangen war und daß wir offenbar aufgespart wurden zu Zwecken, von denen wir noch nichts Genaues wußten ... Einer unserer Bühnenarbeiter erzählte uns ..., daß schon vor Mitternacht ein schwerbewaffnetes Kommando SS vor unserem Eingang aufgezogen sei und daß kurz nach Mitternacht zwei Lastwagen voll SA-Leute gekommen waren, um unser Haus zu zerstören und in Brand zu setzen. Die SA-Leute waren aus Magdeburg gekommen. Den Magdeburgern wurde kurz und bündig erklärt, daß hier nichts zu zerstören oder anzuzünden sei, daß das Haus unter dem Schutz des Propagandaministeriums stehe ... und die SS Befehl habe, wenn nötig von der Schußwaffe Gebrauch zu machen. Daraufhin seien die Lastwagen mit der SA schleunigst abgefahren.«

Das Theater des Jüdischen Kulturbundes in Berlin war die einzige jüdische Institution in Nazideutschland, die nach der »Kristallnacht« den Betrieb wieder aufnehmen durfte. Mehr noch: auf Befehl Hinkels mußte gespielt werden – und zwar ein Studentenschwank: »Die Premiere von ›Regen und Wind‹ hat ihresgleichen nicht – selbst in den bewegten Annalen der Theatergeschichte«, schrieb Herbert Freeden über die Tage nach dem Pogrom. »Die Portale des Theaters in der Kommandantenstraße waren weit geöffnet. Das Halbrund des Parketts strahlte im alten Glanz. Die Kronen an der Decke leuchteten auf, die Platzanweiserinnen in schmucken Uniformen standen im Foyer und auf den roten Teppichen, die zu den Logen führten. Zu Hause warteten Frauen auf Nachricht von ihren verschleppten Männern und Söhnen; zu Hause saßen Menschen auf den Trümmern ihrer Existenz – und hier im Theater gingen auf Befehl die Lichter an.«

Das ganze Unternehmen schrumpfte nach 1938 auf eine kleine und groteske Scheinwelt zusammen, in der schließlich bis ins Detail vorgebildet war, was später in den Lagern vollstreckt wurde. Es war eine Zeit der Abschiedsvorstellungen; die Gründer des Kulturbundes emigrierten, viele Stars der Kulturbundbühne, der Oper, des Orchesters und des Kabaretts gingen weg und brachten sich – oft nur vorübergehend – in Sicherheit. Die Mitgliederzahl nahm rapide ab und dementsprechend auch die Einnahmen. Das Repertoire wurde immer schmaler, es durften nur noch tantiemenfreie Übersetzungen fremdsprachiger Komödien und Klamotten gespielt werden. In Berlin mußte der Kulturbund nach Kriegsausbruch das Theater verlassen und sich mit einem benachbarten Saal behelfen, wo mit kleiner Besetzung unaufwendig inszeniert werden konnte.

In den Kulturbundfilialen des Reichs gab es kaum Veranstaltungen mehr, gelegentlich »Bunte Abende« und »Musikalische Nachmittage«. Die letzte Tournee des Berliner Theaters mit Molières »Eingebildetem Kranken« fand 1940 statt wie eine grausige Parodie auf eine todbringende Wirklichkeit. Der Regisseur Fritz Wisten, der nach dem Weggang aller Gründungsmitglieder zum künstlerischen Gesamtleiter der Rumpforganisation geworden war, notierte die Kulturbund-Veranstaltungen, die außerhalb Berlins 1941 noch stattfanden, unter der Rubrik: »Lebende Veranstaltungen«.

Und wie um besonders zu bekräftigen, daß in der organisierten Kultur, für welche die Nazis den dauerhaften Begriff »Freizeitgestaltung« geprägt haben, Grauen und Gemütlichkeit friedlich beieinanderwohnen, durften die Veranstalter im Kulturbund nach 1938 ihrem ausgedünnten Publikum, dem der Besuch jeder öffentlichen Veranstaltung nun verboten war, Stücke wie »Bob beehrt sich vorzustellen« oder »30 Sekunden Liebe« und deutsche Filmproduktionen wie »Maskerade«, »Der Postmeister« oder »Warum konntest du, Veronika?« präsentieren. Molnárs »Spiel im Schloß«, in der zweiten Saison bereits erfolgreich aufgeführt, wurde zur letzten Produktion der Kulturbundbühne. Regisseur dieser Aufführung im Spätsommer 1941 war der Schauspieler Ben Spanier, für den diese letzte Inszenierung zu einer grotesken Generalprobe wurde. Nach Theresienstadt deportiert, brachte er 1943 diese Gesellschaftskomödie auf die Lagerbühne, ehe man ihn nach Auschwitz weiterschickte.

Am 11. September 1941, wenige Tage vor der Einführung des Judensterns und wenige Monate vor dem Beginn der Deportationen, wurde der Kulturbund auf Anordnung der Gestapo aufgelöst. Jetzt sollten die Juden nicht mehr im Theater zusammentreffen, sondern im Sammellager. Die Karriere eines Begriffs begann: Der Kulturbund wurde »abgewickelt«, d.h. die beweglichen Werte wie Fundus, technische Geräte und die Restauflagen jüdischer Bücher wurden konfisziert. Die verbliebenen Schauspieler, Musiker und Angestellten, die nicht mehr auswandern oder fliehen konnten, wurden zur Zwangsarbeit herangezogen oder zu bürokratischen Handlangerdiensten bei der »Reichsvereinigung der Juden« verpflichtet; dort mußten sie sich dann schließlich selbst auf die Deportationsliste setzen.

Einige Monate nach dem Ende des Kulturbundes schrieb dessen über Paris nach Amerika entkommener Mitbegründer Julius Bab im *Aufbau*: »Und sicherlich gut ist es, daß das teuflische Spiel der Nazis ein Ende hat, mit dem sie die Welt darauf hinwiesen, daß die Juden in Deutschland sich sogar noch eine Theater- und Kunstorganisation leisten können! Denn nur zu diesem Zweck wurde dieser ›Kulturbund deutscher Juden‹ von den Nazibehörden nicht nur erhalten, sondern anbefohlen ... Es ist gut, daß diese Lüge ein Ende hat.«

Leider irrte Bab. Die Schließung war nur der Anfang vom Ende. Zu Ende waren nur die langen Proben für einen kurzen, schaurigen Karneval.

1992

Reprise

1

Zu einer Zeit, als die Alternative »Sozialismus oder Barbarei« noch nicht entschieden war, kommentierte Marx den merkwürdigen Wiederholungszwang der Geschichte: »Hegel bemerkt irgendwo, daß alle großen weltgeschichtlichen Tatsachen und Personen sich sozusagen zweimal ereignen.« Er hat vergessen hinzuzufügen: das eine Mal als Tragödie, das andere Mal als Farce. Die achtjährige Geschichte des Jüdischen Kulturbundes in Deutschland und ihrer auf ein knappes Jahr zusammengedrängten Reprise in Holland zeigt indes, wie ergänzungsbedürftig jenes Marxsche Diktum unter Verhältnissen geworden ist, in denen die Katastrophe zum Normalzustand aufgestiegen ist. Der kurzlebige Versuch, das Unternehmen Jüdischer Kulturbund unter deutscher Besatzung in Holland wiederaufzunehmen, war weder die bloß tragische noch die bloß farcenhafte Seite eines historischen Ereignisses, sondern Tragödie und Farce fielen in dieser Wiederholung zusammen und bildeten schließlich ein Drittes, was sowohl Zeitgenossen wie Chronisten wahlweise als »Vorhölle«, »Irrenhaus«, »Schattenreich«, »Gespensterwelt« oder »Tragigroteske« bezeichnet haben. Gemeint war damit jener Zustand, den die Nazis in Holland im Eilschritt herstellten und in welchem die Juden, ehe sie in die Tötungsfabriken deportiert wurden, sozusagen schon nicht mehr von dieser Welt, sondern Insassen von deren schlimmster Karikatur waren. Zur vollendeten Sinnlosigkeit dieser Welt, in der nichts mehr galt, was bislang gegolten hatte, gehört das nazistische Kalkül, die Opfer in den Vernichtungsprozeß einzuspannen. Zu ihr gehört in diesem Zusammenhang, daß die Selbsthilfe der ausgestoßenen Künstler im selbstverwalteten Kulturprogramm des Lagers endete. Morgens Deportation und abends Revue: Mit Musik ging wirklich alles besser.

2

Daß es in Amsterdam unter der deutschen Besatzung einen von den Nazis lizensierten jüdischen Kulturbetrieb gab, ist hierzulande kaum bekannt. Noch weniger bekannt ist, daß es sich bei dieser Ausnahmeerscheinung nazistischer Besatzungsherrschaft in Europa um die holländische Anwendung eines deutsch-jüdischen Patents handelte, daß in Amsterdam der Jüdische Kulturbund nahezu in allen Einzelheiten nachgebildet wurde. Das Theater in der Berliner Kommandantenstraße entstand sozusagen neu in der »Hollandsche Schouwburg« in Amsterdam. Die Kopie wurde genau in dem Augenblick ins Leben gerufen, als das Original in Berlin zugrunde ging. In Berlin hatte man das Modell ausrangiert, in Amsterdam sollte es auf einer neuen Stufe wieder in Betrieb genommen werden. Und bei dieser Wiederinbetriebnahme konnten die Deutschen auf eine langjährige Erfahrung zurückblicken, deren Mangel auf seiten der Juden Hollands durch die Tätigkeit von Werner Levie, dem Mitbegründer und Organisator, dem eigentlichen Manager des Jüdischen Kulturbundes, bald mehr als wettgemacht wurde. Wenige Tage vor Kriegsausbruch war er nach Holland gekommen. Der Intendant des Kulturbundes, Kurt Singer, und einige Mitglieder des Ensembles wie etwa Camilla Spira oder die Altistin Paula Lindberg hatten hier bereits eine nun höchst gefährdete Zuflucht gefunden.

Schon wenige Wochen nach ihrem Einmarsch in Holland setzten die Deutschen alles daran, möglichst rasch die zivilisatorischen Unterschiede zwischen beiden Ländern einzuebnen. Sie hatten seit 1933 ohne nennenswerten Erfolg darauf spekuliert, daß die nach Holland strömenden jüdischen Flüchtlinge, deren Zahl bei Kriegsausbruch rund 25000 betrug, den Antisemitismus entfachen würden. Die einzige Errungenschaft, auf welche die Deutschen bei ihrer Besatzungsherrschaft zurückgreifen konnten, war der Umstand, daß die holländischen Faschisten, die auch Juden zu ihren Mitgliedern zählten, sich inzwischen zu einer antisemitischen Partei gemausert hatten. Viele leitende Beamte der zügig aufgebauten »Zivilverwaltung« gehörten der »Nationaal Socialistischen Beweging« (NSB) an. Bereits im Sommer 1940 wurden die ersten antijüdischen Verordnungen erlassen. Im November 1940 wurden, analog zum Berufsbeamtengesetz in Deutschland, alle Juden aus dem öffentlichen Dienst entfernt. Einen Monat danach entstand das niederländische Gegenstück zum deutschen Propagandaministerium, das »Department van Volksvoorlichting en Kunsten« (DVK) und in dessen Gefolge auch eine niederländische Kulturkammer. Bereits zwei Monate später, die Registrierpflicht für alle Juden war bereits in Kraft und das »J« im Ausweis eingestempelt, hatten die Deutschen im Februar 1942 mit der Errichtung des »Joodsche Raad« ein der »Reichsvereinigung der Juden in Deutschland« vergleichbares Hilfsorgan geschaffen. Dieser Judenrat fungierte fortan als vielgliedriger und bürokratisch durchorganisierter Befehlsempfänger und war hauptsächlich als Erfassungsbehörde tätig: Er fertigte nicht nur Personen- und Vermögenslisten an, registrierte nicht nur die Arbeitslosen oder die Kranken, regelte nicht nur die Kostenabwicklung bei Deportationen oder verzeichnete frei gewordenen Wohnraum, sondern sorgte auch durch eigene Ordnungskräfte für einen geregelten Ablauf der Razzien und Deportationen. Durch die Funktionalisierung jüdischer Instanzen für ihre Ausrottungszwecke gelang es den Nazis schließlich, in Holland so viele Juden umzubringen wie in keinem anderen westlichen Land.

Bereits 1939, also noch vor der Besetzung, wurde das Flüchtlingslager Westerbork eingerichtet, in welchem vornehmlich jüdische Flüchtlinge aus Deutschland untergebracht wurden. Die Kosten für den Bau und den Unterhalt dieses Lagers mußten auf Anordnung der Regierung von der jüdischen Gemeinschaft Hollands aufgebracht werden. Niemand ahnte damals, daß damit die erste Abschlagszahlung auf die Finanzierung des eigenen Untergangs geleistet worden war.

3

Im Frühjahr 1940 fielen die Deutschen in Holland ein. Bereits am Ende dieses Jahres kam in der jüdischen Gesamtvertretung Hollands und in anderen Gremien zur Sprache, wie auf den Ausschluß jüdischer Künstler aus dem öffentlichen Kulturbetrieb zu reagieren sei. Zweifellos wurden Persönlichkeiten wie Kurt Singer und Werner Levie mit ihren Erfahrungen aus Deutschland zu diesen Beratungen hinzugezogen. Kurt Singer, der sich mit musikwissenschaftlichen Vorträgen über Wasser hielt, schrieb damals an eine nach London emigrierte Sängerin des Kulturbundes: »Kubu-Bewegung holländisch in Gang. Ich soll die Leitung der deutschen Abteilung übernehmen. Bin nicht entschlossen. Alles noch im Fluß ... Was sollen die holländischen Juden als erstes Stück aufführen, das allen Richtungen gefällt? Ich empfahl ›Jakobs Sommernachtstraumspiel im Schloß‹.« Singer war reserviert. Vom Enthusiasmus, vom missionarischen Pathos der vergangenen Jahre war nichts mehr übriggeblieben. Statt dessen ein kalauernder Programmvorschlag, ein Potpourri aus Titeln von Berliner Kulturbund-Aufführungen. Und an den bald darauf einsetzenden Verhandlungen über die Errichtung einer jüdischen Kulturorganisation in Amsterdam war der Spiritus rector ihrer deutschen Vorgängerin nicht beteiligt. In seinen Augen war etwas unwiederbringlich zugrunde gegangen. Nach dem Verbot des Jüdischen Kulturbundes in Berlin schrieb er im September 1941 in einem Brief nach Buenos Aires: »Daß die Ku-Bünde geschlossen sind, hat mich tief bewegt ... Ein Stück Lebensarbeit sinkt dahin.«

Während Singer zu einem möglichen jüdischen Kulturunternehmen auf Distanz ging, bemühte sich Werner Levie, der ehemalige Generalsekretär des Jüdischen Kulturbundes, mit allen Kräften dort weiterzumachen, wo er in Berlin aufgehört hatte. Auf Anraten des holländischen Generalkonsuls war Levie wenige Tage vor Kriegsausbruch nach Holland gekommen, dessen Staatsangehörigkeit der gebürtige Berliner besaß. Sein Paß hatte ihn in Deutschland vor Übergriffen geschützt, hier sollte er sich als wertloses Papier erweisen. In den ersten Monaten nach dem Einmarsch der Deutschen hatte sich Levie noch heftig darum bemüht, sich und seine Familie mit Palästina-Zertifikaten in Sicherheit zu bringen, aber zwei Ausreiseversuche schlugen fehl, die Familie blieb in Amsterdam, und Levie betrat wieder jenes Terrain, auf dem er sich zu Hause fühlte: Er knüpfte Kontakte zu Institutionen und Instanzen, er vermittelte und verhandelte. War er ein unerschütterlicher Optimist? War das der Mut der Verzweiflung? Wahrscheinlich weder das eine noch das andere. Er versuchte nur, das zu tun, was alle Emigranten auch erst einmal versuchten: nämlich in ihrem Metier, bei ihrem Beruf, bei ihren Gewohnheiten zu bleiben und weiterhin das zu tun, was sie konnten. Und Levie konnte organisieren.

Am 6. Mai 1941 wandte er sich erstmals an das »Department van Volksvoorlichting en Kunsten«, das Ministerium für Volksaufklärung und Künste, und bat um ein Gespräch, bei dem er seine Vorstellungen über den Zusammenschluß jüdischer Künstler und des jüdischen Publikums in einer eigenen Organisation erläutern könne. Sein Brief, den er – Macht der Gewohnheit – an das »Department voor Volksvoorlichting en Propaganda« adressierte, liest sich, als sei seit 1933, seit der Gründung des jüdischen Kulturbundes in Deutschland, nichts oder kaum etwas geschehen. Er beschrieb seine führende Rolle als »Generalsekretär« des Kulturbundes und wies darauf hin, daß seine Arbeit unter der »Kontrolle des Sonderreferats Hans Hinkel im Reichspropagandaministerium« gestanden habe. Dann kam er zur Sache: »Ich bin beim Ausbruch der Feindseligkeiten (!) mit Polen nach Holland gekommen und seit dem 1. September 1939 hiergeblieben. Schon im November 1940 habe ich begonnen, mit jüdischen Instanzen Verhandlungen über die Frage jüdischer Künstler zu führen ... Aber da ich anfänglich, mit Ausnahme der Zionisten, auf wenig Verständnis gestoßen bin, konnten meine Pläne auch keine feste Gestalt annehmen ... Ich möchte, gestützt auf meine Erfahrung, dieses Werk in Angriff nehmen. Dabei möchte ich keineswegs die jüdischen Instanzen ausschalten, aber ich bin doch der Ansicht, daß gegenwärtig mit dem Ministerium nicht nur über Musik, sondern über eine allgemeine Organisation gesprochen werden muß.«

Die Offerte Levies hatte nicht sofort die gewünschte Wirkung. Deshalb brachte er sich einige Wochen später in Erinnerung mit einem Schreiben, dem er eine Liste beilegte. Sie enthielt die Namen »bekannter jüdischblütiger Schauspieler, die für die Bildung einer jüdischen Gesellschaft in Frage kommen«. Die Namensliste führte, mit Ausnahme der Diseuse Dora Gerson, die gelegentlich im Berliner Kulturbund aufgetreten war, nur holländische Künstler auf, keine Emigranten, achtunddreißig »Volljuden« und sieben »Halbjuden«. Und damit das holländische Pendant zu Hinkels Behörde eine klare Vorstellung davon erhielt, wie effektiv ein solches Unterfangen in den Niederlanden sein könne, wenn es sich auf die Erfahrungen in Deutschland stütze, schickte Levie einen detaillierten Bericht über den jüdischen Kulturbund an das Ministerium. In diesem Rückblick, der sich nicht nur aus heutiger Sicht ausnimmt wie der Geschäftsbericht eines erfolgreichen joint venture, beschrieb Levie den Aufbau und die Funktionsweise des Jüdischen Kulturbundes in allen Einzelheiten. Vor allen anderen Erwägungen kam es ihm dabei offenkundig darauf an, sein holländisches Gegenüber davon zu überzeugen, daß der Kulturbund vor allem als Behörde, als Apparat, als Organisationsinstrument und Verwaltungsinstanz funktioniert habe. Ausführlich erläuterte er, welche Art von Ausweisen ausgestellt wurde, welche Art von Formularen bei Genehmigungsanträgen verwendet wurden und wie der Kulturbund sich schrittweise zu einer zentralen jüdischen Instanz entwickelt hatte, an deren Spitze er selbst stand: »(Der Generalsekretär) war gegenüber zwei Instanzen verantwortlich, der deutschen Obrigkeit gegenüber und der jüdischen Führung. Er war also der eigentliche Direktor. Am wichtigsten jedoch ist, daß der jüdische Kulturbund ein *Monopolbetrieb* für das gesamte Reich war und ist ... Selbständige Unternehmen waren nicht gestattet. Alle künstlerischen Angelegenheiten mußten über den Kulturbund gehen.« Unter der Kontrolle des Kulturbundes hätten die oft widerspenstigen Künstler sich zu einer »positiv jüdischen Richtung«, wie er die Programmgestaltung bezeichnete, bequemen müssen. Zusammenfassend sagte er, der von ihm organisatorisch geleitete Kulturbund habe von Anfang an zwei Ziele gehabt: den entlassenen Künstlern Arbeit zu verschaffen und dem Publikum ein »positives jüdisches Zusammengehörigkeitsgefühl« zu geben. »Daß dies erfolgreich war, ist bewiesen«, versicherte er den holländischen Kollaborateuren im Sommer 1941, rund drei Jahre nach der »Kristallnacht« und wenige Wochen vor der endgültigen Auflösung des Kulturbundes durch die Gestapo. Als sei das Büro Hinkel in Berlin augenblicklich mit dem Antrag für eine Ausstattungsoper des Kulturbundes beschäftigt und nicht damit, das dortige Rumpfensemble durch Zwangsarbeit weiter zu dezimieren, schloß Levie sein ausführliches Schreiben mit einer Würdigung der fruchtbaren Zusammenarbeit mit der Aufsichtsbehörde: »Die Verhandlungen mit dem Propagandaministerium (Sonderreferat Hinkel) waren immer darauf gerichtet, alle Schwierigkeiten, die im Rahmen der jüdischen Kunstausübung auftraten, aus dem Weg zu räumen. Unter Einhaltung der angeordneten Richtlinien hat dies dann auch reibungslos funktioniert.«

4

Diese groteske Schlußform deutsch-jüdischer Symbiose war den holländischen Leidensgefährten Levies allem Anschein nach nicht geheuer. Alice Levie erinnerte sich noch 1988 mit Empörung daran, welche Reaktionen die Vorschläge ihres Mannes zu einer Neuauflage des Jüdischen Kulturbundes in Holland anfänglich auslösten: »Dann ist er zu den Leitern des Judenrats gegangen und hat gesagt: ›Ich habe die Erfahrung, ihr müßt alle Künstler irgendwie unter einen Hut bringen, denn es kommt ja hier genauso wie in Deutschland.‹ Und er bekam zur Antwort: ›Sie sind ja vollkommen nazifiziert.‹ Die meinten, daß wir keine Ahnung von Holland ... daß wir schon eine vollkommen nazistische Mentalität hätten.«

Doch nicht nur die jüdischen Instanzen waren reserviert. Levie mußte sich vor allem mit seinen Kollegen aus der Unterhaltungsbranche auseinandersetzen, vornehmlich mit emigrierten Künstlern, die sich mit eigenen Ensembles trotz aller Hindernisse gut etabliert hatten, wie etwa der schon aus Berlin bekannte Star des Musikkabaretts Willy Rosen oder die nicht minder berühmte Revuetruppe von Rudolf und Herbert Nelson. Diese Künstler machten sich weniger Gedanken um die vorauseilende Beschränkung, die in Levies Absichten zum Ausdruck kam, sondern sie befürchteten, künftig gegenüber einem vorwiegend holländisch-jüdischen Ensemble in eine Statistenrolle gedrängt zu werden. Max Ehrlich, der große Komiker des Jüdischen Kulturbundes, arbeitete damals an der »Hollandsche Schouwburg« in Amsterdam, deren Programmankündigungen nun immer den Zusatz tragen mußten: »Toegang uitsluitend voor Jooden«. Im September 1941 schrieb er in einem Brief an Fritz Wisten in Berlin über die Spannungen, die weit über bloßes Konkurrentengezänk hinausgingen: »Wir haben gespielt ›Spiel im Schloß‹ und ›Die Fee‹. Sehr gute Besetzung. Großes Geschäft setzte ein, dann passierte allerlei, und das Geschäft war aus. Ich hatte mir dazu einen Kompagnon genommen ... Dr. Werner L.(evie) ... Augenblicklich versucht er, hier eine Stellung zu bekommen, wie die von Singer in Berlin war. Aber er findet hier kolossale Gegenströmungen ... Es herrscht hier helle Empörung darüber, daß man sich, wenn man in unseren Kreisen etwas gründen will in künstlerischer Beziehung, an *ihn* wenden muß.«

Im Juni und Juli 1941 hatte Ehrlich an der »Hollandsche Schouwburg«, zu deren Leitern Levie bereits zählte, die beiden von ihm erwähnten, schon im Kulturbund erfolgreichen Lustspiele inszeniert. Camilla Spira spielte in den beiden deutschsprachigen Aufführungen die Hauptrolle.

Selbst der Jüdische Kulturbund in Berlin beschäftigte sich in jenen Tagen mit den Vorgängen in Amsterdam. Wie um seine für die Behörden überflüssig gewordene Institution durch länderübergreifende Kompetenz aufzuwerten und damit zu retten, erklärte Fritz Wisten am 5. August 1941 beim wöchentlichen Rapport im Propagandaministerium: »Ich melde, daß in Holland in jüdischem Kreis Theaterveranstaltungen stattfinden, die von Herrn Ehrlich und nach Holland ausgewanderten Schauspielern bestritten werden. Administrativer Leiter des Unternehmens sei Herr Dr. Levie. Es müsse ein Weg gefunden werden, auch diese Gruppe dem Kulturbund zu unterstellen.«

Die heftigen Auseinandersetzungen zwischen Werner Levie und seinem ehemaligen Kulturbund-Kollegen Max Ehrlich fanden in einem Augenblick statt, als die Frage einer jüdischen Kulturorganisation eine unerwartete Wendung nahm. Denn das Problem, ob und woher finanzielle Unterstützung für ein derartiges Unternehmen in Holland zu erhalten sei, wurde unversehens durch den Industriellen Bernhard van Leer, einem Faßfabrikanten, gelöst. Er wollte sich und sein Unternehmen im Ausland in Sicherheit bringen und mußte, sozusagen als Lösegeld für den freien Abzug seiner Verwandten und Freunde, vor seiner Ausreise zwei Millionen Gulden hinterlegen. 150000 Gulden davon waren für den Aufbau einer jüdischen Kulturorganisation bestimmt und wurden in eine Stiftung eingebracht.

Werner Levie und Henriette Davids, eine bekannte holländische Schauspielerin, sollten den Aufbau und die Leitung des Theaterbetriebs übernehmen. Jahre später sagte Henriette Davids darüber: »Und wir, wir Dummköpfe sind darauf reingefallen. Wir glaubten daran und waren der Auffassung, daß die Deutschen uns mit unserem Unternehmen in Ruhe lassen würden.« Mit der von den Besatzungsbehörden genehmigten »Van Leer-Stichting« war der Rahmen für eine dem Jüdischen Kulturbund entsprechende Einrichtung geschaffen worden. Berlin und Amsterdam waren nun auf eine sonderbare Weise verwoben. Während dort das Unternehmen von der Gestapo liquidiert wurde, hob sich hier, unter den Augen der deutschen Sicherheitspolizei, der Vorhang. Während dort die Institution wie ihre Angehörigen »abgewickelt« wurden, sah es hier bei einem großen Budget nach einer rosigen Zukunft aus.

Während in Deutschland mit den einsetzenden Deportationen der Anfang vom Ende gekommen war, stand man hier am Ende des Anfangs. Doch wenige Monate später hatten die Deutschen auch diese letzte Ungleichzeitigkeit synchronisiert.

5

Wie im Zeitraffer wiederholte sich bei der Errichtung und der inneren Ausgestaltung des jüdischen Kulturghettos in Amsterdam die Anfangsphase des jüdischen Kulturbundes in Berlin. Entlassene Schauspieler sprachen vor, entlassene Musiker spielten vor. Für manche der 73 Orchestermusiker war das Vorspielen ein Déja-vu-Erlebnis. Das eingeschränkte Konzertrepertoire ebenfalls: hauptsächlich Mendelssohn und Mahler.

Hermann Schey, der gefeierte Bariton aus dem Berliner Kulturbund, trat auf; und wie vordem sang die Altistin Paula Lindberg Passagen aus Mendelssohns »Elias« statt Bach-Arien. Die Theater-, Revue- und Konzertprogramme mußten zur Genehmigung eingereicht werden. Und wie in Berlin waren ab Herbst 1941 unter einem Dach fast alle Sparten versammelt. Mitte Oktober 1941 wurde die Spielstätte auf Anordnung der Behörden in »Joodsche Schouwburg« umbenannt.

Angesichts des Eiltempos, mit dem die Nazis in Holland ihre Judenpolitik exekutierten, lag zwischen der Gründung und der Schließung des Unternehmens nur ein knappes Jahr. In diesem zusammengedrängten Remake mußte deshalb ein Kapitel der Berliner Originalvorstellung entfallen: den Luxus, über die Frage zu debattieren, was jüdische Kultur sei, konnten sich die Beteiligten bei diesem Tempo nicht leisten. Und im Unterschied zu Berlin, wo das Büro Hinkel auf die Judaisierung des Spielplans und des Musikprogramms gedrängt hatte, waren die Behörden hier nur daran interessiert, die Juden zusammenzupferchen und im Ghetto bei Laune zu halten.

Wie 1939 die »Gräfin Mariza« zum letzten großen Publikumserfolg des Kulturbundes geworden war, so entwickelte sich die »Csárdásfürstin« zum letzten großen Renner der »Joodsche Schouwburg«, und zwar im Wortsinn: das Publikum kam angelaufen. Die Benutzung öffentlicher Verkehrsmittel war verboten, die Fahrräder mußten abgeliefert werden, und Werner Levie beispielsweise hatte nun zu den Proben die fünf Kilometer zwischen seiner Wohnung und dem Theater täglich zu Fuß zurückzulegen.

Seit Ende April mußten die Juden den Stern tragen, das Theaterpublikum wie der für die Aufführung in ein Rokokokostüm gekleidete Dirigent, die Orchestermusiker wie die Platzanweiserinnen, der Kassierer wie der Beleuchter. Eine behördlich verfügte Ausnahme für die Dauer der Aufführung galt für die Schauspieler: österreichische Operettenleutnants konnten schlecht einen Judenstern tragen.

Mitte Juli kam eine deutsche Delegation in die Schouwburg und ordnete die Schließung des Theaters an. In seinen unveröffentlichten Memoiren schrieb Herbert Nelson über jenen Tag: »Wir spielten gerade Emmerich Kálmáns Operette ›Csárdásfürstin‹. Der zweite Akt war im Gange. Da erschien hinter der Bühne ein Gestapo-Offizier mit einer Gruppe von Polizisten. Und das Unglaubliche, aber typisch Deutsche ereignete sich: Der Offizier hielt den Zeigefinger vor die Lippen und deutete damit seinen Leuten an, leise zu sein und sich auf Zehenspitzen zu bewegen. Eine Theatervorstellung darf nicht gestört werden, selbst wenn es eine von Juden gespielte und von einem Juden geschriebene Operette ist. Aber kaum fiel der Vorhang, da senkte sich auch der Vorhang über unser ganzes Unternehmen. Spielverbot! Wenige Tage darauf wurde es ein Sammelplatz für die Transporte in die Konzentrationslager.«

Wie der Anfang des jüdischen Kulturbundes, so fand auch dessen Ende eine Entsprechung in Amsterdam. Eine Reihe ehemaliger Kulturbundmitarbeiter in Berlin war nach der Auflösung bei der »Reichsvereinigung der Juden« zu Registrierarbeiten angestellt worden. In Amsterdam übernahm nun entsprechend der Joodsche Raad die verbliebenen Mitarbeiter des Theaters als Hilfskräfte bei den Deportationen. Den Dokumenten zufolge, die seine Unterschrift tragen, mußte Werner Levie bis Sommer 1943 die in der Schouwburg zusammengetriebenen Juden korrekt auflisten. Am 20. Juni 1943 wurde er mit seiner Familie bei einer Razzia verhaftet und ins Lager Westerbork gebracht.

6

Dort kam es zu einer Reprise der Reprise. Hier wie in anderen Lagern, in denen die Menschen zu keinem anderen Zweck lebten, als zu sterben, gab es eine Häftlingsbühne. Was mit Klassikern in Berlin begonnen hatte, endete hier mit Klamauk an der Rampe. Und vom Resultat her betrachtet war »Nathan der Weise« nur die Einübung auf einen schaurigen Karneval, der unbewußt seiner eigenen Herkunft mit dem Motto »Bravo! Da capo!« – so der Titel einer Westerbork-Revue – auf die Spur gekommen war.

Das abseits größerer Orte im deutsch-holländischen Grenzgebiet gelegene Lager wurde im Juli 1942 vom »Befehlshaber der Sicherheitspolizei und des SD« übernommen. Bei dieser Übernahme konnte die SS auf die bereits alteingesessenen und in der Selbstverwaltung erfahrenen deutsch-jüdischen Flüchtlinge zurückgreifen. Diese stellten in der Folgezeit den Ordnungsdienst des Lagers und hatten die Aufsicht über ihre holländischen Leidensgefährten.

Westerbork war der größte nazistische Verschiebebahnhof in Westeuropa, von welchem aus rund 100000 holländische Juden in die Vernichtungslager verfrachtet wurden. Doch dieser Ort war nicht nur Umschlagplatz für menschlichen Rohstoff, sondern gleichzeitig auch ein Wartesaal, in welchem sich das Personal fürsorglich um die Fahrgäste kümmerte. Hier gelangte der bei den Nazis gängige Begriff der »Betreuung«, mit welchem sie ihre spezifische Mischung aus Sozialarbeit und Terror umschrieben, erst zu seiner vollen Bedeutung.

Für Westerbork galt gleichermaßen, was H.G. Adler über Theresienstadt schrieb: »Alles wurde bedacht, für alles war gesorgt – nur das Leben fehlte ... Es war eine Scheinordnung des Chaotischen, eine Gespensterordnung, die sich mit gewaltig klingenden Namen aufputzte, sich aber selbst nicht in der Gewalt hatte; sie konnte keinen Zusammenhalt haben und wäre augenblicklich in das Nichts zerfallen, das sie in Wirklichkeit war, hätte nicht eine Mischung aus aktivem Wahnsinn und passiver Besessenheit unter dem Zwang der SS alles zusammengehalten.«

Von der Fabrik bis zum Theatersaal, vom Kindergarten bis zum Krankenhaus war alles auf groteske Weise der normalen Gesellschaft außerhalb des Lagers nachgebildet. Es gab Privilegierte und Benachteiligte, Massenunterkünfte und »Eigenheime« – wie die Wohnungen der Schauspieler, Sportclubs und Seniorentreffs. Der holländische Journalist Philip Mechanicus, der die gespenstischen Spiegelungen der wirklichen Welt im Lager minutiös in seinem Tagebuch notierte, berichtete über den

Schriftsteller Georg Hermann, der 1933 zum Ehrenpräsidium des Jüdischen Kulturbundes gehört hatte: »In der Baracke 84 haben alte Männer und Frauen, meist Deutsche, die früher im Luxus gelebt haben, ihre kleine von der Außenwelt abgeschlossene Gesellschaft eingerichtet. Die Wohnbaracke ist eine Art Pensionat für Justizräte, Geheimräte, Doktoren, Literaten geworden, ein Altersheim, wo täglich, wie von früher gewohnt, so etwas wie ein politischer Stammtisch stattfindet ... Der alte Literat Georg Hermann, der Autor von ›Jettchen Gebert‹, geht steif wie ein Brett herum, allerdings in Strandkleidung, mit Mütze und Spazierstock und fragt jeden: ›Na, mein Freund, gibt's Neues? Sie wissen doch so viel.‹ Und dann erzählt er unterhaltsame Anekdoten, so wie im ›Jettchen‹.« Kurz darauf wurden Georg Hermann und der Autor dieses Tagebucheintrags nach dem Osten deportiert.

Dienstag morgens gingen die Transporte ab, manchmal mit Platzkarte, und Dienstag abends gab es Konzert oder Kabarett. Oft mit bereits von der Kleinkunstbühne des Jüdischen Kulturbunds her bekannten Revuenummern und gelegentlich mit so identisch nachgefertigter Szenerie, daß der heutige Betrachter historischer Bühnenfotos nicht unterscheiden kann, woher die Aufnahmen stammen, aus Berlin oder aus dem Konzentrationslager. Nur Spitzenkräfte traten auf.

Erneut waren die Juden also privilegiert: In der »jüdischen Hauptstadt Hollands«, wie das Lager damals genannt wurde, betrat sozusagen das beste Kabarett-Ensemble Europas die Bühne. Werner Levies Arbeit war damit endgültig sinnlos geworden: er mußte die jüdischen Künstler nicht mehr zusammenbringen. Sie waren alle da; der Monopolbetrieb war durch das Lager radikal verwirklicht. Es bedurfte hier keines Generalsekretärs, sondern eines Lagerimpresarios. Und das Zepter der Lagerunterhaltung schwang Max Ehrlich. Er wurde hier zu einer Art Amüsierkapo und fiel, ehe er umgebracht wurde, jenen irrwitzigen Halluzinationen zum Opfer, die angesichts der Todesdrohung die Verhaltensweisen fast aller Häftlinge wie ein Gift durchsetzten.

Nach einem erfolgreichen Revue-Abend, zu dem der Kommandant auch Nazi-Bonzen aus Amsterdam eingeladen hatte, erklärte Ehrlich gegenüber Freunden: »Ich bin nun Günstling, ich kann nun, wenn ich will, Menschen retten.« Philip Mechanicus schrieb in sein Tagebuch, daß der Kommandant, eine Doublette Hinkels, die als Negermusik verpönten Jazznummern genoß, sich bei Revuen an den nackten Beinen der Tanzgirls und den anzüglichen Texten Willy Rosens erfreute, also genau an jener Art Amüsement, welches die Nazis für »jüdisch-dekadent« hielten, und daß er immer die Nähe jüdischer Schauspieler suchte: »Gestern nacht hat er Ehrlich und einige andere Künstler zu Besuch gehabt und freundlich mit ihnen geschwatzt«, notierte Mechanicus. »Die Künstler sind keine gewöhnlichen Menschen. Erst recht keine gewöhnlichen Juden. Entscheiden übrigens nicht der Führer und seine Freunde, wer Jude ist? Ehrlich antwortete auf die Frage, ob der Kommandant Antisemit sei: ›Jawohl, aber nicht für mich und dich.‹«

Camilla Spira gehörte neben der Sängerin Paula Lindberg zu den wenigen, die Westerbork Richtung Amsterdam wieder verlassen konnten. Sie erhielt einen besonderen Gunstbeweis des Kommandanten, der wie alle Nazis ansonsten immer auf hygienischen Abstand zu den Opfern achtete. Eine Mitgefangene berichtete darüber in einem Brief: »Neulich hat er die Schauspielerin Camilla Spira nach Hause gebracht. Beim Abschied reichte er ihr die Hand, stell Dir vor, die Hand.« Doch immer, wenn das Licht auf der Bühne erlosch, dann waren die Schauspieler wieder Häftlinge wie alle anderen auch.

Etty Hillesum, deren nachgelassene Schriften in Holland so zum kollektiven Gedächtnis gehören, wie sie in

Deutschland ignoriert werden, schrieb wenige Wochen, bevor sie nach dem Osten deportiert wurde: »Männer der ›Fliegenden Kolonne‹ in braunen Arbeitskleidern transportieren Gepäck auf Schubkarren. Unter ihnen entdecke ich auch einige Hofnarren des Kommandanten: den Komiker Max Ehrlich und den Schlagerkomponisten Willy Rosen, der aussieht wie ein wandelnder Leichnam. Vor einiger Zeit stand er unwiderruflich auf der Transportliste, aber er sang sich einige Abende hintereinander für ein entzücktes Publikum, unter dem sich auch der Kommandant mit seinem Gefolge befand, die Lunge aus dem Leib. Er sang u.a.: ›Ich kann es nicht verstehen, daß die Rosen blühen‹ und noch mehr solch zeitgemäße Lieder. Der Kommandant, der sehr viel von Kunst hält, fand es prächtig und Willy Rosen wurde gesperrt. Er bekam sogar ein Häuschen zugewiesen, und dort wohnt er nun hinter rotkarierten Gardinen mit seiner blondgefärbten Frau, die tagsüber in der kochendheißen Wäscherei hinter der Mangel steht. Nun geht er hier in seiner braunen Arbeitskluft, schiebt eine Karre, auf welcher er das Gepäck eines seiner jüdischen Mithäftlinge heranschleppen muß und sieht aus wie ein lebender Toter. Und dort geht noch ein Hofnarr: Erich Ziegler, der Lieblingspianist des Kommandanten. Es geht die Legende, er sei so fabelhaft, daß er sogar die Neunte von Beethoven als Jazzstück spielen kann, und wenn das nichts ist .... «

Mit dem Lagerbefehl Nr. 86 wurde die Lagerbühne und das Orchester vom Kommandanten im August 1944 aufgelöst. Die letzte Revue trug den Titel »Total verrückt«. Nun wurden die Rollen vertauscht. Nun stand der Kommandant auf der Bühne, und die Künstler blieben unten im Saal. Er verkündete ihnen die Evakuierung des Lagers. Sein job war erledigt. Schon vorher hatten ihm die Künstler zur Erinnerung ein Album mit Fotos und liebevoll kolorierten Genrebildchen des Lagerlebens geschenkt.

Auch in Berlin war man mit ihm zufrieden. Am 1. September 1944 erhielt er für seine erfolgreiche Tätigkeit in Westerbork das Kriegsverdienstkreuz mit Schwertern. Die meisten Künstler wurden mit Zwischenaufenthalt in Theresienstadt nach Auschwitz deportiert und umgebracht. Werner Levie kam mit dem letzten Transport aus Westerbork nach Bergen-Belsen, dessen Befreiung der an Typhus Erkrankte nur wenige Wochen überlebte.

1992

Ein Reich, ein Ghetto: zwei Karrieren

Die Geschichte des Jüdischen Kulturbundes ist auch die Geschichte einer Qualverwandtschaft. In seinem Buch »Theresienstadt – Antlitz einer Zwangsgemeinschaft« berichtet H.G. Adler detailliert von der logischen Schlußform dieses Verhältnisses: Theresienstadt ist der Ort, an welchem sich die organisierte Verwaltungsmacht der Nazis auf perfekte wie groteske Weise in der organisierten Ohnmacht der Juden widerspiegelt. Vorgebildet ist diese makabre Korrespondenz im Jüdischen Kulturbund, dessen Entwicklung, Aufbau und Ende wie ein verzerrtes Spiegelbild nationalsozialistischer Kulturpolitik erscheinen. Der eigentliche Intendant des Jüdischen Kulturbundes war deshalb auch nicht Kurt Singer, sondern »Reichskulturwalter« Hans Hinkel. Singer war ermächtigt, Macht besaß er nicht. In der ihm von einem Sonderreferat des Propagandaministeriums verliehenen Entscheidungskompetenz spiegelt sich letztlich nur die den Juden zugedachte Rolle wider, bei der Umsetzung von Ideologie in Verwaltung tatkräftig mitzuwirken. Ende 1934 zog Kurt Singer eine erste Bilanz des jungen Unternehmens und schrieb im Zusammenhang mit den behördlichen Auflagen, die dem Kulturbund gemacht wurden: »Wenn unsere Kontrolle eine besonders scharfe ist den Mitgliedern gegenüber, so ist das die Voraussetzung unserer Existenz.« Mit diesem Satz hatte Singer das ganze banale Geheimnis totaler Herrschaft ausgesprochen: sie geht nicht allein über die Opfer hinweg, sondern auch durch diese hindurch.

Wie viele seiner Klasse und seiner Herkunft mißverstand Kurt Singer die Willkür der Behörden zu lange als bedauerliches Fehlverhalten einzelner Funktionäre, um sich, wie der umfangreiche Schriftverkehr zwischen Kulturbund und Propagandaministerium zeigt, auf Jahre hinaus von einem Arisierungsgewinnler des Kulturbetriebs schikanieren zu lassen. Nicht allein die notwendige Umsicht im Umgang mit Nazibehörden, der Überlebensdruck, sondern vor allem die entsetzliche Illusion, ein höflicher Umgangston garantiere zivilisierte Verkehrsformen, und die trügerische Annahme, mit diesem System könne man sich auf Dauer arrangieren, lassen Argumente wie Tonfall eines programmatischen Aufsatzes von Singer von heute aus gesehen so grotesk erscheinen.

Im Almanach zur Spielzeit 1934/35, der, wie alle Publikationen, erst dem Zensor vorgelegt werden mußte, schrieb Singer zur Einführung: »Wenn ich heute rückblickend die Gänge wiederhole, die in Ministerien, bei der Polizei und Staatspolizei, in den Büros repräsentativer jüdischer Persönlichkeiten endeten – ich möchte sie mit allem Für und Wider, allen positiven und negativen Ansprachen, allem Warten, Hoffen, Bangen und Jubeln nicht missen. Der preußische Ministerpräsident (Göring) überwies damals die Entscheidung der Gründungsfrage dem Ministerium für Wissenschaft, Kunst und Volksbildung, wo ... Staatskommissar Hinkel die Verhandlungen leitete und die Beobachtung sowie Begutachtung sämtlicher Kulturangelegenheiten in Berlin und im Reich bis heute innehat. Es ist nichts wie ein ehrliches Manneswort, wenn ich sage, daß in allen Dingen der Organisation, der künstlerischen Gestaltung und des Ausbaus unseres Kulturbundes diese letzte ministerielle Instanz zwar autoritativ, aber mit vollendeter Loyalität unsere Arbeit verfolgt, stützt und schützt. Es ist bei Hunderten von Veranstaltungen nicht ein einziges Mal zum Einschreiten der Behörde, nie zu einem Zwischenfall gekommen. ...

Wir sind keinen Schritt seitwärts gegangen und haben trotz der Einschränkung auf nur jüdische Mitwirkende, nur jüdisches Publikum niemals das Gefühl eines geistigen Ghettos gehabt.«

Seinen vom Stolz auf das Erreichte erfüllten Rückblick schloß Singer mit der optimistischen und in Versalien gedruckten Versicherung: »AD MULTOS ANNOS!« Und Hinkel, der mit dieser Erklärung die Wichtigkeit seiner Behörde unterstreichen und sie gegen Angriffe aus den eigenen Reihen verteidigen konnte, sorgte dafür, daß Singers Ausführungen in den folgenden Monaten immer wieder in der Presse nachgedruckt wurden.

Hans Hinkel, ein Nazi der ersten Stunde mit der Mitgliedsnummer 287, war 1933 als Experte für die »Entjudung« des öffentlichen Kulturlebens bereits propagandistisch ausgewiesen. Was ihm fehlte, war eine Planstelle. In der Anfangsphase des neuen Regimes, als zwischen den rivalisierenden Fraktionen der Nazis weder die Zielrichtung noch die Kompetenzverteilung in der »Judenfrage« geklärt und auch die Macht- und Stellenverteilung noch nicht abgeschlossen war, gelang es Hinkel, einen der ersten Apparate zur Sonderbehandlung der Juden im Dritten Reich einzurichten, und zwar im preußischen Kultusministerium. Von der NSDAP aus gesehen war dies eine Pfründe für einen altgedienten Kämpfer, der freilich ein Antisemit für jede Gelegenheit war. Und dies war eine. Im Unterschied zur selbstlosen Niedertracht und uneigennützigen Gemeinheit der meisten Nazis wirkten bei Hinkel nämlich immer die Interessen und Motive eines im Hinblick auf die Ergebnisse der Nazizeit geradezu antiquierten Antisemitismus mit: er wollte etwas davon haben – Reichtum, Prestige, Macht. Und er wollte sich den Traum aller altmodischen Antisemiten erfüllen, einmal König der Juden zu sein. Wie später Eichmann als Fachmann für Transportfragen und Probleme des Zionismus daranging, für das Volk ohne Land ein eingezäuntes Territorium ausfindig zu machen, wohin das Volk verfrachtet werden sollte, so begann Hinkel, der wie alle Antisemiten genau wußte, was jüdisch ist, nach einem »kulturellen Lebensraum« für das Volk ohne Kultur zu suchen. Und wie Eichmann insgeheim Herzl verehrte, so bewunderte Hinkel den Gründervater des Kulturbundes.

Hinkel hatte es angesichts der konkurrierenden Apparate geschafft, eine feudale Enklave im verwalteten Staat zu errichten, über die er eifersüchtig wachte. Während er gegenüber anderen Instanzen taktierte und lavierte, trat er innerhalb seines eigenen Reiches als absoluter Herrscher auf. Seine Erlasse im Stil von Duodezfürsten waren barsch und ohne Anrede, er verlangte sofortigen Vollzug, umgehende Kenntnisnahme, rasche Erledigung. Er genoß, daß seine Knechte sich krümmten, wenn sie um eine Genehmigung nachsuchten: »Darf ich Sie, hochgeehrter Herr Staatskommissar, bitten«, schrieb Singer im Oktober 1934, »die Dringlichkeit meines Wunsches um Ihre persönliche Hilfe nicht als eine Belästigung zu betrachten.« Hinkel hatte den Juden, die »keinen Platz im kulturellen Lebensraum des deutschen Volkes« hatten, eine Kulturkaserne geschenkt, und die Veranstaltungen darin wurden zum höfischen Zeremoniell, das von Singer ausgerichtet wurde: »Ich gestatte mir«, lautete eines der vielen Billetts, »Ihnen in der Anlage die gewünschten 3 Karten zu der Opernpremiere am 4. April 7 1/2 Uhr zu überreichen; die 5 Plätze der Loge stehen Ihnen zur Verfügung ... Ich freue mich, daß Sie Gelegenheit nehmen wollen, unsere Arbeit persönlich zu beurteilen und zeichne mit dem Ausdruck der vorzüglichsten Hochachtung...« Gegeben wurde Verdis »Nabucco« – erstmals in deutscher Sprache.

Mit der Einrichtung des Jüdischen Kulturbundes schuf Hinkel jedoch nicht nur eine Institution, die seiner eigenen Karriere förderlich war, sondern schrittweise auch ein jüdisches Gegenstück zur offiziellen Reichskulturkammer. Diese war Ende 1933 mit verschiedenen Einzelkammern zur Erfassung aller künstlerischen Berufe geschaffen worden und in der Folgezeit das wichtigste Instrument zur »Entjudung« des Kulturlebens. Als Hinkel 1935 zum Geschäftsführer der Reichskulturkammer ernannt und gleichzeitig mit seinem Sonderreferat zur »Überwachung der geistig und kulturell tätigen Juden« ins Propagandaministerium überwechselte, wurde der funktionale Zusammenhang zwischen der Arisierung des Kulturlebens und der Judaisierung des Kulturghettos evident. Die Instanzenzüge bei Fragen der Zensur und Programmkontrolle glichen sich, die Hierarchien entsprachen einander, und mit der Schaffung eines »Reichsverbandes Jüdischer Kulturbünde« spiegelte das verwaltete Kulturghetto den zentralisierten offiziellen Kulturbetrieb. Doch das Ghetto war ein verzerrtes Abbild seiner Verursacher, es war ein Zwangsverband für Künstler *und* Publikum.

Mit dieser dem nationalsozialistischen Kulturapparat bis in Einzelheiten hinein nachgebildeten Gesamtorganisation waren die Konturen einer total erfaßten Zwangsgemeinschaft entstanden, deren Vollendung H.G. Adler am Beispiel von Theresienstadt beschreibt: »Der ›Führer‹ spiegelt sich im Judenältesten, ob sie es wollen oder nicht, und alle gefangenen Juden spiegeln sich gleichfalls in den Rollen der Nichtjuden ... Die Pyramide, die im Lager die in der Außenwelt stehende Pyramide spiegelt, wirkt vom Judenältesten in einem dicht gesponnenen Instanzengang bis hinunter zum Fundament und so ist das Unwahrscheinliche erreicht … dieser letzte Jude ist an den ›allmächtigen Führer des großdeutschen Reiches‹ angeschlossen … Diese Verhältnisse waren kaum bewußt, aber darum nicht minder wirksam, und sie haben – auf kurze Dauer – ein ›Reich‹ und auch ein ›Ghetto‹ zusammengehalten.« Sie hielten auch den jüdischen Kulturbund zusammen, dessen »Judenältester« nach außen noch den Titel »Intendant« tragen durfte. Singer, vor 1933 immer nur der zweite Mann im Kulturbetrieb, hatte bei Hinkel dafür um Genehmigung gebeten: »Ich wäre Ihnen, hochgeehrter Herr Staatssekretär, sehr zu Dank verpflichtet, wenn Sie mir autoritativ mitteilen würden, ob ich aus meiner Tätigkeit als Intendant der Städtischen Oper, Berlin, auch innerhalb der Leitung des Kulturbund-Theaters das offizielle Recht habe, in meinem Vertrag als Intendant bezeichnet zu werden.« Nach innen bezeichnete er sich dann gelegentlich als »künstlerischen Führer« und überreichte seinen langjährigen Mitarbeitern Porträtkarten mit der Widmung »für treue Gefolgschaft«.

Nach November 1938 erlitt Hinkels Karriere, die auf der Zusammentreibung, nicht aber auf der Austreibung der Juden gegründet war, einen Knick. Nun war es vorbei mit seinem kleinen Königreich. Es wurde dessen Eigenstaatlichkeit in den Herrschaftsbereich der Gestapo und des SD übernommen. Jetzt war der Kulturbund sozusagen die Unterhaltungsabteilung der »Reichsvereinigung der Juden in Deutschland«, also Teil jenes vom SS-Apparat kontrollierten jüdischen Verwaltungsorgans, dessen umständliche Bezeichnung nicht darüber hinwegtäuschen konnte, daß es sich um einen Judenrat handelte. Um sein Ressort zu retten, versuchte Hinkel, sich der Verschärfung der nun polizeilich geprägten Judenpolitik anzupassen, indem er den journalistischen Radauantisemitismus seiner Anfängerjahre wiederbelebte.

Am 9. November 1938, auch damals für die Deutschen ein Datum mit unangenehmen Erinnerungen, entdeckte Hinkel eine bislang wenig beachtete Folgeerscheinung der Novemberrevolution von 1918: »Das Ergebnis des jüdischen Dolchstoßes: Neger badeten im Rhein … Deutschland war kein Staat mehr, sondern eine vom internationalen Judentum und seinen Bettgenossen beherrschte Sklavenkolonie, in der die schlimmste Niederrassen-›Kultur‹ ihre verderblichsten Früchte trieb!« Doch jetzt brauchte man keinen dröhnenden Klamauk, sondern Verordnungen, keine extemporierenden Judenhasser, sondern Verwaltungsexperten. In dem Maße, wie die Vernichtungsbürokratie die »Lösung der Judenfrage« in eigene Regie übernahm, wobei sie auf die Vorarbeiten Hinkels zurückgreifen konnte, schwand die Bedeutung des »Büros Hinkel«. Und in der Endphase des Jüdischen Kulturbundes wie bei dessen Liquidation trat Hinkel selbst kaum noch in Erscheinung. Die Anordnungen seiner Dienststelle, bei welcher die jüdischen Funktionäre nun wöchentlich zum Rapport erscheinen mußten, ergingen nun meist durch seine Mitarbeiter und hatten vornehmlich den Abbau des künstlerischen und technischen Personals sowie die Verwertung der beweglichen Dinge zum Gegenstand.

Die Angehörigen des Kulturbundes, vor allem die jüdischen Künstler, deren Nähe der Antisemit Hinkel immer gesucht und vor allem dann genossen hatte, als sie in einer Art Freiluftgefängnis zusammengepfercht waren, hatten inzwischen die bittere Erfahrung machen müssen, daß sie nicht einer Schicksalsgemeinschaft, sondern einem Zwangskollektiv angehörten. Nicht das Schicksal, nicht eine überirdische Macht hielt sie zusammen, sondern realer Verwaltungsterror, was weit schlimmer war.

Von Goebbels wurde Hinkel zwar reichlich dafür entschädigt, daß man ihn in seiner freischaffenden Judenpolitik schrittweise beschränkt und ihm mit der Schließung des Kulturbundes schließlich sein jüdisches Fürstentum ganz weggenommen hatte. Er wurde mit der Hauptgeschäftsführung der Reichskulturkammer beauftragt, mit der Truppenbetreuung, der Künstleraltersversorgung und der Programmgestaltung des Großdeutschen Rundfunks. Sein Sonderreferat wurde auf Ministerialebene angehoben, und in der SS nahm er bald einen hohen Rang ein. Doch alle Beförderungen, die ihm zuteil wurden, und alle bombastischen Titel und Ehrungen, die er aufhäufte, reichten nicht aus, um die Enttäuschung über den Verlust seines Protektorats wettzumachen. Er war der erfolgreichste Arisierungsgewinnler gewesen, er hatte hofgehalten und aufspielen lassen. Jetzt mußte er Generäle und SS-Führer hofieren und die Frontunterhaltung besorgen. Er hatte eine eigene Loge im jüdischen Theater gehabt, und jetzt bekam er nicht einmal ordentliche Kinokarten.

Anläßlich der Premiere des Harlan-Films »Jud Süß«, die im September 1940 im Propagandaministerium stattfand, beschwerte sich Hinkel in einer Hausmitteilung, daß er nur eine einzige Karte und auch noch einen schlechten Sitzplatz erhalten habe. Er fuhr fort: »Da in meiner Abteilung ein nicht unerheblicher Teil der gesamten Judenfrage seit Jahren mit bekannt bestem Erfolg bearbeitet wird ..., stelle ich anheim, meine Abteilung doch bei künftigen *ähnlichen* Anlässen mit 4-6 Karten zu versorgen .... Meine SS-Kameraden im Reichssicherheitshauptamt (Dienststelle: Zentralstelle für jüdische Auswanderung) ... mit denen wir gemeinsam für diesen Harlan-Film die rassereinen jüdischen Komparsen beschafft haben, erhielten ... überhaupt keine Karten.«

Hinkels Karriere im öffentlichen Dienst des Dritten Reichs endete so, wie sie begonnen hatte: er denunzierte. Eine seiner ersten Amtshandlungen als Staatskommissar im Preußischen Kultusministerium hatte darin bestanden, sich höchstpersönlich mit Strafanzeigen um die Verfolgung einzelner Juden zu kümmern. »Max Mainzer«, teilte er im Juli 1933 dem Polizeipräsidenten in Frankfurt mit, »gehörte als maßgebendes Vorstandsmitglied des Centralvereins deutscher Staatsbürger jüdischen Glaubens jahrelang zu den gemeinsten und verbissensten Gegnern unserer Bewegung und hat sich in unzähligen Prozessen gegen nat.soz. Zeitungen bzw. deren Redakteure der Wirkung nach kommunistisch betätigt.« Zu Hinkels Bedauern mußte der von ihm Angezeigte damals aus der

»Schutzhaft« entlassen werden, denn die Justiz stellte das Verfahren ein.

Zehn Jahre später wollte Hinkel, nachdem er in der Zwischenzeit eher kulturpolitisch und auf Funktionärsebene an der Lösung der Judenfrage gearbeitet hatte, nochmals sozusagen an der Basis einen ganz persönlichen Beitrag dazu leisten. Im Januar 1943 wandte sich eine Frau Bluen »als Wormserin und gute alte Bekannte und nächste Nachbarin Ihrer verstorbenen Frau Mutter in ihrer Notlage bittend« an den damaligen Ministerialdirektor Hinkel. Von der Deportation bedroht, wollte sie »als ältere Frau ihre Position und ihr weiteres Domizil sicher wissen«. Hinkel bestellte sie zur Unterredung in sein Büro. Einige Tage später erhielt die »Polizeileitstelle Berlin« ein dienstliches Schreiben: »Die Jüdin Sarah Emilie Bluen, Berlin W 50, Ansbacher Str. 7a, hat vor ca. 10 Tagen in einem an mich gerichteten Schreiben, das *ohne den Vornamen Sarah* unterschrieben war, um eine Rücksprache in einer angeblich persönlichen Angelegenheit gebeten. Da aus dem Schreiben nicht zu ersehen war, daß es sich um eine Jüdin handelte, wurde die Genannte von meinem Büro in die hiesige Dienststelle der Hauptgeschäftsführung der Reichskulturkammer, Schlüterstr. 45, bestellt. Sie erschien daraufhin heute hier *ohne Judenstern*, also wiederum nicht als Jüdin gekennzeichnet. Ihre Rassezugehörigkeit stellte sich erst im Verlaufe des Gespräches mit einer Mitarbeiterin heraus. Ich gebe hiervon Kenntnis mit der Bitte, gegen die genannte Jüdin die erforderlichen Maßnahmen zu ergreifen. Heil Hitler.« – Diesmal war der Eigeninitiative von Hinkel sofort Erfolg beschieden. Die Bittstellerin wurde nach Auschwitz deportiert und dort im März 1943 vergast.

Als die Amerikaner Hinkel am 5. Mai 1945 in den bayerischen Alpen festnahmen, fanden sie in seinem Gepäck die Abschriften zweier ganz besonders pikanter Denunziantenbriefe, mit denen Hinkel im Augenblick der

Niederlage einen neuen Aufstieg beginnen wollte, nämlich eine Karriere als Widerstandskämpfer. In zwei Schreiben an das Führerhauptquartier und an die Reichskanzlei hatte Hinkel sämtliche Naziführer mit Ausnahme von Hitler und Goebbels angeschwärzt und verlangt, daß sie alle sofort ihrer Ämter enthoben und als korrupte Verbrecher vor Gericht gestellt werden sollten. Hinkel wollte den Amerikanern weismachen, er habe diese Briefe 1943 und im Januar 1945 tatsächlich abgeschickt, doch die ihn verhörenden Offiziere fielen auf diesen plumpen Trick nicht herein. Hinkel wurde interniert und 1947 von den Amerikanern an Polen ausgeliefert, wo man ihn anklagte. Hinkel hatte die Frontunterhaltung organisiert und war vielleicht mittelbar dafür verantwortlich, daß die Vernichter gutgelaunt an ihr Werk gingen und ihre Einsatzzüge mit Parolen wie »Wir fahren nach Polen, um Juden zu versohlen« schmückten, aber mit der Planung und Durchführung von Kriegsverbrechen und Massenvernichtung in Polen hatte er nichts zu tun gehabt. Er war vor dem falschen Gericht und am falschen Ort gelandet.

Die Überstellung nach Warschau, wo er vier Jahre in Haft saß, bis er 1951 von der Anklage freigesprochen wurde, war aufgrund eines bürokratischen Fehlers zustande gekommen; die Gerechtigkeit mußte sich eines Irrtums bedienen. Denn ohne diesen falschen Fehler hätten im Fall Hinkel die Dinge ungestört ihren nachkriegsüblichen Verlauf genommen. Von einer Münchener Spruchkammer während seiner Abwesenheit in Polen noch als »Hauptschuldiger« eingestuft, ließ Hinkel sich nach seiner Rückkehr 1952 erfolgreich in Hildesheim als »Minderbelasteter« entnazifizieren.

Bei diesem wie bei folgenden Verfahren wartete er mit einer wahren Flut von eidesstattlichen Erklärungen auf, um die er Freunde und Bekannte gebeten hatte. Diese Versicherungen wurden meist in der Absicht abgegeben, daß die Entnazifizierung am besten funktioniere, wenn ein Nazi dem anderen bestätige, er sei gar keiner gewesen. Der ehemalige Intendant Hans Meißner erklärte an Eides Statt: »Herr Hans Hinkel hat ... sowohl in seiner Stellung als preußischer Theaterkommissar wie auch in seinem späteren Amt als Ministerialdirektor im Propagandaministerium sich in besonderem Maße für von der NSDAP verfolgte, entlassene oder notleidende Künstler eingesetzt, sich nicht zuletzt für rassisch Verfolgte verwandt ... Herr Hinkel hat sich in den Jahren nach 1933 bemüht, den jüdischen Gemeinden ein selbständiges und eigenes Kulturleben zu ermöglichen.«

Meißner selbst hatte nach 1933, als ihn die Nazis für seine Konversion vom Sozialdemokraten zum Nationalsozialisten mit der Generalintendanz in Frankfurt belohnten, eifersüchtig darüber gewacht, daß sich neben seinen Bühnen kein anderes, schon gar kein von Juden betriebenes Theater in der Stadt etablieren konnte. Nach 1945 wurde Meißner wieder Demokrat und leitete verschiedene Bühnen in der Bundesrepublik.

Ein anderes Beispiel dafür, daß es nicht nur auf der politischen Bühne, sondern auch im Kulturbetrieb keine Stunde Null gegeben hat, war die Pianistin Elly Ney. Sie bestätigte Hinkel, daß er, abgesehen von Ausnahmen menschlicher Schwäche, anständig geblieben sei: »Im Bewußtsein seiner hohen Verantwortung hat er immer wieder versucht, die ihm übertragenen Aufgaben, z.B. bei der Truppenbetreuung im Kriege, bei der künstlerischen Gestaltung des Rundfunkprogramms, die rein künstlerischen Interessen nicht zu vernachlässigen. Seine Ziele entsprachen durchaus nicht immer den Wünschen des Propagandaministeriums nach flotter Musik und niedrigem, die deutsche Tradition und Würde bloßstellendem Niveau.«

Wie sie konnte auch ein anderer Kultur-Nazi bei der Verteidigung Hinkels nicht über den eigenen Schatten springen. Im Reichskulturkammerton erklärte der

»Reichsbühnenbildner« Benno v. Arent: »Seine von ihm geleiteten Fronttourneen sind auch beim deutschen Soldaten ein Begriff gewesen.«

Wenn Juden, wie etwa der Intendant des Jüdischen Kulturbundes, irrtümlich glaubten, sie würden »wegen ihrer Verdienste um die Kunst« ins Lager eingeliefert, was lag da näher, als nachträglich, aus Hinkels Dienststelle eine Künstleragentur zu machen? In dieser Auffassung waren sich die Verfasser der eidesstattlichen Erklärungen und die Mitglieder des Entnazifizierungsausschusses einig. In der Begründung der Hildesheimer Spruchkammer hieß es deshalb: »... bei einer gerechten Beurteilung dieses Falles (konnte) doch nicht übersehen werden, daß der Betroffene (sich) schon vor der Machtergreifung von politischen Dingen gelöst und dann mit allen Ämtern sich nur auf einer rein künstlerischen Ebene, mit der er von Jugend auf verwachsen war, bewegt hat.«

Einen waschechten Persilschein erhielt Hinkel unter anderem von der Schauspielerin Käthe Dorsch, die nicht darauf angewiesen war, daß dieser sich bei ihr mit einer entsprechenden Entlastung revanchierte. Sie versicherte: »Hans Hinkel hat so vielen Menschen geholfen, daß es mir heute ein Bedürfnis ist, auch ihm zu helfen ... Es dürfte wohl bekannt sein, daß er jahrelang das jüdische Theater in Berlin betreute, und ich hörte aus diesen Kreisen nur dankbarste Anerkennung für ihn ... Es wäre mir eine Freude, dazu beizutragen, daß dieser Mann, der nach dem Zusammenbruch schrecklich viel durchmachen mußte, zu seinem Recht kommt und ihm das Gute, das er damals in so hohem Maße getan hat, Segen bringt.«

Der Berliner Theaterregisseur Boleslaw Barlog gehörte ebenfalls nicht zu jenen, die auf ein Leumundszeugnis ausgerechnet von Hinkel spekulierten, wenn sie zu dessen Gunsten aussagten. Doch Barlog traute offenbar dem Frieden in den 50er Jahren nicht, als er der Bitte Hinkels um einen Persilschein nachkam. Allerorten kamen alte Nazis frei, die eben noch zu langen Haftstrafen verurteilt worden waren. Das größte und sogar verfassungsmäßig untermauerte Resozialisierungsprogramm der deutschen Geschichte hatte begonnen; und angesichts des kalten Krieges konnte es nicht schaden, alte Bekanntschaften aufzuwärmen. Möglicherweise, so muß Barlog damals pragmatisch vermutet haben, könnte er als Theaterdirektor künftig wieder mit einem altgedienten Kulturfunktionär zu tun haben. Er schickte aber nicht einen einfachen Persilschein, sondern eine doppelt wertvolle Koschererklärung, indem er sich dabei auf Julius Bab berief.

Der Mitbegründer des Jüdischen Kulturbundes konnte sich dagegen nicht wehren, er war bereits gestorben. Barlog bedankte sich bei Hinkel und hob hervor, »in wie verständnisvoller und humaner Weise Sie mit den Ihnen unterstellten Theatern umgegangen sind. Bab sagte mir, daß er in allen Kontakten mit Ihnen immer wieder eine noble und menschliche Haltung habe erkennen können.«

Angesichts dieser Auskünfte war sich der erkennende Ausschuß in Hildesheim nicht mehr ganz sicher, ob der Fall Hinkel nicht eher vor einer Wiedergutmachungsinstanz verhandelt werden müßte. Nur schweren Herzens konnte sich das Gremium entschließen, Hinkel als »Minderbelasteten« einzustufen und nicht als den Widerstandskämpfer anzuerkennen, als den er sich selbst sah, denn es konnte »nicht unberücksichtigt bleiben, daß der Betroffene die gegen Menschenrecht und Menschenwürde verstoßende Rassepolitik des Nazistaats ... verabscheut, sondern ihr auch in einer *großen Anzahl* von Fällen ... mit Erfolg *Widerstand* entgegengesetzt hat«.

Diese Entscheidung hätte leicht zum Antrittsschreiben einer neuen Laufbahn werden können. Hinkel bewegte sich damals wieder »auf rein künstlerischer Ebene«: er gehörte der Leitung des Göttinger Orchestervereins an und schrieb für das Feuilleton der Lokalzeitung. Eine gelungene Resozialisierung. Nur mit der Gesundheit haperte es. Und wenn er nicht schon 1960 gestorben wäre, hätte er es bestimmt bald zum Vorsitzenden der örtlichen Gesellschaft für christlich-jüdische Zusammenarbeit gebracht.

Was für Hinkel 1938 ein Karriereknick war, bedeutete für die Hintersassen seiner feudalen Enklave den sicheren Tod. Daß sein Unternehmen schon vor der Kristallnacht gefährdet war, wußte Kurt Singer und war deshalb im Oktober 1938 in die Vereinigten Staaten gefahren, um dort jüdische Institutionen und Persönlichkeiten für die Idee einer Transferierung des Kulturbundes in die USA zu gewinnen. Er dachte daran, den gesamten Kulturbund, das heißt die Schauspieler, Musiker, Sänger und Tänzer, das technische und administrative Personal und alle beweglichen Werte wie Fundus und Instrumente nach Übersee zu schaffen. Aber er fand kein Gehör für seine Vorstellungen.

Als die Nachrichten über den 9. November 1938 in den USA eintrafen, reiste Singer sofort nach Europa zurück. Er wollte retten, was zu retten war. Bei der Ankunft in Rotterdam gelang es einigen seiner Freunde und Bekannten nur mit Mühe, ihn von der Weiterreise nach Deutschland abzuhalten. Doch innerhalb weniger Tage begriff Singer, daß nichts mehr zu retten war, sondern daß nun galt: sauve qui peut!

Am 8. Dezember 1938, das Kulturbund-Theater in Berlin hatte auf Befehl Hinkels seinen Betrieb längst wieder aufgenommen, schrieb Singer Abschiedsbriefe nach Deutschland, in denen er unmißverständlich zum Ausdruck brachte, daß nach seiner Auffassung der Jüdische Kulturbund nach der Kristallnacht am Ende war. An Hinkel schrieb er eine klare Absage, verbindlich und ohne daß der Schock, unter dem er stand, die gewohnte Höflichkeit seines Korrespondenztons beeinträchtigt hätte:

»Hochgeehrter Herr Reichs-Kulturwalter! Herr Dr. Levie wird Ihnen die Gründe mitgeteilt haben, die mich bewogen, hier in Holland die Beruhigung meiner Nerven abzuwarten. Aus Amerika war ich, allen Beschwörungen zum Trotz, abgefahren, um auf meinem Posten die Arbeit fortzusetzen. Hier in Europa erst habe ich, gestützt auf die amtlichen Nachrichten der deutschen Presse, die Überzeugung gewonnen, daß ein weiteres Bestehen der Kulturbünde nicht möglich ist. Es fehlen die Menschen, die Geldmittel, die zu spielenden Werke, die Räume; es werden in Kürze auch die Künstler fehlen, die ein Ensemble des Orchesters, Chors, Theaters oder der Kleinkunst halten könnten. Es fehlt sicher auch die Spannung und Stimmung der Hörer, ohne die eine Theater-Wirkung nicht aufkommen kann. Künstlerisch und wirtschaftlich sehe ich daher die Möglichkeiten einer wieder aufzubauenden Jüdischen Kultur-Arbeit in Berlin, einer Reichsverbands-Organisation in Deutschland gleich Null. Daher ist meine Meinung und mein Rat an Dr. Levie der: das Unternehmen ›Jüd. Kulturbund‹ so rasch als möglich zu liquidieren ... Ich leide mit meinen Glaubensgenossen und traure, daß ein Werk, an das ich mein ganzes Leben hätte verschenken mögen, nach so großartigem Anlauf nun klanglos den Verhältnissen zum Opfer fallen muß. – Mit dem Ausdruck vorzüglichster Hochachtung bleibe ich Ihr ergebenster Kurt Singer.«

Den Vorstandsmitgliedern in Berlin schickte er einen langen pathetisch formulierten Abgesang auf den Kulturbund, auf sein Lebenswerk, das nun zerstört war: »Der Kulturbund ohne mich, ich ohne den Kulturbund – das ist das Ende.« Es war, wie Singer noch erfahren sollte, nicht so. Es war schlimmer. Der Jüdische Kulturbund, nur noch ein schwacher Abglanz seiner ersten Jahre, arbeitete noch drei Jahre weiter, bis die Nazis den Mummenschanz in Berlin nicht mehr benötigten. Und auch Singer wurde in der Emigration immer mehr ein Schatten seiner selbst, zehrend von der vergangenen Größe, bis dieser Schatten spurlos in einem Lager verschwand.

Vom großen Transfer konnte nun nicht mehr die Rede sein, denn Singer stand nun vor der fast unlösbaren Frage, wie er selbst aus der Falle, welche Holland nach dem Einmarsch der Deutschen für jüdische Emigranten geworden war, entkommen könnte. Aus dem Intendanten, hinter dem er den Bürger zweiter Klasse zeitweilig verbergen konnte, war ein Flüchtling geworden. Doch damit nicht genug. Er war nicht nur als Jude geboren, sondern auch in der falschen Gegend, in der Nähe Danzigs. Dieses Gebiet war nach den Bestimmungen des Versailler Vertrags polnisch geworden. Und da bei der Erteilung eines Visums der Geburtsort zählte, wurde Singer, den amerikanischen Einwanderungsbestimmungen zufolge, ein zweites Mal ausgebürgert und auf die polnische Quote gesetzt, was unter den Zeitumständen einem Todesurteil gleichkam.

Vorher Bürger, jetzt Flüchtling zweiter Klasse in einem besetzten Land, also endgültig aller Rechte beraubt, setzte Singer seine Hoffnungen auf so uneinklagbare Dinge wie seinen guten Namen, seine musikalische Reputation, seine frühere Karriere und seine prominenten Bekannten. An letztere klammerte er sich um so heftiger, je hoffnungsloser die Aussicht war, wegzukommen. Doch die schriftliche Bestätigung, ein »großer Mann« zu sein, die er 1940 mit einem Ruf an ein Yale-College oder mit der Ernennung zum »associate professor for musicology« an der New Yorker New School erhielt, bestätigte unter den irrwitzigen Verhältnissen in Europa nur, wie wenig ein der Rettung bedürftiges menschliches Wesen zählte. Seine unveräußerlichen Menschenrechte entpuppten sich genau als der Schwindel, für welchen die Nazis diese von jeher gehalten hatten. Und weil er nur diese Rechte besaß, besaß er gar keine. Weil er plötzlich bloß noch ein Mensch war, war er verloren. Er war auf jene kreatürliche Verlassenheit reduziert, welche keine Gesellschaft mehr zuließ, sondern nur die Addition gleichfalls aus der Welt Verdrängter zur Manövriermasse der Vernichtungsbürokratie.

Selbst die noch verbliebenen Möglichkeiten der Gegenwehr wirkten in diese Richtung: Die einzige Chance, doch noch in Sicherheit zu kommen, sah Singer darin, sich um ein »Non-Quota«-Visum für die USA zu bemühen. Er tat, was fast alle in seiner Lage taten: Er verfaßte Bewerbungsschreiben, besorgte Führungszeugnisse, holte Referenzen ein, unter anderem von Furtwängler, schrieb Gesuche, füllte Formulare aus – und wartete. Als Bittsteller gegenüber Freunden und Bekannten und als Antragsteller gegenüber verschiedenen Bürokratien, deren Instanzenwege undurchschaubar, deren Entscheidungen weder vorhersehbar noch überprüfbar waren, geschweige denn beeinflußt werden konnten, wurde Singer, wie Tausende seiner Leidensgenossen, zunehmend disponibel für die Absicht der Nazis, ihre Opfer schon vor ihrer Ermordung in bloße Objekte von Verwaltung zu verwandeln.

Beim Wettlauf mit der Zeit, den er 1939 in Holland angetreten hatte, war Singer am Ende nicht vom Fleck gekommen. Er hatte sich immer nur im Kreis bewegt: Was immer er unternahm, jedesmal fehlte das eine entscheidende Papier, ohne das alle anderen Dokumente wertlos waren. Als im Sommer 1941 die amerikanischen Konsulate geschlossen wurden, war die letzte Chance, noch außer Landes zu gelangen, dahin.

Aus dem Prominenten war ein Paria geworden. Seinen Abstieg vom Intendanten zum Flüchtling versuchte er dadurch aufzufangen, daß er dort Halt suchte, wo er einmal festen Boden unter den Füßen gehabt zu haben glaubte: in der Musik. Er wurde wieder, wie vor 1933, Musikschriftsteller, Chordirigent und Dozent. Er hielt Vorträge und gab Privatunterricht in Emigrantenkreisen. Anne Frank und ihre Schwester waren unter den Zuhörern. Vor allem aber schrieb er an einer Geschichte der Oper. Und als er im Februar 1942 an Fritz Wisten nach Berlin schrieb: »Mich rettet die literarische Arbeit«, dann war dies eine Auskunft, die besagte, daß ihm nun nicht mehr zu helfen war. Und als wolle er anhand seiner eigenen Lage demonstrieren, wie schwach sich surrealistische Einfälle gegen die Wirklichkeit ausnehmen, fügte er hinzu: »Im Opernwerk ist der Strauss fertig geworden. Und nun bin ich am Schluß oder am Gipfel, der schwerstens zu erklimmen ist: Wagner.«

Seine Schüler blieben nun zusehends weg. Freunde und Bekannte verschwanden, von denen er, wie er notierte, »aus technischen Gründen« nichts mehr hörte. »Von Auswandern ist nicht mehr die Rede … Ich habe diese Hoffnung begraben. Vielleicht ist's gut so. Ich hätte ja auch jetzt wieder kein Visum«, schrieb er im Mai 1942. Da war er, wie auch Hermann Eisner, der Ehemann Camilla Spiras, bereits Mitarbeiter des Amsterdamer Judenrates geworden. Ein ganzes Jahr über arbeitete er im sogenannten Beirat, einem Büro, das vornehmlich dazu eingerichtet war, die nichtholländischen Juden bis zu ihrer Deportation zu verwalten.

Am 20. April 1943 folgte Singer dem Aufruf, sich zum Abtransport bereit zu halten. Am Tage zuvor hatte er einer befreundeten Familie einige persönliche Dinge zur Aufbewahrung gegeben, darunter einen Band seiner gesammelten neurologischen Schriften aus den Jahren 1910-1918. Auf der letzten Seite dieses Buches findet sich eine handschriftliche Eintragung in holländischer Sprache: »Dieses Buch wird mir heute von Kurt Singer zur Aufbewahrung anvertraut. Morgen soll ich ihn zur ›Hollandsche Schouwburg‹ begleiten (verflucht sei die Erinnerung an diesen Ort), von wo aus er nach Theresienstadt deportiert wird. Amsterdam, 19. April 1943, Karel Mengelberg.«

Kurt Singers Name stand auf einer Transportliste, die

überschrieben war: »Juden mit Verdiensten«. Diese Auszeichnung hatten hauptsächlich Juden erhalten, denen die Deutschen vor dem Judenstern das Eiserne Kreuz verliehen hatten. Aber auch Sekretärin des Kronprinzen gewesen zu sein oder sich um die Verbreitung deutschen Liedguts in Amerika verdient gemacht zu haben, waren Belobigungen, welche die Behörden akribisch ins Transportregister eintrugen. Neben Singers Namen stand, sozusagen als vorweggenommene Vollzugsmeldung, schon in der Vergangenheitsform; »Dr. Singer war während des Weltkriegs Truppenarzt, besitzt das EK II und galt als bedeutender musikwissenschaftlicher Schriftsteller.«

Vor seinem Abtransport ins sogenannte »Vorzugslager« benachrichtigte Singer Freunde, Bekannte und Verwandte. In einer dieser durch das Internationale Rote Kreuz übermittelten Botschaften hieß es: »Abreise Theresienstadt Protektorat Böhmen in Anerkennung meiner Verdienste um die Kunst.« Und in der letzten Nachricht aus dem Ghetto teilte er mit: »Bald werde ich an der Freizeit-Gestaltung musikantisch mitwirken.« Das mörderische Kalkül der Vernichtungsbürokraten war aufgegangen: Nicht umsonst bestand die SS darauf, daß die Opfer nicht nur keinen Widerstand leisteten, sondern sich selbst aufgaben. Denn erst mit der moralischen Zerstörung, die der physischen Vernichtung vorausging, erst mit dem Einverständnis des Opfers war der Sieg der Nazis perfekt. Alles andere waren logistische Probleme.

Während sich Singer mit absurden Illusionen reisefertig, das heißt deportationsfähig, machte und sich darauf einstimmte, seine Vernichtung »musikantisch« zu begleiten, war der inzwischen zum SS-Gruppenführer beförderte Ministerialdirektor und Staatsrat Hinkel mit ganz nüchternen Fragen beschäftigt: ein vereidigter Sachverständiger begutachtete das Interieur seiner arisierten Villa im Grunewald. Während für Singer nicht einmal mehr das nackte Leben zählte, ließ Hinkel Posten für Posten schätzen, welche Entschädigung er für die gestohlenen Gegenstände, etwa im »Herrenzimmer«, erwarten konnte, sollte die Villa durch Bombenangriffe zerstört werden: »Reliefartige Wandeinbauten von antiken chinesischen Teakholzplatten mit reichen Speckstein- und Jadeeinlagen (2 große Doppelreliefs, 2 große Supraporten, 2 kleine Supraporten) – 10 000 RM.«

Anfang 1944 ist Singer in Theresienstadt umgekommen.

1992

Das Scheunenviertel

Beschreibung eines Zenotaphs

> »Vom Morgen bis zum Abend kann die Welt zerstört werden.« Martin Beradt

Kaum, daß sich einer hierher verirrt. Wie von einer unsichtbaren Hand gelenkt, trotten die Menschenmassen, Einwohner wie Besucher der Hauptstadt, diszipliniert durch die gleichförmigen Straßen. Nirgendwo schlendernde Zerstreuung, nur das bloße Vorwärts, die leere Betriebsamkeit in einem Labyrinth ohne Geheimnis. Am Ende dieses überschaubaren Irrweges durch überirdische Unterführungen, wo nichts zum Verweilen auffordert, durch Straßen, die nicht zum Flanieren einladen, sondern zum Paradieren zwingen, gelangt man durch unterirdische Gänge nicht zu einem menschenfressenden Minotaurus, sondern in die troglodytenhafte Atmosphäre eines U-Bahnhofs. Über ihm breitet sich das Stein gewordene Entsetzen der Menschen vor sich selbst aus: der Alexanderplatz. Ihn hat wie kaum einen anderen Ort, welcher zum Schauplatz der Niederlage gegen die Barbarei wurde, die wahrhaft systemübergreifende Einsicht geprägt, daß es auf die Menschen zuallerletzt ankommt. Deshalb säumen den Weg dorthin auch keine Passagen; er wird flankiert von Windkanälen. Wer dennoch vom verordneten Weg abweicht und nicht in jenem Erschrecken erstarrt, das derlei monumentale Öde auslöst – und auslösen soll –, wer versucht, durch die wenigen und schon überfälligen Schlupflöcher auszubrechen, um nicht auf die Ausfallstraßen getrieben zu werden, der gerät unversehens ins Gestern; so scheint es.

Alles deutet darauf hin: die oft enge und nicht dem tradierten Primat der inneren Sicherheit folgende Straßenführung, die Gasse, oder doch eher ihre beschädigte Andeutung, die oft niedrigen und im letzten Jahrhundert errichteten Häuser und schließlich die Menschen, die wie unlebendige Botschafter mit einem vergessenen Auftrag durch das Viertel ziehen. Anders als die Untoten fürchten sie die Dämmerung und verstecken sich bei ihrem Einbruch, um tagsüber, mit schleppendem Gang zur nächsten grünen Schneise, die der Krieg geschlagen hat, sich aufzumachen und sich auf einer Bank niederzulassen. Einen Augenblick lang mag man denken, die Zeit sei stehengeblieben, und der bukolische Name des Viertels leistet dieser Wahrnehmung, die nur sentimentaler Wunsch ist, Vorschub.

In Wirklichkeit ist die ganze Szenerie ein Täuschungsmanöver, das der Wahrheitsfindung dient. Die ausdruckslosen Alten, die zu den Sitzvorrichtungen im Freien trotten oder mit starrem Blick hinter den Fenstern kauern, sind nicht nur die Chargen, die ihren Text vergessen haben; die ramponierten Häuser sind nicht die Kulisse, aus welcher das Spiel einer vergangenen Epoche entzifferbar wäre. Nicht die Zeit sei stehengeblieben, ist die geheime Auskunft des Quartiers, sondern alles sei, wie in jener fiktiven »Stadt hinter dem Strom«, nur geronnene Dauer, abstrakter Verlauf. Ohne von sich mehr zu enthüllen als die Physiognomie eines entleerten Schreckens, der seine Herkunft nicht mehr kennt, von seiner Gegenwärtigkeit nichts weiß und von seiner Zukunft nichts ahnt, teilt das Viertel eine alte Charta mit, die wie ein unsichtbares Manifest an den Häusern angeschlagen ist: ich war, ich bin, ich werde, lautet die nun absurde Botschaft.

Und gerade bestätigt wird dieser auf der Stelle verharrende Dreischritt dadurch, daß er dementiert wird durch Demontage: was in schäbiger Form ein allgemeines Unglück beherbergt, ist nämlich nur Planungsrückstand, von der Spitzhacke auf Abruf verschont. Ihr stellt sich neuerdings entgegen, was den alten Charakter modisch konserviert: die Instandsetzung durch aufgetünchte Geschichte. Sie ist die letzte praktische Antwort auf die Behauptung jenes Manifestes und folgt, ebenfalls im Dreisatz, auf die Politik der verbrannten Erde und des betonierten Raumes.

In einem unlängst erschienenen, akribisch verfaßten literarischen Reiseführer ist über die Grenadierstraße, die heute nach einem Widerstandskämpfer Almstadtstraße heißt – was wiederum von den Anwohnern als geographische Bezeichnung gedeutet wird –, folgendes nachzulesen: »Noch heute ist das jiddische Lokalkolorit, das dieses ghettoartige Viertel bis zur Ausrottung seiner Bewohner prägte, erhalten.« Der Verfasser, der zerfallene Abtritte im Hinterhof offensichtlich für jiddisches Kolorit hält, mag durch die Literatur spaziert sein, aber nicht durch den Berliner Osten. Nichts, was die Juden im Haus des Henkers zum bunten Völkchen machen könnte, ist erhalten, nichts, was solche Gesinnung in der Operette belächeln darf, wo dem jiddischen Witz der Esprit ausgetrieben wird, nachdem die Helden Scholem Alejchems umgebracht worden sind.

Zum Lokalkolorit wird, was in den Händen eines geschichtslosen Historismus aus Schandmalen der Epoche in ihr neckisches Beiwerk sich verwandelt. In Zukunft mag es dort eine Altstadt geben, wo heute den Besucher in leergefegten Straßen unwillkürlich ein haltloser Gedanke überfällt: Tausend galizische Juden – und die Straße wäre gerettet. Punktuelle Nostalgie und flächendeckender Optimismus, der aus Ruinen sich erhebt, das sind die Markenzeichen der neuen Vergeßlichkeit, in welcher die Geschichte und damit das Grauen verschwinden. Und deshalb will es eine besondere Ironie, daß sich am Eingang des Viertels, auf dem Friedhof der Sophienkirche, das Grab des großen Historikers Ranke befindet.

Der jüdische Aufklärer Mendelssohn hat nicht das Scheunenviertel gemeint, wohl aber von vulgärer Theorie gesprochen, als er geschrieben hat, daß es angesichts lebender Leichname besser sei, unter toten Gespenstern zu verweilen. Dorthin führt dieses Buch. Daß es erscheint, ist kaum ein Trost; es gehört zu jenen Büchern, zu denen besser niemals Veranlassung bestanden hätte. Nicht einmal der Gedanke ist mehr tröstlich, daß es hätte anders kommen können.

»Wer in aller Welt kommt freiwillig nach Berlin?«
Joseph Roth, Juden auf Wanderschaft

War Paris die Metropole Europas, so Berlin dessen Mietskaserne. Die Geschichte des Scheunenviertels hinter dem Alexanderplatz wäre rasch erzählt, ginge sie in jenem Vergleich restlos auf, hätte es nicht die Ostjuden gegeben. Wir würden in einem durchschnittlichen Kapitel über die Gestehungskosten der Moderne blättern und von der Entwicklung eines Stadtviertels vom Vorhof zum Hinterhof berichten.

Weder die ostjüdischen Flüchtlinge noch die gemischte Gesellschaft, die sie dort vorfanden, hatten im Scheunenviertel freiwillig Quartier bezogen, welches man in der nämlichen Umgebung gut zweihundertfünfzig Jahre zuvor noch selbst aufschlagen konnte. Rund um die vor die Stadttore verlegten Scheunen, Ställe und Lagerschuppen, welche dem Viertel den Namen und bis weit in die Gegenwart manchen Straßen und Gassen, in deren Höfen Vieh gehalten wurde, das schäbige Aussehen eines überlebten Dorfes verliehen haben, zwängten sich seit Beginn des 19. Jahrhunderts jene noch halbbäuerlichen Massen zusammen, wie man sie überall in den Vorhöfen der Industrialisierung antraf. Meist mit roher Gewalt vom Land vertrieben und durch Runkelrüben ersetzt, sammelte sich im Scheunenviertel eine amorphe und gesichtslose Masse von Existenzen an, bis nach Jahrzehnten der stumme Zwang der ökonomischen Verhältnisse aus ihnen das disziplinierte Heer williger und gehorsamer Industriearbeiter geformt hatte. In diesem habituellen Abrichtungsprozeß spielte das Scheunenviertel die Rolle des Vorhofs und der Vorschule, unterstützt vom nahegelegenen Militär. Die Straßennamen sind deshalb auch Programm: Artilleriestraße, Grenadierstraße, Dragonerstraße.

Wer die Einübung auf die modernen Produktions- und Verkehrsverhältnisse überlebt hatte, war reif für den Großbetrieb und den Umzug in die Mietskaserne; der Ausschuß jedoch nistete sich in die Schlupfwinkel des Quartiers ein und sorgte schon früh dafür, daß Scheunenviertel synonym gebraucht wurde für Elend, Anrüchigkeit und Verbrechen. Es ist die Aufgabe der Polizei, zu Knüppel und Revolver zu greifen, sonst wäre sie keine, und zur Feder nur, wenn sich ein Protokoll nicht vermeiden läßt. Wie um diesen trüben Sachverhalt in einer zufälligen und freundlichen Verkehrung zu bestätigen, gibt es in der Geschichte der Berliner Polizei den Glücksfall eines Beamten, dem der feuilletonistische Kunstgriff mehr lag als der Knüppelschlag. Gewähren wir ihm, dessen aufhellende Skizzen in der Regel den dunklen Bezirken der zwanziger Jahre galten, einen retrospektiven Lokaltermin am Anfang des Jahrhunderts:

»Unter Scheunenviertel versteht man die Straßen und Gassen, die sich zwischen Alexanderplatz und dem Rosenthaler Platz von der Lothringer Straße bis zur Stadtbahn um die Münz- bzw. Weinmeisterstraße herumgruppieren. Hier wohnten im alten Berlin die armen Leute, und hier befanden sich schon früh die Quartiere der Armut und die Schlupfwinkel der Verworfenheit. Hier wohnten damals Holzhauer, Torfträger und die ›Unratweiber‹, deren wichtige Tätigkeit mit der Einführung der Kanalisation ein Ende gefunden hat. Dazu natürlich Dirnen und alles mögliche andere Gesindel, das sich hier schreiend herumzankte und -prügelte. Im Jahre 1846 wies Berlin nach einer statistischen Aufstellung ja schon 2000 Verbrecher, ebensoviel Obdachlose sowie etwa 8000 Bettler und andere fragwürdige Existenzen auf, und im Laufe dieser Zeit wurden die engen Gassen und die schmuddeligen Häuser des Scheunenviertels immer mehr zum Schlupfwinkel des Verbrechertums.«

Es wird nicht so drastisch gewesen sein, wie der biedere Sinn es hier rückblickend entworfen hat. Denn so groß die Anstrengung des kaiserlichen Berlin auch war, einen Platz unter der Sonne zu erwerben, so gering war andererseits die Chance für ein Abonnement der Hauptstadt auf die Hölle: die Verruchtheit hielt sich in Grenzen.

Wenige Jahre vor dem Ersten Weltkrieg sucht ein französischer Autor nach dem Berliner Whitechapel, nach Räuberhöhlen wie auf dem Montmartre, nach feuchten und dreckigen Elendsvierteln wie in Rom oder in St. Petersburg. Der Polizeipräsident nennt ihm schließlich eine Gegend, in welcher seit 1906 abgerissen wird: das Scheunenviertel. »So begab ich mich denn«, beschließt Jules Huret seine Streifzüge durch die Viertel des gesellschaftlichen Abhubs, »hinter den Alexanderplatz in der Umgebung der Grenadierstraße auf die Suche und fand einige schon halb zerfallene Häuser vor. Wohl gewahrte ich hier und da eine Gruppe junger Zuhälter, reichlich verdächtige Gestalten, aber ohne jenes aufdringliche und liederliche Gebaren, das die unsrigen kennzeichnet. Ich gewann auf meiner Forschungsreise nur einen blassen Eindruck und sah nicht einen typischen Zug von deutscher Verkommenheit.«

Er hat ihn woanders gefunden, diesen typischen Zug: den Antisemitismus; nicht unter ehrlosen Ganoven, sondern unter ehrbaren Bürgern, nicht unter den Zersetzern, sondern unter den Stützen der wilhelminischen Ordnung, nicht im Milieu, sondern in der gehobenen Unterwelt aus Militärs, Akademikern und Beamten. Zwar wurde 1906/1907 der desolate Kern des Viertels abgerissen, der auf alten Stadtplänen deutlich als Geviert von Scheunengassen sich abzeichnet, aber dieser halbherzige Versuch kam schon mit einem großspurigen Bau, der Volksbühne, zu Ende und konnte den fortschreitenden Verfall rund um den Babelsberger Platz, wie das freigehauene Dreieck hieß, das mit seiner Spitze auf dem nördlichen Ende der damals verlängerten Kaiser-Wilhelm-Straße stand, nicht aufhalten. Dem Platz gab man verschiedene Namen, aus Babelsberger Platz wurde Bülowplatz, dann Horst-Wessel-Platz, schließlich, als wollte man ihr im nachhinein noch etwas antun, Rosa-Luxemburg-Platz; doch die Gegend behielt das nämliche Gesicht, die Heraufkunft jeder vorgeblich neuen Zeit sah das gleiche heruntergekommene Viertel. Einen letzten Vorstoß zur Neugestaltung machte Ende der zwanziger Jahre der Architekt Hans Poelzig, dessen metropolisähnlicher Entwurf aber nur in einer Handvoll Wohn- und Geschäftshäuser im Stil der Neuen Sachlichkeit realisiert wurde. Sie verbreiteten, steinerne Repräsentanten der Angestelltenkultur im Vergleich zum halbproletarischen Umfeld, aber doch nur die alte Öde.

Was davon nach dem Krieg, der Fortsetzung der Sanierung mit anderen Mitteln, übriggeblieben ist, hat sich mimetisch der auskunftsarmen Unansehnlichkeit hinter dem Alexanderplatz angenähert. Nur das Kino, in dessen Nähe im Sommer 1931 die beiden uniformierten Polizeihauptleute Anlauf und Lenk erschossen wurden, die im Viertel nur als »Schweinebacke« und »Totenkopf« bekannt waren, verspricht trotzig bis heute unter dem Namen »Babylon« exotische Träume. Warum ein Stadtviertel zum Slum wird, ist kein Geheimnis mehr: in den zerbröckelnden Fassaden befestigt sich die Renditehoffnung des Eigentümers, die unheizbar gewordenen Wohnungen sind wie Feuer unter den Bodenpreisen.

Das rapide Wachstum der Berliner Bevölkerung um die Jahrhundertwende bei gleichzeitiger Entvölkerung der Innenstadt, die zur City wurde, drängte die Bewohner in den Randbezirken zusammen und die Grundstückspreise im Zentrum in die Höhe. Zentral gelegene Wohnquartiere wie das Scheunenviertel verfielen deshalb immer mehr. Sie wurden zum Alptraum der Bewohner wie zum Traum der Spekulanten, der für die letzteren in der Inflation jäh, aber nur kurz unterbrochen wurde, um heute endgültig ausgeträumt zu sein. Durch solche Hoffnungen machte eine Mauer nun einen Strich. Daß die Eigner von Grund und Boden mit zukunftsträchtiger Rendite nicht nur magisch den Auftrieb der Grundstückspreise verfolgt und untätig auf das große Geld gewartet haben, das nach der Sanierung winkte, sondern schon durch das Eintreiben des Kleingelds auf ihre Kosten gekommen sind, wird belegt durch die Belegung des Viertels: nirgendwo ist die Wohndichte so hoch wie hier.

Dem Elendsquartier neben einem der belebtesten Plätze der City widmet das Statistische Amt der Stadt Berlin deshalb 1929 auch einen besonders aufmerksamen Bericht mit dem Titel: »Die Siedlungs-, Wohnungs- und Bevölkerungsverhältnisse in der Dragoner-, Grenadier-, Linien-, Rücker- und Mulackstraße«. Das sind nicht alle Straßen des Quartiers, aber genug, daß an ihnen dessen Charakter und die Befürchtungen der Verwaltung demonstriert werden könnten: die Wohndichte ist fünfmal höher als in der ganzen Stadt, die hygienischen Verhältnisse sind katastrophal, weil weniger als die Hälfte aller Wohnungen über eine eigene Toilette verfügt. »Man kann einen Menschen mit einer Wohnung gerade so gut töten wie mit einer Axt«, war das Motto, welches ein sozialdemokratischer Abgeordneter schon 1908 einer Untersuchung über »Großstädtisches Wohnungselend« vorangestellt hatte. Wenn einer im Scheunenviertel daran nicht starb, dann besaß er, befürchteten die Behörden, gerade noch die Energie, sich auf schmutzige Weise wiederzuholen, was ihm dreckige Verhältnisse versagt hätten, mit einem Wort, hier hauste nun, wonach jener französische Reiseschriftsteller zwanzig Jahre zuvor vergeblich gesucht hatte; die Verkommenheit.

So sähe die Skizze des Viertels ohne die Ostjuden aus; sie wären ein Rückblick auf die unrühmlichen, aber banalen Reibungsverluste fortschreitender Geschichte. In den kodifizierten Geschichtsbüchern, hier wie dort, kommen die Ostjuden nicht vor; die offiziöse »Geschichte der deutschen Arbeiterbewegung« kennt den Bülowplatz wegen der dort befindlichen Parteizentrale der KPD, aber nicht die Ostjuden. Als anachronistisches Kuriosum, als exotisches Beiwerk, als skurrile Ausläufer eines überwundenen Zustands dürfen sie in Autobiographien erscheinen, immerhin. »Vom Ghetto in die Welt« heißt es da, und gemeint ist ein Aufstieg. Wohin? Wo die Ostjuden die Rolle belletristischer Rosinen im trockenen historischen Kuchen spielen, den man unverdrossen weiter kaut, da ist die Frage entschieden.

Und im Westen? Auch nichts Neues. Der gewissenhaften Vernichtung der Juden folgte die ebenso betriebsame Eingemeindung der Ausgestoßenen, in »Wochen der Brüderlichkeit« und Festschriften. Kaum eine Stadt, die nicht auf einmal »ihrer« Juden durch einen eigens bestallten Historiker gedachte. Der Verlust, den niemand bemerkt hat, soll plötzlich außerordentlich gewesen sein, das ist der Tenor in der Aufzählung großer Juden. Der geschäftige Philosemitismus gleicht darin seiner mörderischen Kehrseite: die Juden, nichts als Großkaufleute, Bankiers und Intellektuelle. Da ist für die Masse der Namenlosen kein Platz, auch nicht für die Ostjuden; wer nur dürftig gelebt hat, soll nicht den besänftigenden Gedanken stören, das Verbrechen des Judenmordes sei deshalb grauenhaft, weil es die Verdienstvollen getroffen habe. Andererseits soll es keinen Unterschied geben, den die Formel »jüdische Mitbürger« gerade als Anbiederung wieder postuliert. Da ist für die wirklich Verschiedenen erst recht kein Raum.

> »Wann findet – wenn das so weitergeht – zu Berlin oder sonstwo in Deutschland der erste fidele Judenpogrom statt?«
>
> Georg Davidsohn, Sozialdemokratischer Reichstagsabgeordneter, 1918

Anziehend ist das Elend nur für den, der es nicht teilen muß. »Die Romantik der Unterwelt war unwiderstehlich. Berlin enthusiasmierte mich durch seine schamlose Verruchtheit«, schrieb 1925 der junge Klaus Mann, der Gutes gewohnt war.

Anziehend im wörtlichen Sinn ist das Elend aber für den, der keine Wahl hat. So kommen die Ostjuden ins Scheunenviertel, die von draußen zu denen von drunten.

Ohne die Kenntnis ostjüdischer Einwanderung, die wie vieles andere dem allgemeinen Vergessen anheimgefallen ist, erschließt sich kaum die eigentümliche Bedeutung einiger Passagen eines Romans, der gegenwärtig nostalgisch aufbereitet wird. »Der Jude folgte ihm auf der Straße«, heißt es am Beginn einer längeren Szene, »nahm ihn beim Arm, zog ihn unter unendlichen Gesprächen weiter, bis sie in die Gormannstraße einbogen, der Jude und der starkknochige Kerl im Sommermantel, der den Mund zusammenpreßte, als wenn er Galle spucken müßte.«

Der starkknochige Mann, dem hier speiübel ist, kommt gerade, nachdem er einen Totschlag in Tegel abgesessen hat, wieder ins Viertel zurück, betäubt von der rasenden Geschäftigkeit der Stadt und der unabwendbaren Aussicht, wieder in einen Kreislauf zu geraten, der nur mörderisch unterbrochen werden kann. Franz Biberkopf, der jämmerliche Held von Döblins »Berlin Alexanderplatz«, diese Riesenpuppe, an der alle Fäden der Epoche nach unten ziehen, hat hier, auf der ersten Station seines immer gleichen Weges, eine Art heilsames Schockmoment, ausgelöst durch einen Ostjuden. Dieser zieht ihn schließlich in eine Stube, und Biberkopf, wie ein Kind, das weltvergessen einem Märchen lauscht, erliegt für einen Augenblick einer unbekannten, verführerischen Macht. An der Gestalt des ostjüdischen Geschichtenerzählers und in der beruhigenden Kraft der Worte, welche den aufgestauten Schrecken besänftigen, erscheint die Ohnmacht der Ostjuden gleichermaßen wie die Chance zur Wendung der Gewaltverhältnisse. Für einen winzigen Augenblick setzt das Wort den unheilvollen Fortgang der Taten außer Bewegung, im erzählenden wie zuhörenden Innehalten, deutet sich die flüchtige Möglichkeit zum Guten an. Beide, der Jude wie der Ganove, blitzt es auf, könnten gerettet sein. Aber als Biberkopf den Raum verläßt und auf die Straße tritt, schwindet der geheimnisvolle Zauber. »Wer ankommt, kriegt eins in die Fresse.« Das geht noch nicht gegen die Juden, aber setzt wieder die rastlos und blind zuschlagende Gewalt ins Werk, gegen welche die einhaltende Gebärde und das vermittelnde Wort nichts vermögen. Sie sind nur noch Zeichen der Angst und der Schwäche, welche erst recht die Faust auf sich ziehen.

Döblin hat an anderer Stelle und ausführlich über die Juden geschrieben, hier interessiert ihn der verschlungene Weg des Helden, der sich schließlich, wie man entdeckt, in einer Spirale fortbewegt. Die Juden bilden eines der Elemente, mit denen jener in Berührung kommt, sie sind ein kleiner Ausschnitt aus der literarischen Montage der gesellschaftlichen Realität.

Welchen Weg aber nehmen die Ostjuden?

Die Geschichte der Ostjuden in Deutschland ist noch nicht geschrieben, und ist vielleicht auch gar nicht zu schreiben. Die Geschichtsschreibung der Sieger vergangener Epochen trug den Opfern insofern Rechnung, als in ihr der eigene Triumph an der Gefährlichkeit und Größe des Gegners entfaltet und der besiegte Feind vornehmlich unter einem Aspekt, dem der Beute, betrachtet wurde, die nicht unbedingt abgeschlachtet werden mußte, sondern ausgeschlachtet werden sollte. Der Tötung des Feindes eignete, wie entfernt auch immer, jenes rituelle Moment, das man am Anbruch der Zivilisation vorfindet: die Aneignung unbeherrschter, weil unbegriffener Natur vollzieht sich im Mysterium der Einverleibung. Noch in ihrer säkularisierten Form, der Plünderung, die ganze Kontinente überzog, verschaffte sich dieses magische Bedürfnis Geltung, und deshalb ist die sogenannte Kultur des Abendlandes, was nicht selten vergessen wird, gleichzeitig ein Mausoleum ihrer Voraussetzungen. Jedes Museum ist mit Kunstwerken angefüllt, die gleichermaßen Grabsteine sind.

Im Unterschied dazu leben die Opfer in den Siegern von heute nicht fort, sie haben eine unspezifische Leere hinterlassen. Das mag daran liegen, daß es keine Sieger mehr gibt, sondern nur noch Überlebende. Die Sieger als die Überlebenden können sich nur auf eines berufen: daß sie die anderen umgebracht haben. Und in Art und Umfang des Mordens, für dessen Anfang Auschwitz steht, in der Reduktion lebendiger Menschen auf tote Natur, die nun wirklich ausgeweidet wird, deutet sich die Anthropologie einer Epoche an, in welcher die Existenz von Menschen keine andere Bestimmung mehr zuläßt, als daß sie sich auf Kosten anderer abspielt.

Den Spuren ostjüdischer Existenz in Deutschland zu folgen, wo es keine mehr gibt, heißt deshalb meist, den Fluchtweg der wenigen Davongekommenen nachzugehen. Abgesehen von einigen verstreuten alten Zeitungsartikeln und einer aus der Perspektive jüdischer Sozialarbeit verfaßten Monographie über die Hilfsorganisationen für ostjüdische Einwanderer, gibt es kaum Quellen, derer sich der Interessierte bedienen könnte; in jeder deutschen Bibliothek wird er mehr über die Ostgoten als über die Ostjuden finden. Was allen zufällig gefundenen Texten gemeinsam ist: es sind Bemerkungen über Fremde.

Gerade in den kompetentesten Äußerungen, in den Annäherungsversuchen einer kleinen und engagierten Gruppe deutscher Juden an die ostjüdische Kultur, in welcher sie die Wiedergeburt einer verlorenen Tradition erkennen wollen, zeigt sich die Distanz, eben weil sie überbrückt scheint, am schärfsten: es handelt sich um Kultus. Einer, der es wissen muß, Gerschom Scholem, damals als Jugendlicher selbst auf der Suche nach dem verlorenen Judentum, hat nachträglich jene Vergötterung ostjüdischer Naivität und Religiosität durch die einfühlsame Verkleidung spöttisch im Wortspiel mit dem Namen ihrer zentralen Figur glossiert: er nennt sie Bubertät.

Nicht zufällig war damals unter einem kleinen Kreis deutscher Juden die Begeisterung fürs Ostjüdische ausgebrochen. Die ostjüdische Menschheitsdämmerung, von welcher sie schwärmten, fiel unmittelbar zusammen mit einem Ereignis, das sich wenig später nicht als Morgenröte, sondern als Auftakt zum Untergang erweisen sollte: dem Ersten Weltkrieg. Auf den Wegen, welche die deutschen Armeen bahnten, kamen jüdische Soldaten in Kontakt mit den ostjüdischen Massen in Galizien, Polen und Rußland und entdeckten mit einem Freudenschrei den ostjüdischen Paria, dessen religiöse Inbrunst sie der eigenen Indifferenz, dessen ärmliche Demut sie dem arrivierten Hochmut entgegenstellten. In dieser Begegnung finden sich, wenn auch auf spezifische Weise, alle Momente des romantischen Exotismus vorgebildet, dessen Refugium sich mit der Ausdehnung der imperialistischen Kriege bis nach Indochina erweitert hat. Arnold

Zweigs *Das ostjüdische Antlitz* war nur die jüdisch eingefärbte Version einer allgemeinen Sehnsucht in der Krise, aus welcher die Gesellschaft mit Lebensreform, Nacktkultur, indischer Philosophie, vegetarischem Essen und Gymnastik einen Ausweg suchte, um ihn schließlich im Krieg zu finden. Zweig kehrte allerdings der Schwärmerei vom unverdorbenen Charakter, welche das eher charakteristische tägliche Verderben in Kauf nahm, bald den Rücken und erkannte, daß das Heil für die zivilisationsmüden Juden nicht aus dem Osten kam, sondern daß ein drohendes »Heil-Hitler« im Westen aufstieg; daß die Ostjuden nicht als Boten der Erlösung kamen, sondern zu Adressaten der Endlösung wurden.

Schon seit den achtziger Jahren des vergangenen Jahrhunderts, auf die Wellen russischer Pogrome folgend, gab es ostjüdische Einwanderung nach Deutschland, wenn auch unbedeutend an Zahl, verglichen mit den weit über zwei Millionen Flüchtlingen und Auswanderern, die meist über Hamburg und Bremen Europa verließen, um ins wirkliche Gelobte Land zu gelangen, nach Amerika. Scharfe Durchreisebestimmungen und eine rigide Ausweisungspraxis der preußischen Behörden sorgten dafür, daß nicht viele am Wege hängenbleiben konnten. Für Berlin vermerkt eine amtliche Statistik von 1880 die Anwesenheit von 2954 »nichtdeutschen Israeliten«. Bis zur ersten Russischen Revolution, für die der Zarismus hauptsächlich an den Juden Rache nahm, war die Zahl der unmittelbar vor der Verfolgung Schutz suchenden oder wirtschaftlicher Not entfliehenden Ostjuden im Deutschen Reich relativ unbedeutend, einige Zehntausend. Von Bedeutung war diese frühe Immigration nur unter zwei Aspekten, die hier außer Betracht bleiben sollen: vorübergehend wurde Berlin zu einem Sammelpunkt der russisch-jüdischen Intelligenz, welche zur ersten Führungsgeneration der zionistischen Bewegung gehörte, und zweitens waren die ostjüdischen Einwanderer das Reservoir, aus welchem die vom Mitgliederschwund bedrohten Gemeinden ihren Nachwuchs schöpften sowie die zur Erfüllung eines ordentlichen Gemeindelebens notwendigen Funktionsträger heranzogen (schon damals war das inmitten des Scheunenviertels in der Gipsstraße – später der Artilleriestraße – gelegene Rabbinerseminar der orthodoxen Separatgemeinde Adass Isroel eine erste Anlauf- und Auskunftstelle für die Frommen unter den Flüchtigen).

In nennenswertem Umfang stieg die Zahl der ostjüdischen Einwanderer nach der ersten Russischen Revolution an und wurde verstärkt durch den Zuzug galizischer Juden, die nicht zum Sündenbock der in Auflösung begriffenen Kaiserreiche werden wollten. Seit jener Zeit konnten die Ostjuden der Aufmerksamkeit der Antisemiten gewiß sein, deren Treiben einige Jahrzehnte zuvor der Historiker Treitschke in seinen Invektiven gegen die »hosenverkaufenden Jünglinge aus dem Osten« mit akademischen Weihen versehen hatte. Dabei war die wachsende Wut der Antisemiten nur scheinbar mit der wachsenden Zahl der Flüchtlinge vermittelt, denn man weiß, daß es schließlich auf jene Zahl, die immer übertrieben wurde und vor 1914 kaum die Hunderttausend überschritten hat, gar nicht ankam. Gegen den Antisemitismus zu argumentieren war zwecklos; das mußten bald jene deutschen Juden erfahren, denen das Auftauchen der Ostjuden mißliebig war, weil es die Aporien ihres eigenen Daseins offenlegte. Der Antisemit projiziert nur sein regressives Inneres auf die äußere Welt, er sieht nur, was er bereits auf der Netzhaut hat.

Als kleine Kaufleute, Schuster, Uhrmacher, Schneider, Hausierer und Zigarettenarbeiter lassen sich die meisten in großen Städten nieder. Die Offenbacher Lederindustrie wie das Kürschnergewerbe in Leipzig wären ohne sie undenkbar. Sombart, der in seinen Vorlesungen, wie man zeitgenössischen Berichten entnehmen kann, selbst die deutschen Juden zum Entzücken brachte mit seinen Thesen über den angeblich jüdischen Ursprung des Kapitalismus, mag vielleicht recht haben, daß Juden bei der Einführung der Tabakindustrie in Deutschland eine gewichtige Rolle gespielt haben. Ganz sicher jedoch ist, daß ostjüdische Zigarettenarbeiter in Berlin das gedreht haben, was die Berliner mit Vorliebe rauchten: Manoli, Carbaty, Muratti.

Der Erste Weltkrieg begann für die polnischen Juden mit einer Überraschung, wie sie deutsche Politik seitdem nicht mehr parat gehabt hat: in mehr als zweihunderttausend Flugblättern ließ der vereinigte Generalstab ein nationalrevolutionäres Manifest über die Befreiung der Juden verteilen; »Juden in Polen! Unsere Fahnen bringen Euch Recht und Freiheit: Gleiches, volles Bürgerrecht, wirkliche Glaubensfreiheit und Lebensfreiheit auf allen wirtschaftlichen und kulturellen Gebieten. Zu lange habt ihr unter dem eisernen Joche Moskaus gelitten. Wir kommen als Befreier zu Euch...« Dieser üble Scherz, den die jüdische Bevölkerung für bare Münze genommen hatte, kam sie teuer zu stehen. Dem Schicksal an wechselnden Fronten ausgeliefert, an denen sie jeweils ihre Gutgläubigkeit büßen mußten, erwies sich auch unter deutscher Okkupation, daß die Deutschen, wenn sie Befreiung sagen, Zwangsarbeit meinen; zwei Jahrzehnte später wurde, was hier als taktisches Täuschungsmanöver fungierte, zum offen ausgesprochenen Zynismus: Arbeit macht frei.

Im Verlauf des Krieges, entweder zwangsverpflichtet oder mit Arbeitsverträgen, die einer Gefangennahme gleichkamen, wurden über fünfunddreißigtausend polnische und russische Juden nach Deutschland transportiert, um dort in der Rüstungsindustrie oder auch beim Ausbau der Berliner S-Bahn zu arbeiten. Nach dem Rückzug der Deutschen, dem Zusammenbruch der Habsburger Monarchie und während der ersten ungewissen Jahre der bedrängten Russischen Revolution brach über ganz Osteuropa eine Flut von Pogromen und Vertreibungen herein; sie waren das Geburtstagsgeschenk der neugegründeten Nationalstaaten oder der wiedererlangten Unabhängigkeit. Zehntausende von Juden, plötzlich obdach-, heimat- oder auch staatenlos, versuchten trotz zeitweiliger Grenzsperre – von Antisemiten lautstark gefordert, von den anderen mit einvernehmlichem Schweigen gebilligt – den rettenden Boden eines Landes zu erreichen, in dem sie ihres Lebens sicher sein konnten und vielleicht auch ein Auskommen finden mochten.

So kommen die Ostjuden nach Berlin und wollen in wenigen Jahren erreichen, wozu ein anderer armer Jude vor rund zweihundertfünfzig Jahren den Grundstein gelegt hatte: den wirtschaftlichen und gesellschaftlichen Aufstieg in die bürgerliche Gesellschaft. Damals war der junge Moses Mendelssohn mit nicht mehr Rechten als denen eines Haustieres am Schlesischen Tor in Berlin angekommen. Nun kommen die Flüchtlinge am Schlesischen Bahnhof an und begeben sich, weil es andere vor ihnen auch so gemacht haben, in das Viertel hinter dem Alexanderplatz. Aber in Berlin treffen sie nicht auf ein aufsteigendes Bürgertum, Aufklärung und Lessing, sondern sie finden dort spätbürgerliche Zersetzung, Antisemitismus und Ludendorff. Rund um die Grenadierstraße lassen sie sich provisorisch nieder, immer in der Hoffnung, doch noch den zweiten, größeren Schritt über den Ozean zu tun. Doch viele bleiben. Wie viele? Die amtliche Statistik von 1925 rechnet folgendes vor: Die Zahl von einhundertsiebentausend ausländischen Juden, die gegen eine Bevölkerung von über sechzig Millionen verschwindend gering ist, erhält auch kein größeres Gewicht, wenn man sie auf die im Deutschen Reich befindlichen Ausländer bezieht, die fast eine Million ausmachen. Gewichtiger wird ihr Anteil, setzt man sie in Beziehung zur jüdischen Bevölkerung in Deutschland, die damals knapp sechshunderttausend Personen umfaßt hat. In Berlin waren von einhundertsiebzigtausend ansässigen Juden mehr als vierzigtausend Ausländer. Wie viele darunter Ostjuden waren, das übertreibt der Polizeipräsident und untertreibt die jüdische Gemeinde, wie viele davon im Scheunenviertel wohnten, übertreibt das städtische Wohnungsamt und untertreibt das jüdische Arbeiterfürsorgeamt. Jenseits bloßer Vermutungen, welche Zahlen mit problematischer Herkunft nur zulassen, steht unzweifelhaft fest, daß nahezu die Hälfte aller Ausländer in der Innenstadt wohnte, wo auch ein Großteil der Juden wohnhaft war. Und in der Innenstadt lag das Scheunenviertel, ein zwielichtiger Bezirk, in dem die Dunkelziffer regierte.

Mag ein Sozialwissenschaftler über der Suche nach exakten Zahlen verzweifeln oder reüssieren, hier soll die Feststellung genügen, daß einige Tausend hinter dem Alexanderplatz gewohnt haben. Wer in alten Adreßbüchern blättert, dem verwandeln sich unter der Hand die Straßenverzeichnisse des Viertels in Transportlisten: Pufeles, Grünbaum, Kahane und Süßmann lauten die Namen; auch die Resultate der Germanisierungslaune österreichischer Beamter kann man finden: Butterfaß, Witzig oder Sternkuker. Kaum ein Haus, das nicht jüdische Mieter mit fremden und der Zunge oft nicht geläufigen Namen hätte, und manchmal auch schon ein Haus, dessen Eigentümer irgendein Samuel Goldfinger ist, hinter dessen Namen das Adreßbuch diskret die Bezeichnung »Ausland« vermerkt. Diesem zufälligen Herrn Goldfinger ist das Glück, welches sein Name verspricht, nur kurze Zeit hold, weil er, der Auserwählte unter Tausenden, während der Inflation seine kostbaren, doch unbeständigen Devisen in die kostbarere und beständige Form eines Mietshauses verwandeln kann. Wenige Jahre später bleibt ihm nur noch der Name, der wie eine Zielscheibe an ihm hängt.

Ihr Zentrum hat die ostjüdische Einwanderung in einer Straße, die, fast vertraut wie in Kolomea oder Przemysl, alles beherbergt, dessen der aus dem Schtetl in die Stadt verschlagene Ostjude bedarf, damit die ersten Härten der Fremdheit gemildert würden, in der Grenadierstraße. Auf beiden Seiten der Straße eine Vielzahl von Geschäften, in Kellern und Läden, Bäckereien, Schustereien, mehrere Buchhandlungen, Schlachtereien, Schneidereien, christliches wie jüdisches Kleinhandwerk, eine zweifelhafte Damenkneipe, koschere Speisestuben, Friseure; Absteigen, die sich als Hotels für Durchreisende und Neuankömmlinge präsentieren, Lebensmittelgeschäfte und schließlich ein ambulanter Straßenhandel mit Obst und Gemüse, wie man ihn in vielen Gassen und Straßen des Viertels ohne jüdische Atmosphäre längst kannte. Doch diese Straße, in der Zuckmayer den Schuster Wilhelm Voigt beim jüdischen Kleidertrödler Kracauer die zum *Hauptmann von Köpenick* notwendigen Voraussetzungen erstehen läßt, gewinnt erst dadurch ihren unverwechselbar ostjüdischen Charakter, daß neben dem Gewerbe das Gebet, neben dem Laden die Lehre zum Alltag zählen. Keine Straße, die so viele Betstuben versammelt wie diese, deren jede einer eigenen mitgebrachten Tradition folgt, sich absetzt gegen die nächstliegende, manchmal in Fehde mit der benachbarten liegt und doch zusammen mit allen anderen eine gedrängte Topographie der religiösen Strömungen des östlichen Judentums ergibt: man findet darunter ein »Stibel« des Dombrower Rebbe, dessen chassidische Tradition hier fortgesetzt wird; das Stibel der Anhänger des Seibuscher Raw, ein Radomsker Stibel mit dem Titschiner Rebbe, ein Polcsker Stibel, die Betstätte für die Anhänger von Raw Liebermann, des Kalischer Raw ... – Namen und Orte einer fremden Welt, deren schillernde Vielfalt sich nur dem erschließt, der zu ihr gehört. Dem Außenstehenden, ob Jude oder Nichtjude, ist sie so unverständlich wie einem Europäer, der den afrikanischen Kontinent betritt. Er sieht nur Schwarze: schwarze Mäntel, schwarze Beinkleider, schwarze Hüte und schwarze Bärte. Am Schabbath und erst recht an den großen Feiertagen verwandelt sich das geschäftige Treiben der Straße, der Lärm der holpernden Karren, das Klopfen und Hämmern aus den Werkstätten und die lautstarke Auseinandersetzung am Verkaufsstand in eine würdevolle Szenerie, wo jeder von seiner besten Seite sich sehen läßt und gesehen werden will; dann wird die Straße zur Promenade. Während die Religion der assimilierten Juden, nur wenig unterschieden von den christlichen, sich in der prächtigen Synagoge und als Familienfeier äußert, vereinigt die ostjüdische Religiosität das muffige Dunkel einer ärmlichen Betstube und die Intimität der Familie unbekümmert mit der Publizität der Straße. Am Freudenfest der Thora oder bei der Einweihung einer neuen Synagoge strömen die Menschen singend auf die Straße, die Kinder froh, für heute dem Cheder, der Religionsschule, entronnen zu sein. Einmal im Jahr, nach dem Neujahrsfest, bewegt sich ein feierlicher Zug, Familie für Familie aus der Straße, aus dem ganzen Viertel hinaus und hinunter zur Spree, um symbolisch mit Krümeln aus den umgestülpten Taschen alle Sünden ins Wasser zu werfen. Richtig in Aufruhr gerät die Straße jedoch dann, wenn der Besuch eines großen Rabbiners aus Polen angekündigt wird, der mit seinem Gefolge wie ein Fürst empfangen zu werden pflegt, um für eine Zeitlang hofzuhalten.

Zwar gibt es in fast allen anderen Straßen des Viertels weitere Betstuben, Talmudschulen und Synagogen, aber ihnen kommt nur die Rolle von Planeten zu, welche um die Sonne der Grenadierstraße kreisen. In diesen Straßen überwiegen die gänzlich säkularen Einrichtungen und Organisationen: sozialistische Klubs und zionistische Kulturvereine, Parteilokale, Lesehallen, Teestuben und Kindergärten.

Eine dieser Einrichtungen, die mehr als lokale Bedeutung erlangte, ja deren Ruf weit über Berlin hinausdrang, war das jüdische Volksheim in der Dragonerstraße (heute Max-Beer-Straße). Während der schwärmerischen Entdeckung des Ostjudentums aus den Ideen Toynbees, Tolstois und der russischen Narodniki geboren und von vornehmlich westjüdischen Intellektuellen gegründet, zeigt die kurze Geschichte des Volksheims, die bis Ende der zwanziger Jahre währte, exemplarisch und jenseits aller jüdischen Fragen, wie sich unter den vorherrschenden Verhältnissen die Kombination von Sozialismus und Pädagogik entfalten muß: am Anfang steht ein revolutionäres Bekenntnis, dann werden die Kinder gesammelt und die Jugend organisiert, und am Schluß kommen die Reform der Sozialarbeit wie die Aspiranten auf eine Planstelle heraus.

1916 hielt Gustav Landauer die Rede zur Eröffnung des Volksheims, dessen Konzeption für eine geraume Zeit viele jüdische Intellektuelle anzog, die glaubten, aus der Beschäftigung mit ostjüdischen, oft verwahrlosten Kindern, zu den Quellen eines verschütteten Judentums zu gelangen. An den Gruppenabenden des Heims fanden politische, religiöse und pädagogische Diskussionen der Mitarbeiter statt, an denen, um einige wenige Namen zu nennen, die mit der Entwicklung dieser Institution im Scheunenviertel verbunden waren, Martin Buber, Salman Rubaschoff (der spätere israelische Staatspräsident Schasar), Gerschom Scholem, Siegfried Lehmann (der Gründer des Volksheims), Gertrude Welkanoz (die pädagogische Leiterin der Einrichtung) und viele andere sich beteiligten. Aber wie ein halbes Jahrhundert später in den Kinderläden die Kinder, wenn es gut abging, den hölzernen Aufklärungsversuchen der Eltern widerspenstig ihr Räuber- und Gendarmspiel entgegensetzten, so dachten die von der Straße aufgelesenen oder aus dem Cheder geholten ostjüdischen Kinder nicht daran, den beflissenen

Vorhaltungen mittelständischer Juden, man müsse gesetzestreu leben und strikt koscher essen, zu folgen. Die Kinder und Halbwüchsigen, so ist in einem Resümee Ende der zwanziger Jahre nachzulesen, aßen, was ihnen schmeckte.

Auch die Versuche, vermittelt über die Kinder ins Volk oder was sie dafür hielten zu gelangen, schlugen kläglich fehl. Die Arbeiter in der näheren Umgebung verhielten sich indifferent bis feindselig, heißt es in einem Jahresbericht. Den Verdacht, daß es dabei oft weniger um die Bekämpfung materieller Not als um die gefühlvolle und gesellige Behebung einer geistigen Obdachlosigkeit ging, wie sie heute als Selbstverwirklichung oder Selbstfindung propagiert wird, belegen die sarkastischen Anmerkungen, die Gerschom Scholem in seinen Erinnerungen dem Volksheim gewidmet hat: »Als ich zum ersten Mal ins Volksheim kam, bot sich mir ein seltsames Bild. Die Helfer und Besucher saßen auf den Stühlen; am Boden höchst malerisch um Gertrude, die Röcke hochästhetisch drapiert, saßen die jungen Mädchen, unter denen ... Franz Kafkas Braut Felice Bauer war ... ich war schockiert. Was mich umgab, war eine Atmosphäre ästhetischer Ekstase.«

Scholem riet schließlich dem Leiter des Unternehmens, er solle, statt sich mit »Unfug und literarischem Geschwätz zu befassen, lieber Hebräisch lernen und zu den Quellen gehen.« Auch Kafka, dessen Freund Max Brod mit Dichterlesungen im Volksheim zu Gast war, hat, wie seine Briefe zeigen, zwar mit großem Interesse die Anfänge des Volksheims begleitet, gleichzeitig aber entschiedene Bedenken gegen die vom Volksheim intendierte Symbiose von Ost und West vorgebracht. Einige Jahre später hatten sich die vagen sozialistischen und kulturzionistischen Vorstellungen des Volksheimkreises schon den strammen Ansichten der Jugendbewegung angenähert. Die diffuse Schwärmerei fürs Ostjüdische wurde verdrängt von der Begeisterung für Palästina, der Aufstieg aus dem Ghetto in der Auswanderung gesehen und die Vorstellungen vom Proletariat durch das Konzept einer Klasse von Pionieren ersetzt. Statt weiter Gedichte auswendig zu lernen, womit die ostjüdischen Kinder vorgeblich kultiviert werden sollten, wurden nun Fahrtenlieder gesungen und verbissene Wanderungen unternommen. Dazu konnte man keine kleinen Kinder mehr gebrauchen und schloß deshalb 1929 den Kindergarten des Volksheims. Die anderen Gruppen gingen umstandslos in der jüdischen Jugendbewegung auf oder wanderten nach Palästina aus, um dort neu zu beginnen, was fortzusetzen in Deutschland bald nicht mehr möglich war.

Das Scheitern des jüdischen Volksheims war aber nur die Begleiterscheinung einer allgemeinen Niederlage, die mit den Rückzugsgefechten von Spartacus auch in den Straßen des Scheunenviertels besiegelt worden war. In der Zunahme zionistischer und bündischer Momente, die schließlich im Volksheim dominierten, kam nur eine nationalistische Antwort auf die verlorene Revolution zum Ausdruck. Hatte die polnische Unabhängigkeit die polnischen Juden mit Pogromen begrüßt, so erhielten die Juden in Deutschland als Morgengabe der Republik die Leiche von Rosa Luxemburg. Mit ihrer Ermordung war das Schicksal der Demokratie wie das der Juden entschieden. »Schlagt sie tot, das Weltgericht fragt euch nach den Gründen nicht« war die Parole der Totschläger, die durch jeden neuen Mord darauf hinwiesen, wie unauflöslich die Freiheit der Juden mit der sozialistischen Revolution verschränkt war und wie man sich beider entledigen konnte. Wahrscheinlich hatten die galizischen Einwanderer hinter dem Alexanderplatz nie etwas gehört von Rosa Luxemburg aus Zamosé, von Leo Jogiches aus Wilna, dem Jerusalem des Ostens, oder von Eugen Leviné aus St. Petersburg. Doch deren Mörder sorgten dafür, daß kein Ostjude sich mehr sicher fühlen durfte. Bis 1923, als Tausende plündernd und mißhandelnd durch das jüdische Viertel zogen, waren alle rassistischen Wahngebilde, alle Erniedrigungen, Beleidigungen, Verwünschungen und Drohungen schon in einer solchen Schärfe ausgebildet, daß die einzige Originalität der Nationalsozialisten nur noch darin bestand, daß sie wahr machten, wonach die Deutschen schon damals verlangten.

Die kurze Geschichte der ostjüdischen Einwanderung enthüllt den Nimbus, der das Jahr 1933 umgibt, als ausgemachten Schwindel. Dies Datum markiert keinen Einbruch, weder ein jähes Ende, noch einen abrupten Anfang. Als Unerwünschte, Rechtlose und politisch Anrüchige, die ihre Herkunft, wie ein Reichstagsabgeordneter sagte, schon durch ihre »körperliche Beredsamkeit« verrieten, machen viele Ostjuden schon an der Grenze Bekanntschaft mit den Mitteln des modernen Staates, der Ausweisung und Abschiebung für sie bereithält, aber auch schon einen Ort, dessen schon damals geläufige Bezeichnung »Konzentrationslager« die kommenden Schrecken noch nicht verrät. Wer es nach Berlin schafft, kommt an, gezeichnet als Schieber, Krankheitserreger, Mädchenschänder, Schmuggler und Schwindler, als Hausierer und Hehler, als Dieb, der, wie ein beliebiges Flugblatt formuliert, dem hungernden deutschen Volk das Mahl für seine Pessahmazzen gestohlen haben soll.

Sie ziehen in die Grenadierstraße, die in Umkehrung der keiner Erinnerung mehr gewärtigen Bezeichnung aus dem frühen 19. Jahrhundert sich aus einer »Verlorenen Straße« in eine Straße der Verlorenen verwandelt.

Der Ostjude ist der Fremde par excellence. Seine Erscheinung erinnert gleichermaßen an die Schandtaten der Epoche wie an ihre verspielten Hoffnungen. Freizügigkeit erscheint an ihm als die Schrecknis der Flucht, Freiheit als der Fluch der Vogelfreiheit, Individualität als bedrohliche Abweichung, das Versprechen der freien Assoziation als Gespenst der Staatenlosigkeit, die emphatisch verkündeten Menschenrechte zeigen sich als lächerlicher Plunder.

Von Georg Simmel stammen einige der treffendsten Bemerkungen zur Phänomenologie des Fremden. Nicht zufällig sind sie in einer Zeit formuliert worden, als die xenophobische Rankünе gegen die osteuropäischen, vor der Rache des Zarismus nach der ersten Revolution flüchtigen Juden jenen völkischen Beiklang erhielt, der den Antisemitismus der liberalen Ära schließlich zur paranoiden Weltanschauung ummodeln sollte. Simmel, in den Augen seiner zu kurz gekommenen Neider die anstößige Verkörperung des Glücks, weil ohne Mühsal, war oft genug das Objekt jener inneren Ausbürgerungsversuche, welche vornehmlich an Geist und Geld, an Intellektuellen und Bankiers erprobt wurden. Sie sollten der Freiheit ohne Verordnung, des Genusses ohne Anstrengung, der Zerstreuung ohne Achselschweiß, des Glücks ohne Macht nicht in Ruhe teilhaftig werden, solange die von Herrschaft Zugerichteten sich selbst den Wunsch nach Glück austrieben. Der Intellektuelle wie der Bankier, von der verstümmelten Wahrnehmung zu oft ausländischen anarchistischen oder plutokratischen Weltverschwörern verzeichnet, gemahnen zweifach an die verleugnete Sehnsucht der abgerichteten Massen. Wo immer inmitten des allgemeinen Unglücks auch nur der Anschein realisierten Glücks aufleuchtet, muß an seinen Trägern gestraft werden, was die Abhängigen sich versagen. Durch die Veräußerlichung zementiert fortwährend die Herrschaft ihre Risse.

Andererseits entpuppt sich die in Regie genommene Erfüllung der geheimen Wünsche als konsequente Realisierung der krankhaften Wahrnehmung: die Nazis handelten nicht nur so, als gäbe es wirklich eine jüdische Weltverschwörung, sie versuchten außerdem mit Erfolg, alle den Juden angedichteten Hirngespinste für sich selbst wahr zu machen. Die Vernichtung der Welt wurde nicht länger von einem obskuren Rat der »Weisen von Zion« ausgeheckt, sondern planmäßig vom deutschen Generalstab in Angriff genommen. Solange der dumpfe Groll gegen die Exponenten der Zirkulation drunten gehalten werden muß, weil die Herrschaft ihrer noch bedarf, gibt alles andere, was weniger exponiert, aber doch auffällig genug ist, Anlaß, in jenem sich selbst abzustrafen und auf Kommendes sich einzuüben. Und auffällig sind die Ostjuden.

Die deutschen Juden hatten nach und nach aufgehört, eine durch Gebräuche, Anschauungen und Sitten besondere Gruppe zu sein, was mit einem dem biologistischen Denken des 19. Jahrhunderts entlehnten Begriff, mit Assimilation, bezeichnet wurde. Dieser Prozeß der Angleichung ans falsche Ganze, der die Juden in Deutschland zu oft wahnwitzigen Akten der Selbstverleugnung getrieben hat, ist auch nach der mörderischen Zerstörung der seit je illusionären deutsch-jüdischen Symbiose noch nicht zu Ende. Ossietzkys spöttische Verwandlung des »Centralvereins deutscher Staatsbürger jüdischen Glaubens« in »Centralverein deutscher Staatsjuden bürgerlichen Glaubens« findet in den Ehrenerklärungen, welche die Repräsentanten der Juden für deutsche Politiker im Austausch gegen ein Verdienstkreuz abgeben, eine späte und deprimierende Bestätigung.

Im fremden, doch anpassungswilligen Ostjuden erscheint fast greifbar was die Zerstörungswut der Gleichgeschalteten auf sich zieht. An jenen ist noch nicht erloschen, was diese an sich selbst abgetötet haben; und im handgreiflichen Angriff auf die Insignien der Differenz, auf Pejes, Bart, Strejmel, Kaftan und Scheitel, dem sadistisch aufgeheizten Vorspiel zur kalt organisierten Deportation, macht der Spießer Ernst mit dem schon immer aus dem Munde bedrohlich klingenden Satz der Aufklärung, daß die Menschen alle gleich seien. Das hätte er gern. Regungslos und diszipliniert, erlaubt er sich im Pogrom die Regung, damit sie den Ostjuden ausgetrieben würde. Nur im nervösen Händegefuchtel und im schiefnasigen Grimassieren des antijüdischen Witzes kann sich die ohnmächtige Wut eine Karikatur von Ausdrucksfreiheit verschaffen. Die undressierte Mimik des Ostjuden, seine vermittelnden Gebärden, die an den anderen unter dem Zwang der Produktionsverhältnisse längst verstummt sind und als bloßer Reflex wirken, fordern die unvermittelte Motorik heraus: auf die beredsame Gestik der Hände, das Zeichen noch nicht erloschener Angst, reagiert die sprachlose Faust, deren Besitzer keine mehr kennen darf.

Georg Simmel hat in seinem »Exkurs über den Fremden« jene Unstetigkeit, Abweichung und Irritation, welche den populistischen Demokratismus außer Fassung bringt, daß er »Überfremdung« schreit, ehe er zu Taten schreitet, präzise bezeichnet: »Es ist hier also der Fremde nicht in dem bisher vielfach berührten Sinn gemeint, als der Wandernde, der heute kommt und morgen geht, sondern als der, der heute kommt und morgen bleibt – sozusagen der potentiell Wandernde, der, obgleich er nicht weitergezogen ist, die Gelöstheit des Kommens und Gehens nicht ganz überwunden hat.« Dieser Fremdheit, welche Simmel mit prophetischem Blick als Essenz jüdischen Daseins begreift, entspringt eine seltene Qualität, von deren Preis die Rede bereits war.

Diese Qualität, so bedeutet Simmel, sei gekennzeichnet durch eine Synthese von Nähe und Ferne, durch reflektierte Distanz, Beweglichkeit und Objektivität. Mit anderen Worten: die Träger derartiger Eigenschaften eignen sich nicht für den öffentlichen, sondern für die Rolle des Schuldigen, den jener braucht. Schon in einem Spottgedicht von Heine heißt es: »... Ausländer, Fremde sind es meist, die unter uns gesät den Geist der Rebellion ...«

Nicht verwachsen, verwurzelt, verankert, nicht in der Erde festgemauert und auf keiner Grundordnung stehend, demonstriert die Anwesenheit des Fremden in seiner je besonderen Gestalt die eingebüßten Chancen auf Freiheit. Beweglich, weil auf der Hut, gelassen und engagiert zugleich, freischwebend, weil nicht an den Boden gefesselt, und den Horizont der Gesellschaft kühl ausmessend, vertrauenswert aber nicht vertraulich, blitzen in der Erscheinung des Fremden die Möglichkeit oder der Nachglanz des besseren Lebens auf.

»Die heutigen Staaten sind das Grab der Völker. Staaten sind Kollektivbestien.«

Alfred Döblin, Reise in Polen

Nur, in der Regel ist dieses teilweise Glück ein ganzes Unglück. Selten, daß einer freiwillig zum Fremden wird, und selten, daß es ihm dabei gutgeht. Am Flüchtling, der kollektiven Gestalt des Fremden im 20. Jahrhundert, scheitert die optimistische Theorie vollends, die besagt, der geschichtliche Prozeß, der Fortschritt, produziere aus sich heraus die Mittel zur Lösung der von ihm verursachten Probleme. War dies schon zweifelhaft zur Geburtsstunde der bürgerlichen Gesellschaft, angesichts der Millionenzahl von Flüchtlingen, die seit dem Ersten Weltkrieg die elende und ständig anwachsende Manövriermasse der großen Politik bilden, verwandelt sich jene Behauptung in uneingeschränkte Affirmation.

Die Freisetzung der historischen Potenzen der Arbeit setzte den freien Arbeiter voraus, frei von allen natürlichen Verwirklichungsbedingungen, befreit vom Despotismus der Natur und von der Natur des Despotismus. Irgendwo zwischen diesen blutig ausgefochtenen Voraussetzungen und den blutrünstig ausgefochtenen Resultaten, wo die Arbeiterklassen sich gegenseitig abgeschlachtet haben, lag, mittlerweile unauffindbar verloren, die Chance, den katastrophischen Gang der Geschichte zu wenden. Je näher wir der Gegenwart kommen, desto kürzer werden die spekulativen Verschnaufpausen zwischen Ursache und Wirkung, bis wir schließlich in eine ununterscheidbare Abfolge kollektiver Untaten geraten.

In diesem ausweglosen Zirkel, den niemand so eindringlich beschrieben hat wie Hannah Arendt, sind die Flüchtlinge gefangen. Abgestoßen von zerfallenden Nationalstaaten, deren Überlebtheit in den Chefetagen längst anerkannt war, ehe in Regierungskonferenzen über die Neuaufteilung der Erde verhandelt wurde, wird der millionenfache Beweis für die Notwendigkeit, daß sich die tatsächlich zu einer Welt verwebten Menschen als eine Menschheit begreifen müssen, von einem Land ins andere verschoben, bis eines Tages entdeckt wird, daß die Heimat der Heimatlosen das Internierungslager, schließlich das Konzentrationslager sein soll.

Mit den Heimatlosen, produziert im Schoß einer maroden Ordnung und doch, wenn auch im Gewand der Schande, nämlich der Rechtlosigkeit, einen vernünftigen Zustand der Welt antizipierend, entbindet diese zerrüttete Ordnung auch, was diese Antizipation verschlingt. Dem hochaktuellen Begriff »Bevölkerungsexplosion« nicht unähnlich, fallen Diagnose und Therapie in eins.

Jede Staatsgründung, jede Revolution und jeder Krieg im 20. Jahrhundert hat bislang Menschenmassen vertrieben, deren einziges Fehl darin bestand, nicht daß sie einer gestürzten Klasse oder einer besiegten Partei angehörten, sondern daß sie überhaupt existierten. Mit genau dieser Qualität, nur Menschennatur zu besitzen, wurden sie verjagt und ausgesetzt. Und nur Mensch zu sein, nichts weiter, das ist gar nichts; das wußten schon die Griechen sehr genau, für die alle Fremden Barbaren waren.

Die als Gipfel zeitgenössischer Humanität ausposaunte Maxime, daß ein Jude oder ein Neger auch ein Mensch sei, gerät unter diesem Aspekt zu einer doppelten Schamlosigkeit. Mensch zu sein ist, als würde man dem Affen bescheinigen, er sei ein Tier, es ist die unterschiedslose Bestimmung, die den Verhungernden in Indien wie die Hausfrau im *Brigitte*-Diät-Club umfaßt. Jemandem attestieren, Mensch zu sein, kommt einer einverständlichen Todeserklärung gleich; jemandem unter den obwaltenden Umständen versichern, auch er sei ein Mensch, ist bestenfalls eine verachtungsvolle Geste und in den Augen des angesprochenen Negers sicher ein höchst fragwürdiges Verdienst.

An den Ostjuden wird frühzeitig vollstreckt, was die Völker vorgesehen haben als Strafe für die widerspenstige Eigenschaft, nicht in der überholten Dreieinigkeit von Territorium, Volk und Staat aufzugeben: als unerwünschte Minderheit, lästige Ausländer, rechtlose Fremde und verächtliche Staatenlose werden sie zum Strandgut einer Epoche; schließlich wird der ganze Kontinent zum Totenschiff.

Die in die billige Abbruchgegend hinter dem Berliner Alexanderplatz ziehen, dem ukrainischen Hetman entkommen oder von der polnischen Soldateska nur ausgeplündert, verwechseln vor lauter Dankbarkeit den Schlesischen Bahnhof mit den Piers von Manhattan oder dem Hafen von Dover. Weil das Geld für die Passage nicht reicht, halten sie das Scheunenviertel für Klein-Brooklyn, und so spricht sich die Grenadierstraße bis in die entlegensten Dörfer Galiziens herum als sagenhafte erste Stufe zum Paradies, während die Deutschen schon laut darüber nachdenken, wie sie ihnen Schlimmeres als den neunten Kreis der Hölle bereiten könnten.

»Einmal Emigrant, immer Emigrant«, lautet der böse Fluch, der, wo immer sie auftauchen, an ihnen hängt wie ein schlechter Geruch. Der Akzent, in welchem sie verlangen, wonach alle verlangt, nach einer gesicherten Bleibe, verrät den Einheimischen, an wem sie die Drohung, es möchte ihnen morgen ebenso ergehen, entkräften könnten. In jeder polizeilichen Ausweisung, den kleinen Anweisungen auf den großen Transfer in die Lager, wird insgeheim die erste Abschlagszahlung auf das eigene Schicksal verbucht.

Am Ende des Ersten Weltkriegs stehen sie im Nichts: die Minderheiten, die Flüchtlinge und die Staatenlosen. Die Wanderung der Völker ohne Staat effektiv zu steuern, ersinnen die Bürokratien der durch wechselnde Grenzen mit wechselnden Minderheiten konfrontierten Staaten ein ganzes Arsenal halb- und illegaler Zwangsmittel. Darunter Denaturalisierung und Entzug der Staatsbürgerschaft, Maßnahmen, die zu den wirksamsten Waffen totalitärer Regime sich entwickeln sollten. Die Nazis haben, in früher Perfektionierung demoskopischer Mittel – die Regierung tut, was die Bevölkerung will, daß die Regierung befiehlt –, genau gewußt, daß sich keiner regen würde, wenn es gegen Menschen ging, die außer auf ihr menschliches Antlitz auf nichts verweisen konnten. War erst einmal die juristische Person durch Entzug der Staatsbürgerschaft und anderer Rechte zerstört, dann erwies sich die Behauptung von den eingeborenen Rechten eines jeden Menschen als hohle Phrase; nur im Besitz sogenannter unveräußerlicher natürlicher Rechte waren die schutzlosen Individuen geradezu die personifizierte Einladung für den Schrecken. »Ihre Unbezogenheit zur Welt, ihre Weltlosigkeit ist wie eine Aufforderung zum Mord«, schreibt Hannah Arendt über die Aporien der Menschenrechte, »wenn man sie mordet, ist es, als sei niemandem ein Unrecht oder auch ein Leid geschehen.«

Aber nicht erst 1933, als Flüchtling und Staatenloser meist identisch werden und die Nazis befriedigt zur Kenntnis nehmen können, daß die Hinausgeworfenen im Ausland als Auswurf ankommen, nicht erst mit der planmäßigen Koordination der Willkür wankt die verläßlichste Bastion, in welcher der schutzsuchende Flüchtling sich verschanzen könnte; sie ist längst geschleift. Das Asylrecht, vom Anbeginn politischer Gemeinwesen herrührend und aus der Idee der solidarischen Gattung geboren, ist unter der Massenflucht im ersten Drittel des Jahrhunderts zusammengebrochen. Seine Anwendung ist, wie fast alle Artikel, die Ausländer betreffen, zu einer Polizeiangelegenheit geworden. Über diese Fragen hat sich die Polizei der verschiedenen Länder dahin entwickelt, wozu es die Arbeiterbewegung nie gebracht hat: zu einer wirklichen und effektiven Internationale.

Unter diesen Umständen hat sich, was dem Flüchtigen Schutz und Recht gewähren sollte, verwandelt in eine prekäre Gnade, der er jederzeit verlustig gehen konnte, denn Gnade ist nur das Schmunzeln der Willkür, eine Laune der Macht, die ihn beständig mit dem Schreckgespenst der Abschiebung bedrohte. Und Abschiebung in ihrer schlimmsten Form heißt nun auf paradoxe Weise Repatriierung, die Rückverbringung in ein Vaterland, das keines ist. Damit wird Heimat zur Strafe für Heimatlosigkeit, sie erscheint gar als der äußerste Punkt der Fremde.

Das hat mit Entfremdung, die mittlerweile für jeden vegetativen Aufstoß der neuen Betroffenheit herhalten muß, wenig zu tun. Entfremdung nähme der Fremde gern in Kauf, hätte er nur eine sichere Bleibe. Heimführung meint ihr genaues Gegenteil: für den politischen Flüchtling bedeutet sie den Weg aus einer unsicheren Freiheit in die sichere Unfreiheit, er zieht ein schäbiges Mehrbettzimmer in der Hirtenstraße einer Einzelzelle in Warschau vor; für die anderen, die nicht ahnen, wie schnell der Pogrom, dem sie entronnen sind, in Deutschland zum Programm erhoben werden sollte, bedeutet Rückkehr die Wiederkehr des Elends, sie nehmen lieber gelegentliche Haussuchungen hin als ständige Heimsuchungen.

Daß der Staat den Zustand der ihm unliebsamen Ausländer nicht legalisiert und das Dasein der Staatenlosen nur widerruflich duldet, hat zwei bedenkliche Konsequenzen, die auch das Schicksal der meisten Ostjuden bestimmen: Es entsteht ein Vakuum der Legalität, das die Behörden mit administrativen Willkürakten anfüllen; darin findet am besten sich zurecht, wer angemessen reagiert und selbst zur Illegalität Zuflucht nimmt. Die zweite Konsequenz besteht in dem Umstand, daß aus der almosenhaften Gewährung des Aufenthalts jede Spur von Politik und Recht getilgt und die Flüchtlinge zu Sozialfällen erklärt werden. Für sie gibt es keinen Appellationsgerichtshof, sondern das Wohlfahrtsamt.

So ehrenhaft die Motive der Fürsorger auch sein mögen, so unerschöpflich sich Ligen und Hilfsvereine um den Flüchtling auch mühen, so zweifelsfrei ihre Erfolge in der Abwendung des schlimmsten Elends wie der unmittelbaren Ausweisung auch feststehen, als Objekt jüdischer Caritas bleibt die Lage des Ostjuden, vor allem des staatenlosen, zweifelhaft. Fürsorge kann ihm zur Winterkleidung, aber nicht zur Würde verhelfen, zur Erbsensuppe, aber nicht zur Einbürgerung; sie verschafft ihm durch einen Arbeitsplatz vielleicht kurzfristig Respekt, aber nicht dauerhaft sein Recht.

Mißtrauisch beäugt von allen Parteien, Gegenstand vorurteilsgeladener Debatten in Kommunal- und Landesparlamenten und Angriffsziel einer teils virulent antisemitischen Presse, wird das Schicksal der Ostjuden vorübergehend in die Hände einer eigens dafür geschaffenen jüdischen Wohlfahrtseinrichtung gelegt. Nichts gereicht mehr zur Schande der deutschen Revolution als der Willkommensgruß an die polnischen Juden: keine brüderliche Proklamation, sondern ein Erlaß des preußischen Innenministers, der Flüchtlinge wie ostjüdische Zwangsarbeiter auf die Fürsorge verweist. Diesc Schande wird nur dadurch übertroffen, daß das jüdische Arbeiterfürsorgeamt mehr republikanische Gesinnung an den Tag legt als je eine deutsche Behörde. So machten die Ostjuden, als Schachfigur deutscher Kriegspolitik in Polen mißbraucht, eine Erfahrung, die sie von dort und in einer bitteren Redensart zusammengefaßt kennen »*Jak bieda to dożyda, po biedzie precz żydzie*«; was soviel heißt wie, daß die Juden sich zum Teufel scheren sollten, wenn die Not, wegen derer man sie gerufen habe, vorbei sei.

Im Unterschied zur traditionellen jüdischen Wanderfürsorge, welche der Unterstützung der nur durchreisenden und nach Amerika emigrierenden Juden aus dem Osten dient, stehen die neugegründeten Wohlfahrtseinrichtungen unter dem Druck, gegen eine wachsende Feindseligkeit, den Bleibewilligen bei der Beschaffung von Papieren, Unterkunft, Arbeit und all den trivialen Voraussetzungen der Gesellschaftsfähigkeit zu helfen. Doch gegen die Übermacht der Verhältnisse, deren Spuren sie schon im Widerstand dagegen tragen, vermögen jene Anstrengungen nichts. Mit dem sicheren Gespür für die Tendenz, daß die Flüchtlinge die länger ansässigen Juden gleicher Nationalität wieder in Ostjuden und unter äußerer Einwirkung gar wieder in Flüchtlinge verwandeln könnten, kehrt die jüdische Sozialpolitik den Grundsatz der alten Wanderfürsorge um, der die Verschiedenheit der ausländischen Juden hervorhob, um ihnen möglichst beim Verschwinden zu helfen.

Die untrügliche Ahnung vom zwieschlächtigen Charakter der Assimilation, die nicht eliminierbare Angst, es könnte alles vergeblich gewesen sein, stand hinter der philantropisch verbrämten Kälte und ging tiefer als aller sozialer Unterschied. Diese Furcht steht, nachdem sich in der 1916 staatlich verordneten Auszählung jüdischer versus nichtjüdischer Soldaten jene Ahnung längst bestätigt hatte, als letzter Versuch, den Ungeist zu besänftigen, hinter den mit Produktivierungsmythen in Szene gesetzten Eingliederungsversuchen. Mehrere Tausend seien

Bergarbeiter geworden, lautet eine Siegesmeldung, gerichtet an die Deutschen, die man besänftigen muß. Die Berliner Gemeinde richtet Kindergärten und eine neue Volksschule ein in der berechtigten Sorge, die Kinder hätten Schlimmeres zu ertragen in anderen Schulen als gelegentliche Püffe, aber doch auch in der Absicht, sie auf die Höhe der Assimilierten zu germanisieren. Nichts ist gründlicher verhöhnt worden als diese verzweifelte Gutwilligkeit. Sie kann die Scham nicht abstreifen, die andere nicht mehr haben dürfen. Als keine mehr da sind, haben sie selbst plötzlich galizische Gesichter.

Keine Heimat zu haben ist kein Unglück, wenn es Städte gibt, und deshalb ziehen die Ostjuden in die Großstadt. Beide, Großstadt und Ostjuden, tauchen als Bestandteil totalitärer Ideologie deshalb regelmäßig zusammen auf, wenn es ums gesunde Leben und gegen den Asphalt, gegen die Entwurzelung, aber für das Dasein des Menschen als Rettich geht. Keinen Staat zu haben, weil einen dann kein Staat haben kann, ist allerdings ein Unglück, weil einen nämlich kein Staat will. Was vordem ein Kuriosum war, ein Mensch ohne Staatsangehörigkeit, wird nach dem Ersten Weltkrieg ebenfalls zur Massenerscheinung. Des notdürftigen Schutzes, den andere Flüchtlinge unter Umständen genießen konnten, muß der Staatenlose von vornherein entbehren. Noch stärker das Objekt der illegalen Zwangsmaßnahmen als die übrigen Flüchtlinge, sucht er, am Rande der Legalität, jenen Zugriffen zu entgehen. Jede Polizei verstößt zwar bei seiner häufig bei Nacht und Nebel über die grüne Grenze durchgeführten Abschiebung gegen die Gesetze eines anderen Staates, er selbst aber ist hier wie dort eine nicht genehmigte Erscheinung, die unerlaubte Verkörperung der Gesetzlosigkeit. Die Empörung Clemenceaus, die Staatenlosen seien die letzten Sklaven Europas, ist schon überholt, ehe sie ausgesprochen wird; die Sklaven hatten es besser als die massenhaften Vorboten einer neuen

Vogelfreiheit. Erst den Nazis gelingt es, diesen von ihnen vergrößerten Bevölkerungsteil deportationsfähig zu machen und ins wirkliche Niemandsland zu verschleppen. Der inkriminierte Zustand der Staatenlosigkeit illustriert zum ersten Mal einen bislang unbekannten und paradoxen Sachverhalt, an ihr zeigt sich, daß absolute Rechtlosigkeit und vollkommene Unschuld zusammengehen können. Jene scheint die Strafe für letztere, wenn man diesen Zusammenhang bis in die Vernichtungslager verfolgt. Vorher war ein Minimum an bürgerlichen Rechten für den Rechtlosen offenbar nur um den Preis einer wirklichen Rechtsverletzung zu haben. Ein ordentliches Verbrechen bot wenigstens die Gewähr für ein ordentliches Verfahren, und ein schlecht gefälschter Paß, wie ihn die Polizei ab und zu bei einer Razzia gegen Ausländer gefunden hat, war kein Freibrief für eine heimliche Abschiebung, sondern eher eine wohlpräparierte Eintrittskarte in ein öffentliches Gerichtsgebäude.

Widerruflichen Schutz gegen die tausendfältigen Schikanen fanden die Ostjuden nur auf der Schattenseite der Gesellschaft oder im Rampenlicht, an den Örtlichkeiten, wo sie die Polizei umgehen konnten, oder dem Ort, wo sie die Polizei umging. Das wird von der kurzen ostjüdischen Geschichte des Berliner Scheunenviertels bezeugt, wo manchmal beides seinen Ausgang nahm: die Kellerkarriere eines Unbekannten wie die Bühnenlaufbahn eines Jesajah Ben Aron Gronach aus Galizien, den wir als den Schauspieler Alexander Granach kennen.

Wer sich Anfang der achtziger Jahre auf die Suche nach den Spuren des Ghettos begibt, stößt immer wieder ins Leere. Nichts ist geblieben, außer der Ärmlichkeit der Häuser. Jede Straße des Viertels wie ein lückenhaftes, unansehnliches Gebiß, jedes Haus ein steinerner Sozialfall. Jede Fassade ein graues löchriges Tor, das keinen

Blick auf die Vergangenheit preisgibt. Armselige Verwandte der protzigen Schäbigkeit, welche sich in der Innenstadt breitgemacht hat, kennen diese Häuser nur die nämliche monotone Auskunft: Es hat eine Geschichte gegeben, es gibt keine Geschichte mehr.

Noch über seine Niederlage hinaus präsentiert sich in diesen Straßen der Nationalsozialismus als heimlicher Sieger der Epoche: Es soll auch keine Erinnerung mehr geben. Wenn verschwunden war, was irgend an sie erinnern konnte, dann waren die Umgebrachten mehr als tot, dann hatten sie nie gelebt. Und getötet wurde deshalb auch nicht jemand, sondern was, wie die Bezeichnung »Phantomurteil« eines zum Ministerpräsidenten aufgestiegenen Nazirichters verrät. Diese Gebäude, die mehr nicht entäußern, als worin ihr Zweck auch schon erschöpft ist, nämlich in abstrakter Behausung, sie stehen als häßliches Zenotaph des Eingedenkens; in ihren zerschrundenen Mauern ist unentzifferbar die innehaltene Erinnerung, deren Exponenten man liquidiert hat, zerbröckelt. Irgendwann wird ein letzter und anstößiger Rest in der Grenadierstraße verschwinden, drei hebräische Buchstaben, ein absurdes Menetekel des Gedächtnisverlustes. Wie in einem Palimpsest ist an einer Hauswand das Wort »koscher« zu entdecken, ein merkwürdiges Relikt, nicht ausradiert wie jene, denen es als untrügliches Zeichen ihrer Verschiedenheit galt. Man wird es verputzen und wetterfest übertünchen, und damit die rissigen Monumente, die für die Anthropologie nach Auschwitz, für den universellen Verlust der Erinnerung stehen, ihre letzte und bloß diffuse Verstörung verlieren, wird man die Reste adrett renovieren. Auch hier verlangen die Arrivierten nach poliertem Trödel. Schon gilt unter Akademikern und Künstlern eine Wohnung oder ein Haus im Scheunenviertel als schicker Ersatz für die Isolierzelle im Wohnblock.

Aber noch ist die Gegend zwischen Münzstraße und

Linienstraße ein unangenehmer Schmutzfleck auf der maßgeschneiderten City. Sie läßt, wenn dem Fremden sich überhaupt etwas erschließen kann, nur den etwas von ihrer anrüchigen Vergangenheit ahnen, der sie bereits kennt. Ansonsten hängt der Geruch von Sagrotan und Braunkohle in den engen Straßen. Daß, wer nichts weiß, auch nichts erfahren wird, ist eine richtige Einsicht, die allerdings kaum weiterhilft bei den Annäherungsversuchen an die Geschichte des Viertels als einer Stätte des verrufenen Vergnügens, des obskuren Geschäfts, der roten Laternen und des Schwarzhandels. Im Unterschied zu den bruchstückhaften schriftlichen Zeugnissen jüdischer Existenz im Viertel findet über jene andere, wer will, eine ganze Menge. Doch das Terrain bleibt auch in diesem Fall der blinde Spiegel, welcher die Projektionen selbst des kundigen Betrachters verschluckt. Die Gegenstände verharren stumm gegen die Überredungen des an ihrer Geschichte Interessierten. In ihnen, den alten Häusern und Straßen des Viertels, scheint als Resultat vergangener Zeit und gleichermaßen als Voraussetzung der Gegenwart ein Umstand versteinert, der die Wahrnehmung zutiefst verstört: die Dinge geben nichts mehr preis. Die zu einem grauen Tableau erstarrte Szenerie entbindet in ihren einzelnen Elementen keine warnende Auskunft, aber auch keine tröstende Versicherung. Und so gleichen die Versuche, der Geschichte zwar nicht auf den Grund, doch auf die aus dem Dasein der Dinge nicht mehr dechiffrierbare Spur zu kommen, einem eher mysteriösen Unterfangen. Sie können nunmehr als paradoxe Expeditionen beschrieben werden, die, wie weiland Forschungsreisende auf geplünderte Grabkammern gestoßen sind, beim Graben auf lauter Hohlräume und Löcher treffen. Diese Leerstellen kann der Expeditionsteilnehmer nicht auffüllen, allenfalls kann er sie, dem Verschwundenen nachsinnend, zu einer flüchtigen Skizze des Verlustes verweben.

Gegen dieses abgründige, einer spiritistischen Sitzung nicht unähnliche Spiel, tote Gehäuse mit unerlösten Geistern zu bevölkern, tritt, als wäre nichts gewesen, unverdrossen die vorgeblich progressive Lokalgeschichte auf. Weil das Ganze keine Wahrheit mehr zuläßt, sucht sie im Kleinen das Richtige. Sie lügt sich ihren Hausschatz zurecht, mit dem die Gegenwart dann weiterwuchert bei den neuen Hinterhoffesten, die schon zur Verbrüderung mit dem Blockwart getaugt haben; sie schwört auf die kommunikative Hausgemeinschaft, als habe es nie eine verschworene Volksgemeinschaft gegeben; die Linke entdeckt, nachdem ihr die Welt egal ist, die Heimat und das Volkslied; sie stöbert der, wie es modisch heißt, Geschichte von unten nach, als hätte es dergleichen außer Dubletten dort verbindlich gegeben; sie betreibt emsig und empirisch *oral history*, um vom Immergleichen entzückt zu sein; sie kramt beim kleinen Mann nach großen Gesten, und manchmal knüpft sie dort an, wo es nicht weit war, daß man aufgeknüpft wurde: in der besinnungslosen Besinnung auf die Geschichte hat die deutsche Frauenbewegung den Fackelzug wiederentdeckt.

Von diesem unheilvollen Optimismus setzt sich ab, was man als geschäftige Melancholie bezeichnen könnte. Sie wird angedreht bei der Entdeckung einer verwaschenen Fewa-Reklame über dem Laden eines kleinen Seifenhändlers, der absehbar seine Waschmittel im Kaufhaus besorgen muß; sie entzündet sich an jeder zerbrochenen Putte und an jedem Meter wegrasierten Stucks, ohne je des Katastrophischen gewahr zu werden, das dem Alten wie dem Neuen innewohnt.

Im Scheunenviertel müssen wir nun die Häuser, die keine Schicht ihrer Vergangenheit entschälen, mit Gespenstern bevölkern, damit wir erfahren, was zum unterschiedslosen Memento heruntergekommener Mietshäuser sich versteinert hat.

Von den ostjüdischen Flüchtlingen, die oft doch nur

flüchtig hier Quartier nehmen konnten, zeugen keine Spuren. Auch der Versuch, ihnen durch ein unvollständiges Mosaik disparater Elemente in der Erinnerung Gestalt zu verleihen, bleibt hilflos. Anders, wenn auch nicht besser, steht es mit den Einheimischen. Keiner geht dort heute mehr zwielichtigen Geschäften nach, und abends stellt sich nicht mehr jene anrüchige Betriebsamkeit ein, die alle Stätten des zweifelhaften Amüsements tagsüber vermissen lassen. Auch nach Einbruch der Dunkelheit sind die Straßen trostlos menschenleer. Was früher als heimlicher Sperrbezirk galt, scheint nun mit einer unheimlichen Ausgangssperre belegt, wo einst schummriges Licht hinter den Fenstern zu schnöder Unterhaltung und Geselligkeit animierte, da stehlen sich die Menschen heute infolge einer noch erinnerten oder schon antizipierten Verdunklungsordnung nach Hause, um ihren Alleinunterhalter anzuschalten.

Immerhin läßt sich ohne große Mühe die Geschichte des Scheunenviertels als der muffigen Schattenseite der Großstadt, als des Schrottplatzes der vorgeblich goldenen zwanziger Jahre andeuten; es fehlt nicht an Gestalten und Ereignissen in Büchern und Zeitschriften, mit Hilfe derer die tote Szenerie von der Einbildungskraft für einen kurzen Augenblick belebt werden könnte. Außerdem begegnet man bei der Suche nach Geheimnissen der Gegend, die heute keine birgt, ab und an jenen verhärteten Alten, die, den Häusern gleich, darauf vorbereitet zu sein scheinen, auch noch die nächste Katastrophe zu überstehen. Gesichter, die nichts erkennen lassen als gefrorene Dauer. Zum geschwätzigen Mitteilungsdrang der neuen Innerlichkeit bieten die hartgesottenen Rentner das exakte Gegenstück; sie reden sich nichts von der Seele; schon sie besitzen keine mehr. Was man zu Gehör bekommt: durchschnittliche deutsche Lebensläufe. Der ehemalige Wirt einer Kneipe, die ihren Namen erhalten hat nach dem weißen Elefanten der Likörfabrik Mampe und seit bald hundert Jahren im selben Eckhaus bis heute bewirtschaftet wird, erzählt, daß er am Schabbath nach gegenüber oft ein Fäßchen Bier geliefert habe. Gegenüber war das Stibel der Dombrower Chassidim, aber das zu wissen kann man von einem Wirt nicht verlangen. Er macht keinen Unterschied zwischen frommen Juden, die am Schabbes zu Hering und Nüssen sich ein Bier genehmigen, und den Leuten, die bei ihm einkehren, Juden wie Nichtjuden; er kennt nur Kunden, sonst niemanden. 1933 beginnt er, Unterscheidungen zu treffen, und wird Parteimitglied. Als eines Tages bei ihm SA-Leute barsch das Bier mit der Bemerkung zurückweisen, aus den Gläsern hätten bestimmt schon Juden getrunken, entgegnet er, sie seien frisch gespült. Mit dieser Geschichte könnte er in Westdeutschland als entschädigungsberechtigter Widerstandskämpfer gelten.

Jedoch, das jüdische Element ist nur eines neben den sogenannten wirklichen Elementen. Die Betstube umgeben von Bierschänken, die dunklen Mäntel inmitten dunkler Erscheinungen, Juden in der Nachbarschaft von Luden, nebeneinander die Frommen und die Frechen, Schächter und Schufte, auf derselben Etage Heilige und Huren, Synagogenverein und Ringverein, mit einem Wort: hier präsentiert sich ein ganzes soziales Ensemble, zu einem trüben Amalgam vermengt, in welchem mit Vorliebe das Vorurteil zu fischen pflegt. Von der erzwungenen prekären Nähe ist es nicht weit zur Identifikation von Rabbinern und Schlawinern.

Andererseits, und das werden nur verbohrte Philosemiten leugnen, zwingt die Logik der beständigen Entrechtung, wie wir sie als charakteristisch für die Lage der oft staatenlosen Exilanten beschrieben haben, genügend Ostjuden zu Reaktionen, die dem Vorurteil neue Nahrung zuführen.

Vor allem ostjüdischen Charakters jedoch ist das Scheunenviertel, ähnlich der kriminellen Gegend um den

Schlesischen Bahnhof, für die Zeitgenossen eine Enklave ihrer eigenen Karikaturen, das Binnenland der Ausgebürgerten. Es erinnert die gute Gesellschaft unangenehm an die eigenen, mühsam verborgenen Triebe, an jenen Naturzustand, von dem der frühere Philosoph der späten bürgerlichen Ordnung, Hobbes, gesagt hat, er sei nur durch eine Art Gewaltvertrag zu überwinden. Deshalb ist das Viertel in ihren Augen vor allen Dingen ein Beweis für die Notwendigkeit der Polizei. Ihr verdanken wir, daß wir eine pointillistische Vorstellung jener Zustände erhalten, in denen, wie Walter Benjamin geschrieben hat, die der Bürgerwelt homogene Welt des Ganoven zu einer Metamorphose sich anschickt, an deren Ende nicht der im Zuchthaus landende Zuhälter, sondern der in Zucht genommene Kleinbürger steht.

Hervorgetan hat sich dabei als Polizeidichter in einer Stadt, die seit jener Zeit durch die höchste Polizeidichte der Welt sich auszeichnet, jener bereits eingangs zitierte Ernst Engelbrecht, Kriminalkommissar und Leiter der Streif- und Fahndungsmannschaft des Berliner Polizeipräsidiums. Mit lockerer Feder und dosierter Empörung hat er ein längst verschwundenes Panoptikum skizziert, zu dem er selber gehörte. Wenn Adorno über die Zeichnungen Zilles sagte, sie klopften dem Elend auf den Popo, so gilt für die jovialen Causerien von »Kinder der Nacht – Bilder aus dem Verbrecherleben« oder »Berliner Razzien«, daß sie dem Ganoven in die Seite knuffen. So großspurig und auf das sensationslüsterne Publikum schielend der Titel »Auf den Spuren des Verbrechertums« einen exotischen »Streifzug durch das großstädtische Verbrechertum und seine Schlupfwinkel!« verspricht, so vertraut und fast liebenswürdig, mit erhobenem Zeigefinger, doch nicht belehrend, mit grellen Farben, doch nicht erschreckend, schildert er beinahe altväterlich die Schurken des Viertels und deren Treffpunkte, die Kaschemmen und Kellerkneipen.

Engelbrechts kriminalistischen Feuilletons eignet etwas vom überholten Tonfall der Moritat, die deshalb auch nur augenzwinkernd vorgetragen wird. So eindringlich das Scheunenviertel als »gefährliche Brutstätte des Verbrechertums« ausgemalt wird durch die Warnung vor dessen berüchtigten Inkubationsherden, der »Münzglocke« in der Münzstraße, dem ebenfalls dort befindlichen Tageskino »Biograph-Theater«, dem nahegelegenen »Cafe Mexiko«, dem »Guten Happen« in der Schönhauser Straße (»das bekannteste und besuchteste Massenlokal der Berliner Verbrecherwelt«), so drastisch verworfen die Grenadier- oder Mulackstraße auf den ersten Blick erscheinen, familiär und versöhnlich wird es allemal, wenn der Kommissar von den lichtscheuen Gestalten im »Albert-Keller« der Weinmeisterstraße, irgendeiner Katakombenkaschemme in der Auguststraße oder im »Blauen Strumpf« in der Linienstraße wie ein alter Bekannter freundlich begrüßt wird.

Engelbrecht, kein Edgar Wallace, dessen damals schon erfolgreiche Krimis das internationale Flair besaßen, das der Berliner Unterwelt fehlte, eher ein Kriminaler der alten Schule als ein *detective* der Neuen Welt, und schon gar nicht die Vorwegnahme seiner eigenen Nachfolger, denen Unterwelt, Kommunismus und Juden eins wurden, beschreibt wie ein müder Conferencier das schmuddelige Milieu von Strolchen und Spitzbuben: »Die Kaschemme der alten Ganoven. Sie ist in der Mulackstraße. Über der Tür eine Tafel mit der harmlosen Aufschrift ›Bierquelle‹. Drei Steinstufen führen in den bedrückend kleinen Raum, in dem nicht mehr als drei Tische, eine Bank und ein paar klapprige Holzstühle vorhanden sind. Hinten befindet sich das Büfett, ein kahler Ladentisch, und hinter ihm die Wirtin, die aus einer großen Flasche Brennspiritus in Gläser schenkt.«

Das war wirklich nicht der Ort, der als schillernde Kulisse einer legendären Gangsterkarriere dienen konnte.

Auch hier nur der sehnsuchtsvolle Blick nach Amerika, dem Himmel der Unsterne. Nichts vom steilen zwielichtigen Weg nach oben, sondern krumme Touren in dunklen Hauseingängen, keine Seidentapeten und Chintzsessel, sondern schon damals abbröckelnder Putz und billiger Schnaps. Immer auf der Hut, Haken schlagend durch die finsteren Gassen, über Dachboden, durch Kellerwohnungen und Hinterstuben wird das kleine Licht der geschobenen Schieber im nächstbesten Hinterhof ausgeblasen, es sei denn, das Schicksal schleudert die abgerissenen Aufreißer aus dem jämmerlichen Kreislauf von Münz-, Weinmeister-, Joachim-, Linien- und Grenadierstraße hinaus vor einen Richtertisch in Moabit und dann nach Tegel oder Plötzensee. Selten daß einer aus dem anrüchigen Milieu sich hinaufhangelte an einer Glückssträhne ins Halbseidene des Berliner Westens. War von jeher der wahrhaft reiche Kriminelle der Bewunderung sicher, welche ihm die bürgerliche Umwelt, wenn auch widerwillig, zollte, für derlei einverständliche Komplimente bot das Scheunenviertel keinen Anlaß. Im Erfolg des großen Gauners sah der Wirtschaftsmagnat wie der Staatsmann insgeheim das System der wirklich freien Konkurrenz bestätigt. Einfallsreichtum, Initiative und Durchsetzungsvermögen des Gangsters erinnerten sie daran, mit welchen Waffen ihre Großväter angefangen hatten. Nichts davon in den trüben Straßen hinter dem Alexanderplatz, die erst nach Einbruch der Dunkelheit und nachdem die fliegenden Händler ihren dürftigen Schnitt gemacht hatten, jenen Gestalten zur Bühne wie Zuflucht wurden, deren individuelle Chancen auf den großen Coup gleich null waren. Während in den Elendsvierteln von New York oder Chicago die Rackets die gewinnträchtige Vielfalt proletarischer Zerstreuung von der illegalen Buchmacherei bis zur Prostitution zügig in Regie nahmen und sich allmählich zu Unternehmungen mauserten, deren Management dem eines Industriekonzerns in nichts nachsteht, wirkte das Milieu im Berliner Osten seltsam antiquiert. Schon die Namen seiner Protagonisten, die der schriftstellernde Kommissar des Berliner Polizeipräsidiums fast zu seinen intimen Freunden rechnet, klingen merkwürdig hausbacken und verraten vergleichsweise wenig Gefährlichkeit; ein »Popel-Adolf« wird höchstens einer geizigen Zimmerwirtin den Hals durchschneiden, und ein »Mücken-Paul« kassiert allenfalls ab in einer der zahllosen schäbigen Absteigen in der Dragonerstraße.

Am *big knockover* der rivalisierenden amerikanischen Gangs flatterte stets ein Bündel exotischer Namen, Trademarks käuflicher Killer, die den letzten Lebensabschnitt bürgerlicher Geschichte ganz wörtlich nach der polemischen Bemerkung von Marx gestalten wollten: Je ein Kapitalist schlägt viele tot; schließlich ging es um Lizenzen, Konzessionen, Prozente, Kurse, ganze Branchen und deren Absatzgebiete.

Die Eigentümer leutseliger Spitznamen hingegen besaßen meist nichts außer diesem und die für einen kleinen Bruch erforderlichen Werkzeuge und Fertigkeiten. Die manchmal unvermeidliche Leiche trug selten ein seidenes Hemd, in Hinterhöfen wurden kleine Päckchen mit Valuta verschoben, aber keine Aktienpakete, kein Troß von Leibwächtern und Anwälten war mit von der Partie. Alles in allem ein Terrain, das keinen Meyer Lanski hervorbrachte, weil die Verhältnisse seiner nicht bedurften, sondern vielleicht einen anonymen Moische Pufeles, keinen Lucky Luciano, sondern den weniger anonymen, aber ebenso fiktiven Franz Biberkopf. Gerade dessen animalischer Trott durch die Straßen, Kneipen und Wohnungen, den Döblin in »Berlin Alexanderplatz« zu einer Studie über den Sozialcharakter des Deklassierten montiert hat, zertrampelt das gemütliche Nebeneinander von Warenhaus und Trödel, von Amüsierkaserne und Kaschemme. In den Fugen und Ritzen dieser Ungleichzeitigkeit, die Walter Mehring im »Kaufmann von Berlin« als das Aneinandergrenzen von Altkleiderhandel und Propaganda kennzeichnet, nistet auf Abruf jenes Gemisch aus Überhangmenschen, Abgebauten, Unverwendeten, Ausgesteuerten und Abgestiegenen, mit einem Wort: der Mob, der schon im November 1923 mit dem Feldgeschrei »Deklassierte aller Klassen, vereinigt euch!« marodierend durch das Ghetto gezogen war.

Tagsüber an den Spieltischen vor dem Zentralen Arbeitsnachweis in der Gormannstraße, versammelt er sich allabendlich an den Schanktischen des Viertels, verstärkt durch eine aus allen Stadtteilen in die Kneipen, Keller und Kaschemmen hineindrängelnde bunt zusammengewürfelte Gesellschaft, lauter kleine Existenzen, die zu allem bereit auf ihre große Stunde warten, abrufbereite Fürsorgeempfänger, die nichts sehnlicher wünschen, als Befehlsempfänger zu werden. Der Mob, schreibt Hannah Arendt, die ihm entkommen konnte, sei eine längst bekannte Erscheinung; es habe ihn schon immer gegeben, damit die Geschichte jenes Quantum Brutalität und die gesellschaftlichen Kämpfe jenes Gran Entmenschtheit enthielten, welche die Vernunft nie vergessen ließen, daß es sich um Vorgeschichte handelt. Neu sei hingegen die Organisierung der Deklassierten, jene Verschränkung von Politik und Verbrechen, die sich in der Unterwelt an der Figur des Gangsterbosses und seiner blind gehorchenden Gefolgschaft vorgebildet fände.

Im Scheunenviertel aber gibt es weder Al Capone noch die Camorra, weder den *capo di tutti i capi* noch die Familie. Eher geht es familiär zu, dumpf gesellig und nach der Satzung eines Vereins. Die sogenannten Spar- und Ringvereine, die deutsche Organisationsform der Unterwelt, zünftige Gebilde in einer unzünftigen Zeit, sie verleihen dem amorphen Zulauf der Hergelaufenen in Zuhälter- und Schränkervereinigungen mit altfränkischen Namen wie »Felsenfest«, »Immertreu«, »Deutsche Eiche« und »Treff As« eine erste, wenn auch fast noch behäbige Form.

Im Berliner Osten reicht sie aus, dem Spießer jenes Frösteln zu verabfolgen, ohne welches die Sünde Ausschweifung und nicht beklemmende Anstrengung wäre: neben den notorischen Etablissements für schlüpfrige Unterhaltung, Hinterstuben mit Witwenbällen und Nackttänzen, pornographischen Kabaretts und Damenkneipen kommandieren die Ringvereine Tausende von Geheimprostituierten. Seit der Inflation werden die aufs Pflaster Geworfenen, die sich nur am Tresen wieder aufrichten können, zusehends zum Objekt der Politik. Ein Jahrzehnt später hat sich herausgestellt, daß der Mob, nun unter Kuratel gestellt, nicht der aufmüpfige Abklatsch einer zusammenbrechenden Gesellschaftsordnung gewesen ist, sondern im Gegenteil das Schmiermittel ihrer Stabilisierung; auf jenen spekulierten die Kommunisten zuweilen, mit letzterem rechneten die Nationalsozialisten immer.

Die rebellische Hörigkeit der vielen Zukurzgekommenen fand in den mit militärischer Disziplin organisierten Rollkommandos ihren vollendeten Ausdruck: dem Betrachter von Photographien, welche Straßenschlachten, Kneipenprügeleien und Veranstaltungsstörungen zeigen, fällt es reichlich schwer zu unterscheiden, wer auf wen eindrischt. Zu einer merkwürdigen Kenntlichkeit haben die kaum unterschiedenen Uniformen sich vermengt. Der Grund dieser Täuschung, die keine ist, liegt in der unterschiedslosen Vergötzung des Volkes, der ersten Stufe, gemeinsame Sache mit dem Mob zu machen. Deshalb war es, aus der Perspektive der Gosse betrachtet, oft reiner Zufall, in welcher Uniform einer zwar nicht sein Recht, sondern nach Selbstdarstellung verlangte. Aus dem Kehricht einer zersetzten Ordnung geformt und vom Odem des nächstliegenden Parteilokals angehaucht, erwachte der Wechselwähler unruhiger Zeiten, der Wanderer in einer Welt zwischen zwei Kaschemmen, der kollektive Tyrann. Auch das Scheunenviertel, immer Hinterhof und politisches Hinterland zugleich, blieb in diesem Prozeß, worin die Politik für eine geraume Zeit gemeinsame Sache mit dem Mob machte, weil sie ihn für das Volk hielt, auf seiner eigenen und damit auf der Höhe der Zeit. Nach der Novemberrevolution Schauplatz der erbitterten Rückzugsgefechte der Revolution, tauchte in den Vorgeplänkeln der Naziherrschaft aus Asylen und Bouillonkellern jenes gemischte Gelichter mit den bekannten Gefühlen auf, das nun, straff organisiert, so lange Angst und Schrecken verbreiten durfte, bis Mord und Totschlag zum Regierungsprogramm erhoben und dessen Durchführung in die Hände unbestechlicher, emsiger und charakterfester Beamter und Angestellter gelegt werden konnte.

Am Abend des 14. Januar 1930 wird die Gastwirtschaft »Bär« in der Dragonerstraße 48 zum Tribunal über einen Abwesenden, und wenig später serviert das Puffmilicu einen großen Märtyrer. In jener Kneipe, Treff der sogenannten Sturmabteilung-Mitte der KPD – die terminologische Anpassung an den Gegner erfolgte nach dem Verbot des Rotfrontkämpferbundes –, beschließt eine Handvoll Männer, die Billardpartie abzubrechen, kurzen Prozeß zu machen und jemandem, wie sie später vor Gericht aussagen, eine »proletarische Abreibung« zu verpassen. Die Zeitumstände und die beteiligten Personen – nebenbei Mitglieder des Ringvereins »Immertreu« – berücksichtigt, handelte es sich bei diesem pädagogischen Kampfbegriff um vorsätzlichen Totschlag. Die Runde hört sich die entrüsteten Klagen einer aufgeregten Zimmerwirtin an, die ihren Untermieter loswerden möchte und genau weiß, warum sie gerade hier ihr Herz ausschüttet: es geht um den abgebrochenen Jurastudenten Horst Wessel, den Anführer eines Nazi-Schlägertrupps, und dessen Braut, eine ehemalige Prostituierte aus der Münzstraße.

Wenige Stunden zuvor war einige Ecken weiter, in der Joachimstraße, ein Kommunist erschossen worden. Und auch deshalb machen die Männer sich umstandslos und eingedenk des Parteileitsatzes »Schlagt die Faschisten, wo ihr sie trefft« auf den Weg in die Große Hamburger Straße. Sie treffen Horst Wessel dort.

Der unter anderen Umständen belanglose Abtritt eines pausenlos marschierenden Vorstadtstrizzis gerät aber in diesem Fall zum wirkungsvollen Auftritt eines hinkenden Gauleiters. Goebbels gewinnt die propagandistische Schlacht mit der *Roten Fahne* um den Nachweis, wer von beiden, Täter oder Opfer, der abgefeimtere Kerl gewesen sei, spielend, nachdem die Kommunisten ihr angeklagtes Mitglied als »Zuhälter und Polizeispitzel« zum Fraß hingeworfen haben. Hingegen, wie in einer vorweggenommenen Farce auf den Stalinismus, beteuert der des Mordes angeklagte Albrecht Höhler, im Milieu Ali genannt, seine Treue zur Kommunistischen Partei. Es nützt ihm wenig, er ist wegen Diebstahl, Zuhälterei und Meineid kräftig vorbestraft und kommt aus der Mulackstraße. Das Elend kennt keine Klassen, aber immer noch jemanden unter sich. Und die Mulackstraße ist im Scheunenviertel das Unterste – bis man die Juden dazu macht.

Für den großen unverzeihlichen Fehler, die falsche Stammkneipe gewählt zu haben, und für den kleinen, aber gewichtigeren Umstand, daß ein Verbrecher die eigene Ehre findet, indem er vor Gericht die verlorene Ehre der Kommunisten zu retten sucht, für diese Anmaßung, einen Augenblick er selbst zu sein, erschlägt die SA Ali Höhler bei einem Gefangenentransport im Frühjahr 1933 auf bestialische Weise. Zu dieser Zeit sind Horst Wessel und sein SA-Marschlied schon zum unverzichtbaren Bestandteil des nazistischen Öffentlichkeitsrituals avanciert.

Hatte doch die nationalsozialistische Propaganda, nach dem Grundsatz: »Je lauter, desto wahrer« schon immer behauptet, daß die ermordeten Spartakisten Führer der Unterwelt gewesen seien, dann schien es bloß logisch, daß eine wirklich anrüchige Existenz zum Nationalheros aufsteigen konnte. Nur momentane Undurchführbarkeit hielt wohl die Nazis davon ab, gleich alle Straßen, Gebäude und Plätze in Horst-Wessel-Gedenkstätten zu verwandeln; aber am Bülowplatz, wo Demonstranten fast noch den Leichenwagen gekippt hätten, demonstrierten sie perfektionswütig, wie sie sich Deutschland als Sperrbezirk vorstellten, in welchem eine ganze Nation auf den Strich ging: Horst-Wessel-Platz (Bülowplatz), Horst-Wessel-Haus (KPD-Zentrale Karl-Liebknecht-Haus), Horst-Wessel-Theater (Volksbühne).

Und damit ihre Kinder einst wissen sollten, die Eltern hätten von nichts gewußt, gaben ungefähr eine halbe Million ihren Söhnen den Namen Horst.

> »Dann habt ihr ein Grab in den Wolken da liegt man nicht eng.«
> Paul Celan, Todesfuge

In den angezündeten Synagogen verbrannte auch die bis zum Äußersten gehegte Illusion vieler deutscher Juden, daß es nicht gegen sie, sondern gegen die anderen aus dem Osten ginge. Jedoch, der Feuerschein erhellte eine Szene, aus der die anderen schon fast alle verschwunden waren. Die brennenden Bethäuser waren die grelle Manifestation des Antisemitismus, daß er sich bei der Vertreibung der Ostjuden keiner Ausschreitung schuldig gemacht habe, sondern daß es aufs Ganze ginge, unterschiedslos. Im Augenblick, als es nur noch zufällig verschonte polnische Juden in Deutschland gab, wurden alle deutschen zu polnischen Juden.

Wie viele unter den Tausenden aus dem Scheunenviertel waren, die 1938 vor der großen Pogromnacht an die polnische Grenze deportiert oder über diese hinweggejagt wurden, weiß man nicht. Wenige Jahre später wurden die Vertriebenen wieder bürokratisch eingesammelt und umgebracht.

Flüchtlinge hinterlassen kaum Spuren, aber ein untrügliches Zeichen doch dort, wo die Flucht ein Ende haben muß und sie zur ersten Ruhe gelangen: auf dem Friedhof. Wer heute über die jüdischen Friedhöfe in Weißensee wandert, der wird einer Gewißheit inne, die ihm beim Gang durch das Scheunenviertel nie zuteil wird. Denn im Verfall der jüdischen Gräber und der sie, weil niemand mehr da ist zur Pflege, wild umwuchernden Natur, erscheint noch der Verlust wenigstens des eigenen Todes, den jene nicht mehr hatten, die in den Vernichtungslagern ermordet worden sind.

Sie zu vergessen, die keinen Grabstein haben, ist nach Auschwitz die eigentliche Friedhofsschändung.

1981

Nachruf zu Lebzeiten

Martin Beradts Roman »Die Straße der kleinen Ewigkeit«

So kennen wir das Berlin der zwanziger und frühen dreißiger Jahre, weil wir es so kennen wollen: als moderne, nervöse Großstadt, als vibrierende Metropole. Das Berlin der schnellen Verkehrsmittel, der großen Warenhäuser. Das Nebeneinander von Amüsier- und Mietskaserne, von Stars und Streiks. In der kollektiven Erinnerung haben sich alle Phänomene jener Zeit zu einer schillernden Collage der Großstadt verdichtet, das Gedächtnis hat sie zum rasanten Videoclip montiert: die unscheinbaren Angestellten und die grelle Reklame; die anonymen Massen und die illustre Prominenz; den Elektrokonzern und die Traumfabrik. Die fallenden Kurse, die steigenden Auflagen; Hochstapler, Einbrecher, Dollars und Träume, Profite und Pleiten. Das Fließband, die bewegten Bilder, das *Weekend*, den Tanz und den Rennsport; die galoppierende Inflation und den rasenden Reporter. Denn so vor allem wollen wir Berlin erinnern: als ein einziges Tempodrom. Als bizarr changierendes »Exerzierfeld der Moderne«, wie eine geläufige soziologische Formel jenes Intermezzo zwischen den beiden Weltkriegen heute zusammenfaßt.

Dieses in Wahrheit alte und von zeitgenössischen Autoren aus Vokabeln wie Schwindel, Taumel, Wirbel und anderen Metaphern des Erotischen zusammengesetzte Spiegelbild der Stadt hat sich auf der Netzhaut der Erinnerung festgesetzt. Und wer die Stadt heute anschaut, auf den wirft sie ein Wunschbild zurück: es soll bedeutend zugehen wie damals. Erst recht, nachdem mit dem Abbau der Berlin durchteilenden Mauer der letzte sichtbare Hinweis darauf verschwunden ist, daß die Deutschen den Zweiten Weltkrieg doch nicht gewonnen haben. Dieses Bild ist aktuelle Projektion und historischer Rettungsversuch in einem.

Es soll damit die geschichtliche Imagepflege der Stadt besorgt werden: was aus ihr wurde, das gilt als von außen verschuldet, als Überwältigung der Metropole durch die braune Provinz. Kaum ein Bericht, der nicht darauf hinwiese, wie schwer sich die Nazis taten, in Berlin überhaupt Fuß zu fassen; kaum ein Rückblick, der nicht erwähnte, wie viele Berliner ihre jüdischen Nachbarn versteckten. Weniger hervorhebenswert indes scheint der Umstand, wie widerstrebend sich die Berliner von der Roten Armee befreien ließen oder wie gut die Juden versteckt worden waren, nämlich so gründlich, daß ihre Wohltäter sie nach Kriegsende nicht wiederfinden konnten.

Der historischen Ehrenrettung zufolge war Berlin dem Zugriff von Fremden, sozusagen von Ausländern erlegen; der Nazismus war also eine Art Besatzungsherrschaft, ein Sieg der rückständigen Provinz über die Moderne gewesen, aus deren Arsenalen er doch in Wahrheit hervorging. Weil die Nazis, ohne sich in der Praxis auch nur einen Deut darum zu scheren, davon gefaselt hatten, daß die Großstadt die Inkarnation des Verderbens, daß also Acker und Asphalt die dem unversöhnlichen Gegensatz von Arier und Jude entsprechende Unvereinbarkeit sei, wird umgekehrt geschlossen, daß etwa Fremdenhaß und Rassenwahn ein von außen injiziertes Element, ein der Metropole selbst fremdes Phänomen, eine eingeschleppte Krankheit gewesen seien. Die niederen Instinkte, von denen dann doch kaum einer getrieben wurde, wenn er, wie alle, seine Pflicht tat, waren also gewissermaßen die höhere Gewalt, die der Großstadt angetan wurde.

Berlin war freilich nicht nur die hektische Metropole, also eine Art zweite »Hauptstadt der Bewegung«, sondern vor allen Dingen der Ort, an welchem Bewegung in Organisation, Ideologie in Technik und Terror in Verwaltung umgesetzt wurde. Von hier aus war der Erste Weltkrieg schon dirigiert worden, die Kommandohöhen waren etabliert. Hier gab es keinen frei wütenden Mob in großem Maßstab, sondern vom Arbeitsprozeß disziplinierte Massen, die nach dem Kommando der Stechuhr trotteten, ehe sie im Stechschritt marschierten. Hier lebte das rapid anwachsende Heer der Angestellten, die Angehörigen einer neuen Dienstleistungsklasse, deren Gattungsbezeichnung das bloße Funktionieren ihrer Mitglieder als anstellbare, anschaltbare Einheiten im Namen aufbewahrte. Aus den Eingeweiden dieser avancierten Ordnung, nicht aus einem ortsfremden Implantat erwuchsen die kommenden Verbrechen. Auf der hochindustrialisierten und durchorganisierten Basis der nur als Glitzermetropole wahrgenommenen geschichtlichen Stadt erhob sich die logistische Zentrale des künftigen Kriegs und des Massenmords.

Berlin als Avantgarde, als Tempodrom und Zirkulationsmaschine – mit dieser Erinnerung läßt sich angenehm leben. Weniger angenehm ist der Gedanke, daß es sich bei alledem um die Einübung in die Katastrophe gehandelt hat, daß die Redewendung von den goldenen zwanziger Jahren nur die feuilletonistisch verputzte Phrase von der guten alten Zeit ist, die ja bekanntlich vom Resultat Lügen gestraft wurde. Alles war in Bewegung. Doch ob auf der Tanzfläche oder auf der Straße – alles bewegte sich, um sich zu formieren. Der Jitterbug wie die Demonstrationen endeten im Gleichschritt. Alle strampelten –

wie in jener berühmten Radfahrersequenz aus Slatan Dudows »Kuhle Wampe« – dem Abgrund entgegen. Aus Gewerkschaftsmitgliedern wurden Unterstützungsempfänger und schließlich Gefolgschaftsangehörige.

Einer, der bei diesem Wettlauf zum Abgrund vergeblich versucht, am Alexanderplatz Fuß zu fassen, ist Franz Biberkopf, der Held aus Döblins Großstadtroman. Der Roman wurde ein Bestseller. Doch nur wenige Leser verspürten Lust, dessen Schauplatz genauer kennenzulernen. Einheimische wie Touristen flanierten am Stadtschloß oder am Dom vorbei und gingen dann am Alex einkaufen. Hier stand das riesige Warenhaus Hermann Tietz, oder Hertie, wie man nicht nur in Berlin seit der Arisierung sagte. Doch am geschäftigen Alex hörte jäh die Metropole auf. Dort stieg man in die Stadtbahn. Dahinter lag, zwischen den Markthallen und der Volksbühne, eine Art Feindesland. Gormannstraße, August-, Hirten-, Mulack- und Münzstraße – Namen, die dem Berliner Spießer einen wohligen Schauder bereiteten. Denn dort nistete die Unterwelt; der Schwarzhandel blühte dort, dort gab es Witwenbälle und Nackttänze in Kellerkneipen, billige Absteigen und billigere Mädchen als im halbseidenen Milieu des Berliner Westens. Vor allem aber wehte von dort der Duft von Bürgerkrieg und Revolution herüber, ein Duft, der den Bürger besonders dann betörte, wenn er mit dem Geruch von Pulver und Blut vermischt war. Hier waren die Spartakisten niederkartätscht worden, hier hatten die Freikorps im März 1919 gewütet. Vor allem aber: hier war das Quartier der Ostjuden, hier landete das Strandgut einer Epoche an, die die Minderheiten verjagte – noch verjagte.

Der Weg ins Gelobte Land, Amerika, führte viele zehntausend Juden, die nach dem Ersten Weltkrieg Hunger und Pogromen in Osteuropa zu entkommen suchten, über Berlin. Sie kamen am Schlesischen Bahnhof an, und oftmals war dieser Transitbahnhof auch schon Endstation. Sie ziehen ins abbruchreife Scheunenviertel hinter dem Alexanderplatz und verwandeln die Gegend um die Grenadierstraße in ein Schtetl in der Stadt, in der sie doppelt fremd sind: sie sind deklassiert und sie sind Juden. Der Mehrheit gelten sie als lästige Ausländer, den deutschen Juden bestenfalls als anrüchige Verwandschaft. Galizien grenzt nun an den Alexanderplatz.

Döblins Biberkopf hat gerade einen Totschlag in Tegel abgesessen und will nun wieder auf die Zirkulationsmaschine aufspringen, unter deren Räder er dann gerät. Bei seiner Rückkehr läuft ihm einer der frommen Juden aus dem Scheunenviertel über den Weg und erzählt ihm eine Geschichte, die den Besinnungslosen für einen flüchtigen Augenblick innehalten läßt. Beradts Roman hat diese kurze Szene auskomponiert. Sein Held ist nicht ein Einzelner in der Großstadt, seine Hauptfigur ist der Mikrokosmos einer Seitenstraße, jenseits derer das »Exil« beginnt.

»Sie waren keine Reisenden, sie waren Auswanderer«, schreibt Beradt in Anlehnung an Georg Simmels »Exkurs über den Fremden«. Die Neuankömmlinge wurden nach einer schon damals unerheblichen Unterscheidung in politische und Wirtschaftsflüchtlinge unterteilt. In den Augen aller waren sie zuerst einmal Störenfriede, unfähig zur Gefolgschaft und – wie es heute hieße – nicht integrierbar. Die Ostjuden kämen der liberalen Wirtschaftsordnung wegen in Scharen nach Deutschland und schleppten die Symptome der Krise und der Asozialität (und natürlich den Typhus) ein, übertönten die Antisemiten lautstark die den Massen dämmernde Erkenntnis, daß diese Ordnung sie selbst tendenziell zu überflüssigen Menschen machte.

Die hinter dem Alexanderplatz zusammengedrängten Ostjuden mußten bald nach ihrer Ankunft die Illusion begraben, es gäbe noch andere als ökonomische Gründe für die Wahl ihres Zufluchtsortes. Stilbildend bis in die

Gegenwart beschrieb Hitler in der ersten seiner gedruckt vorliegenden Reden nicht nur mit welchem Erfolg die Ausländer den Einheimischen die Arbeitsplätze wegnähmen, sondern er machte auch deutlich, daß in der Bezeichnung »Wirtschaftsflüchtlinge« die Rechtlosigkeit der Einwanderer, oder – antisemitisch ausgedrückt – deren Ausgrenzung als Fremdkörper mitgedacht wird: »Vergleichen Sie die 1 Million Arbeiter in Berlin vom Jahre 1914 mit dem, was sie heute sind: Arbeiter wie damals. Was hat sich an ihnen geändert? Sie ... sind arm geworden. Und nun suchen Sie nach jenen 100000 Ostjuden, die in den ersten Kriegsjahren einwanderten. Sie finden sie heute überhaupt nicht mehr. Der größte Teil von ihnen hat sich ›gemacht‹ und sitzt bereits im Auto. Nicht weil sie gescheiter sind, sondern aus dem einfachen Grunde, weil diese 100000 von vornherein niemals bereit waren, redlich mitzuarbeiten in einem gesunden Volkskörper zu gemeinsamem Gedeihen, sondern im vorhinein den gesamten Volkskörper als nichts weiter ansahen denn als Mistbeet für sich selber.«

1920 wurde der sozialdemokratische Polizeipräsident von Berlin, Ernst, von den Sorgen geplagt, die mutatis mutandis auch seine Nachfolger haben: »Die Ostjudenplage«, schrieb er, »wird, da es sich hier nicht nur um lästige, sondern um höchst gefährliche Ausländer handelt, in ihrer jetzigen Duldung und wohlwollenden Behandlung künftighin politisch, wirtschaftlich und gesundheitlich die furchtbarsten Gefahren zeitigen.« Knapp ein Jahr zuvor war die Gefahr gerade noch abgewehrt worden: die Soldateska hatte Rosa Luxemburg, Leo Jogiches und Eugen Leviné erschlagen – drei Ostjuden. Mit ihrer Ermordung war das Schicksal der Demokratie wie das der Juden entschieden: »Schlagt sie tot, das Weltgericht fragt euch nach den Gründen nicht!« war die Parole der Totschläger gewesen.

Razzien im Scheunenviertel waren damals an der Tagesordnung. »Der Haupttrupp ging peinlich streng von Tür zu Tür«, beschreibt Beradt eine dieser Durchsuchungen. »Wände wurden beklopft, Leute gemustert, Papiere verlangt, jeder Name in ein Taschenbuch eingetragen. Die nächste Kammer! Nach einigen Stunden verließ das Aufgebot von Schutzleuten das Haus. Ein Kraftwagen war vorgefahren. Von Schutzleuten flankiert, trat eine kleine Zahl von Juden aus dem Tor, stieg in den Wagen, er ruckte an, und bald war er den Blicken der Wartenden entschwunden.« Abschiebehaft war ein Vertrauter Begriff, an einen anderen mußte man sich erst gewöhnen: Konzentrationslager. Spontan drohten dessen Wachmannschaften den internierten Juden an, was später kaltblütiger Verwaltungsvollzug wurde. Anfang der zwanziger Jahre brannte in einem in der Nähe Berlins gelegenen und in der Presse als Konzentrationslager bezeichneten Haftgelände eine mit achtzig Flüchtlingen belegte Baracke ab. »Am folgenden Tag«, war in den Zeitungen zu lesen, »wurde den Internierten gedroht, daß sie, falls noch einmal eine Baracke in Brand geraten sollte, nicht mehr herausspringen dürften, sie sollten ruhig verbrennen.« Ganz ähnlich mochte fast genau siebzig Jahre später der diensthabende Aufseher eines Berliner Abschiebegefängnisses gedacht haben, der 1983 lieber sechs Ausländer in der Zelle verbrennen als diese entkommen ließ. Inzwischen freilich müssen Ausländer zu diesem Zweck nicht mehr erst inhaftiert werden.

Anfang November 1923 wurde die Frage des sozialdemokratischen Reichstagsabgeordneten Davidsohn »Wann findet – wenn das so weitergeht – zu Berlin oder sonstwo in Deutschland der erste fidele Judenpogrom statt?« beantwortet: der Mob zog prügelnd und plündernd durch das Scheunenviertel. Juden wurden nackt ausgezogen und mit dem Ruf »Schlagt die Juden tot!« durch die Grenadierstraße gejagt. »Der Nazismus stieß seinen ersten Schrei aus«, schrieb Döblin damals über die Vorgänge, die in keiner Chronik jener historischen Ereignisse verzeichnet sind, welche die Deutschen vorzugsweise in einem November dieses Jahrhunderts verübt haben. Den Tätern begegnete die Öffentlichkeit mit dem Verständnis von Sozialarbeitern: es habe sich um Hungerrevolten gehandelt, hieß es. Und auch die Propagandalüge, Deutschland sei ein ausländerfreundliches Land, hat eine lange Tradition: »Alle Nachrichten von Judenpogromen in Berlin und Deutschland sind frei erfunden«, lautete die offizielle Anweisung zur Imagepflege, die vom Wolffschen Telegrafenbüro in alle Welt gekabelt wurde.

Zehn Jahre später kamen die hergelaufenen Schläger wieder, diesmal organisiert, in Uniform, in Reih und Glied. Der Pogrom wurde nun zum Programm. Die Ostjuden wohnten nur einen Steinwurf von der Zentrale der KPD entfernt. Das paßte trefflich in die Wahnvorstellung der Nazis: das Scheunenviertel als Hochburg der jüdisch-bolschewistischen Weltverschwörung. »Die Zeit des Ghettos im deutschen Berlin hat sich erfüllt«, jubelte der *Völkische Beobachter* nach einer Großrazzia im Scheunenviertel, wenige Tage nach dem antijüdischen Boykott vom April 1933. Der Deutsche Rundfunk hielt diesen »Schlag gegen den Bolschewismus« für so bedeutsam, daß er live von der Razzia berichtete und das tönende Fahndungsprotokoll auf Wachsmatrize pressen ließ:

»Vom Keller bis zum Boden, Wohnung für Wohnung, es wird gesucht nach Waffen, illegalen Druckschriften, nach Vervielfältigungsapparaten, nach Motorrädern, Kraftwagen und ähnlichem ...«, ließ sich der Reporter der *Berliner Funkstunde* vom Einsatzleiter erklären. Dann fuhr er fort: »Wir sind jetzt hier mitten in der Grenadierstraße ... Die Aktion ist beendet ... Vor mir stehen zwei große Polizeiwagen. Auf dem einen sind zehn, auf dem anderen nochmal zehn, fünfzehn politische Gefangene.« Diese politischen Gefangenen wurden im *Völkischen Beobachter* abgebildet – verschreckte Gesichter armer

Leute, und von der *Funkstunde* vorgeführt – verstörte Ostjuden, die vom Reporter beschimpft wurden: »Sagen Sie, was wolln Se eigentlich in Deutschland hier? … Sie nehmen dem deutschen Arbeiter das Brot weg ...« Im November 1938 kamen die Lastwagen wieder. Die Juden in der Grenadierstraße und ihrer Umgebung gehörten zu den ersten, die ins Niemandsland zwischen Deutschland und Polen verfrachtet wurden.

Martin Beradt fügte dem abgeschlossenen Roman in der Emigration einen »Schatten« überschriebenen Epilog hinzu, der von den letzten Tagen der Juden in der Grenadierstraße berichtet. Aus naheliegenden literarischen Erwägungen war dieser Epilog nicht in die Erstveröffentlichung des Romans aufgenommen worden, denn er war kein dokumentarisches Werk.

Weder die Zeitgeschichte noch die Großstadt sind stoffliche Elemente des Romans. Während etwa Joseph Roths »Juden auf Wanderschaft« das Nebeneinander und die Spannung von »Altkleiderhandel und Propaganda« zum Thema hat, beschränkt sich Beradt auf einen fast hermetisch abgeschlossenen Raum. Beradt setzt die Kenntnis dessen voraus, was das Scheunenviertel räumlich und zeitlich umgibt. Er beschreibt nicht die Juden auf dem Weg von der Alten in die Neue Welt, er beschreibt einen Transitraum ohne Ausgang. Was von draußen kommt, das ist allein die Staatsmacht in Gestalt der Schutz- und Baupolizei. Zwar entfaltet er ein detailliertes soziologisches Bild der verschämten und unverschämten Bewohner der Straße, doch das Viertel bleibt letztlich eine Art Niemandsland, das durch die Erinnerung an Vergangenes Unheil und die Ahnung künftiger Schrecken zusammengehalten wird. Auch ohne die Nachgeschichte, deren mörderisches Ausmaß kaum einer und Beradt bestimmt nicht ausdenken konnte, wird die sorgfältig komponierte

Mischung von empirischen Details, von Legenden, Geschichten und Witzen zur Beschreibung eines Wartezustandes.

Die Geschichte der beiden gegenüberliegenden Häuser und ihrer Bewohner ist die Geschichte des Wartens auf die Katastrophe, die sich mit dem Gerücht ankündigt, die Bewohner müßten ihre Häuser wegen Baufälligkeit verlassen: »Als stünde ein Peiniger mit der Klopfpeitsche im Rücken«, heißt es bei Beradt, »kamen mit Kram und Habe die letzten aus den Unglückshäusern, den Mienen nach gefaßt, den Scheiterhaufen zu betreten, Sterbegesänge nicht auf den Lippen, doch im Blut. Nachdem sie sich beruhigt und gelagert hatten, zog in sie die Süßigkeit der Ohnmacht, das Gefühl, die Verantwortung habe aufgehört, alles weitere geschah nicht mehr durch sie, sondern nur noch an ihnen«. Mit diesen Sätzen hatte Martin Beradt beschrieben, was Hannah Arendt nach Auschwitz als »Weltverlorenheit« bezeichnete. Seine Verlorenen waren nicht von Gott verlassen, sondern von der Welt – ein Zustand, der durch den Glauben nicht gemindert, sondern verallgemeinert wurde.

Martin Beradt wurde 1881 als Sohn einer strenggläubigen jüdischen Familie in Magdeburg geboren. Die Familie siedelte nach Berlin über, in die Jüdenstraße 51/52 in Berlin-Mitte. Über das Haus, in dem er aufwuchs, schrieb Beradt in der Emigration: »Ich bin in einem sehr berühmten Haus groß geworden. Das heißt, so berühmt, daß Bücher es beschreiben und Schulklassen davor stehen und ein Lehrer den Arm ausstreckt und mit dem Finger auf den zweiten Stock weist, so berühmt ist es erst geworden, als ich es, ach, wie lange schon, verlassen hatte. Stattlich und hochrespektabel aber war es auch zu meiner Zeit. Es lag im Herzen von Berlin, ganz nah an dem Fleck, auf dem das rote Rathaus steht, ja die eine Seite dieses Rathauses lag in unserer Straße.« Die autobiographische Skizze trägt den Titel »Söhne aus einem Haus«. 1913 zog die Familie Beradt, wie es sich für aufsteigende jüdische Familien gehörte, in den Westen der Stadt. Auch andere jüdische Familien dieses Patrizierhauses verließen den Ort, der nun zum Wohnsitz der Pfarrersfamilie von St. Nicolai wurde. Bald wußte jedes Kind in Deutschland, wie der Pfarrerssohn Horst Wessel seine Jugend in diesem Haus verlebt hatte.

Im Nachlaß Beradts befinden sich viele hundert, wegen der dutzendfachen Über- und Umschreibungen nur sehr schwer entzifferbare Manuskriptseiten und Notizen.* Eines dieser Manuskripte enthält eine kurze Passage über die Kindheit Beradts. Mit der »gerechten Ironie«, die ihm oft attestiert wurde, berichtete er: »Als ich vier Jahre alt war, schrie ein Junge in unserer Straße mir zu: ›Jude‹. Ich schrie zurück: ›Selber Jude‹. Ich wußte damals nicht, daß es Menschen gab, die Juden waren, und andere, die es nicht waren. Meine Eltern hatten es nicht für nötig befunden, mich so früh mit dieser Tatsache bekannt zu machen; dabei waren sie fromme Leute, und mein Vater lehrte mich Hebräisch lesen, ehe meine Mutter mir die Kenntnis des Deutschen beibrachte.«

Weder als Kind noch als Erwachsener machte Beradt jene oft beschriebenen widerlichen Erfahrungen mit Antisemiten, die so häufig wie irreführend zur Illustration der Gewalt des nazistischen Wahns herangezogen werden. Im handschriftlichen Nachlaß finden sich dazu folgende Bemerkungen: »Als Schüler hielt ich mich sehr zurück. Ich war der einzige Schüler, der nicht an gewis-

* Der Verfasser dankt Ingrid Kussmaul, Deutsches Literaturarchiv in Marbach, und Frank Mecklenburg, Leo Baeck Institute in New York, dafür, daß sie zahlreiche Materialien aus den Nachlässen von Martin und Charlotte Beradt bereitgestellt haben.

sen Schulausflügen teilnahm, weil er unterwegs nicht essen konnte, was die anderen aßen, trotzdem erfuhr ich weder Spott noch Ablehnung.« Und an anderer Stelle schreibt er über seine Anwaltstätigkeit und seine vornehmlich nichtjüdische Klientel: »Ich bin bald darauf Anwalt geworden ... Haß habe ich nicht erfahren ... Ich wurde sonderbarerweise fast nie von Juden in Anspruch genommen. Das alles waren karge Erlebnisse auf einem Gebiet, das für mein Leben so entscheidend werden sollte. Aber von 1933 ab waren meine Erlebnisse nicht mehr sparsam. Jetzt wurde der Judenhaß öffentlich gepredigt.« Mit anderen Worten: der administrative Judenhaß war etabliert, der wenig oder gar nichts mit dem Radau-Antisemitismus der Vergangenheit zu tun hatte.

Beradt studierte Jura, löste sich vom orthodoxen Elternhaus, ohne sich deshalb von den Juden zu verabschieden, und begann ein Doppelleben als Anwalt und Schriftsteller. Er war 28 Jahre, als sein erster und überaus erfolgreicher Roman »Go«, die Geschichte einer Pubertät, die mit Selbstmord endet, 1909 im S. Fischer Verlag erschien. Zwei weitere Romane, wieder bei Fischer, erschienen 1910 und 1911: »Eheleute« und »Das Kind«. 1916 schrieb Beradt ein Buch über den Krieg, den er als Armierungsoldat in Frankreich erlebte. Den beabsichtigten Vorabdruck des Romans »Erdarbeiter« unterdrückten die Zensurbehörden damals, er erschien 1919 und stellt in seiner Geschlossenheit von Schauplatz, Charakteren, Geschichten und Porträts ein Gegenstück zum zwei Jahrzehnte später fertiggestellten Roman über »Beide Seiten einer Straße« dar.

Beradt war ein äußerst erfolgreicher, also auch ein vermögender Anwalt. »Nur Literat«, schrieb er damals an seine Frau Charlotte, »ich würde verrückt werden.« Sein Tätigkeitsfeld als Anwalt lag hauptsächlich in einer nach dem Krieg rasch expandierenden Branche: er wurde Syndikus des Deutschen Automobilhändlerverbandes und großer Autohandelsfirmen. Gleichzeitig war er einer der Mitbegründer und Syndizi des Schutzverbandes Deutscher Schriftsteller. Seine Tätigkeit am Berliner Kammergericht schlug sich literarisch in einer Studie nieder, deren Titel nachgerade zum Verdikt geworden ist. »Der deutsche Richter« erschien 1930, eine frühe Untersuchung der Neigung zur späteren Selbstgleichschaltung der Justiz.

Mit den ersten antijüdischen Verordnungen verliert Beradt sein Notariat. In der während der Emigration verfaßten Erzählung »Die Robe« wird diese erste Phase nazistischer Willkür beschrieben: »Als ich 1933 mein Notariat verlor, bekam ich genaue Anweisungen, wo und in welcher Frist ich die Bände mit den Urkunden abzuliefern hätte, mein Register, den Gummistempel, das Siegel, die Siegelpresse.« Und über den stufenweisen Fortschritt der Existenzvernichtung kann man in Beradts handschriftlichen Entwürfen für eine autobiographische Erzählung nachlesen: »1935 hatten sie gesagt, es sei unerträglich, wenn er Notar bliebe, aber Rechtsanwalt könne er bleiben; 1938 hatten sie wieder gesagt, er könne nicht mehr Anwalt bleiben, jetzt sei auch das unerträglich. Er wollte sagen, ich bin 52, aber man konnte ihnen nichts erwidern, man bekam einfach einen Brief, in dem stand drin: Sie sind nicht mehr Rechtsanwalt! Er hatte eine Praxis gehabt, er hatte 300000 Mark erspart. Sie hatten gesagt: das ist zuviel, das hast du alles Deutschen gestohlen; wenn wir dir 3 Prozent davon lassen, ist das sehr anständig und eigentlich sogar zuviel für dich.«

Zu dieser Zeit darf sich Beradt nicht mehr Anwalt nennen, »Konsulent« ist die Bezeichnung, die jüdischen Anwälten verordnet wird, die nur noch jüdische Klienten vertreten dürfen. Noch bis 1939 bleibt Beradt in Deutschland, vornehmlich seiner erblindeten Mutter wegen, aber auch, weil er bis zum Pogrom 1938 die Illusionen vieler anderer Juden teilt: »Es war nicht das Volk«, lautet eine Notiz im handschriftlichen Nachlaß, »sagte ich mir, das war ohne Unrecht, es war die Regierung. So ist es ziemlich spät geworden, bis ich aus Deutschland wegging.« Beradt starb am 26. November 1949 in New York.

Auskunft über die Entstehung des Romans »Beide Seiten einer Straße« gibt ein Brief von Martin Beradt. Im März 1946 schrieb er aus NewYork nach Palästina: »Auch einen jüdischen Roman habe ich fertig, dessen Mittelpunkt nicht eine einzelne Person, sondern die Grenadierstraße zu Berlin mit ihrem Gewimmel von Ostjuden vor Hitlers Zeit ist. Bei den Anfängen des Romans hat mich noch Ihr Vater mit Material versorgt. Später bin ich für ihn in Polen und in der Slowakei gereist. Ich habe ihn oftmals umgeschrieben und ihm 1939-40 in England die endgültige Form gegeben, in der er ungedruckt vergilben wird.«

Adressat dieses Briefes war der 1936 nach dem damaligen Palästina emigrierte Sohn des als Sammler und Herausgeber jüdischer Sagen, Legenden und Märchen weit über Berlin hinaus bekanntgewordenen Schriftstellers Micha Josef Bin Gorion. Ein Jahr nach dem Tod dieses zu den Klassikern der hebräischen Literatur zählenden Autors erschien 1922 in einer Literaturzeitschrift ein erster Hinweis darauf, daß das besagte Material bereits Eingang in einen im Entstehen begriffenen Roman gefunden hatte. In einem Rückblick auf Beradts literarische Produktion, die bis zu diesem Zeitpunkt bereits einige Romane und Novellen umfaßte, schrieb damals der Lektor des Rowohlt-Verlags Paul Mayer: »Beradt hat lange geschwiegen. In den letzten Monaten ist nur ein Bruchstück eines Romans bekannt geworden, der unter den nach Berlin eingewanderten Ostjuden spielt.«

Die in den zwanziger Jahren erschienenen Bücher

schrieb er, wie seine 1986 in New York verstorbene und vergleichsweise heute weniger vergessene Frau Charlotte Beradt, die Autorin von »Das dritte Reich des Traums« und Büchern über Rosa Luxemburg und Paul Levi, in einem biographischen Essay von 1965 mitteilte, »während er sich in Ferienwochen in München oder Hamburg in ein Hotelzimmer einschloß. Aber an der ›Straße‹ arbeitete er sozusagen immer, er reiste nach Polen, in die Ghettos der Großstädte, in die kleinen Landgemeinden, sammelte Legenden, Mythen, Witze, wahre Geschichten für sein Buch.«

1933 war der Roman angeblich fertig. In seinen Erinnerungen an die Zeit bei Rowohlt, wohin Beradt ihn vermittelt hatte, teilte Paul Mayer mit: »1933 verzichtete der Taktvolle auf die Veröffentlichung des Romans in der Befürchtung, einige Stellen könnten tendenziös mißverstanden werden.« Taktvoll, nämlich im Takt der Zeit, war wahrscheinlich eher der Rowohlt-Verlag gewesen, der gerade die Restauflage von Beradts 1929 unter dem Titel »Schipper an der Front« wiederaufgelegtem Antikriegsroman »Erdarbeiter« von 1919 einstampfen ließ, weil die Nazis dieses Buch tendenziös richtig verstanden. Beradt feilte weiter an seinem Manuskript, das, wie er 1939 bei einem letzten Besuch in der Grenadierstraße feststellen mußte, ein Nachruf zu Lebzeiten geworden war.

Beradt entkam zwar den Deutschen über London nach New York, nicht jedoch den Vorbehalten gegen sein Buch. In dem bereits erwähnten Brief nach Palästina schrieb er: »Eine hiesige jüdische Buchorganisation wollte ihn nicht veröffentlichen, wie ich unter der Hand erfuhr, weil er antisemitisch sei, das heißt offenbar, daß er nicht aus Marzipan besteht; ich hatte gute und schlechte Juden geschildert und wendete die Mittel des modernen Romans an Stelle der Sentimentalität an, die so viel in ostjüdischen Geschichten zu finden ist. So stehen diese Dinge und man kann dazu nichts sagen.«

Ismar Elbogen, früher Professor an der Berliner Hochschule für die Wissenschaft des Judentums und seit 1938 in den USA, hatte Beradt 1942 mitgeteilt, die Jewish Publication Society of America habe eine Veröffentlichung abgelehnt: »Haupteinwand: unsympathische Zeichnung der Ostjuden«. Ein anderer Verlag, Viking Press, hatte bereits ein Jahr zuvor abgewinkt. Die Atmosphäre des Romans, so der Ablehnungsbrief vom Februar 1941, könne selbst in einer erstklassigen englischen Übersetzung nicht bewahrt werden. Der Haupteinwand freilich war ein anderer, nämlich die Überlegung, das Buch ließe sich wegen des »gegenwärtigen Desinteresses an Geschichten über jüdisches Leben in Deutschland« schlecht verkaufen.

Einige Jahre nach dem Tode Beradts unternahm Charlotte Beradt erneut den Versuch, den Roman herauszubringen. Es lag nahe, daß sie sich an den mit Beradt vor 1933 verbundenen Rowohlt-Verlag wandte. 1957 schrieb sie aus New York an den Verleger: »Martin Beradt hat einen Roman hinterlassen, an dem er – Nachklänge einer frommen Jugend – längst vor 1933 gearbeitet und hier nur abgeschlossen hat ... Ich kam mit Paul Mayer, der das Buch gut kennt und für Beradts bestes hält, überein, daß damit eine Zeitlang gewartet werden mußte, mit der Schilderung von Schwarz und Weiß auf beiden Seiten. Das tat ich, so schwer es mir fiel. Aber nun ist es ja nahezu historisch oder besser die Sage von einer Judengasse ... Ich versuche, den Namen Martin Beradt wieder etwas lebendig zu machen ... Und Sie, verehrter Herr Rowohlt, als der Verleger, den er noch selber gewählt hat, wären mir natürlich am liebsten.«

Die Antwort Rowohlts ist aufschlußreich und gleichzeitig ein Dokument der Schäbigkeit westdeutscher Nachkriegskultur. Ungerührt von dem Umstand, daß hier ein ausgebürgerter Hausautor dem Verleger die Ehre gab, antwortete Rowohlt nach Amerika. Ihm lagen, »falls wir uns für das Manuskript entscheiden sollten«, erst einmal die Auslandsrechte am Herzen. Daß der Roman schließlich nicht bei Rowohlt erscheinen würde, war einer gefühligen Anmerkung zu entnehmen, die auf den ersten Blick überhaupt nichts mit Beradts Text zu tun zu haben schien. Rowohlt teilte Charlotte Beradt nach New York mit, er habe eine Aufführung des dramatisierten Tagebuchs der Anne Frank gesehen, »es hat mich natürlich auch sehr erschüttert«. Diese Art Erschütterung war von Beradts Roman, den keine adretten mittelständischen Mädchen bevölkern, nicht zu erwarten. Er hätte nicht jene Wirkung hervorgerufen, wie sie Adorno einmal von einer Besucherin jener Theateraufführung berichtete: »Ja«, habe sie erschüttert ausgerufen, »aber *das* Mädchen hätte man doch wenigstens leben lassen sollen.«

Ein Jahr später wandte sich Charlotte Beradt an den Claassen Verlag, dessen Lektor offenbar der damals besonders ausgeprägten und vorherrschenden Meinung war, die Nazis hätten nur jüdische Nobelpreisträger und jüdische Kammermusiker umgebracht, lauter gute Menschen mit Abitur und Privatbibliothek. Juden mußten so sein, denn sonst wäre der Massenmord in den Augen derer, die ihn bedauerten, nicht so schlimm gewesen. Deshalb lehnte der Verlag eine Veröffentlichung ab: »Hätten wir den Antisemitismus von 1933 bis 1945 nicht in der scheußlichen und unmenschlichen Form gehabt, würde ich keinen Augenblick zögern, diesen Roman zu bringen.«

Die volkspädagogische Begründung wurde gleich mitgeliefert: »Ich glaube aber, daß man dem versteckten Antisemitismus, der immer noch vorhanden und aktiv ist, nur neue Nahrung geben würde, wenn man diesen Roman publizierte. Er würde wahrscheinlich mißverstanden und als typisch jiddisch abgelehnt werden.« Diesen verlegerischen Nahrungsentzug konnte der keineswegs versteckte Antisemitismus damals leicht verkraften. Wenig später gab es die erste großflächig organisierte antisemitische Schmierkampagne in der Bundesrepublik.

Allein Karl Otten, bekannt als Herausgeber von Sammelbänden expressionistischer Prosa, setzte sich immer wieder bei verschiedenen Verlagen nachdrücklich für eine Veröffentlichung ein. Nachdem er 1962 ein Kapitel des Romans in seinem Sammelband »Schofar. Lieder und Legenden jüdischer Dichter« publiziert hatte, fand sich drei Jahre später der Verlag Heinrich Scheffler in Frankfurt, der in der Herausgabe des Romans »eine Freude und schöne Aufgabe« sah. Ellen Otten und Charlotte Beradt bereiteten die Druckfassung des Romans vor, der aus buchhändlerischen Gründen einen aus Süßholz gedrechselten Titel verpaßt bekam: »Die Straße der kleinen Ewigkeit«.

Nach kurzer Zeit war dieser Roman wieder vergessen, denn Juden wurden noch immer als die edleren deutschen Seelen betrachtet. Von wenigen Ausnahmen abgesehen, konnten die Rezensenten mit Beradts Buch nichts anfangen und verliehen ihrer eigenen Unbeholfenheit Ausdruck, die sie angesichts von Ostjuden überkam, die keine gepflegten Philantropen, sondern arme Schlucker waren, indem sie Beradts Studie zu einem Lebensbrevier und die Menschen aus Galizien zu frommen Wilden veredelten: Von der »Frömmigkeit des Autors« war in den *Stuttgarter Nachrichten* zu lesen, die dem Autor eine kriminelle Gesinnung hätten bescheinigen müssen, hätte er über Mörder geschrieben. Weiter hieß es dort: »Die Frömmigkeit des Autors läßt den Leser immer wieder spüren: Es ist letzten Endes alles auf dieser Welt nach Gottes Ratschluß weise geordnet.« Die *Westfälischen Nachrichten* attestierten dem Buch eine »rührende Menschlichkeit«, die Grenadierstraße sei eine »melancholische Metapher allgemein menschlichen Daseins.« Und ein Bibliotheks- und Buchhandelsblatt mit Namen *Bücherwurm* brachte Degout und Anerkennung in einem

Satz unter: »Beradt scheut sich nicht, seine Juden der Grenadierstraße in ihrer ganzen Menschlichkeit darzustellen.«

Vom Ende der siebziger Jahre datiert die Verwandlung von Geschichte in Heimatkunde. Im Verlauf dieser neuen Aneignung der Vergangenheit wurden auch die Ostjuden neu entdeckt. Seither dienen sie vornehmlich als folkloristische Gegenbilder des deutschen Blicks auf die Juden: statt Nobelpreisträgern nun Proletarier, statt des Physikers Einstein nun Tewje der Milchmann. Doch auch für das neue Bedürfnis nach vorgeblich Unverfälschtem, nach authentisch Jüdischem, gibt Beradts Roman nichts her. Denn dessen Geschichte ist, womit der Autor Philosemiten wie Antisemiten regelmäßig enttäuscht, mit »Mitteln des modernen Romans« erzählt. Da wird die gegenwärtig grassierende Lust, andere ebenfalls als buntes Völkchen, als Stamm oder als Rasse wahrzunehmen, besser bedient durch die 1992 erfolgte Neuauflage von Adolf Sommerfelds »Das Ghetto von Berlin«. In diesem Buch wird gejüdelt, daß sogar noch die deutschen Liebhaber jüdischer Witze dazulernen können, da gibt es schmierige Devisenschieber, schachernde Mädchenhändler, wulstige Lippen, mühelose Einkommen, polnische Schlamperei, kurz, alles, was das antisemitische Herz begehrt. Die Berliner *taz* lobte im Dezember 1992 die Neuauflage: »Das Verdienst des Romans ist es, die Normalität jüdischen Lebens zu beschreiben.« Das Verdienst der Zeitung wiederum bestand darin, zur Normalität des Klamaukantisemitismus zurückgekehrt zu sein.

Sommerfelds erstmals 1923 erschienene Schmonzette ist in der »Edition Scheunenviertel« eines ehemaligen DDR-Verlags nett aufgelegt worden, der den Namen »Neues Leben« trägt. Dieses soll nun auch aus den Ruinen des Scheunenviertels blühen. Den Ostjuden von einst ist dabei die Rolle zugedacht, als Statisten in einer schäbigen Inszenierung mitzuwirken. Kaum war die Mauer gefallen, da war eine Häuserwand in der Mulackstraße mit großen Fotos tapeziert, die ostjüdische Einwanderer im Scheunenviertel der zwanziger Jahre zeigten. Deren Geschichte bemächtigte sich nun die Szene, die im Viertel wohnt und in Bürgerinitiativen organisiert darum bangt, die instandbesetzten Häuser zu verlieren, womöglich noch an die Nachkommen der einst verjagten Eigentümer. Doch die jüdische Lokalgeschichte, die sie ganz eigennützig für sich reklamieren und in täglichen Führungen Touristen präsentieren, gehört ihnen nicht. Diese frivole Aneignung, deren profaner Zweck darin besteht, die historische Arisierung auf alternative Weise zum Abschluß zu bringen, hat freilich eine ebenso frivole Innenseite. Die »Betroffenen«, wie sie sich im Viertel gerne nennen, fühlen sich nach der Wiedervereinigung als die Opfer des Westens, als die neuen Verdammten dieser Erde – als die Nachfahren der Ostjuden. Mit deren Schicksal wird die eigene Niedertracht heute erbaulich aufgeputzt.

1993

Bericht aus einem Zwischenlager

1.

Die Geschichte der nationalsozialistischen Massenvernichtung hat Eingang ins allgemeine Bewußtsein vornehmlich in Form einer Betriebsanleitung gefunden. Was geschehen ist, läßt sich immer noch nicht begreifen, dafür umso besser, wie man es macht. Jeder durchschnittliche Zeitgenosse weiß heute ziemlich genau, wie ein Vernichtungslager funktionierte und hat daraus gelernt, wie vergleichsweise altmodisch die nazistische Mordmaschinerie ist. Die Aufzeichnungen von Philip Mechanicus (»Im Depot«) handeln nicht vom fabrikmäßigen Mord, nicht vom Terror der SS, nicht von Massenerschießungen und nicht von den liebgewordenen Vorstellungen deutscher Fernsehredakteure und Strafrichter: Nicht von Sadisten, nicht von Leichenbergen. Mechanicus berichtet nicht vom Massenmord im Osten, nicht von Auschwitz, sondern von dem jenem Verbrechen vorausgehenden Leben der Opfer, das man besser nicht zur Kenntnis nimmt, weil dann die markanten Grenzen zwischen Normalität und Wahn, die scharfen Trennungslinien zwischen Vergangenheit und Gegenwart verschwinden. Wenn das »Durchgangslager« Westerbork, von dem Mechanicus berichtet, manchmal wie eine Sommerfrische erscheint, wenn dort Deportation und Kinderspielplatz, Abtransport und Bühnenauftritt so eng beieinander liegen, was garantiert dafür, daß Sommerfrische, Kinderspielplatz oder Theaterbesuch die harmlosen Dinge sind, für die wir sie erachten. Die Aufzeichnungen von Mechanicus zerstören radikal den Sicherheitsabstand, den wir zu den Lagern eingenommen haben. Seine Eintragungen haben wenig mit den bekannteren Tagebüchern der Anne Frank und Etty Hillesum gemein; sie verschaffen dem Leser weder rührende noch erhebende Momente. Mechanicus war Journalist und wollte vom Lager berichten wie ein »Reporter von einem Schiffsunglück«. Im Unterschied zu einem normalen Reporter war Mechanicus gleichzeitig Passagier auf dem sinkenden Schiff.

Die Vernichtungslager lagen im Osten. Was im Westen von den Nazis veranstaltet wurde, wird immer noch unter dem beschönigenden Begriff »Besatzung« verbucht. Und Deutsche können immer noch nicht verstehen, daß ihnen die Holländer mehr vorwerfen, als bloß die Fahrräder gestohlen zu haben. Westerbork war einer der Orte, den die Nazis sich zur erfolgreichen Durchführung eines Experiments ausgewählt hatten. Hier sollten Menschen, die umgebracht werden sollten, erst so leben, daß sie deportationsfähig wurden. Medium dieser Konditionierung war die sogenannte Selbstverwaltung der Lagerinsassen. Die Opfer sollten schon vor ihrer Ermordung tot sein, und deshalb durfte es im Lager Westerbork besonders lebendig zugehen. Denn der Sieg der SS war erst vollständig, wenn das Opfer mit seinem Schicksal einverstanden war. Totalitäre Herrschaft war erst dann vollendet, wenn sie nicht nur über die Menschen hinweg, sondern auch durch diese hindurch ging. Daraus enstand ihre besondere Bürgernähe, aber auch ihre fürsorgliche Nähe zu den Opfern. Von dieser grotesken Scheinwelt, die von anderen Zeitgenossen wie Chronisten wahlweise als »Vorhölle«, »Irrenhaus«, »Schattenreich« oder »Tragigroteske« bezeichnet wurde, berichtet Mechanicus.

2.

Schon wenige Wochen nach ihrem Einmarsch am 10. Mai 1940 setzten die Deutschen alles daran, Holland nicht allein zu besetzen, sondern vor allem das Modell Nazideutschland möglichst rasch dorthin zu exportieren. Sie hatten seit 1933 ohne nennenswerten Erfolg darauf spekuliert, daß die nach Holland strömenden Flüchtlinge, deren Zahl bei Kriegsausbruch ungefähr 23.000 betrug, dort den Antisemitismus entfachen würden. In einem Rundschreiben des Außenministeriums vom Januar 1939 an alle deutschen Dienststellen im Ausland über »Die Judenfrage als Faktor der deutschen Außenpolitik im Jahr 1938« hieß es: »Die Auswanderung von rund 100.000 Juden hat schon gereicht, das Interesse, wenn nicht gar das Verständnis für die jüdische Gefahr in vielen Ländern zu wecken [...] Der Zustrom von Juden in alle Teile der Welt beschwört die Opposition der einheimischen Bevölkerung herauf und stellt damit die beste Propaganda für die deutsche Judenpolitik dar.« Zwar verhielt die auf Neutralität ihres Landes bedachte holländische Regierung sich in der Frage der Flüchtlinge sehr zurückhaltend bis unfreundlich, doch der Druck der öffentlichen Meinung sorgte dafür, daß restriktive Bedingungen gelockert und gelegentlich ganz aufgehoben wurden. So konnten nach dem Pogrom vom November 1938 rund 10.000 Juden aus Deutschland in den Niederlanden Zuflucht finden. Die einzige Errungenschaft im Sinne der Nazis, auf welche die Deutschen bei der Errichtung ihrer Besatzungsherrschaft sofort zurückgreifen konnten, war der Umstand, daß die holländischen Faschisten, die auch Juden zu ihren Mitgliedern zählten, sich inzwischen zu einer antisemitischen Partei gemausert hatten. Viele leitende Beamte der unverzüglich aufgebauten »Zivilverwaltung« gehörten der »Nationaal-Socialistischen Beweging« (NSB) an. Bereits im Sommer 1940 traten die ersten antijüdischen

Verordnungen in Kraft. Ab November 1940 wurden, analog zum Berufsbeamtengesetz in Deutschland, Juden aus dem öffentlichen Dienst entfernt, danach wurden die Angehörigen der freien Berufe mit Einschränkungen und Verboten schikaniert: Jüdische Anwälte durften keine nichtjüdischen Klienten mehr vertreten, jüdische Apotheker keine nichtjüdischen Kunden mehr bedienen, jüdische Schauspieler und Musiker nicht mehr zusammen mit nichtjüdischen Künstlern auftreten. Im Herbst 1941 folgte das Verbot, öffentliche Parks, den Zoo, Schwimmbäder, Theater und Konzertsäle, Bibliotheken, Leseräume und Museen zu besuchen. Drei Monate nach dem Einmarsch der Deutschen begann die Gleichschaltung der Presse. Alle Journalisten mußten, wenn sie ihren Beruf weiterhin ausüben wollten, dem »Verbond van Nederlandsche Journalisten« angehören. Juden konnten dort keine Mitglieder werden. Es entstand schließlich im November 1940 ein Gegenstück zum deutschen Propagandaministerium, das »Departement van Volksvoorlichting en Kunsten«, deren Abteilung Pressewesen kurzen Prozeß mit jener Zeitung machte, bei der Mechanicus das Ressort Außenpolitik leitete. In seinen »Meldungen aus Holland« hatte der deutsche SD berichtet, daß das *Algemeen Handelsblad* eine ausgesprochen antideutsche Haltung vertrete, die von »üblen« jüdischen Journalisten formuliert werde. Unter den aufgelisteten Namen befand sich auch der von Philip Mechanicus. Die Herausgeber hatten vergeblich versucht, ihn und andere jüdische Redakteure zu halten, indem sie sie der Form halber in anderen Bereichen des Blattes unterbrachten. Aber von den Behörden wurden sie im Juli 1941, als die Chefredakteure verhaftet wurden, gezwungen, alle jüdischen Mitarbeiter zu entlassen. Bis zum Tag der Befreiung, den freilich viele nicht erlebten, zahlte die Zeitung weiterhin Gehälter an all jene, die wegen der Besatzung entlassen werden mußten. Eine derartige Geste ist von keinem der arisierten Blätter in Deutschland bekannt geworden. Gelegentlich waren die Nazis und deren Kollaborateure auch mit anderen Problemen konfrontiert, die man in Deutschland ebenfalls nicht hatte lösen müssen, weil es sie dort erst gar nicht gegeben hatte. In Holland gab es nicht nur widerspenstige Verleger, sondern auch Studenten, die mit Streiks gegen die Entlassung jüdischer Professoren protestiert hatten, hier antwortete die Bevölkerung im Februar 1941 mit einer Art Generalstreik auf die erste Deportation von Juden: Nach einer bewaffneten Auseinandersetzung zwischen Nazis und einer jüdischen Selbstschutzgruppe wurden bei einer Razzia 400 jüdische Jungen und Männer in deutsche Konzentrationslager verschleppt und noch im selben Jahr zu Tode gequält. Unter diesen Verschleppten befand sich der junge Leo Mechanicus, ein Neffe des Tagebuchautors.

Anfang 1942 war die politische, soziale, wirtschaftliche und kulturelle Ghettoisierung der holländischen Juden abgeschlossen. Jetzt kam es den Nazis darauf an, sie systematisch zu registrieren, sie auszuplündern und wegzuschaffen. In Amsterdam, wo die große Mehrheit der Juden wohnte, wurde im Februar 1942 auf Anordnung der Deutschen der »Joodsche Raad« in Amsterdam als logistisches Hilfsinstrument der Vernichtungsbürokratie geschaffen, ein der jüdischen »Reichsvereinigung« in Deutschland vergleichbares Organ. Ermächtigt, also ohne Macht, war dieser Judenrat hauptsächlich als Erfassungsbehörde im doppelten Sinn des Wortes tätig: Er fertigte nicht nur Personen- und Vermögenslisten an, registrierte nicht nur die Arbeitslosen oder die Kranken, regelte nicht nur die Kostenabwicklung bei Deportationen oder verzeichnete frei gewordenen Wohnraum, sondern er sorgte auch durch eigens aufgestellte Ordnungskräfte für einen geregelten Ablauf der Transporte in die Lager. Durch die Funktionalisierung jüdischer Instanzen für ihre Ausrottungszwecke gelang es den Nazis schließlich, aus Holland soviel Juden wegzuschaffen und umzubringen wie in keinem anderen westlichen Land.

Bereits 1939, also noch vor der Besatzung, wurde das Flüchtlingslager Westerbork eingerichtet, in welchem vornehmlich Flüchtlinge aus Deutschland untergebracht wurden. Die erste Gruppe deutsch-jüdischer Flüchtlinge kam dort am 9. Oktober 1939 an. Am 10. Mai 1940, dem Tag des deutschen Überfalls, zählte das Lager 700 Insassen. Die Kosten für den Aufbau und den Unterhalt des Lagers Westerbork mußten auf Anordnung der Regierung von der jüdischen Gemeinschaft Hollands aufgebracht werden. Niemand ahnte damals, daß damit die erste Abschlagszahlung auf die Finanzierung des eigenen Untergangs geleistet worden war.

3.

Das abseits größerer Orte und auf einer trostlosen Heide im deutsch-holländischen Grenzgebiet gelegene Flüchtlingslager wurde im Juli 1942 vom »Befehlshaber der Sicherheitspolizei und des SD« übernommen. Bei dieser Übernahme und der bezeichnenden Umbenennung in ein »Polizeiliches Judendurchgangslager« konnten die Nazis auf die bereits alteingesessenen und in der Selbstverwaltung erfahrenen deutsch-jüdischen Flüchtlinge zurückgreifen. Aus den Reihen der »alten Kampinsassen« (Lagerveteranen), so das Adelsprädikat der Erstankömmlinge, rekrutierten sich in der Folgezeit die leitenden Funktionäre der Lagerverwaltung, an ihrer Spitze, wie eine Karikatur des Führers, in Reithosen und Schaftstiefeln, der »Oberdienstleiter« Schlesinger. Mit dieser dem nationalsozialistischen Herrschaftsapparat nachgebildeten Lagerverwaltung war die total erfaßte Zwangsgemeinschaft entstanden, deren Vollendung H.G. Adler anhand des vergleichbaren Konzentrationslagers Theresienstadt so beschrieb: »Der ›Führer‹ spiegelt sich im ›Judenältesten‹, ob sie es wollen oder nicht, und alle gefangenen Juden spiegeln sich gleichfalls in den Rollen der Nichtjuden [...] Die Pyramide, die im Lager die in der Außenwelt stehende Pyramide spiegelt, wirkt vom Judenältesten in einem dicht gesponnenen Instanzengang hinunter zum Fundament [...] und so ist das Unwahrscheinliche erreicht [...] dieser letzte Jude ist an den ›allmächtigen Führer des großdeutschen Reiches‹ angeschlossen [...] Diese Verhältnisse waren kaum bewußt, aber darum nicht minder wirksam, und sie haben – auf kurze Dauer – ein ›Reich‹ und auch ein ›Ghetto‹ zusammengehalten.« In Westerbork, wo zeitweise fast 17.000 Häftlinge auf einem Areal von 500 mal 500 Metern zusammengepfercht waren, genügten eine Handvoll SS-Leute und einige Polizisten, um die Häftlinge in Schach zu halten, denn die Aufrechterhaltung der Ordnung und der reibungslose Abtransport in die Viehwagen wurde vom »Ordnungsdienst« des Lagers besorgt, den Mechanicus die »jüdische SS« nennt. Von Anfang an sorgte die feudale Hierarchie innerhalb des Lagers für böse Auseinandersetzungen zwischen deutschen und holländischen Häftlingen. Und so kam es zu einem grotesken Vorläufer der Wochen der Brüderlichkeit der Nachkriegszeit. Ein Versöhnungsausschuß sollte ins Leben gerufen werden, denn die deutsch-jüdischen Häftlinge verspürten, wie Mechanicus notierte, ein »großes Versöhnungsbedürfnis«.

Westerbork war der größte Verschiebebahnhof in Westeuropa, von welchem aus rund 100.000 holländische Juden in die Vernichtungslager verfrachtet wurden. Bis zum 13. September 1944 sind insgesamt 100 Züge nach Auschwitz, Sobibor, Theresienstadt und Bergen-Belsen abgegegangen. Eichmann kommentierte diese organisatorische Spitzenleistung mit Befriedigung: »In den Niederlanden verliefen die Transporte so reibungslos, daß es eine Lust war, dorthin zu schauen.« Die Kriegsereignisse konnten die Transporte nicht beeinträchtigen. Zwei Jahre lang, und sogar noch als die Alliierten bereits an der holländischen Grenze standen, versorgte Westerbork die Vernichtungsmaschinerie mit Nachschub. Doch dieser Ort war nicht nur der Umschlagplatz für menschlichen Rohstoff, sondern gleichzeitig auch ein Wartesaal, in welchem sich das Bahnpersonal fürsorglich um alle Belange der Fahrgäste kümmerte. Hier gelangte der bei den Nazis gängige und dauerhaft durch sie geprägte Begriff der »Betreuung«, mit welchem sie die spezifische Mischung aus Terror und Sozialarbeit umschrieben, erst zu seiner vollen Bedeutung. Für Westerbork gilt gleichfalls, was H.G. Adler an Theresienstadt beobachtet hat: »Alles wurde bedacht, für alles wurde gesorgt – nur das Leben fehlte. [...] Es war eine Scheinordnung des Chaotischen, eine Gespensterordnung, die sich mit gewaltig klingenden Namen aufputzte, sich selbst aber nicht in der Gewalt hatte; sie konnte keinen Zusammenhalt haben und wäre augenblicklich in das Nichts zerfallen, das sie in Wirklichkeit war, hätte nicht eine Mischung aus aktivem Wahnsinn und passiver Besessenheit unter dem Zwang der SS alles zusammengekittet.«

Mit »Scheinordnung« war freilich nicht nur eine psychologische Diagnose ausgesprochen, sondern der Begriff bezeichnete gleichermaßen das bloß noch eingebildete Dasein der Menschen auf einem Stück Papier. In Westerbork kursierten Listen der verschiedensten Art, auf denen die Häftlinge ein fiktives Dasein in der Hoffnung führten, mit dieser Scheinexistenz ihr wirkliches Leben zu verteidigen.

Die sogenannte »Weinreb-Liste«, benannt nach einem ehemaligen Beamten des Wirtschaftsministeriums, führte Namen von begüterten Juden auf, die emigrieren und dafür bezahlen wollten. Diese Liste war eine Art Spielmaterial des deutschen Sicherheitsdienstes, der untergetauchten Juden und deren Besitztümer auf die Spur kommen wollte. Friedrich Weinreb kam verschiedene Male nach Westerbork, legte sich einen Kundenstamm von 1500 Antragstellern zu, von denen jeder 100 Gulden entrichten mußte, um auf seine Liste zu kommen. Mit diesen Geldern hielt er seine Auftraggeber bei Laune.

Die »Puttkammer-Liste«, benannt nach dem deutschen Prokuristen einer großen holländischen Bank, diente vornehmlich dazu, Juden zu erfassen, die auswandern wollten und bereit waren, dafür mit Devisen, Gold oder Diamanten zu bezahlen. Viele Juden opferten ihr ganzes Vermögen, Puttkammer kassierte Provisionen, auswandern konnte niemand.

H.G. Calmeyer war ein Beamter im »Generalkommissariat für Verwaltung und Justiz« und stellte mit der nach ihm benannten Liste Personen zusammen, die für Geld ihre Herkunft arisieren lassen wollten. Schließlich gab es noch die »Barneveld-Liste« mit den Namen prominenter holländischer Juden; die »Getauften-Liste« für Personen, die vor der Besatzung zum Protestantismus übergetreten waren; die »Portugiesen-Liste« für Holländer, die den deutschen Ahnenforschern beweisen konnten, daß sie vor einigen hundert Jahren aus Portugal gekommen waren; die »Stamm-Liste« für die Funktionsträger des Lagers und einige andere Listen, deren illusionierende Funktion Mechanicus beschreibt. Ein Listenplatz konnte für vorübergehende »Sperre«, will heißen, für den Aufschub der Deportation sorgen, verhindern konnten sie den Abtransport meist nicht. Wie bewußt den Insassen des Lagers der vollendete Surrealismus des Listenwesens war, verrät der im Lager geprägte Ausdruck, der verwendet wurde, wenn der Schwindel wieder einmal aufflog; dann war, so hieß es, eine Liste »geplatzt«.

Letztlich gab es nur eine verläßliche Liste: Die Transportbücher der Lagerverwaltung. Sie sind erhalten geblieben und zeugen von der radikalen Verwirklichung der nazistischen Scheinordnung des Lagers, in welcher die

Menschen allein im Augenblick ihrer Abschaffung zum Leben erweckt wurden: Als numerierte Transportfälle.

Innerhalb kurzer Zeit bildete das Lager wie in einem Zerrspiegel die Gesellschaft außerhalb des Lagers ab. Von den Industriebetrieben bis zum Theatersaal, vom Kindergarten bis zu den Strafbaracken war alles auf groteske Weise der normalen Gesellschaft nachgebildet; es gab Privilegierte und Benachteiligte, Eigenheime und Massenunterkünfte, Sportclubs, Schule, ein »Café Westerbork« und Seniorentreffs. Noch die bizarrsten Szenen in Joshua Sobols Theaterstück »Ghetto« oder die bösartigsten Einstellungen aus Mel Brooks' Film »Springtime for Hitler« verblassen angesichts der Eintragungen in Mechanicus' Tagebuch wie etwa der Notiz vom 21. August 1943: »Ausstellung von Spielzeugmodellen, die Schulkinder hergestellt haben und die für Deutschland bestimmt sind. Kürzlich hat das von Juden geleitete Fotoatelier für Deutschland Hitler-Fotos hergestellt. Der Obersturmführer hat die Ausstellungseröffnung mit seiner Gegenwart verschönert. Zuerst haben die Kinder ein deutsches Lied gesungen...«

Das Krankenhaus des Lagers gehörte zu den besten medizinischen Einrichtungen in Holland. Es sollte möglichst jeder gesund auf Transport gehen. Das Lagerhospital verfügte über 1725 Betten, über Fachärzte, eine Universitätsklinik und hatte einen Personalbestand, der den Neid jedes Krankenhausdirektors hervorgerufen hätte. Über tausend Personen arbeiteten im »Medizinischen Dienst«; es gab eine Quarantäneabteilung, eine Apotheke, eine Diätküche, eine Röntgenabteilung, Vorsorgeuntersuchungen, Nachbehandlungen, kurz: Diese Institution war die bombastisch aufgeputzte Sinnlosigkeit.

Damit die Insassen nicht nur gesund, sondern auch munter zum Transport bereit standen, gab es ein regelmäßiges Unterhaltungsprogramm. Morgens Deportation und abends Revue: Denn mit Musik ging wirklich alles besser. Auch das angespannte Verhältnis zwischen deutschen und holländischen Juden im Lager, so dachte der KZ-Kommandant Gemmeker, könnte durch Unterhaltung entkrampft werden. Einen Deportationspsychologen gab es noch nicht, also mußten die Animateure ans Werk, unter ihnen die Stars der Berliner und Amsterdamer Kleinkunstbühnen. In einem Interview kurz vor seinem (friedlichen) Tod im Jahr 1983 erinnerte sich Gemmeker an die Idee, eine »Bühne Westerbork« einzurichten: »Das Talent war vorhanden. Warum dann nicht in einem Zusammenleben mit viel Spannungen – die gab es, das muß ich zugeben – etwas zur Entspannung organisieren?«

Dienstag morgens gingen die Transporte ab, manchmal nicht im Viehwagen, sondern im Personenzug mit Platzkarte, und Dienstag abends gab es Kabarett oder Konzert. Nur Spitzenkräfte traten auf, die Ausstattung war vorzüglich, die Bühnenbeleuchtung auf dem neuesten technischen Stand. Was der »Oberdienstleiter« Schlesinger für die Lagerverwaltung war, das wurde der Schauspieler Max Ehrlich für die Unterhaltungsabteilung von Westerbork. Er wurde, wie Mechanicus berichtet, eine Art Amüsierkapo. Nach einem erfolgreichen Revue-Abend, zu dem der Kommandant auch Nazi-Bonzen aus Amsterdam eingeladen hatte, erklärte Ehrlich gegenüber Freunden: »Ich bin jetzt Favorit, ich kann jetzt, wenn ich will, Menschen retten.« Er konnte nicht einmal sich selbst retten. Mit dem Lagerbefehl Nr. 86 wurde die Bühne und das Symphonieorchester vom Kommandanten im August 1944 aufgelöst. Und im September wurden die Rollen vertauscht. Nun stand der Kommandant auf der Bühne, und die Künstler saßen unten in der ersten Reihe. Er verkündete ihnen die Evakuierung des Lagers. Zur Erinnerung schenkten ihm die Schauspieler ein Album mit Fotos und liebevoll kolorierten Genrebildchen des Lagerlebens. Auch in Berlin war man mit dem Kommandanten zufrieden. Am 1. September 1944 erhielt er für seine erfolgreiche Tätigkeit in Westerbork das Kriegsverdienstkreuz mit Schwertern. Die meisten Künstler wurden mit Zwischenaufenthalt in Theresienstadt nach Auschwitz deportiert und ermordet.

Am 12. April 1945, 3 Uhr nachmittags, wurde das Lager, in dem sich noch 800 Häftlinge befanden, von kanadischen Soldaten befreit. Die noch dort befindlichen Deutschen – um das wenigstens für die Niederlande klarzustellen – wurden nicht befreit, sondern besiegt.

4.

Mechanicus gab den Tagebuchheften, die er aus dem Lager schmuggelte, den Titel »Im Depot«. Westerbork war in seinen Augen zum Zwischenlager menschlichen Stückguts geworden, das man hier lagerte bis zur Weiterverwendung. Am 28. Februar 1944 brechen seine Aufzeichnungen ab. Über sein weiteres und millionenfach austauschbares Schicksal gibt eine Biografie Auskunft, die der holländische Journalist Koert Broersma unter dem Titel »Buigen onder de storm« (1993) veröffentlicht hat. Die nachfolgenden Angaben sind dieser Biografie entnommen: Mechanicus wurde 1889 als Kind einer armen Familie im alten Judenviertel Amsterdams geboren. Als 12jähriger arbeitet er in der Auslieferungsabteilung der sozialistischen Zeitung *Het Volk*, wird dort 1906 Korrektor und bald darauf der jüngste Redakteur der Zeitung. Seine Bildung erhält er vornehmlich in der sozialistischen Jugendbewegung. Nach einer kurzen Militärdienstzeit geht er 1910 als Journalist nach Niederländisch-Indien, wo er für die *Sumatra-Post* und später für *De Lokomotief* auf Java schreibt. 1919 kehrt er nach Holland zurück und geht zum liberalen *Algemeen Handelsblad*. Von 1919 an unternimmt er mehrere Reisen in die Sowjetunion. Seine Zeitungsartikel erscheinen unter dem Titel »Van sikkel en hammer« in Buchform. Im Mai 1933, einen Monat nach Beginn der antijüdischen Aktionen in Deutschland, reist Mechanicus nach Palästina. Aus seiner Artikelserie entsteht im Herbst das Buch »Een volk bouwt zijn huis«. Im November 1936 wird er Chef der Auslandsredaktion. Er schreibt häufig Kommentare über die Politik der Nazis. Der letzte Kommentar in seiner Kolumne »De stand van zaken« erscheint zwei Tage vor dem Einfall der Deutschen. Unter Pseudonym schreibt er bis Juli 1941 für das *Handelsblad* unverfängliche Geschichten über den Zoo und Feuilletons über historische Straßen, Plätze und Gebäude in Amsterdam.

Ende September 1942 wurde Mechanicus an einer Straßenbahnhaltestelle von einem holländischen Polizeiagenten verhaftet: »Der erwähnte Mechanicus lief auf offener Straße [...] ohne Judenstern herum«, vermerkt das Polizeiprotokoll. Er wurde ins Polizeigefängnis von Amersfoort gebracht, wo man ihn schwer mißhandelte. Von dort überstellte man ihn als »Straf-Fall« Anfang November ins Lager Westerbork, wo er bis zum 15. März 1944 inhaftiert war. Auf der Fahrt von Westerbork nach Bergen-Belsen (von dem im Tagebuch immer als »Celle« die Rede ist) gelang es Mechanicus, eine Karte an seine Tochter aus dem Zug zu werfen: »Liebe Ruth, ich bin im Augenblick auf der Reise nach Celle bei Hannover. Einen Gruß aus dem Zug dritter Klasse [...] In Celle muß ich die Calmeyer-Entscheidung abwarten [...] Viele Grüße an alle Freunde, insbesondere an Mams. Gruß, Paps.«

Im Oktober 1944, zu einer Zeit, als wegen der zusammenbrechenden Ostfront die sogenannten Evakuierungstransporte aus den Lagern im Osten in Bergen-Belsen ankamen, verließ ein Transport das »Aufenthaltslager« Richtung Auschwitz. Alle Angehörigen dieses Transportes, unter ihnen Mechanicus, wurden drei Tage nach der Ankunft in Auschwitz erschossen.

1993

Störenfriede der Erinnerung

Die jüdische Widerstandsgruppe Herbert Baum

I.

Mit der Wiedervereinigung kam die deutsche Nachkriegsgeschichte zum Abschluß. Als im Herbst 1992 rechtsradikale Banden das Ende der Nachkriegszeit auf ihre Weise mit Brandanschlägen und Mordtaten feierten, da mußten die Täter weniger die Gewalt des Staates fürchten als sich der verständnisvollen und fürsorglichen Anteilnahme erwehren, die ihnen von Politikern und in den Medien entgegengebracht wurde. Angesichts der Verwandlung von rassistischen Mördern in Sozialfälle meldete sich der Schriftsteller Ralph Giordano zu Wort. Er war als Jugendlicher seinen Landsleuten nur deshalb entkommen, weil diese mit der »Endlösung« vor dem Eintreffen der Alliierten nicht ganz fertig geworden waren. In einem Offenen Brief an den Bundeskanzler schreibt er: »Da wir nach den jüngsten Mordfällen dem Glauben und die Hoffnung verloren haben, daß Sie und Ihre Regierung einen wirksamen Schutz gegen den Rechtsextremismus und seine antisemitischen Gewalttäter bieten können, teile ich Ihnen mit, daß nunmehr Juden in Deutschland, darunter auch ich, dazu übergegangen sind, die Abwehr von potentiellen Angreifern auf unsere Angehörigen und uns in die eigenen Hände zu nehmen, und zwar bis in den bewaffneten Selbstschutz hinein.« Die öffentliche Aufregung, die diese Ankündigung auslöste, war freilich weniger gespeist von der Befürchtung, daß jemand Recht und Gesetz in die eigenen Hände nehmen könne, als von der Tabuverletzung, die Giordano begangen hatte: Juden hatten Opfer zu sein und in der Regel auch tot. Je toter sie waren, desto eher wurden sie sogar geliebt, wie man der Zuneigung entnehmen konnte, die ihnen in zahlreichen Ausstellungen der letzten Jahre entgegengebracht wurde. Waren sie zufällig am Leben geblieben, dann hatten sie ihren festen Platz in der arbeitsteiligen Ordnung der Republik; sie waren, wie das im Fall des verstorbenen Vorsitzenden der Jüdischen Gemeinde, Heinz Galinski, von der Öffentlichkeit geradezu als Beruf der Überlebenden anerkannt wurde: Mahner. Giordanos Warnung an die Exekutive hingegen war ein Verstoß gegen die den Juden im Nachkriegsdeutschland zugedachte Opferrolle und ein Akt tätiger Erinnerung insofern, als er den verblüfften Deutschen klarmachte, sie müßten von nun an mit Widerstand rechnen. Die Verblüffung selbst ist nicht neu, die Entrüstung nicht weniger. Neu ist nur, daß die Deutschen heute sich nicht mehr darauf verlassen können, daß Juden erst dann zur Gegenwehr schreiten, wenn es zu spät ist. Akte später Gegenwehr sind bekannt, und in der Empörung über Giordanos Auftreten hallte noch die Wut der Nazis nach, die es nicht verwinden konnten, wenn ausgerechnet ein Jude sich wehrte, wenn einer wie David Frankfurter 1936 zur Pistole griff und einen Nazi-Funktionär erschoß.

Anfang der achtziger Jahre versuchten Studenten der Technischen Universität Berlin diese Sichtweise zu durchbrechen und in einem symbolischen Akt an eine jüdisch-kommunistische Widerstandsgruppe zu erinnern. Sie beschlossen, das Hauptgebäude der Universität nach Herbert Baum, dem Leiter der Widerstandsgruppe zu benennen. Mit dieser Aktion lösten sie einen Proteststurm aus, der gegenwärtig nicht annähernd erreicht wird, wo es um Rückbenennung von Straßen geht, die bislang Namen von Antifaschisten trugen. Die Studenten brachten an der Hausfront den Namenszug »Herbert-Baum-Gebäude« an und befestigten eine Gedenktafel, die daran erinnerte, daß Herbert Baum wegen seiner jüdischen Herkunft seine Ausbildung zum Ingenieur nach 1935 nicht mehr fortsetzen durfte und 1942 als Widerstandskämpfer ermordet wurde. Die Universitätsleitung ließ die Gedenktafel entfernen, wozu sie pikanterweise den Beginn der »Woche der Brüderlichkeit« aussuchte. Das Berliner Parlament sah die freiheitlich demokratische Grundordnung durch die Erinnerung an jüdische Kommunisten gefährdet und debattierte über die studentische Umbenennung. Ein hochrangiger FDP-Politiker hielt die Aktion für einen »Ausdruck politischen Vandalismus'« und fühlte sich »doch sehr stark an das erinnert, was wir am Vorabend der Machtergreifung der Nationalsozialisten [...] gehabt haben.« Bei Herbert Baum, fügte er hinzu, handle es sich um einen »unbekannten, angeblichen« Widerstandskämpfer. Derlei Unfug, der nur noch überboten wurde von Äußerungen, die Baum-Gruppe sei eine Art jüdische RAF gewesen, geht nicht allein auf das Konto persönlicher Dummheit. Vielmehr handelt es sich dabei um den bloß provinziellen Ausdruck offizieller Geschichtsbetrachtung: Kommunist und Jude, das war unerträglich, das war eine Kombination, die bereits bei den Nazis als das absolute Gegenprinzip gegolten hatte.

In strikter Abgrenzung dagegen wurde von Konservativen, Sozialdemokraten, Kommunisten und schließlich auch Alternativen der traditionelle Begriff des »anderen Deutschland« gepflegt. Diese contradictio in adjecto gehört zu den zählebigsten Gründungsmythen der Republik. Wie aus einem Jungbrunnen entstieg dieser Konstruktion, kaum war es mit der kriminellen Volksgemeinschaft vorbei, ein neues Kollektiv, das ganz anders, vor allen Dingen anders deutsch, nämlich anständig gewesen war. Abgesehen vom völkischen Denkmuster, das mit dem

Begriff vom »anderen Deutschland« tradiert wird; abgesehen von der Berufung auf die Anständigkeit, einen Charakterzug, auf den gerade die Nazis ihre Schlachter immer eingeschworen haben; abgesehen von der Tatsache, daß es Widerstandsaktionen von einzelnen Personen und isolierten Gruppen, nicht aber eine, anderen Ländern vergleichbare Widerstandsbewegung gegeben hat; abgesehen von all diesen Momenten wird bei der Berufung auf das »andere Deutschland« dessen größte Schande sanktioniert: die Gleichgültigkeit gegenüber dem Schicksal der Juden.

Giles McDonough berichtet in seiner Biographie über den Widerstandskämpfer von Trott (»A Good German. Adam von Trott zu Solz«) von einer Unterhaltung zwischen Trott und dem chinesischen Revolutionär Lin-Tsiu-Sen 1942 in Basel. Der Chinese monierte, die deutsche Opposition sei zu passiv. Er sagte: »Wenn ihr Hitler nicht töten könnt, dann tötet Göring. Wenn ihr Göring nicht töten könnt, dann tötet Ribbentropp. Wenn ihr Ribbentropp nicht töten könnt, dann irgendeinen General auf der Straße.« Die Antwort Trotts, wie der Chinese sie überliefert, lautete: »Deutsche bringen ihre Führer nicht um.« Die deutschen Militärs hatten überaus professionell halb Europa zerstört, erwiesen sich aber als Amateure, wo es darum ging, den Anführer der Bande zu beseitigen. Sie schrieben Memoranden, Studien und Pläne über die Zukunft Deutschlands und hatten tiefe Gewissenskonflikte wegen der Frage des Hochverrats und des Eidbruchs. Daß sich hohe Militärs überhaupt zum Widerstand entschlossen hatten, lag weniger am verbrecherischen Charakter der nationalsozialistischen Vernichtungspolitik als daran, daß die Firma auf einen Konkurs zusteuerte. Die Opposition hatte sich erst an der Kriegsfrage entzündet, und zum Kreis um die militärische Verschwörergruppe des 20. Juli gehörten Männer, die lange Zeit in erstaunlichem Ausmaß die Prinzipien der Nazis geteilt und hohe Funktionen eingenommen hatten. Sie waren darum besorgt, daß man die Wehrmacht für die Verbrechen zur Verantwortung ziehen könnte und verlangten allen Ernstes von den Alliierten, diese sollten nicht auf die Rückgabe aller von Deutschland seit 1933 annektierten Gebiete bestehen. So mutig diese Leute waren, so wenig ließ sich freilich andererseits ihr politischer Bankrott verheimlichen. Goerdeler befürwortete eine erbliche Monarchie, für die der Sozialdemokrat Leuschner die Massen gewinnen wollte. Und in der Frage der Judenverfolgung hätte Goerdeler, dessen Denkschriften von völkisch-nationalen Auffassungen durchdrungen waren, sich – wie Hannah Arendt einmal bemerkte – bestimmt mit Eichmann einigen können. Auch die Verschwörer des 20. Juli wollten eine Lösung der Judenfrage, eine »Dauerlösung« – in Kanada. Im »anderen Deutschland« war kein Platz für sie vorgesehen. Sieht man sich die Dokumente des Verschwörerkreises an, stellt man fest, schrieb Hannah Arendt in »Eichmann in Jerusalem«, wie sehr diese Leute »selbst bereits im Bann der von den Nazis gepredigten neuen Wertskala standen.«

Die Ehrenrettung der deutschen Geschichte mithilfe der propagandistischen Formel vom »anderen Deutschland« blieb freilich keine exklusive Domäne konservativer oder bürgerlicher Historiker und Politiker. Die Legende vom besseren Deutschland wurde schließlich im Verlauf der Beschäftigung mit der nationalen Frage, wie man den Wandel durch Annäherung im linken Milieu bezeichnete, zu einem bestimmenden Element bei der Betrachtung der jüngeren Geschichte und bei der Begründung der eigenen Politik. Vor allem alternative Freilandhistoriker taten sich bei der Entdeckung und Beschreibung von Widerstandsformen hervor, die angeblich von der herrschenden Geschichtswissenschaft verdrängt wurden, in Wirklichkeit aber so verborgen gewesen waren, daß sie nicht einmal den Nazis besonders aufgefallen wären. Bücher und Broschüren zur Lokalgeschichte des Widerstands hatten Konjunktur, jedes nichtkonforme Verhalten wurde durch das Bedürfnis nach zweifelsfreier Tradition zu Widerstand veredelt, jeder nicht ausgestreckte Arm in eine geballte Faust verwandelt. Der Begriff des Widerstandes wurde derart inflationär noch der letzten privaten Geste übergestülpt, daß man sich unwillkürlich fragen mußte, warum angesichts solcher massenhaften antinazistischen Verhaltensweisen eigentlich nicht die Nazis im Gefängnis, sondern die Antifaschisten im Lager gesessen hatten. In diesem – auch in der DDR beliebten – Geschichtsbild war die deutsche Vergangenheit säuberlich aufgeteilt in böse Nazis und gute Deutsche, die den Juden halfen, wo sie nur konnten. Wie man weiß, ist diese Hilfe den Juden schlecht bekommen. Insbesondere ihre Berliner Wohltäter wurden immer wieder hervorgehoben. Nirgendwo, so blickt man in der Hauptstadt auf die deutsche Geschichte zurück, habe man so viele Juden versteckt wie hier. Die Berliner hatten sie aber offenbar so gut versteckt, daß sie sie nach dem Kriegsende kaum wiederfinden konnten.

II.

Hinter der Frage, warum die Juden sich nicht gewehrt hätten, steckt in den seltensten Fällen das Interesse, herauszufinden, wie Menschen es zulassen konnten, daß andere Menschen auf den Stand absoluter Wehrlosigkeit und völliger Verlassenheit herabgedrückt werden konnten. Der nachgerade verlogene Satz, die Juden seien wie die Schafe zur Schlachtbank gegangen, ist deshalb auch keine Feststellung, sondern ein Vorwurf. Wenn der Bürger schon zähneknirschend zugibt, heißt es irgendwo bei Adorno, daß Verbrechen begangen worden seien, dann will er wenigstens, daß auch das Opfer schuld sei. Der liebgewordene Gedanke daran, daß die Juden stumm zu ihrer Ermordung hingingen, ist an die Stelle der Frage getreten, warum die Deutschen brüllend hinter ihren Blockwarten und Gauleitern herliefen. Die Ermordung der Juden gilt sozusagen als Strafe für deren Wehrlosigkeit. Daß sie schon damals die besseren Menschen hatten sein und als Kollektiv hatten widerstehen sollen, schrieb ein Berliner Politikwissenschaftler just in dem Augenblick, als der irakische Präsident Saddam Hussein drohte, den Staat Israel in ein Krematorium für dessen Bewohner zu verwandeln. »Man stelle sich vor«, ließ der Professor die Leser der *taz* wissen, »die Kolonnen der Hunderte und Tausende auf dem Weg zu den Güterbahnhöfen hätten sich schlicht hingesetzt – hätten Polizei, SA, Wehrmacht und SS es gewagt, im Angesicht aller deutschen Zuschauer diese Menschen [...] zusammenzuschlagen und sie Körper für Körper widerstandslos und doch mächtig, auf Lastwagen zu verfrachten?« Ein einziges jüdisches teach-in, und Goebbels hätte einpacken können; ein einziges jüdisches sit-in , und die Millionen NSDAP-Mitglieder hätten sich zu einer Bürgerrechtsbewegung gemausert. Doch offensichtlich fehlte den Juden die Zivilcourage, die sie gleichzeitig auch noch den Zuschauern ihres Elends beibringen sollten. Weshalb sie also nicht nur an ihrer eigenen Vernichtung mitschuldig, sondern auch noch für den fehlenden Widerstand bei den Deutschen verantwortlich sind.

Nur bruchstückhaft ist ins allgemeine Bewußtsein getreten, daß deutsche Juden auf vielfältige Weise Widerstand geleistet haben. Die Bandbreite ihres bislang nur lückenhaft dokumentierten Widerstands reicht von zivilem Ungehorsam bis zur Sabotage. Deutsche Juden waren im europäischem Widerstand aktiv, kämpften im Spanischen Bürgerkrieg für die Republik, und Zehntausende von ihnen setzten als Angehörige der alliierten Streitkräfte ihr Leben im Kampf gegen die Nazis ein.

Ebenso wenig, weil die Legende vom vorgeblich anständigen Deutschen zerstörend, ist ins allgemeine Bewußtsein gedrungen, weshalb der Widerstand von Juden in Deutschland bestenfalls symbolischen Charakter tragen konnte, weshalb es sich bei Protesten von Juden um meist aussichtslose Gesten der Verzweiflung handeln mußte.

Es lag nicht an der Brutalität der SA oder am Terror der SS, es lag an der organisierten Macht der Volksgemeinschaft, welche die Juden schrittweise in ohnmächtige Parias verwandelte, bis sie schließlich im Innern Deutschlands ausgebürgert, so rechtlos und so wehrlos waren, daß sie jenen Zustand erreichten, den Jean Améry als Einbuße des »Weltvertrauens« und Hannah Arendt als Verlust der »Weltbezogenheit« bezeichnet haben. Als wichtigstes Element des Weltvertrauens nannte Améry die Gewißheit, »daß der andere auf Grund von geschriebenen oder ungeschriebenen Sozialkontrakten mich schont, genauer gesagt, daß er meinen psychischen und damit auch meinen metaphysischen Bestand respektiert.« Diese Gewißheit hatte noch jeder Sklave gehabt, den Juden in Deutschland hat man sie genommen.

Bekannt ist, was dic SS gemacht hat. Aber ein noch immer gut gehütetes Betriebsgeheimnis nationalsozialistischer Herrschaft ist die Tatsache, daß es sich bei ihr um die erste Form bürgernaher Herrschaft gehandelt hat. Denn die Massenverbrechen waren nicht nur Verbrechen an Massen, sondern auch Verbrechen von Massen. Ohne die tätige Mitwirkung ganzer Branchen wie des Dienstleistungsgewerbes, ohne die Mitwirkung vieler Berufsgruppen wie Ingenieure und Architekten, ohne die Angehörigen des Öffentlichen Dienstes, ohne die tatkräftige Unterstützung durch die Wehrmacht, ohne Wissen und Mitwirkung dieser Millionen Menschen hätten nicht Millionen Menschen umgebracht werden können. Zwar gab es, wie Hannah Arendt schreibt, nur wenige Menschen, die die Verbrechen aus vollem Herzen bejahten, dafür aber eine genügend große Anzahl, die absolut bereit waren, sie dennoch auszuführen. Bei soviel Bürgerbeteiligung fiel es schwer, die Untaten nicht zur Kenntnis zu nehmen. Über die enge Komplizenschaft zwischen Verbrechern, Mittätern, Handlangern und Zuschauern heißt es bei Hannah Arendt: »Denn während das deutsche Volk nicht über die Verbrechen der Nazis informiert oder sogar vorsätzlich über deren genaue Art in Unwissenheit gehalten wurde, hatten die Nazis doch dafür gesorgt, daß jeder Deutsche von irgendeiner schrecklichen Geschichte wußte. Er brauchte also gar nicht alle in seinem Namen verübten Untaten genau zu kennen, um zu begreifen, daß er zum Komplizen seines unsäglichen Verbrechens gemacht worden war.« Gelegentlich wurde den Nazis, deren Sicherheitsdienste mit vergleichsweise weniger Personal auskamen als die Stasi, die heftige Bürgerbeteiligung sogar etwas lästig, und sie beschwerten sich, wenn zu viele Bürger Juden bespitzelten, über das »Unwesen« der Denunziation.

Nach der Zerstörung ihrer juristischen und moralischen Person blieb den Juden, die es bis zu Kriegsbeginn nicht geschafft hatten, Deutschland zu verlassen, nicht einmal der Hauch einer Chance. Sie waren, abgesehen von individuellen Gesten guter Gesittung, nicht nur ohne Bündnispartner, weil auch der organisierte Antifaschismus jeglicher Couleur die Juden als »minorité fatale« betrachtete, sondern sie waren schon wie nicht mehr von dieser Welt. Sie standen nicht vor dem Problem der Handlungsfreiheit, sondern vor der von allen Seiten der Gesellschaft bestätigten Tatsache, daß sie gar nicht mehr handeln konnten. Allenfalls das negative Gegenbild des nazistischen Volksgenossen und insofern zur Ausrottung freigegeben und verlassen von der übrigen Welt, blieb ihnen nicht einmal mehr die Hoffnung, daß Protest, in welcher Form auch immer, einen Adressaten finden könnte.

David Frankfurter hatte nach seinem Attentat auf Hitlers Statthalter in Davos wenn nicht auf die Reaktion der Weltöffentlichkeit, so doch darauf gehofft, die Schüsse könnten ein Signal für die Juden sein. Er stellte mit dieser naiven Hoffnung weder in Rechnung, wie getreu die deutschen Juden die Sozialstruktur und die entsprechenden Verhaltensmuster und Ideologien der deutschen Gesellschaft abbildeten und so identisch mit ihr waren, daß sie oft noch im Augenblick der höchsten Gefahr Skrupel beim Erwerb eines gefälschten Ausweispapiers und Gewissensbisse beim illegalen Grenzübertritt verspürten, daß sie also, wie es mit einem schrecklichen Terminus der Historiker heißt, keine gemeinsamen »vorkonzentrationären Merkmale« aufwiesen, die eine gemeinsame Abwehr ermöglicht hätten; er stellte andererseits auch nicht in Rechnung, mit welcher Schnelligkeit und in welchem Ausmaß es gelingen konnte, Menschen in eine Art Niemandsland zu verbannen, das außerhalb aller weltlichen Bezüge rechtlicher, sozialer und politischer Art stand.

Der letzte Protest von Menschen, die vor der Aussicht standen, daß ihnen auch noch der eigene Tod genommen würde, war deshalb Veronal. Allein in Berlin nahmen sich in der Deportationszeit mehr als 2000 Juden das Leben. Die Nazidienststellen wurden angewiesen, »alle Ausfälle (durch Selbstmord usw.) unverzüglich mitzuteilen«. Im Lager sollte der Tod vollends anonym sein. Deshalb wurden Selbstmordversuche mit öffentlicher Hinrichtung bestraft. Bei warnenden Ansprachen an die Häftlinge hieß es, Juden hätten nicht das Recht, sich zu töten, dieses Recht stünde nur den Deutschen zu.

III.

Nach 1939 wurde offener Protest von offizieller jüdischer Seite völlig zum Verstummen gebracht. Als die »Reichsvereinigung« am Beginn der Deportationen bei Eichmann intervenierte, mit dem kollektiven Rücktritt ihrer Repräsentanten drohte und in allen Gemeinden mit Gebeten der Deportierten gedenken wollte, da wurde dieses letzte hilflose Aufbegehren brutal bestraft. Von nun an sollte die als Vertretungskörper gegründete und von den Nazis in eine Zwangskörperschaft umgewandelte Institution als bürokratisches Hilfsinstrument bei der forcierten Ausschaltung, der Austreibung und schließlich bei der Deportation dienen. Die den jüdischen Instanzen zugedachte Rolle als Befehlsübermittler war indes nur der logistische Ausdruck einer moralischen Perfidie, welche in den Augen der Nazis den Sieg über die Opfer erst vollendete. Die SS wollte nicht nur die Juden umbringen, sie wollte deren Einverständnis durch Mithilfe. Die Opfer sollten schon vor ihrer Ermordung aufgehört haben zu leben. Auf jüdischer Seite führten die erzwungenen Dienstleistungen bei der Registrierung, Konzentrierung, Kennzeichnung und Deportation zu der entsetzlichen Illusion, der Schrecken werde gemildert durch die »Menschlichkeit« der Handlanger. Hildegard Henschel, die Frau des letzten Vorsitzenden der Jüdischen Gemeinde von Berlin, berichtete später über die »segensreiche Tätigkeit« des Hilfspersonals der Gemeinde, das beim Abtransport am Bahnhof Grunewald Tee an die Todgeweihten ausschenkte, so als habe es sich um milde Gaben der Bahnhofsmission gehandelt. Und von Leo Baeck ist das furchtbare Wort überliefert, jüdische Polizisten seien »sanfter und hilfreicher«, sie würden »die Qual erträglicher machen«. Er verschwieg in Theresienstadt vor den Inhaftierten bewußt die Wahrheit über die Abtransporte aus derselben »Menschlichkeit« heraus und erklärte dazu später, daß »in Erwartung des Todes durch Vergasung zu leben nur noch härter wäre.«

Ein einziges Mal freilich kam es während der Deportationen zum offenen Protest. Dieser Protest war die einzige in aller Öffentlichkeit, nämlich auf Berlins Straßen, zum Ausdruck gebrachte Manifestation gegen die Verfolgung und Ermordung der Juden in der ganzen Nazizeit. Es handelte sich hierbei um einen spontanen, unorganisierten späten Protest, dessen Motive auch seine Grenzen markierte.

Ende Februar 1943 wurden die Nazis ungeduldig, sie wollten dem Führer zum Geburtstag ein judenreines Berlin präsentieren und ließen bei der sogenannten »Fabrik-Aktion« die in »Mischehe« lebenden jüdischen Ehepartner zusammentreiben. Sie wurden in einem von den Nazis requirierten Verwaltungsgebäude der Jüdischen Gemeinde in der Rosenstraße inhaftiert und warteten dort auf ihren Abtransport in die Vernichtungslager. Die nichtjüdischen Ehefrauen protestierten tagelang vor dem Gebäude und forderten die Herausgabe ihrer Angehörigen. Die bewaffnete SS griff nicht ein, und nach einiger Zeit durfte die überwiegende Mehrheit der Männer wieder zu ihren Familien zurückkehren. Das mutige Vorgehen der »Frauen in der Rosenstraße« hat mangels anderer Beispiele offenen Protests zu einer eigentümlichen Verklärung der Aktion wie der Beteiligten geführt. Die Protestaktion wurde im nachhinein gelegentlich zum Vorbild stilisiert, dessen Nachahmung – die ja dem Original hätte zeitlich weit vorausgehen müssen – die Deutschen nicht als ein Kollektiv von Tätern und Zuschauern zurückgelassen hätte.

Besser freilich diente jene Demonstration zum Anlaß, darüber zu reden, um wie entscheidend größer als die Zahl der notdürftig geretteten jüdischen Ehepartner die Anzahl der meist von nichtjüdischen Ehemännern aufgelösten »Mischehen« war. Nach Kriegsausbruch war eine Scheidung für den jüdischen Teil eines Ehepaares identisch mit einem Todesurteil. Wichtiger indes ist es, die biologisch-familiären Antriebsmomente des Protests zu sehen. Denn die familiären Instinkte standen nicht am Anfang eines davon verschiedenen Protests, sie waren dessen Schlußform. Dieser Gedanke mindert die Courage der demonstrierenden Frauen von damals um keinen Deut, die nur noch als Ehefrauen reagieren konnten, er ist im Gegenteil ein Einwand gegen die schlechte Verklärung von heute. Mit der Heroisierung der ihrer Männer beraubten Frauen als Ehefrauen wird nur – und mit gutem Gewissen – die zutiefst reaktionäre Ideologie von der Familie als Instinktgemeinschaft befestigt und mit den besten Absichten das Familienbild der Nazis reproduziert.

Daß das Beharren auf der Familie, ähnlich wie das Beharren auf der Legalität, eher zur Falle und ein Hinderungsgrund wurde, richtige Entscheidungen zu treffen, beschrieb Bruno Bettelheim am bekanntesten Fall: »Der Wunsch der Eltern der Anne Frank, ihr vertrautes Familienleben nur ja nicht aufzugeben, und ihr Unvermögen, ihr Überleben effektiver zu planen, ist das Musterbeispiel einer Reaktion, wie sie viele andere Menschen damals hatten, als sie vom Nazi-Terror bedroht wurden.« Und über die erfolgreiche Verbreitung des »Tagebuchs der Anne Frank« schrieb er, »daß sich die weltweite Zustimmung [...] erst dann erklären läßt, wenn wir einsehen, daß wir die Fähigkeit glorifizieren, sich in eine extrem private liebenswerte und empfindsame Welt zurückzuziehen und sich in dieser Welt mit allen Mitteln an die altgewohnten alltäglichen Ansichten und Verrichtungen zu klammern, obwohl diese Welt um einen herum nur ein einziger Strudel ist, der einen jeden Augenblick hinabreißen kann.«

IV.

Für Juden, die sich am Widerstand gegen die Nazis beteiligen wollten, war klar, daß sie nur außerhalb der jüdischen Institutionen, außerhalb der von den Nazis verfaßten Zwangsgemeinschaft und im Untergrund operieren konnten. Die politische Opposition war bald zerschlagen, und mit ihrem Ende datiert der systematische Ausbau der Lager. 1935 korrigierte die KPD, die bislang dem Antisemitismus als bösartige Nebenerscheinung des Klassenkampfs begriffen hatte, ihre offizielle Auffassung, nur jüdische Arbeiter, Angestellte, Akademiker und kleine Kaufleute, nicht aber die »besitzenden jüdischen Schichten« würden verfolgt. Das besondere Interesse der Parteispitze im Pariser Exil galt dem Schicksal der jüdischen Genossen in Deutschland, denen angeraten wurde, entweder zu emigrieren oder sich in einer separaten jüdischen Gruppe zu organisieren. Von heute aus läßt sich immer noch nicht sagen, was genau die KPD veranlaßt hat, ihre jüdischen Mitglieder vor diese Alternative zu stellen. War es die Sorge um das Leben der jüdischen Genossen oder kam der in der DDR-Geschichtsschreibung mit peinlichem Schweigen übergangene Vorschlag, Juden und Nichtjuden zu trennen, nicht eher aus der Sorge um den Erhalt der eigenen dezimierten Kader?

Die KPD protestierte zwar mit Flugblättern aus dem Untergrund »Gegen die Schande der Judenpogrome«, doch stand der Kampf gegen die Judenverfolgung und gegen die Massenvernichtung zu keinem Zeitpunkt im Zentrum ihrer Politik. Es gab keine organisierte Aktion zur Rettung von Juden, und nie wurde die Absicht propagiert, geschweige denn der Versuch unternommen, Anschläge auf Deportationseinrichtungen zu verüben. Doch mit der Aussonderung der jüdischen Genossen war die Grundlage für die Entstehung der größten und bekanntesten deutsch-jüdischen Widerstandsgruppe geschaffen.

In der DDR, wo alle ermordeten Juden, also vor allem jene, die nichts dafür getan hatten, daß die Nazis etwas gegen sie hatten, zu Antifaschisten umgelogen wurden, was den toten Opfern nichts, der SED aber half, nachträglich dem Antifaschismus eine wirkliche Massenbasis zu verschaffen – in der DDR waren die Mitglieder der Baum-Gruppe erst einmal und hauptsächlich Kommunisten und nur gelegentlich Juden. Nicht zu gelegentlich, weshalb die Parteiführung einen Gedenkstein im Lustgarten errichten ließ und sich damit den Weg zum jüdischen Friedhof in Weißensee ersparen konnte, wo die ermordeten Mitglieder der Baum-Gruppe begraben liegen. Als der Hitler-Stalin-Pakt zerbricht und die Deportationen einsetzen, fällt in der Gruppe, in der man sich angesichts des herrschenden Wahnsinns mit der Lektüre von marxistischen Klassikern bei Vernunft halten will, der Entschluß zum praktischen Widerstand. Die Baum-Gruppe wendet sich weder an jüdische Institutionen, noch will sie die Deportation zum Thema ihrer illegalen Flugschriften und Aufrufe machen. Ihrer vom KPD-Theoretiker Otto Heller geprägten Grundüberzeugung nach kann nur ein Sieg des Kommunismus den Juden helfen, und zwar durch die Auflösung des Judentums. (Zu den besonders grotesken Fußnoten der Geschichte gehört in diesem Zusammenhang, daß Otto Heller, der Verfasser des vielgelesenen Buches »Der Untergang des Judentums« auf barbarische Weise den Titel seines Werkes erlebte: Er wurde im KZ Mauthausen ermordet).

Die Baum-Gruppe richtet ihre Aufrufe an die werktätige Bevölkerung, die sie für den Kampf gegen Hitler gewinnen möchte. Einer der Aufrufe endet mit der Versicherung: »Genossen! Der Sieg ist nicht mehr fern, er wird unser sein!« Wie wenig die jüdischen Kommunisten ihrem eigenen Optimismus glauben, wird indes bald deutlich. Der Brandanschlag, den sie auf eine antisowjetische Propagandaausstellung im Berliner Lustgarten im

Frühjahr 1942 unternehmen, ist mehr ein Akt der Verzweiflung als das heroische Unterfangen, zu welchem die DDR-Historiographie den Anschlag stilisierte, der ihr zufolge Ausdruck der Solidarität mit der Sowjetunion gewesen war oder die Bevölkerung hatte mobilisieren sollen. Der Anschlag im Berliner Lustgarten steht vielmehr für den in Deutschland gescheiterten Versuch, die Pariastellung der Juden auch innerhalb des Widerstands zu durchbrechen.

Die Gruppe wird verraten oder tappt der Gestapo in die Falle. Für einige angekokelte Ausstellungsstücke nehmen die Nazis Rache, indem sie 250 Juden, sofort erschießen und 250 weitere in ein Lager verschleppen. Die »Reichsvereinigung«, die aus Furcht vor Repressalien immer am Legalitätsprinzip festgehalten hatte, besteht auch während der Deportation auf der Gesetzlichkeit der Handlungen und nimmt Kontakt mit zufällig verschonten Mitgliedern der Baum-Gruppe auf, um sie von weiteren Aktionen abzuhalten, die diese gar nicht mehr in der Lage sind durchzuführen. Die Gruppe ist zerschlagen, die meisten Mitglieder sind in Gestapohaft. Doch gerade angesichts der vollendeten Hoffnungslosigkeit besteht ein Mitglied der Baum-Gruppe darauf, daß Kadavergehorsam gefährlicher sei als offene Rebellion. »Es interessiert uns nicht, was die jüdischen Führer denken«, ist seine Antwort an den Emissär der »Reichsvereinigung«.

Vor Gericht treten Mitglieder der Baum-Gruppe selbstbewußt als Juden und Kommunisten auf. »Ich bin nicht sonderlich geschult«, sagt Lotte Rotholz, »eines aber war mir klar, daß ich als Jüdin nicht zurückstehen kann.« Einige Mitglieder der Gruppe werden in Berlin hingerichtet, andere werden, nachdem Juden nicht mehr vor deutschen Gerichten erscheinen dürfen und gleich der SS überlassen werden, nach Auschwitz deportiert und umgebracht. Das Privileg nichtjüdischer Kommunisten, ins Zuchthaus zu kommen, besitzen sie nicht. Gnadengesuche werden abgelehnt. Justizminister Thierack verrät mit seiner Ablehnung gleichzeitig, daß die nazistische Gerechtigkeit eine Schußwaffe ist: »Aufgrund der Vollmacht vom Führer beschließe ich, vom Begnadigungsrecht keinen Gebrauch zu machen, sondern der Gerechtigkeit freien Lauf zu geben.«

V.

In den Untergrund zu gehen, war mit dem Beginn der Deportation der einzige und immer gefährdete Ausweg für jene, die bislang in keinem Kontakt mit oppositionellen Einzelkämpfern oder Gruppen gestanden hatten. Es war eine Entscheidung auch gegen die jüdischen Institutionen, deren Hauptinteresse vorher der Stärkung der sozialen und kulturellen Hilfsprogramme, dem »Aufbau im Untergang«, gegolten hatte und die sich nun der »ordnungsgemäßen« Abwicklung der Erfassung und Registrierung widmen mußten. »Als wir den Judenstern abschnitten«, berichtete eine Untergetauchte später, »haben wir eine Entscheidung gegen diese einzige Sicherheit getroffen, die uns blieb, die Sicherheit, deportiert zu werden.« Nun begann die Suche nach nichtjüdischen Helfern, Quartieren, Papieren, eine Odyssee, die nur drei von zehn Untergetauchten überlebten.

Die einzige jüdische Gruppe, die geschlossen in den Untergrund ging und bis auf wenige Ausnahmen überlebte, war der »Chugchaluzi«, eine Jugendgruppe, die sich der zionistischen Bewegung zurechnete und auf eine Zukunft nicht in Deutschland, sondern in Palästina vorbereitete. Daß die Abgetauchten am Leben blieben, verdankten sie wahrscheinlich ebenso ihrer jugendlichen Findigkeit wie der instinktiven Einsicht, daß nichts mehr galt, was vordem gegolten hatte, daß sie durch einen Abgrund von ihrer Umwelt getrennt waren. Sie reagierten als absolut Verlassene, indem sie im Untergrund ihre eigene Welt etablierten und die »Oberwelt« in bloße »Mahlzeitenspender«, »Quartierleute« und »Lieferanten« einteilten.

Wie eine vorweggenommene Beschreibung des Endes der DDR liest sich, was Hannah Arendt nach einem Besuch in Deutschland 1950 über die Nischengesellschaft des Dritten Reiches notiert hat: »In den letzten Kriegsjahren gab es eine vage oppositionelle Kameradschaft unter all denen, die aus dem einen oder anderen Grund gegen das Regime waren. Zusammen hofften sie auf den Tag der Niederlage, und da sie – von den wenigen allseits bekannten Ausnahmen abgesehen – nicht wirklich die Absicht hatten, die Herbeiführung dieses Datums zu beschleunigen, konnten sie sich dem Reiz einer mehr oder weniger eingebildeten Rebellion hingeben. Die tatsächliche Gefahr, die schon in dem bloßen Gedanken an Opposition lag, schuf ein Gefühl der Solidarität, das umso tröstlicher war, als es sich nur in solchen nicht greifbaren, emotionalen Gesten, wie einem Blick oder einem Händedruck äußern konnte, in Gesten, die dann eine unverhältnismäßig große Bedeutung erlangten.«

Dieses Milieu der »vagen oppositionellen Kameradschaft« war in der chaotischen Schlußphase des Krieges gleichzeitig auch der Nährboden für zahlreiche Widerstandsgruppen, die sich überall bildeten und oft mit Leuten bestückt waren, die für ihren Persilschein vorarbeiteten. Eine Ausnahmeerscheinung unter diesen vielen Gruppen stellt die deutsch-jüdische »Gemeinschaft für Frieden und Aufbau« dar, die hauptsächlich für den Unterschlupf gefährdeter Personen sorgte und Fluchthilfe organisierte. Kopf der Gruppe war Werner Scharff, der zum zweiten Mal sein Leben im Untergrund aufs Spiel setzte und es zusammen mit anderen Mitgliedern dieser Gruppe verlor.

Im Juli 1943 war er von einem Gestapobeamten in Begleitung zweier jüdischer Greifer geschnappt und nach Theresienstadt deportiert worden, von wo er wenige Wochen später wieder entfliehen konnte. Im Frühjahr 1944 begann die Gruppe, Flugblätter mit Aufrufen zum passiven Widerstand zu verschicken. Der Verlauf einer dieser Postsendungen, gibt Auskunft auf die Frage, was Flugblätter und Aufrufe von Juden bei der deutschen Bevölkerung ausgerichtet hätten: rein gar nichts. Von hundert Exemplaren eines Flugblatts, die die Gruppe an Bewohner eines Miethauskomplexes geschickt hatten, wurden 90 beim Blockwart abgeliefert. Die Deutschen wollten nicht durchlesen, sie wollten durchhalten.

Heute soll der Gedanke daran, daß es unabgegoltene Rechnungen in der Geschichte gibt, nicht aufkommen. Juden gelten als Störenfriede der Erinnerung. Sie stören als Kollektiv das eingeübte Ritual der jährlichen deutschen Versicherung, es habe ein »anderes Deutschland« gegeben, in dem es ohnehin keinen Platz für sie gegeben hatte, und sie stören als Individuen den liebgewordenen Blick auf sie, der sie als passive Schicksalsgemeinschaft, als Objekt eines Verhängnisses wahrnimmt.

1993

Der Schatten Hitlers

Tom Segev ist einer der bekanntesten Journalisten Israels. Seine wöchentliche Kolumne im *Haaretz* löst oft heftige Kontroversen aus. Nach seiner Kritik von »Schindlers Liste« etwa, die »Shoapark« überschrieben war, fühlte sich der Humorist Ephraim Kishon aufgerufen, sich in einem Offenen Brief bei Spielberg für die Existenz von abweichenden Meinungen in Israel zu entschuldigen. Ähnlich umstritten sind auch Segevs Bücher. In deutscher Übersetzung erschienen: »1949 – Die ersten Israelis« und seine Studie über KZ-Kommandanten »Die Soldaten des Bösen«. Über das im Frühjahr 1995 auf deutsch erschienene Buch »Die siebte Million. Der Holocaust und Israels Politik der Erinnerung« unterhielt ich mich im Herbst 1994 mit Tom Segev in Jerusalem.

* * *

Geisel: Ihr jüngstes Buch ist 1991 in Israel und zwei Jahre später in Amerika erschienen. Im Frühjahr 1995 wird es in deutscher Übersetzung herauskommen. Der deutsche Titel wird lauten: »Die siebte Million«. Für wen oder für was steht diese Zahl?

Segev: Diese Zahl ist eine Metapher. Sie bezeichnet die heute lebenden Israelis. Der Holocaust hat den Opfern eine kollektive Identität aufgezwungen, und in ähnlicher Weise gilt das auch für die Israelis, von denen sich eine immer größer werdende Zahl selbst als Überlebende versteht. In diesem metaphorischen Sinne habe ich den Titel gewählt.

Geisel: Ihr Buch beginnt mit einem Kapitel über die Flüchtlinge aus Nazi-Deutschland. Es ist überschrieben mit »Die Jekkes«. Es handelt von Leuten, die oft mit der spöttischen Frage empfangen wurden. »Kommen Sie aus Zionismus oder aus Deutschland?« Und als prototypisches Beispiel dafür, wie unwohl sich diese Flüchtlinge fühlten, beschreiben sie das Schicksal des Schriftstellers Arnold Zweig.

Segev: Es gibt eine Korrespondenz zwischen Arnold Zweig und Sigmund Freud, und dieser Briefwechsel hat mich sehr interessiert, weil es darin meist um alltägliche Dinge geht. Zweig schreibt Freud etwa, daß ihm die Wohnung nicht passe, sein Zimmer sei zu klein, die Heizung funktioniere nicht richtig. Dann beschwert er sich über die Kultur im Land, das ihn als Autor nicht akzeptiert, seine Bücher finden kein Interesse, man verlangt von ihm, er solle Hebräisch schreiben, und er kann doch nur Deutsch. Er weiß nicht, ob er hierbleiben möchte; eigentlich wäre er lieber in Deutschland geblieben. In literarischer Form hat man hier die Beschreibung einer Situation, die für viele Jekkes zutrifft. Es gibt sicher Ausnahmen, aber die Gesamtgeschichte der Jekkes ist eine Geschichte von Flüchtlingen. Denn es handelt sich dabei um Leute, die eigentlich niemals aus Deutschland wegwollten. Sie wollten niemals in ein fernes Land in Asien, das Palästina heißt. Und deshalb hatten sie es auch viel schwieriger als die Zionisten, die hergekommen sind, weil sie hier sein wollten. Die Jekkes hatten gehofft, ihre Werte mitbringen und ihre Kultur importieren zu können. Viele von ihnen haben sich geweigert, Hebräisch zu lernen, und hatten aufgrund der höheren westlichen Kultur und technologischen Zivilisation, die sie verkörperten, oft ein Gefühl der Überlegenheit. Doch mit dieser Überheblichkeit korrespondierte immer das Gefühl der Benachteiligung. Im großen und ganzen war für mich die Geschichte der Jekkes immer eine sehr traurige Geschichte, fast eine Tragödie. Ein israelisches Standardwerk über diese Einwanderer trägt den Titel »Neue Heimat«, doch genau das Gegenteil war der Fall. Diese Leute sind hier nie richtig heimisch geworden. Ihre Geschichte ist keine Geschichte eines nationalen Aufstiegs, auch wenn sie letztlich erfolgreich ausgegangen ist. Es fiel diesen Flüchtlingen psychologisch sehr schwer zuzugeben, daß sie sich geirrt hatten. Deutschland war doch ihr Land, das war doch ihre Gesellschaft. Und auf einmal gab ihnen diese Gesellschaft zu verstehen: ihr meint bloß, daß ihr hierhergehört. Und dann kamen sie in dieses Palästina. Ich fand es beispielsweise sehr interessant, welche Ratschläge sich diese Leute in ihren Briefen gaben: man solle keine Sandalen tragen, nicht ohne Hut ausgehen, und schon gar nicht zwischen zwei und vier Uhr nachmittags, denn die Sonne sei schädlich – lauter Dinge, die sich so anhörten, als kämen sie in den Dschungel. Und dabei lebten doch Leute hier.

Geisel: Sie selbst kommen auch aus einer dieser Familien...

Segev: Meine Eltern, ja. Ich bin hier im Lande geboren. Meine Eltern kamen 1935 aus Deutschland. Sie haben Deutschland 1933 verlassen, nicht weil sie Zionisten, sondern weil sie Kommunisten waren. Beide waren Studenten am Bauhaus und haben erst einmal zwei Jahre lang versucht, in anderen Ländern unterzukommen. Schließlich blieb nichts übrig als Palästina. Sie wären eigentlich furchtbar gern wieder weggegangen. Aber mein Vater ist 1948 hier im Krieg umgekommen, und meine Mutter hat dann gedacht, warum soll ich eigentlich zurück nach Deutschland, das existiert ja gar nicht mehr.

Geisel: Unter dieser Nichtdazugehörigkeit hat ja nicht nur Arnold Zweig gelitten, dessen Sehnsucht nach gesellschaftlicher, gelegentlich auch völkischer Harmonie, doch vor allem deshalb nicht gestillt wurde, weil man in ihm nicht den Goethe des Zionismus sehen wollte.

Segev: Er hat die Sprache nicht gelernt. Wahrscheinlich war er schon zu alt dafür. Es ist wirklich nicht leicht, wenn von einem verlangt wird, eine literarische Existenz in einer anderen Sprache aufzubauen. Aber Zweig hat es, wie viele andere Jekkes auch nicht eingesehen, daß die Leute in diesem Land eine andere Sprache sprechen.

Geisel: Mich hat, nicht nur im Fall Zweig, die ja oft bis heute anhaltende Klage der Jekkes erstaunt, nicht so dazuzugehören, wie sie es ihrer Meinung nach verdient hätten. Hat sich diese von den Flüchtlingen aus Deutschland beklagte Erfahrung der Fremdheit auf deren Kinder übertragen, oder ist das nur eine Erinnerung an die Welt von Gestern?

Segev: Vielleicht ist dieses Gefühl auf die Kinder übertragen worden. Aber andererseits ist es statistisch gesehen interessant, daß die Kinder in der übergroßen Mehrheit hiergeblieben sind. Es ist heute für alle, deren Eltern aus Deutschland kommen, ganz unproblematisch, einen deutschen Paß zu bekommen. Sie können deutsche Staatsbürger werden und könnten dann alle nach Deutschland gehen. Aber dies ist nicht passiert.

Geisel: Haben Sie einen deutschen Paß?

Segev: Ja. Früher bin ich damit immer in Länder gereist, wohin ich mit dem israelischen Paß nicht so einfach gekommen wäre. Jetzt ist das etwas anders. Was ich damit sagen will: Ich habe keine sentimentale Beziehung zu diesem Dokument, es handelt sich um eine bloße Formalität.

Geisel: Mir scheint, Sie haben diese Übertragung der zu Recht oder zu Unrecht beklagten Fremdheit ganz produktiv verdaut. Ihre wöchentliche Kolumne im *Haaretz* heißt »katav sar«, wörtlich übersetzt: der fremde Korrespondent.

Segev: Die Bezeichnung meiner Kolumne ist natürlich absichtlich gewählt. Sie provoziert, und das ist gut so. Aber was ich damit bezwecke ist von professioneller, journalistischer Natur: Wie ein guter Auslandskorrespondent das auch tut, so will ich das Land, in dem ich lebe, besichtigen, um es zu verstehen. Dort, wo Kultur und Politik sich treffen, dort spielen sich die wirklichen Geschichten ab. Dort zeigt sich das wahre Gesicht der Gesellschaft. Ich versuche, ein guter Auslandskorrespondent im Inland zu sein mit dieser Kolumne. Aber vielleicht ist der Titel doch nicht bloße Provokation. Denn manchmal, wenn ich mit der Kolumne jemanden verärgert habe, kriege ich zu hören: »Aha, der gehört ja doch nicht dazu.«

Geisel: Sie beobachten die Dinge mit großer Distanz aus nächster Nähe, fast wie ein Ethnologe, welcher freilich in der Regel nicht die eigene Bevölkerung beobachtet.

Segev: So zu beobachten und so zu schreiben, das ist viel interessanter, als ein konkretes politisches Ereignis von heute zu beschreiben. Das ist sicher auch interessant, aber das machen andere. Mich interessiert ein ganz bestimmter Aspekt des journalistischen Berufs, nämlich die Verbindung von Geschichtsschreibung und Reportage.

Geisel: In ihrem Buch spielen die jüdischen Flüchtlinge aus Deutschland eine so große Rolle, daß man den Eindruck gewinnen könnte, die deutschen Juden seien die Hauptopfer der Nazis gewesen. Das Schicksal des polnischen Judentums wird vergleichsweise beiläufig behandelt.

Segev: Das stimmt nicht, denn sie spielen auch in dieser spezifischen Geschichte eine Rolle. Mein Buch ist ja kein Buch über die Geschichte des Zionismus oder über Israel, sondern es handelt von der Rolle, welche der Holocaust in der Gesellschaft, in der Kultur und in der Politik Israels einnimmt. Die deutschen Juden waren die ersten Opfer des Nationalsozialismus, und ich beschreibe, wie sich diese Tatsache auf dieses Land, auf das damalige Palästina, ausgewirkt hat. Erst einmal dadurch, daß viele relativ wohlhabende Menschen immigriert sind, akademisch und technologisch geschulte Leute, die das allgemeine Niveau des Landes sofort angehoben haben. Aber auch menschlich gesehen, war dieser Aspekt interessant. Er ist voller Melancholie und Trauer. Zwei Kapitel des Buches beschäftigen sich mit den Überlebenden des Massenmordes, die ja meistens aus Polen kamen. Diesen Leuten erging es auch nicht besonders gut hier. Und in diesen Kapiteln spreche ich von den Tragödien des Zionismus. Der Zionimus wird immer nur als eine gute Sache dargestellt, die dem jüdischen Volk viel Glück, gebracht hat. Aber es gibt eine ganze Reihe tragischer Aspekte.

Geisel: Sie schreiben, der Zionismus habe, entgegen seinen eigenen Behauptungen, eine schwere Niederlage erlitten. Der Massenmord habe nicht die Gültigkeit der zionistischen Annahmen, sondern vor allem die absolute Ohnmacht der zionistischen Bewegung bewiesen. Vor einem Jahrzehnt noch hätte ihr Buch wahrscheinlich einen Sturm der Entrüstung in Israel ausgelöst.

Segev: Es gibt auch heute deswegen noch genug Ärger. Aber ich habe bestimmt nicht geschrieben, daß durch den Holocaust die Grundannahmen des Zionismus widerlegt worden wären. Ich unterscheide zwischen den Annahmen und der Politik der zionistischen Bewegung, deren Schwäche ja die Tragödie war. Der Zionismus hat den Holocaust vorausgesehen. Aber in zwei Punkten hat die zionistische Bewegung versagt. Erstens ist es ihr nicht gelungen, genug Menschen rechtzeitig davon zu überzeugen, daß sie hier leben müssen, und zweitens war sie im entscheidenden Moment zu schwach, genug Menschen zu retten. In diesem Sinne hat die zionistische Bewegung versagt.

Geisel: Mit einer Fülle von Zitaten entwerfen Sie freilich ein ziemlich erschreckendes Bild der damaligen zionistischen Führung. Sie führen an, daß diese Politiker – auch noch nach Kriegsende – ganz unbefangen von

»wertvollem Menschenmaterial« im Gegensatz zu »unbrauchbarem Menschenmaterial« oder von »Selektion« gesprochen haben. Macht erst der Rückblick dieses Vokabular so furchtbar?

Segev: Nein, dabei handelt es sich um Grundsteine der zionistischen Ideologie, die ja nicht frei ist von moralischen und humanistischen Problemen. Derlei Aussagen waren damals nicht einmal umstritten, sie waren charakteristisch für die Hauptströmung des Zionismus. So hat man damals gedacht. Für die wichtigste moralische Pflicht hielt man den Aufbau des Landes, diese Aufgabe rangierte noch vor der Frage der Rettung all derer, die man hätte retten können. Aber man muß dabei sehen, daß sie diese Leute gar nicht retten konnten. Ich sage ja gar nicht, daß sie konnten und es nicht getan haben. Aber es stimmt: die zionistische Mentalität kommt in diesen Zitaten zum Vorschein.

Geisel: Ben Gurion zitieren sie mit der Auskunft: vor die Wahl gestellt, alle Kinder nach England oder die Hälfte von ihnen nach Palästina zu retten, ziehe er die letztere Möglichkeit vor.

Segev: Er sah es als seine Aufgabe an, die Geschichte zu ändern. Unter diesem Blickwinkel ist dieses Zitat zu betrachten, das freilich mehr als problematisch ist. Man muß außerdem darauf hinweisen, daß dieses Statement von 1938 stammt, also noch aus der Zeit vor der Massenvernichtung. Er wäre ja gar nicht in der Lage gewesen, alle zu retten. Später dann war die zionistische Bewegung natürlich dafür, alle zu retten, die man retten konnte. Aber das Zitat ist da, da kann man nichts ändern. So drückten sich eben damals die Grundprinzipien der zionistischen Bewegung aus.

Geisel: Ist der Konflikt zwischen Rettung um jeden Preis und Aufbau des Landes nicht schon viel älter als die Frage, wen rettet man 1941?

Segev: Als praktisches Problem ist diese Frage nicht

älter, wohl aber in der Theorie. Denn die Führung machte sich auch schon früher Gedanken darüber, wen sie hier im Land haben wollten und wen nicht. Sie entschied das über die Verteilung der Einwanderungszertifikate.

Geisel: Sie hätten wahrscheinlich kein Zertifikat erhalten, oder?

Segev: Man wollte damals keine Journalisten.

Geisel: Erschwerend käme hinzu, daß sie die Vierzig schon überschritten haben, also zu alt für ein Zertifikat gewesen wären.

Segev: Wir wollen nicht übertreiben. Am Ende haben sie alle hergebracht, die sie konnten. Diese Auffassungen, die ich in meinem Buch dokumentiere, gehören zur Mentalitätsgeschichte des Zionismus, sie gehören zu seiner Theorie, zu seiner Ideologie. All dies wirkt natürlich schrecklich provokativ, wenn ich es wiedergebe. Am einfachsten ist es, gegen mich einzuwenden, ich behauptete, der Zionismus habe die Menschen nicht gerettet. Und ich antworte immer darauf, man konnte sie nicht retten. Und gedacht habt ihr so, wie ich es zitiere. Das wirkt besonders provozierend auf Leute, die sozusagen Ben Gurion heute auf Erden vertreten. Es gibt ein richtiggehend historiographisches Establishment in Israel, das den guten Ruf Ben Gurions verteidigt. Und diese Leute sind furchtbar verärgert, wenn man ihnen zeigt, wie Ben Gurion gedacht hat. Sie möchten den Zionismus schöner haben als er wirklich war. Und dann finden sie hundert andere Belege und haben auch wieder recht. Denn Ben Gurion hat entsetzlich viel geredet und geschrieben.

Geisel: Aber sie gehen doch ein bißchen weiter. Sie zitieren doch nicht deshalb so häufig Ben Gurion, weil er vielleicht eine problematische politische Pesönlichkeit war, sondern weil Sie mit seinen Aussagen die problematischen Seiten des Zionismus illustrieren wollen.

Segev: Das stimmt. Alle diese Zitate spiegeln den Geist des Zionismus wieder. Und Ben Gurion ist deshalb so wichtig, weil er eine autoritäre Persönlichkeit war und seine Worte autoritatives Gewicht hatten.

Geisel: In Ihrem Buch ziehen sie eine für viele Ihrer Landsleute empörende Bilanz. Sie schreiben: »Nur einige Überlebende verdanken ihr Leben den Anstrengungen der zionistischen Bewegung.« Dieser Satz wird als vernichtendes historisches und moralisches Urteil verstanden.

Segev: Das ist vor allem eine Tatsachenfeststellung. Ich habe kein Bestreben, moralische Urteile zu fällen. Ich erzähle eine Geschichte; ich erzähle sie so, wie ich sie sehe, wie ich sie anhand der Quellen und Dokumente verstehe. Andere mögen sie anders sehen. Ich erhebe nicht den Anspruch, im Besitz der absoluten Wahrheit zu sein. Mein Buch ist kein biblischer Text, sondern ich erzähle eine Geschichte. Diese Geschichte provoziert sicher, und deshalb habe ich auch den Text mit sehr vielen Anmerkungen versehen, was wahrscheinlich nicht unbedingt im Interesse des Lesers ist.

Geisel: Dennoch bestand die zionistische Führung wie später auch die israelische Regierung immer wieder darauf, im Namen all derer zu sprechen, die nicht gerettet wurden. Darüber hinaus gab es gelegentlich Versuche, eine Art zionistische Hallstein-Doktrin zu formulieren, derzufolge Israel der Sprecher der Juden in aller Welt sei.

Segev: Diese Versuche gab es. Aber interessanterweise haben die starken jüdischen Gemeinschaften, insbesondere in den USA, sich dagegen verwehrt. Dann sagte Ben Gurion, Israel spreche zumindest für die Ermordeten. Und es gab den Versuch, alle diese Toten nachträglich zu israelischen Staatsbürgern zu machen. Doch auch gegen diesen Alleinvertretungsanspruch wehrten sich die Juden außerhalb Israels. Es herrscht ein Spannungsverhältnis zwischen Israel und der jüdischen Existenz in anderen Ländern, aber über die Jahre hinweg hat diese Spannung nachgelassen. Israel erkennt heute an, daß es für Juden

Alternativen zu Israel gibt, und die meisten Israelis fühlen sich dem jüdischen Volk in der ganzen Welt zugehörig.

Geisel: Sie sprechen in Ihrem Buch von den Überlebenden als den »letzten Juden« und von deren Konfrontation mit den »ersten Israelis«. Diese Gegenüberstellung erinnert an den Gegensatz vom »alten Menschen« und dem »neuen Menschen«, oder noch pointierter, wie es der zionistische Schriftsteller Max Nordau einmal formuliert hat, an die gewünschte Aufwärtsentwicklung vom »Luftmenschen« zum »Muskeljuden«.

Segev: Nicht erst seit den 30er Jahren, sondern eigentlich vom Beginn der zionistischen Bewegung an, gab es die Bestrebung, von den Traditionen der Diaspora wegzukommen. Die zweitausendjährige Geschichte wurde als eine schlechte, ungesunde, unproduktive Zeit gesehen. Deshalb sollte in der alten Heimat ein neuer Mensch entstehen, der irgendwie in direkter Verbindung steht mit den biblischen Hebräern, also mit heroischen, starken Figuren. Diese Vorstellungen haben es mit sich gebracht, daß es oft zu überheblichen, teilweise zu fast antisemitischen Äußerungen in der Literatur oder in der Kunst kam.

Geisel: Felix Salten, der Autor von »Bambi« hat dieses Programm mit dem Titel eines heute vollkommen vergessenen Palästina-Buches formuliert: »Neue Menschen auf alter Erde«.

Segev: Das ist, nebenbei gesagt, eine unverkennbar bolschewistische Idee. Und die kam auch nach Palästina. Die ganze israelische Arbeiterbewegung, die ja mehr leninistisch als marxistisch war, wurde damals davon geprägt. Wir sind eigentlich hier alle mit der Vorstellung aufgewachsen, wir seien die neuen Menschen und das alte Judentum, alles was außerhalb Israels war, sei degeneriert. Doch das hat sich geändert. Die dramatische Änderung der israelischen Gesellschaft führt dazu, daß Israel immer weniger israelisch und immer mehr jüdisch wird.

Geisel: Wie erscheinen in dieser Sichtweise die »alten Menschen«, die der Massenvernichtung zum Opfer fielen?

Segev: Diese Opfer waren das Symbol für einen Zustand, der, ideologisch betrachtet, eigentlich schon längst vor dem Holocaust hätte verschwinden sollen. Da dies nun auf eine so furchtbare Weise geschehen war, hatten viele Israelis den Opfern gegenüber ein schlechtes Gewissen. Außerdem beschuldigte man die Opfer, daß sie sich nicht gewehrt hätten. Sie hätten gegenüber den Nazis Heldentaten vollbringen sollen, nämlich genau jene heroischen Taten, die man angeblich selbst vollbracht hätte, wäre man an Stelle der »alten Juden« gewesen. Dieser ganze Komplex war psychologisch so schmerzlich, daß man in den ersten Jahren danach beschloß, so wenig wie möglich über den Holocaust zu reden. Damit man überhaupt damals mit den Überlebenden zusammenleben konnte, hat man alle Fragen nach deren Erlebnissen unterdrückt. Man hat die Überlebenden nichts gefragt. Man hat sich für sie geschämt, man hat sich selber geschämt und schuldig gefühlt. Ähnlich ging es den Überlebenden, die sich auch schuldig gefühlt und geschämt haben. Im Grunde gab es eine furchtbare israelische Überheblichkeit gegenüber den Überlebenden.

Eine Kurzgeschichte von Aaron Appelfeld illustriert dies: Ein kleiner Junge, ein Überlebender aus Polen, bemüht sich vergeblich, an der Sonne so braun zu werden wie die einheimischen Kinder. Es gelingt ihm aber nicht, er bleibt immer blaß. Die israelischen Kinder verprügeln ihn immer wieder, weil er ein solches Bleichgesicht ist. Und der Junge ruft: »Ich bemühe mich ja, ich will ja braun werden!« – Diese Blässe ist der Holocaust und die Diaspora, und damit wollte man damals nicht konfrontiert werden.

Geisel: Brachte man die Überlebenden zum Schweigen, weil man mit der Staatsgründung beschäftigt war?

Segev: Diese Leute wollten eigentlich nichts sehnlicher als über ihre Erlebnisse reden, aber es gab hier niemanden, der das hören oder glauben wollte und glauben konnte. Man muß fairerweise aber hinzufügen, daß damals niemand Zeit für solche Dinge hatte. Das war die Zeit der israelischen Revolution. Die Verdrängung der unmittelbaren Vergangenheit war dabei vielleicht nicht unbedingt notwendig, aber sie war nicht zu vermeiden. Nicht notwendig deshalb, weil Tausende von Menschen gewissermaßen ein zweites Mal traumatisiert wurden. Das war, im Rückblick gesehen, natürlich ungerecht, ja unanständig, aber vielleicht doch auch unvermeidlich. Denn es herrschte hier Krieg, alles ging durcheinander, alles war neu. Vielleicht ist das der menschliche Preis der Revolution, die hier stattgefunden hat.

Geisel: In Deutschland hat ja nach dem Krieg eine ähnlich schweigsame Revolution stattgefunden. Sie trug den Namen Wirtschaftswunder.

Segev: In Israel passierte das Gegenteil, hier gab es Wirtschaftskrise. Ich kenne die deutschen Verhältnisse nicht so genau, aber ich denke, es gibt einige frappierende Ähnlichkeiten mit Israel. Das Schweigen in Deutschland und in Israel weist sehr viele Gemeinsamkeiten auf, auch die Art und Weise, wie man das Schweigen dann beendet hat. Hier im Lande hat man den Heroismus entdeckt und zeitweilig herausgestellt. Auf einmal gab es nur noch Widerstandskämpfer in den Lagern. Und in Deutschland passierte dasselbe: plötzlich wurde der Widerstand so hervorgehoben, daß man den Eindruck gewinnen mußte, dieser habe mindestens so viel Gewicht gehabt wie die Diktatur. In Israel ist die Gleichgewichtung von Holocaust und Widerstand sogar gesetzlich verankert im Gedenktag »Holocaust und Heroismus«. Diese beiden Begriffe sind im Bewußtsein gewissermaßen zu einer einzigen Sache, zu einem historischen Mythos geworden. Dieser Mythos ist aus dem Schweigen entstanden.

Geisel: Im Schlußteil Ihres Buches kommen Sie auf Erinnerungspolitik und Gedenkkultur zu sprechen. Ihr Fazit, das sich analog auf die Bundesrepublik übertragen läßt, lautet: Je weiter zeitlich die Massenvernichtung zurückliegt, desto gegenwärtiger ist sie in der öffentlichen Rede, in Symbolen, in offiziellen politischen Gesten.

Segev: Das gilt auch persönlich. Zumindest für viele Menschen in Israel. Das hängt damit zusammen, daß immer mehr Israelis den Drang verspüren, sich als Teil der jüdischen Tradition und Geschichte zu fühlen. Und wenn sie nicht religiös sind, dann wird der Holocaust zu einer Art Ersatzreligion für sie. Religiös zu werden, das ist eine ziemlich schwierige Angelegenheit, weil man sich ja dann im Alltag ganz anders verhalten muß. Etwas anderes ist es, wenn man sich mit der jüdischen Geschichte und dem Holocaust beschäftigt, der mittlerweile zu einem wichtigen Element der israelischen Identität geworden ist.

Geisel: Aber es ist doch, vorsichtig gesagt, etwas frivol, wenn Auschwitz, also etwas vollkommen Sinnloses, plötzlich zur Sinnstiftung taugen soll. Wenn das vollendete Grauen nun zur nationalen Identitätsbildung beiträgt, dann hat es sozusagen bislang verdrängte positive Begleiterscheinungen. Früher gab Religion die Antwort auf die Sinnfrage. Kommt dieser Sinn jetzt aus der Geschichte der Massenvernichtung?

Segev: Der Holocaust gibt auch Antworten. Die Frage ist doch nur, welche politischen Konsequenzen man aus dem Holocaust zieht. Die Tatsache, daß der Holocaust so wichtig geworden ist, resultiert nicht aus irgendeinem Beschluß, sondern es kommt darin eine Wahrhaftigkeit zum Vorschein. Es ist nicht leicht, in Israel immer zwischen wahrhaften Empfindungen und bloßer Rhetorik zu unterscheiden, wenn es um den Holocaust geht. Aber diese Beziehung ist sehr tief. Und jetzt stellt sich die Frage, was machen wir mit dieser Wahrhaftigkeit und mit dieser Tiefe?

Geisel: Was meinen Sie mit »Tiefe«?

Segev: Gemeint ist die Tatsache, daß ein Mensch seine kollektive Identität an diesem geschichtlichen Ereignis findet, daß er sich dadurch mit vielen anderen verbunden weiß. Ich bin mir bewußt, daß es auf diesem Gebiet viel politische Manipulation gibt, aber gleichzeitig bin ich mir ganz sicher, daß es sich, was die Gefühle gegenüber dem Holocaust angeht, um etwas Echtes handelt. Diese Empfindungen rühren daher, daß die Israelis entdeckt haben, daß ihnen die israelische Identität nicht genügt. Wir sind eben keine »neuen Menschen«, wir gehören doch zur jüdischen Geschichte. Und der Holocaust ist das gewaltigste Ereignis der jüngeren jüdischen Geschichte, mit dem man sich identifizieren kann.

Geisel: Damit sprechen sie freilich ein abschließendes Verdikt über den Zionismus aus, denn dies wäre doch seine endgültige Niederlage.

Segev: In gewisser Weise stimmt das. Für den klassischen, den originären Zionismus trifft das zu. Aber der Zionismus ändert sich ja ständig, das sieht man bei jedem zionistischen Weltkongreß, wo neue Formulierungen gefunden werden. Es gibt heute sogar nichtzionistische Vertreter innerhalb der Jewish Agency, und es ist vertraglich geregelt, daß die Jewish Agency jährlich Tausende von Dollar an ultraorthodoxe, also nichtzionistische Schulen in den USA überweist. Der Zionismus ändert sich fortlaufend. Es ist heute undenkbar, daß jemand wie seinerzeit Ben Gurion in die Staaten fährt und erklärt: Entweder ihr kommt alle nach Israel oder ihr seid keine Zionisten.

Der Zionismus befindet sich schon seit vielen Jahren in

einer tiefen ideologischen Krise und zwar deshalb, weil die meisten Juden gar nicht nach Israel gekommen sind. Warum? Weil es ihnen dort, wo sie sind, sehr gut geht. Den Wandel, der sich im Zionismus vollzogen hat, kann ich mit einer Beobachtung aus dem israelischen Alltag gut illustrieren: Vor großen Feiertagen wie Pessach oder Rosh Hashana kommt im israelischen Fernsehen immer eine Werbung der Telefongesellschaft, die Leute animieren soll, mehr Auslandsgespräche zu führen. Und was sieht man? Eine israelische Familie, die eine andere israelische Familie irgendwo in Übersee anruft, in Los Angeles oder London. Das sind keine Studenten, sondern gemachte Leute, oft die Kinder oder Enkel von alten Leuten in Israel.

Kurz: Nicht in Israel zu wohnen ist eine akzeptable Alternative geworden. Von Rabin hörte man vor Jahren noch, wie er sich gegen Israelis im Ausland aussprach. Auswanderer galten als Verräter. Das hat sich alles geändert. Es gibt heute kein Haus in Israel mehr, dessen Bewohner nicht Verwandte oder Bekannte im Ausland hätten.

Geisel: Unter diesem Blickwinkel nimmt die von Ihnen beschriebene Konfrontation zwischen den »letzten Juden« und den »ersten Israelis« eine unerwartete Wendung. Gibt es bald den »letzten Israeli«?

Segev: Nein, das nun doch nicht. Ich glaube, die Entwicklung läuft in eine ganz andere Richtung. Vielleicht gibt es in 100 Jahren nur noch Israelis, also Juden, die nur noch in Israel leben. In Amerika beispielsweise geht es den Juden so gut, daß sie als Juden langsam verschwinden. Jede zweite Heirat ist eine Mischehe. Das heißt, der Zionismus hatte nicht recht – sie haben sich doch assimiliert. Und der einzige Staat, in dem Juden wohnen, wird Israel sein – also hatte der Zionismus doch recht. So könnte es sein. Israel ist ein Experiment, von dem man noch nicht sagen kann, ob es gelungen oder ob es gescheitert ist. Deshalb ist es interessant, in Israel zu leben, besonders als Journalist.

Geisel: Alles, was hier geschieht, sagen Sie, ereignet sich sozusagen im Schatten Hitlers. Gilt dies auch für den gegenwärtigen Friedensprozeß?

Segev: Für die Diskussion darüber gilt das ganz bestimmt. Und Baruch Goldstein, der die Palästinenser in Hebron umgebracht hat, war zwar verrückt, aber auf gräßliche Weise hat er die Existenz dieses Schattens bewiesen. Er heftete sich einen gelben Judenstern an und war wirklich der Meinung, er erschösse Nazis. Wieder kann man natürlich fragen, was war dabei manipulativ und was war echt, aber verstehen kann man Israel wirklich erst, wenn man begreift, welche Rolle der Holocaust in der Wahrnehmung des Konflikts spielt. Wenn die Siedler den Holocaust sozusagen wie ein Banner vor sich hertragen, dann ist das bestimmt Manipulation; aber es gibt viele Israelis, die sagen, es wird niemals Frieden mit den Arabern geben, weil Nichtjuden Juden immer ermorden werden. Dies sei schon immer so gewesen und werde immer so bleiben – und das kommt vom Holocaust. Man muß verstehen, daß es auch eine ganze Reihe von wahren Ängsten gibt. Und während des Golfkriegs habe ich darüber geschrieben, wie diese Tage in einer echten Holocaust-Angst erlebt wurden.

Geisel: Unecht wäre Ihnen zufolge dann etwa der Vergleich von Arafat und Hitler während des Libanon-Kriegs gewesen. Begin meinte damals, die Israelis eroberten mit Beirut den Führerbunker.

Segev: Das war bloße politische Rhetorik, gedacht für den amerikanischen Präsidenten. Da hat ein Schauspieler etwas zu einem anderen Schauspieler gesagt. Aber es gibt, wie gesagt, echte, aus der Geschichte herrührende Ängste. Der 6-Tage-Krieg 1967 war ein Krieg aus echter Angst. Aber auch hierin hat sich einiges geändert. Und Rabin sagt nun, Israel sei ein sicheres Land, das nicht gefährdet sei. So ein Satz wäre noch vor zehn Jahren undenkbar gewesen, man hatte das damals als Propaganda der PLO abgetan oder als Behauptung von Antisemiten.

Geisel: Andererseits hätte vor zehn Jahren auch ihr Buch wahrscheinlich noch als linksradikale Kampfschrift gegolten.

Segev: Wir sind alle groß geworden, große Kinder.

1995

Erbschaft eines Angestellten

Hannah Arendt, Eichmann und die Banalität des Bösen

Nach ihrem Tod im Dezember 1975 fand man ein Blatt Papier in ihrer Schreibmaschine – leer bis auf die Überschrift »Judging« – »Das Urteilen« – und zwei Leitsprüche. Ein Goethe-Zitat und ein lateinisches Motto: »Die siegreiche Sache gefiel den Göttern; die unterlegene aber gefällt Cato.«

Das letzte Werk der politischen Philosophin Hannah Arendt hatte einen ganz außerphilosophischen Ausgangspunkt: den Nationalsozialismus.

Mit der Berliner Mauer fiel nicht nur die Begrenzung eines von Deutschen erstmals für die eigene Bevölkerung errichteten Ghettos.

Mit jedem Stein, der aus der Mauer gehämmert wurde, fiel den Deutschen vor allem eine Zentnerlast vom Herzen. Denn es verschwand ein markantes Erinnerungszeichen an die selbstverschuldeten Gründe für die Teilung des Landes.

Zu diesen Gründen zählen auch Ortsnamen: Auschwitz, Maidanek, Treblinka... Hinter der Aufforderung, die aufgelisteten »Orte des Schreckens« nicht zu vergessen, fängt das Auge am Horizont den Schriftzug eines Hotels ein.

Kurfürstenstraße 116, der Ort, an dem der Schrecken geplant und organisiert wurde. Hier war die Dienststelle Adolf Eichmanns. Zerbombt – zur Zeit des Berliner Mauerbaus noch eine Ruine. Und 1961, im Jahr des

Mauerbaus, stand der Organisator der Massenvernichtung in Jerusalem vor Gericht.

Bücher haben ihr Schicksal, sagt ein geflügeltes Wort. Doch es gilt auch die Umkehrung: Schicksale haben ihr Buch. Von beidem soll im Folgenden die Rede sein.

Bei einer Preisverleihung 1975 in Kopenhagen begann Hannah Arendt ihre Rede ausnahmsweise mit Anmerkungen zur Person: »Ich bin Jüdin, eine Frau, wie Sie hoffentlich sehen, geboren und erzogen in Deutschland, wie Sie zweifellos an meiner Aussprache hören. Geprägt hat mich ein acht Jahre langer glücklicher Aufenthalt in Frankreich.«

Vorher wohnte sie in Berlin, doch zu Hause war sie in der Philosophie. 1928 hatte sie ihr Studium mit einer Dissertation bei Karl Jaspers beendet und begann mit einer Arbeit über Rahel Varnhagen und die deutsche Romantik. Den Einbruch der deutschen Gegenwart in ihr Leben beschrieb sie äußerst bildhaft: »Schließlich schlug mir einer mit dem Hammer auf den Kopf und ich fiel mir auf...«

Den Beginn ihrer Politisierung schilderte sie in einem 1964 mit Günther Gaus geführten Gespräch: »Ich könnte den 27. Februar 1933, den Reichstagsbrand, und die darauf in derselben Nacht erfolgten illegalen Verhaftungen nennen. Die sogenannten Schutzhaften. Sie wissen, die Leute kamen in Gestapo-Keller oder in Konzentrationslager. Was dann losging, war ungeheuerlich und ist heute von den späteren Dingen oft überblendet worden. Dies war für mich ein unmittelbarer Schock, und von dem Moment an habe ich mich verantwortlich gefühlt. Das heißt, ich war nicht mehr der Meinung, daß man jetzt einfach zusehen kann. [...] Ich hatte sowieso die Absicht zu emigrieren. Ich war sofort der Meinung, Juden können nicht bleiben. Ich hatte nicht die Absicht, in Deutschland sozusagen als Staatsbürger zweiter Klasse herumzulaufen, in welcher Form auch immer. Ich war außerdem der

Meinung, daß die Sachen immer schlimmer werden würden. Trotzdem bin ich schließlich nicht auf eine so friedliche Weise abgezogen. Und ich muß sagen, ich verspürte eine gewisse Befriedigung. Ich wurde verhaftet, mußte illegal das Land verlassen – ich erzähle es Ihnen gleich –, ich hatte sofort eine Befriedigung darüber. Ich dachte, wenigstens habe ich was gemacht! Wenigstens bin ich nicht unschuldig. Das soll mir keiner nachsagen!«

Sie wollte den Nazis einen Grund geben, etwas gegen sie zu haben. Denn Unschuld, so stellte sich nun heraus, war das schlimmste Vergehen. Nach Hitlers Machtübernahme wurde ihre Wohnung am Breitenbachplatz zu einer Durchgangsstation für politisch Verfolgte. Sie selbst half auf Bitten deutscher Zionisten bei der Sammlung antisemitischer Artikel aus verschiedenen deutschen Zeitungen. Eine solche Tätigkeit galt als »Greuelpropaganda«. Hannah Arendt wurde verhaftet, kam aber nach einer Woche ergebnisloser Verhöre wieder frei.

»Man denkt heute oft, daß der Schock der deutschen Juden 1933 sich damit erklärt, daß Hitler die Macht ergriff. Nun, was mich und Menschen meiner Generation betrifft, kann ich sagen, daß das ein kurioses Mißverständnis ist. Das war natürlich sehr schlimm. Aber es war politisch. Es war nicht persönlich. Daß die Nazis unsere Feinde sind – mein Gott, wir brauchten doch, bitteschön, nicht Hitlers Machtergreifung, um das zu wissen! Das war doch seit mindestens vier Jahren jedem Menschen, der nicht schwachsinnig war, völlig evident. [...] Das Problem, das persönliche Problem war doch nicht etwa, was unsere Feinde taten, sondern was unsere Freunde taten. Was damals in der Welle von Gleichschaltung, die ja ziemlich freiwillig war, jedenfalls noch nicht unter dem Druck des Terrors vorging: das war, als ob sich ein leerer Raum um einen bildete. [...] Sehen Sie, daß jemand sich gleichschaltete, weil er für Frau und Kind zu sorgen hatte, das hat nie ein Mensch übelgenommen. Das

Schlimme war doch, daß die dann wirklich daran glaubten! Für kurze Zeit, manche für sehr kurze Zeit. Aber das heißt doch: zu Hitler fiel ihnen was ein; und zum Teil ungeheuer interessante Dinge! Ganz phantastische und interessante und komplizierte! Und hoch über dem gewöhnlichen Niveau schwebende Dinge. Das habe ich als grotesk empfunden.«

Nach 1933 ging Hannah Arendt nach Paris. Dort half sie jüdischen Jugendlichen bei der Übersiedlung nach Palästina. Mit viel Glück konnte sie 1941 in die Vereinigten Staaten entkommen.

Hannah Arendt hat über ihr Emigrantenleben nie in dem larmoyanten Ton gesprochen, der in Deutschland bei der Beschäftigung mit der sogenannten Exilliteratur vorherrscht. Verglichen mit Deutschland war damals noch der ödeste Fleck ein Paradies.

Sie hat nie die Auffassung geteilt, daß die Deutschen durch Verjagung ihrer Intellektuellen sich besonders schuldig gemacht hätten. Sie hielt dies Argument im Gegenteil für eine Vertuschung der wirklichen Schuld. Gerade die Schriftsteller sind am ehesten mit dem Leben davongekommen. Gerade sie konnten auf Verbindungen im Ausland hoffen. Und Hannah Arendts Wohnung am Riverside Drive war der Treffpunkt eines buntgemischten amerikanisch-deutsch-jüdischen Bekanntenkreises. Gerade Hannah Arendt gehörte zu den seltenen Glücksfällen, denen die Verbrechen der Nazis nicht geschadet, sondern im Gegenteil genützt haben, was die Verbrechen nicht weniger schlimm macht. Genützt insofern, als sie ein großartiges Werk über die Entstehung totaler Herrschaft schrieb, das zu jener Handvoll wichtiger Arbeiten über den Nationalsozialismus gehört, deren Niveau von keinem deutschen Autor später je erreicht wurde.

In New York lernte sie Joseph Maier, einen Assistenten Max Horkheimers, kennen und schrieb wie er regelmäßig für die deutsch-jüdische Wochenzeitung *Aufbau*. Diese

Zeitung existiert heute noch. Sie setzte sich nach ihrer Devise »Wenn man als Jude angegriffen wird, muß man sich als Jude wehren« vehement und mit polemischer Schärfe für eine neue und authentisch jüdische Politik ein.

Joseph Maier: »Hannah Arendt ist nie im geringsten eingefallen, vom jüdischen Volk sich zu distanzieren. Kritik üben, das hat sie als Aufgabe empfunden, da, wo vor allem sonst keine Kritik geübt wird und vor allem gegenüber der Führung. Der Zionismus bedurfte, zumindest was seine Führung angeht, einer Korrektur. Und die hat sie geliefert. Und was ihr übelgenommen wurde, war, daß sie überhaupt wider den Strich ging.«

»This means you« hieß ihre regelmäßige Kolumne. Sie griff den Nationalsozialismus der zionistischen Politik in Palästina an, warnte vor einer gewaltsamen Staatsgründung und brach, als diese kam, mit dem Zionismus.

Der Schriftsteller Richard Plant: »Sie hat von Anfang an das gesagt, was wir jetzt sehen, daß die arabische Frage nicht gelöst werden kann mit Gewalt. Und damals hat man das nicht geglaubt, und es wollte niemand hören. Und jetzt sieht man ja, aber davon wollen wir nicht reden, was für grauenhafte Dinge sich da abspielen und die auch Israel gefährden. Das konnte man damals nicht hören, es wollte niemand hören. Sie wurde des Verrats bezichtigt sozusagen.«

Kurz vor Kriegsende und unter dem Eindruck der Nachrichten über die Massenvernichtung begann Hannah Arendt, die »Elemente der Schande« zu schreiben, ein Werk, das dann den Titel »Elemente und Ursprünge totaler Herrschaft« erhielt.

»Das Entscheidende ist der Tag gewesen, an dem wir von Auschwitz erfuhren. [...] Das war 1943. Und erst haben wir es nicht geglaubt. Obwohl mein Mann und ich eigentlich immer sagten, wir trauen der Bande alles zu. Dies aber haben wir nicht geglaubt, auch weil es ja gegen alle militärischen Notwendigkeiten und Bedürfnisse war. Mein Mann ist ehemaliger Militärhistoriker, er versteht etwas von den Dingen. Er hat gesagt, laß dir keine Geschichten einreden; das können sie nicht mehr, nicht wahr? Und dann haben wir es ein halbes Jahr später doch geglaubt, weil es uns bewiesen wurde. Das ist der eigentliche Schock gewesen. Wissen Sie, vorher hat man sich gesagt: Nun ja, man hat halt Feinde in der Welt. Das ist doch ganz natürlich. Warum soll ein Volk keine Feinde haben? Aber dies ist anders gewesen. Das war wirklich, als ob der Abgrund sich öffnet. Weil man die Vorstellung gehabt hat, alles andere hätte irgendwie noch einmal gutgemacht werden können, wie in der Politik ja alles einmal wiedergutgemacht werden kann. Dies nicht. Dies hätte nie geschehen dürfen, wie ich immer sage. Und damit meine ich nicht die Zahl der Opfer. Ich meine die Fabrikation der Leichen und so weiter – ich brauche mich ja darauf nicht weiter einzulassen. Dieses hätte nicht geschehen dürfen. Da ist irgendetwas passiert, womit wir alle nicht mehr fertig werden.«

Hannah Arendts dreiteiliges Hauptwerk war keine wissenschaftliche Anleitung zur Überwindung dieser Katastrophe. In einer breitangelegten Zusammenschau versuchte sie, die Elemente zu beschreiben, die dazu beigetragen hatten, daß die Menschheit nicht nur begrifflich abgeschafft, sondern ein Teil von ihr auch fabrikmäßig vernichtet werden konnte. Das Buch war ihrem Mann Heinrich Blücher gewidmet. Es erschien 1951 und verhalf Hannah Arendt über Nacht zu einer Glanzrolle auf der internationalen akademischen Bühne.

Die Nachlaßverwalterin Hannah Arendts, Lotte Köhler: »Heinrich Blücher ist völlig unterschätzt worden von denen, die über Hannah Arendt geschrieben haben; auch, was seine Teilnahme, sein Interesse, seine indirekte Mitarbeit an ihren Büchern anlangt, ist er gar nicht zu unterschätzen. Er war ein Arbeiterkind aus Berlin, ein Autodidakt, der sich die deutsche Philosophie, deutsche Literatur selbst angeeignet hat. Frühzeitig Kommunist hat er Hannah sozusagen mit dieser Seite, der politischen Seite, vertraut gemacht. Ihre Eltern waren zwar sozialistisch interessiert, aber doch nicht so im Marxismus zu Hause wie Heinrich Blücher.«

Heinrich Blücher hat außer gelegentlichen Feuilletons nichts veröffentlicht. Man weiß wenig darüber, wie er das Denken und die Arbeit Hannah Arendts beeinflußt hat; doch von ihm stammt die Formulierung von der »Banalität des Bösen«.

Hannah Arendt lehrte an verschiedenen Universitäten, unter anderem in Chicago und Princeton und zuletzt an der renommierten New School in New York. Sie war immer Hochschullehrerin und öffentliche Person zugleich. Sie war eine seltene Verbindung von femme de lettres und citoyenne. Öffentliche Dinge mußten im öffentlichen, das heißt im politischen Raum diskutiert werden. Und mit ihrem eingreifenden Denken wurde sie zum Ärgernis. Ihr Buch über totale Herrschaft paßte den Rechten, es mißfiel den Linken. Ihr Eichmann-Buch war einer der Zündfunken der deutschen Protestbewegung und verärgerte die Rechten, weil es die deutsche Gesellschaft als eine hochgradig organisierte kriminelle Vereinigung beschrieb. Ihre Arbeiten über totalitäre Tendenzen innerhalb der amerikanischen Demokratie, die McCarthy-Ära und den Watergate-Skandal beeinflußten die öffentliche Debatte ebenso wie ihre unverhohlenen Aufforderungen zum zivilen Ungehorsam. Sie begründete keine Denkschule, es gibt keine Arendtianer. Sie war einfach eine singuläre Erscheinung.

Mit Walter Benjamin war sie im französischen Exil sehr befreundet. Für sie selbst gilt, was sie über ihn und den Nachruhm sagt: »Ruhm ist ein gesellschaftliches Phänomen. Und die Gesellschaft, um überhaupt existieren zu können, besteht darauf, Menschen in Kategorien und Typen zu teilen. Was sie in keinem Fall akzeptieren und daher auch nur im nachhinein anerkennen kann, ist das in seiner Weise Einzigartige.«

Richard Plant: »Hannah war zu vielseitig, um den Spezialisten Vergnügen zu machen. Sie war Soziologin, sie war Historikerin, sie hat aber auch über Brecht geschrieben, also in die Germanistik hinein sich gearbeitet, wunderbare Aufsätze. Sie war sozusagen Frau Hansdampf in allen Gassen, um ein Klischee zu benutzen. Dazu war sie sehr energisch und hat niemand irgendeinen Unsinn sagen lassen, dem hat sie eins drauf gegeben mit ihrer tiefen Stimme und ihrer direkten Angriffslust. Ich habe sie erlebt bei Versammlungen mit ihrer Freundin Mary McCarthy, die ebenso war, ebenso angriffslustig. Und die beiden Frauen haben da also ein Heer von Historikern, Sozialpolitikern und jüdischen Bürokraten zurückgeschlagen, das war großartig. Es war ein Film, ein Theaterstück. Also sie war einzigartig. Sie war ein Star. Das hat man ihr nicht verziehen.«

Vor allem hat man ihr das Eichmann-Buch nicht verziehen. An die über Arendts Tod hinausreichenden persönlichen Vorwürfe erinnert sich Ingrid Scheib-Rothbart. Sie hatte Hannah Arendt bei der Herstellung der deutschen Ausgabe des Buche geholfen: »Ja, das ist so die kleine traurige Coda zu der Situation. Mein Mann und ich waren beide bei der Beisetzung ihrer Urne im Bard-College, wo ihr Mann jahrelang unterrichtet hatte. Es gab in so einer Art Kapelle eine kurze Zusammenkunft, wo dann auch Kaddisch gelesen wurde. Und da ist dann von einem der Trauergäste noch mal gesagt worden, sie hätte dieses Buch nicht schreiben sollen.«

Was machte gerade das Eichmann-Buch so provokativ? Im Frühjahr 1960 wurde Adolf Eichmann von Agenten des israelischen Geheimdienstes in Argentinien gefangen genommen und in Jerusalem vor Gericht gestellt. Eine Tafel im damaligen Prozeßgebäude erinnert heute an das

Verfahren gegen den in Israel bekanntesten Deutschen. Er war angeklagt, Verbrechen gegen die Menschheit, Verbrechen gegen das jüdische Volk und Kriegsverbrechen begangen zu haben. Nach israelischem Recht steht darauf die Todesstrafe. Eichmann wurde für schuldig befunden und hingerichtet. Als die Häscher ihn in Buenes Aires ergriffen hatten, beteuerte er, er sei schon immer ein Freund der Juden gewesen. Und ehe Eichmann den kugelsicheren Glaskasten im Gerichtssaal betrat, tat er kund, er wolle – so wörtlich – »gern Frieden mit meinen ehemaligen Gegnern schließen«. Der Mörder wollte den Opfern verzeihen.

Joseph Maier: »Die Jagd nach Eichmann begann im Jahre '46, Anfang '46, in meinem Büro im Justizpalast in Berlin. Sie wissen, ich war Mitglied, gehörte zum Stab der amerikanischen Anklage. Was sachlich dabei herausgekommen ist, ist zwar nicht sehr viel. Sie wissen, Eichmann war uns durch die Lappen gegangen. Eichmann wurde erst viel später gefunden.« Für die Anklage wie für die Öffentlichkeit war er das teuflische Superhirn der Massenvernichtung. Doch da saß nun ein unscheinbarer, dünner Mensch mit Brille, ein Angestellter, der bloß seinen Arbeitsplatz von der Berliner Kurfürstenstraße nach Jerusalem verlegt hatte.

Der israelische Vernehmungsoffizier Avner Less sagte: »Ich weiß nicht, aber irgendwie hatte ich etwas ganz anderes erwartet unter Eichmann. Nach all diesen monströsen Sachen, die man ihm anhängt oder von denen man sprach, die er begangen hatte, erwartete man unwillkürlich irgend so einen Supermenschen, ein Monster, und da sitzt plötzlich ein Mensch, eigentlich wie ich. Egal, wie jeder andere, ganz normal.«

Er hatte nicht dem Satan, sondern einem Spießer gegenüber gesessen. Hannah Arendt schrieb über die »Banalität des Bösen«: »Ich war frappiert von der offenbaren Seichtheit des Täters. Eichmann war nicht Jago und nicht

Macbeth, und nichts hätte ihm ferner gelegen, als mit Richard III. zu beschließen, ›ein Bösewicht zu werden‹. Außer einer ganz ungewöhnlichen Beflissenheit, alles zu tun, was seinem Fortkommen dienlich sein konnte, hatte er überhaupt keine Motive. Das einzige Bemerkenswerte an seinem Verhalten war etwas rein Negatives: nicht Dummheit, sondern Gedankenlosigkeit. Er hat sich niemals vorgestellt, was er eigentlich anstellte.«

Eichmann: »Bis dahin hatte ich keine Möglichkeit gesehen, diese Transporte von mir aus aufzuhalten. Ich habe keine Möglichkeit dazu gehabt, womit ich mit anderen Worten sagen will, daß ich mich wirklich nicht vor irgendeiner Sache hier drücken oder zurückziehen will oder heute feige reduzieren möchte, wo es gar nicht zu reduzieren ist, denn ich habe den Befehl gehabt, ob sie nun getötet wurden oder nicht, er mußte durchgeführt werden.«

Joseph Maier: »Was Hannah Arendt angeht, was mich angeht, so ist – hinsichtlich dieser Rolle, die Eichmann gespielt hat, in der Geschichte und im Vernichtungsprozeß gegen die Juden – das Entscheidende, ihn als das zu erkennen, was er wirklich war, nämlich der pflichtgemäße Angestellte. Sie berufen sich alle auf ihre Pflicht, wissen Sie, ich habe Höss, den KZ-Kommandanten von Auschwitz vernommen, der hat mir immer nur gesagt, ich habe ja nur meine Pflicht getan, ich habe keineswegs Vergnügen dabei gehabt, die Leute im KZ ihrer Zähne zu berauben, um das Gold einschmelzen zu lassen für die Reichskasse. Es war der brave Angestellte, der seine Pflicht getan hat, der die Befehle ausgeführt hat. Ich habe auch andere, die Großverbrecher, in Nürnberg in der Vorverhandlung vernommen. Alle haben nur ihre Pflicht getan, alle haben nur Befehle ausgeführt.«

Der Nationalsozialismus hat nicht nur einen neuen Tätertypus hervorgebracht, sondern auch ein neues Verhältnis zwischen Henkern und Opfern. Die wenigen Bemerkungen Hannah Arendts dazu galten später als der eigentliche Skandal des Berichts: »Eichmann verlangte mehr als bloßes Sich-Fügen. Er verlangte Kooperation – und er erhielt sie in wahrhaft erstaunlichem Maß. Diese Rolle der jüdischen Führer bei der Zerstörung ihres eigenen Volkes ist zweifellos das dunkelste Kapitel in der ganzen dunklen Geschichte. Dieses Kapitel gewährt den tiefsten Einblick in die Totalität des moralischen Zusammenbruchs, den die Nazis in allen Schichten der Gesellschaft ganz Europas verursacht haben [...] nicht allein unter den Verfolgern, sondern auch unter den Verfolgten.«

Eichmann selbst hatte keinerlei Gewissensprobleme. Er sei sein Leben lang den Moralvorschriften Kants gefolgt, beteuerte er nachdrücklich: »Ich habe nie einen Juden getötet, aber ich habe auch keine Nichtjuden getötet, ich habe überhaupt keinen Menschen getötet. Ich habe auch nie einen Befehl zum Töten eines Juden gegeben, auch keinen Befehl zum Töten eines Nichtjuden, auch das habe ich nicht.« In der Bundesrepublik, die übrigens niemals eine Auslieferung beantragt hatte, wäre er wahrscheinlich freigesprochen worden.

Der ehemalige Verhandlungssaal heute – ein Theater. Ein Stuhl dort, wo der Glaskasten stand. Auch nach dem Prozeß wollte die Welt nicht akzeptieren, daß hier nicht der Bösewicht des Jahrhunderts, sondern ein Kleindarsteller aufgetreten war.

Im Auftrag der Zeitschrift *The New Yorker* fuhr Hannah Arendt zum Prozeß. Ihr Bericht erschien 1963, also fast zwei Jahre danach. Die Serie löste einen Sturm der Entrüstung aus. Golo Mann empörte sich damals, Hannah Arendt habe ein »Witzblatt« beliefert. Richard Plant kommentiert: »Ich dachte nicht, daß ein so belesener Historiker wie Golo Mann einen solchen Fauxpas – wenn ich mich so ausdrücken darf – begeht. Der *New Yorker* ist kein Witzblatt, wie der *Kladderadatsch* oder der *Simpli-*

cissimus. Er hat diese Cartoons, die sind aber von Witzen sehr weit entfernt. Die haben manchmal in einem einzigen Bild den Größenwahn und den Unsinn von Politik angeprangert. Also von Witzblatt kann keine Rede sein, vor allem ja auch, weil die andere Seite des *New Yorker* eben diese langen Essays sind, die eigentlich Bücher sind. Also nach Hannah sind diese, wir nennen sie ›Serious‹-Essays, vom *New Yorker* gedruckt worden, und keiner dieser Essays ist nicht als Buch gedruckt worden. Also, wenn Sie im *New Yorker* erscheinen, das ist sozusagen ein Ritual, so wie man in eine Geheimverbindung aufgenommen wird und gesalbt, gekrönt wird.«

Die Artikelserie erschien als Buch, und der erste Historikerstreit war da. Verglichen mit der nun einsetzenden Kontroverse nehmen sich die Auseinandersetzungen im deutschen Historikerstreit wie harmloses Geplänkel aus. 25 Jahre, ehe im Land der Täter die drängende Frage debattiert wurde, ob die Deutschen ein Urheberrecht auf Auschwitz hätten oder nicht, war die jüdische Öffentlichkeit zutiefst gespalten und über Hannah Arendts Bericht aus Jerusalem zerstritten. Sie wurde angeklagt, nicht bloß die Deutschen entschuldigt, sondern vor allem die Mitschuld der Juden behauptet zu haben. Es gab in jenen Monaten kaum eine Nummer des deutsch-jüdischen *Aufbau*, in der sie nicht der Verharmlosung Eichmanns oder der Verhöhnung der Opfer angeklagt worden wäre.

Joseph Maier erinnert sich, wie er damals beim Chefredakteur der Zeitung intervenierte: »Bisher ist noch kein einwandfreies Referat über das Buch im *Aufbau* erschienen. Ich möchte erst einmal darüber referieren, was die Frau gesagt hat; zumindest muß man die Tatsachen, ehe man sie entstellt, erst einmal kennen. Was mir von Anfang an mißfällt, ist, wenn sich ein Mob bildet. In diesem Fall war es ein intellektueller Mob, denn die Massen auf der Straße waren ja von diesem Mob nicht erfaßt und auch nicht mit der ganzen Materie befaßt. Ich habe mich als Freund von Hannah Arendt für sie eingesetzt, weil nämlich alle Welt plötzlich auf sie losging. Sachlich gibt's natürlich manches dazu zu sagen, wer hat recht, wer hat unrecht, das sieht man aus der heutigen Perspektive etwas anders. Damals galt für mich nur der Grundsatz. Mich völlig mit ihr solidarisch zu zeigen. Das hat sie von mir als Freund erwartet, und darin habe ich sie auch nicht enttäuscht.«

Nicht von der Banalität des Bösen handle das Buch, schrieb ein bekannter Kritiker, sondern es zeuge von der pervertierten Brillanz seiner Autorin. Die weniger bekannten Kritiker nannten die Verfasserin gleich Hannah Eichmann. Die *New York Herald Tribune* beschuldigte Hannah Arendt, mit ihrem Prozeßbericht eine Art Auschwitzlüge in die Welt gesetzt zu haben. Der Text zur Karikatur lautet: Eines Tages tauchten einige Sozialwissenschaftler auf und sagten: Wir haben alles über die sechs Millionen erforscht. Und das Ergebnis unserer erschöpfenden Untersuchung ist, daß die Opfer massenhaft von einem Todeswunsch getrieben waren und daß sie es gar nicht erwarten konnten, vor ihren Schöpfer zu treten.

Die großen jüdischen Organisationen in den USA verurteilten das Buch. Und in der Bundesrepublik wird Probst Grüber, der einzige deutsche Zeuge beim Eichmann-Prozeß, sogar versuchen, eine deutsche Ausgabe zu verhindern. Als die wichtigste und mächtigste Zeitung der USA, die *New York Times*, einen Verriß des Buches brachte, war aus der anfänglichen Kontroverse über die Entmystifizierung Eichmanns eine Kampagne gegen Hannah Arendt geworden.

Richard Plant: »Die *New York Times* hat leider eine nicht sehr rühmliche Rolle gespielt. Die *New York Times* gibt jeden Sonntag eine Beilage heraus, die nennt sich die *New York Times Review of Books*. Das ist die wichtigste literarische Wochenschrift Amerikas. Beinahe offiziell. Wenn man da eine gute Kritik hat, ist das Buch eigentlich gemacht. Und da gab es einen ziemlichen Skandal, weil der Mann, der es kritisiert hat, ein Rechter aus Pennsylvania, in dem Buch von Hannah als unzuverlässig und mittelmäßig kritisiert worden war, und durch irgendeinen Fehler hat der Herausgeber der *Book Revue* das nicht gewußt und hat den Mann eine Kritik schreiben lassen, die ziemlich vernichtend war und außerdem davon Kenntnis gab, daß er das Buch nicht verstanden hat. Und daraufhin gab es solche Angriffe in sämtlichen anderen Magazinen und literarischen Tagesschriften.«

Selbst enge Freunde, wie etwa der Sozialphilosoph Hans Jonas, brachen damals für längere Zeit den Kontakt zu Hannah Arendt ab. Über das Buch will er bis heute nicht sprechen. Ihrem Lehrer Karl Jaspers schrieb sie am 20. Juli 1963 über das Ausmaß der Kampagne: »Die Kampagne gegen mich hier auf niederstem Niveau und aus reinen Verleumdungen bestehend – es wird gemeinhin und konsequent das Gegenteil von dem behauptet, was ich de facto geschrieben habe – läuft immer noch auf hohen Touren. [...] Es ist ganz lehrreich zu sehen, was man mit Meinungsmanipulation erreichen kann und wieviele Menschen, oft intellektuell auf hohem Niveau, manipulierbar sind. [...] die Sachen haben doch Formen angenommen (mit den Rabbinern, die von der Kanzel predigen), daß eine Freundin meinte, es sei wie zur Zeit der Dreyfus-Affäre, die Spaltung gehe quer durch die Familien! Ich bin verblüfft, habe natürlich nie etwas Derartiges erwartet und sehe auch ein, daß es ausgesprochen gefährlich ist. (Die Leute versuchen mit allen Mitteln, meinen Ruf zu ruinieren. Sie haben Wochen damit verbracht, rauszufinden, ob es nichts in meiner Lebensgeschichte gibt, was sie mir anhängen können, haben dann schließlich aufgegeben. [...])«

Richard Plant: »Die Gründe für die Heftigkeit der Empörung waren verschiedene. Sie hat gewagt, die Judenräte sozusagen vor Gericht zu stellen. Das heißt, jene Organisation der Juden, die den Nazis geholfen haben, die Listen der in den Osten abzutransportierenden Juden aufzustellen.«

Joseph Maier: »Das ist ein Vorwurf, den man schwer auf sich sitzen lassen kann. Und auch die amerikanischen Juden waren empört, nicht nur die deutschen, die hier waren und die nun weit weg vom Schuß waren, weil – der Auffassung bin ich — sie hätten eigentlich mehr tun müssen und können, um dieses große Unglück zu verhüten.«

Lotte Köhler: »Das zweite war der Ton, der zum Teil ironisch-sarkastisch den ganzen Prozeß und vor allen Dingen die Figur Eichmanns behandelt hatte. Viele hatten wahrscheinlich gehofft, daß man ihn hinstellt als einen dämonischen üblen Verbrecher, ihn dann aber entlarvt zu sehen als kleinen Mann, der nicht recht wußte, was er tat, der einfach nicht nachdenken wollte, das war zuviel.«

Hannah Arendt im Gespräch mit Günter Gaus: »Sehen Sie, es gibt Leute, die nehmen mir eine Sache übel, und das kann ich gewissermaßen verstehen: Nämlich, daß ich da noch lachen kann. Aber ich war wirklich der Meinung, daß der Eichmann ein Hanswurst ist, und ich sage Ihnen: Ich habe das Polizeiverhör, 3600 Seiten, gelesen und sehr genau gelesen, und ich weiß nicht, wie oft ich gelacht habe; aber laut!«

Die Kritik in Deutschland entzündete sich hauptsächlich an Hannah Arendts Bemerkungen über den Widerstand des 20. Juli. Tonangebend war dabei Golo Mann. Er schrieb: »Hannah Arendts Charakteristik des deutschen Widerstands enthält die empörendsten Verleumdungen, die je über diese Bewegung verbreitet wurden.« Hannah Arendt hatte darauf hingewiesen, daß das deutsche Militär erst halb Europa in Schutt und Asche gelegt und zwanzig Millionen Sowjetbürger umgebracht hatte, ehe sich bei einigen wenigen seiner Repräsentanten und aus durchaus unterschiedlichen Gründen der Widerstand gegen die Politik Hitlers regte. Die Gewissenskonflikte, die sie hatten, drehten sich, so lernte man ja den 20. Juli in der Bundesrepublik erst richtig schätzen, hauptsächlich um die nachgerade empörende Fragestellung, ob man den Hitler gegebenen Eid brechen, ob man Hochverrat begehen könne. Auch dies »andere Deutschland«, das in Ermangelung massenhafter anderer Deutscher jährlich gefeiert wird, sei, so Hannah Arendt, noch durch einen Abgrund von der zivilisierten Welt geschieden gewesen. Denn auch im Kreis des militärischen Widerstands machte man sich Gedanken über eine »Lösung der Judenfrage«. Und die Offiziere plagte der Gedanke, daß man die Führung der Wehrmacht für das ganze Unglück verantwortlich machen werde.

Hannah Arendt kam 1949 zum ersten Mal nach Deutschland zurück. Über ihren Besuch notierte sie: »Der Anblick, den die zerstörten Städte in Deutschland bieten, und die Tatsache, daß man über die deutschen Konzentrationslager Bescheid weiß, haben bewirkt, daß über Europa ein Schatten tiefer Trauer liegt [...] Beobachtet man die Deutschen, wie sie geschäftig durch die Ruinen [...] stolpern, dann begreift man, daß die Geschäftigkeit zu ihrer Hauptwaffe bei der Abwehr der Wirklichkeit geworden ist. [...] Zur Revolution kam es nicht. Es lag wahrscheinlich daran, daß kein einziger [...] Soldat nötig gewesen wäre, um die wirklichen Schuldigen vor dem Zorn der Leute zu schützen. Diesen Zorn gibt es heute gar nicht, und offensichtlich war er auch nie vorhanden.«

Hannah Arendt in »Panorama« im Gespräch mit Thilo Koch: »Meiner Erfahrung nach sprechen alle Deutschen, die nie in ihrem Leben das geringste Unrecht begangen haben, sehr eindringlich davon, wie schuldig sie sich fühlen, während man nur einen ehemaligen Nazi zu treffen braucht, um mit dem besten Gewissen von der Welt konfrontiert zu werden [...] In den ersten Nachkriegsjahren habe ich mir diese pauschalen Schuldbekenntnisse angehört [...] Inzwischen aber, vor allem angesichts der ja wirklich erstaunlichen Unbekümmertheit, mit der man in Deutschland bis zur Gefangennahme von Eichmann sich offenbar damit abgefunden hatte, ›die Mörder unter uns‹ zu wissen, ohne ihnen den Prozeß zu machen, ja ihnen vielfach zu ermöglichen, ihre Karriere ruhig fortzusetzen – nun natürlich ohne Mord und Totschlag –, als sei nichts oder doch beinahe nichts passiert, nun also, da all dies in den letzten Jahren an den Tag gekommen ist, sind mir doch Bedenken über die Schulderklärungen der Unschuldigen gekommen. Diese Erklärungen gerade haben vielfach dazu gedient, die Schuldigen zu decken. Wo alle rufen, ›wir sind schuldig‹, kann man wirklich begangene Verbrechen nicht mehr entdecken.«

Wolfgang Staudtes 1946 entstandener Film »Die Mörder sind unter uns« war eine Ausnahme, sein Titel eine folgenlose Zustandsbeschreibung der Nachkriegsgesellschaft. Bald war die Rede stattdessen vom »Eichmann in uns«, um die Vergangenheit wie die Menschheit in ein Dunkel zu tauchen, in dem alle Katzen grau sind.

Noach Klieger ist Redakteur bei der israelischen Tageszeitung *Jedioth Acheronoth* und hat in den letzten Jahrzehnten viel über Naziprozesse berichtet: »Die Deutschen bemühen sich seit 1945 krampfhaft darum, zu beweisen oder zu behaupten, sie wären es gar nicht gewesen, es wären die Nazis. Und dann sage ich immer: ›Wer sind denn die Nazis? Waren die Nazis ein Volk, das aus dem All kam, von irgendeinem fremden Stern auf der Erde landete, zwölf Jahre oder wieviel sein Unwesen trieb und dann plötzlich wieder verschwand, zurück zu diesem fremden Stern? Nein, die Nazis waren kein Volk, die Nazis waren Deutsche. Aber die Deutschen probieren uns immer wieder zu erklären, es wären Nazis, und die Nazis gäbe es nicht mehr. Das stimmt, aber die Deutschen, die damals zum Großteil Nazis waren, die gibt es immer noch. Wenn wir heute noch leben, die Opfer, das heißt einige der Opfer, wieviel mehr Mörder von damals leben dann auch heute noch?«

Hannah Arendt im Gespräch mit Thilo Koch: »Politisch, scheint mir, wird das deutsche Volk berechtigt sein, diese furchtbare Vergangenheit für bewältigt zu erklären, wenn es die Mörder, die immer noch unter ihm unbehelligt leben, abgeurteilt und alle wirklich Belasteten aus den Positionen des öffentlichen Lebens, nicht des Privatlebens, nicht des Geschäftslebens, aber des öffentlichen Lebens, entfernt hat. Wenn das nicht geschieht, wird die Vergangenheit trotz allen Geredes unbewältigt bleiben – oder man wird warten müssen, bis wir alle tot sind.«

Zwei Pensionäre: Adenauer und Ben Gurion Ende der 60er Jahre. Quicklebendig war damals noch ein dritter Pensionär, Adenauers Staatssekretär Hans Globke. Wie dieser, der für die infamen Nürnberger Gesetze mitverantwortlich war, wurden die meisten Schreibtischtater niemals vor Gericht gestellt. Man hielt sich an die Monster, die Sadisten, die Perversen. Sie hatten oft jahrzehntelang als Paradebeispiel für die gelungene Resozialisierung von Kriminellen unauffällig und in einer überaus verständnisvollen Umgebung gelebt. Je brutaler die Mordwaffe, je teuflischer das Folterwerkzeug, desto mehr Kameras werden gezückt, desto größer das rasch wieder erlahmende Interesse der Öffentlichkeit. In Amerika wurde für die mediengerechte Ausbeutung der Naziverbrechen die treffende Formel geprägt: There is no business like Shoah-Business.

Die gute Gesellschaft war für Verständigung, für Toleranz. In ihren Augen war der Nationalsozialismus der Einbruch des Ungeistes gewesen. In ihren Augen hatten zwar auch Millionen Menschen ihr Leben verloren, aber vor allem hatte die deutsche Kultur einen großen Schaden erlitten, etwa durch die Austreibung von nun geehrten Intellektuellen.

In der Lessingpreisurkunde heißt es: »Der Senat der Freien und Hansestadt Hamburg verleiht nach dem Beschluß des hierfür berufenen Kollegiums den Lessingpreis 1959 an Hannah Arendt. Ihre Arbeiten auf dem Gebiet der politischen Theorie und Wissenschaft sind wesentliche Beiträge zur Erhellung und Deutung der das moderne Leben bestimmenden geistigen und politischen Mächte. Ihr streitbares Bemühen, die Wechselwirkungen von Kultur und Politik darzustellen, hat die zeitgeschichtliche Erkenntnis in hervorragender Weise gefördert. Ihre Untersuchungen weisen nach Form und Methode über den wissenschaftlichen Bereich hinaus und sind in ihrer sprachlichen Durchbildung schriftstellerische Leistungen von hohem künstlerischem Rang.«

Diese Kurzlaudatio war der Versuch, der Emigrantin einen Platz im deutschen Bildungsbürgertum anzubieten. Derlei geistige Entsorgung der Vergangenheit ging einher mit der Versorgung ihrer Akteure. Manche wurden Minister, Kanzler oder Bundespräsident, und einer brachte es sogar zum Generalsekretär der UNO. Zusammen mit Hannah Arendt erhielt Kurt Waldheim 1972 die Ehrendoktorwürde der Fordham-Universität, New York.

Berlin nach dem Fall der Mauer. Die Welt schaut auf diese Stadt, wie es sich Ernst Reuter gewünscht hatte. Und was sieht sie? Wieder keine Revolution, nur Reprisen. Ein Stück mit dem Titel »Nachkriegsdeutschland – Teil 2«. Lauter Nachahmungstäter. Alle versichern, ihr Idealismus sei mißbraucht, und sie seien von ihren Führern betrogen worden. Von alledem habe man nichts gewußt. Mit dieser Auskunft war im Westen klar, daß es sich wirklich um Brüder und Schwestern handeln mußte. Die Mitarbeiter der Staatssicherheit hätten genauso gründlich, wie sie den Rest der Bevölkerung ausgeschnüffelt haben, auch die Welthungerhilfe organisiert, wenn Mutter Teresa ihnen das befohlen hätte. Sie waren einfach die richtigen Personen an der richtigen Stelle.

NVA-Fahneneid: »Ich schwöre, meine ganze Kraft zur Erhaltung des Friedens [...] Die Patrioten des 20. Juli legten beispielgebend für jeden Soldaten eines demokratischen Staates mit ihrem Leben Zeugnis für den Rang des Gewissens ab.« Jede Zeit hat ihren Eid. Wie befohlen werden die Offiziere der Volksarmee nun Demokraten. Für die Zeit vorher reklamieren sie Befehlsnotstand. Im Ostteil Berlins wird noch geprobt. Im Westen sind die Rituale der Vergangenheitsbewältigung eingeübt. Weil auch hier in Reih und Glied gedacht wird, heißt die tätige Erinnerung Gedenkmarsch. Als organisierte Reue ist dieses Gedenken das Gegenstück zur von Hannah Arendt beschriebenen organisierten Schuld. Jeder Schüler einmal in die Gedenkstätte Auschwitz...

Der Glaskasten in Jerusalem ist längst leer. Im Glashaus Deutschland vereinigen sich jetzt auch die Befehlsempfänger und Mitläufer. Da wirft man nicht mit Steinen. Die einen berufen sich auf den Vernichtungsbefehl des Führers, die anderen auf den Schießbefehl des Generalsekretärs. Sie haben alle nur gehorcht und nach der Devise gehandelt: Verbrechen zahlt sich aus. Sie haben mit Eichmanns Erbschaft gewuchert – und gewonnen. Und über Hannah Arendts Empfehlung, die sie in ihrem Vortrag »Was heißt persönliche Verantwortung unter einer Diktatur?« aussprach, würden sie nur müde lächeln: »Folglich sollten diejenigen, die mitmachten und Befehlen gehorchten, nie gefragt werden: ›Warum hast Du gehorcht?‹, sondern: ›Warum hast Du Unterstützung geleistet?‹ Dieser Austausch von Wörtern ist für jene keine belanglose semantische Spielerei [...] Nur ein Kind gehorcht; wenn ein Erwachsener ›gehorcht‹, dann unterstützt er in Wirklichkeit die Organisation oder die Autorität oder das Gesetz, die ›Gehorsam‹ verlangen.«

1990

Das Ende der Schonzeit

Eine deutsch-jüdische Nachkriegsbegegnung

Er heißt nicht Jacob Brenner. Würde ich seinen richtigen Namen nennen, deutsche Staatsanwälte würden eine ungeahnte Aktivität entfalten. Er wäre plötzlich ein erwünschter Ausländer. Er würde an der Grenze oder bei der Ankunft auf dem Frankfurter Flughafen nicht abgeschoben, sondern eingebuchtet. Das gilt gleichermaßen für Österreich.

Es begann im »Lalo«, einem kleinen Café in der 83. Straße auf der Upper West Side in New York. In diesem Refugium für Leute, die keine Vorschriften gegen Nikotin und Cholesterin mögen, traf ich mich im Herbst 1992 mit einer Mitarbeiterin des damals noch im Bau befindlichen Holocaust-Museums aus Washington. Naomi Danziger war, wie es abfällig in Israel heißt, in die Staaten »abgestiegen« und damit beschäftigt, die Foto- und Dokumentensammlung des Museums aufzubauen. Ich meinerseits hatte in den vergangenen Jahren mehr als genug Dokumente für eine Ausstellung über den »Jüdischen Kulturbund«, das jüdische Kultur-Ghetto in Nazideutschland, gesammelt, und das künftige Holocaust-Museum sollte nun einige Doubletten erhalten. Ein paar Programmhefte aus den 30er Jahren hatte ich zu dieser Verabredung mitgebracht und eine Reihe von Fotos, alles »Flachware« im Museumsjargon. Die meisten Fotos waren aus der Sammlung des 1989 in Berlin verstorbenen Schaupielers Martin Brandt. Sie zeigten ihn in Aufführungen des jüdischen Theaters in Berlin und mehrfach in der Rolle, mit der Hollywood vornehmlich jüdische Emigranten beschäftigt hatte: als Nazi. Einer der vielen Filme, in denen Martin Brandt nach seiner Rückkehr nach Deutschland mitgespielt hatte, war »Die Akte Odessa«. Mit diesen Bildern begann auch die Geschichte von Jacob Brenner.

Als wir die Fotos gemeinsam ansahen, fiel zum ersten Mal das Wort »Rache«. »Ich weiß«, sagte Naomi Danziger, »wer nicht gleich von den Alliierten aufgeknüpft wurde, ist doch in der Regel ungeschoren davongekommen.« Was sollte ich dazu sagen? Ich erzählte ihr, daß die Ermordung des deutschen Industriellen Hanns Martin Schleyer von der RAF 1977 auch damit gerechtfertigt wurde, dieser sei ein hochrangiger Wirtschaftsführer der Nazis, Mitglied der NSDAP und SS gewesen. »Man kann doch über dreißig Jahre später nichts mehr rächen«, meinte sie und fragte: »Hast du schon mal etwas von einer Gruppe gehört, einer Art Jüdische Armee Fraktion, die unmittelbar nach Kriegsende Jagd auf Nazis gemacht und auch einige erwischt hat?« Eigentlich, so dachte ich, verstand sich das von selbst; aber gehört hatte ich noch nichts darüber. »Diese Gruppe«, fuhr Naomi Danziger fort, »nannte sich ›Nokmim‹, das ist das hebräische Wort für Rächer. Ich kenne jemand, der damals mitgemacht hat. Vielleicht wird er dir davon erzählen. Ruf ihn an. Er ist Amerikaner. Er hat eine Galerie in der 79. Straße auf der East Side und auch eine Galerie in Tel Aviv. Dort ist er regelmäßig im Frühjahr.«

Mein erstes Telefonat verhallte ungehört auf einem Anrufbeantworter. Auch ein Brief blieb unbeantwortet. Vielleicht sollte ich versuchen, ihn in Israel aufzustöbern. Dort kann man sich angeblich morgens mit einem Minister für mittags zum Lunch verabreden.

*

Aus dem Informationsdienst der 42. US-Infanteriedivision (»Rainbow-Division«) vom 1. Mai 1945: »Wenigstens 25, vielleicht auch 50 SS-Männer wurden von den Häftlingen erschlagen, die mit der ganzen Wut von Menschen zuschlugen, die nach Jahren voll aufgestauten Hasses plötzlich freigelassen werden [...] Nun waren die SS-Wachen tot. Aber ihr Tod konnte nicht die Tausende Toter und Sterbender von Dachau rächen. Diese gemarterten Toten können nur gerächt werden, wenn die Welt durch das, was die 42. Division und andere in all den Dachaus von Deutschland entdeckt haben, so aufgerüttelt wird, daß sie keiner Partei, keiner Regierung, keinem Volk je wieder erlaubt, das Antlitz der Erde mit ihrer Unmenschlichkeit zu zerstören.«

Über die Befreiung von Buchenwald: »Überlebende durchforsteten die Wälder nach entflohenen SS-Männern und suchten auch unter den Befreiten nach Nazis, die ihre Uniform mit der gestreiften Häftlingskleidung vertauscht hatten. Insgesamt töteten die Befreiten in den ersten Tagen nach der Befreiung fast achtzig ehemalige Bewacher und Kapos, und manchmal unterstützten und ermutigten Amerikaner sie dabei [...] Fred Mercer vom XX. Corps, erinnerte sich daran, wie ein deutscher Soldat sich den Amerikanern ergeben wollte und dann ein Häftling mit einem großen Prügel dazwischenkam: ›Er stand einfach da und schlug ihn tot. Das mußte er tun – und wir haben ihn nicht davon abgehalten.‹« (aus: Robert H. Abzug, »Inside the Vicious Heart. Americans and the Liberation of Nazi Concentration Camps«, New York 1985).

*

Ein halbes Jahr später in Israel. Dort kennt jeder jeden, was in diesem Fall kein unangenehmer Umstand ist. Als ich bei Freunden sitze und erzähle, wen ich suche, sagt eine zur Familie gehörige alte Dame wie nebenbei:

»Brenner, das ist Jankel, einer meiner Schützlinge aus Berlin.« Sie war Jugendleiterin eines zionistischen Vereins in Berlin und später führend am Aufbau der Sozialarbeit in Israel beteiligt gewesen. Sie verspricht, Brenner anzurufen und ihn zu einem Treffen mit mir zu überreden. Am nächsten Tag fahre ich in die Innenstadt, steige in der Dizengoff aus dem Bus und biege in die Gordonstraße ein, die sanft ansteigend zum Strand führt. Rechts und links Galerien in Häusern, die mittlerweile als Zeugnisse der Bauhaus-Schule unter Denkmalschutz stehen. Wenig später sitze ich Brenner gegenüber, in seinem Büro über der Galerie. Ich hatte einen deutschen Juden von der Sorte erwartet, die in Israel hartnäckig den Habitus der frühen Pionierjahre konserviert hat, mit Schillerkragen und festem Schuhwerk. Aber ich begegne einem dreiundsiebzigjährigen Gentleman mit Maßanzug und Seidenkrawatte.

Ohne Umschweife kommt er zur Sache. Wir sprechen erst hebräisch, dann englisch, er mit unverkennbar amerikanischer Färbung. Nur ein einziges Mal fällt ein deutsches Wort. »Dairy hut« gehört nicht zu meinem Wortschatz, und er übersetzt es mir: »Sennhütte«. Seine Sekretärin bringt uns etwas zu trinken, ihm einen koffeinfreien Kaffee. In wenigen Worten berichtet er über seine Herkunft: Berlin-Wilmersdorf, jüdischer Mittelstand die Eltern. Im Alter von 15 Jahren kam er nach Palästina.

»1945, ich war gerade dreiundzwanzig geworden, kam ich mit der Jüdischen Brigade nach Italien. Wir wurden in Tarvisio stationiert. Die Engländer wollten uns dort haben für den Fall, daß Tito Ansprüche auf Triest oder Kärnten geltend machen würde. In Tarvisio kam es dann zu einzelnen Übergriffen auf Häuser, in denen Deutsche wohnten. Plünderungen kamen vor und gelegentlich auch Vergewaltigungen. Einer der Soldaten, der danach festgenommen wurde, sagte: ›Das war für meine Schwester‹.

Auch wegen solcher und ähnlicher Vorfälle wollten uns die Briten nicht nach Norden, nach Deutschland, verlegen. Wir mußten selbst innerhalb der Brigade für Ordnung sorgen und das heftige Verlangen nach Vergeltung unter Kontrolle halten.

Ich habe deshalb eine Gruppe zusammengestellt, die gezielte Vergeltungsaktionen unternehmen sollte. Es war eine kleine Gruppe, zu der unter anderen der Sohn eines der bekanntesten zionistischen Funktionäre gehörte. Eine andere Gruppe, die sich auf die Suche nach Naziverbrechern machte, wurde von Haganah-Offizieren innerhalb der Brigade gebildet. In dieser kleinen Einheit waren Leute, die später fast alle hohe Positionen im israelischen Militär innehatten, etwa Chaim Laskov, Ende der 50er Jahre Generalstabschef der Armee oder der spätere Chef der israelischen Militärpolizei.

Meine Gruppe machte Jagd auf Nazis jenseits der Grenze, in Kärnten, rund um Klagenfurt. Wir erhielten Informationen über deren Aufenthaltsort von einem gewissen Andrej, einem ehemaligen Offizier der königlichen jugoslawischen Armee, der nun im Untergrund für Titos Partisanen arbeitete. Mit ihm sollte ich mich in Klagenfurt treffen. Das war wie in einem billigen Spionagefilm. Wir waren an einer Reklametafel verabredet. Ich ging dorthin. Und in einigem Abstand folgte mir ein Bodyguard aus meiner Truppe. Wir vereinbarten einen Informationsaustausch. Das klappte vorzüglich. In Tarvisio hatten wir zwei Kisten mit Unterlagen gefunden, und ich gab ihm daraus einiges Material, zugegeben wenig. Ein Tip von Andrej brachte uns auf die Spur eines SA-Funktionärs aus Klagenfurt. Eigentlich suchten wir dessen Bruder, der, soweit ich mich erinnere, entweder SS-Polizeichef von Klagenfurt oder Gauleiter von Kärnten gewesen war. Wir besorgten uns in der Nähe von Klagenfurt eine Sennhütte und nahmen Verpflegung, Batterien und Waffen mit. Dort haben wir diesen Nazi verhört, aber er wollte den Aufenthaltsort seines Bruders nicht preisgeben. Wir haben ihn nach dem Verhör erschossen.

In dieser Zeit kam auch die ›Deutsche Einheit‹ nach Europa. Das war eine besondere Abteilung unserer Untergrund-Streitkräfte aus Palästina. Die Angehörigen dieser Einheit hatten alle einen deutschen Hintergrund. Die Truppe war gebildet worden, um hinter den feindlichen Linien einzugreifen für den Fall, daß die Nazis von Nordafrika auf Palästina vorrücken sollten. Der Gründer dieser Einheit war Shimon Avidan, früher Simon Koch. Er war in der KPD gewesen und hatte Deutschland 1933 verlassen. Auch er ging nun mit einigen seiner Männer jenseits der Grenze auf Jagd nach Nazis. In einem Fall haben sie einen SS-Mann von Österreich nach Italien gebracht. Den Mann haben sie in ihrem Jeep unter eine Matratze gelegt und sich draufgesetzt. Und hier wurde er dann verhört und getötet.

Die Gruppe um Shimon Avidan glaubte eines Tages, sie hätte Eichmann lokalisiert. Sie heftete sich an die Fersen von Eichmanns Frau, die regelmäßig zu einem kleinen Ort in der Nähe von Salzburg fuhr und sich immer für kurze Zeit in einem bestimmten Haus am Ortsrand aufhielt. Eines Abends drangen die Männer in das Haus ein, schnappten den Mann, den sie für Eichmann hielten und erschossen ihn. Wie Sie wissen, haben wir erst sechzehn Jahre später den echten gefunden. Bevor wir von den Briten nach Norden verlegt wurden, hat meine Gruppe wie die gesamte Brigade sich jedoch vor allem darauf konzentriert, jüdischen Flüchtlingen zu helfen. In der Nähe von Tarvisio, in Pontebba, haben wir ein ›Beit Olim‹ eingerichtet, ein Transitlager für Displaced Persons aus den KZ-Lagern Ebensee und Mauthausen. Vor unserer Abreise habe ich den Rest der Dokumente dann an Andrej überbringen lassen: Mit Gruß von einem sozialistischen Juden an den sozialistischen Partisanenchef Tito. Für den hegte ich große Sympathien.«

Das Telefon klingelt. Brenner wird zu einem Kunden in die Galerie im Erdgeschoß gerufen. Ich muß auf eine andere Gelegenheit hoffen, die Fortsetzung seiner Geschichte zu hören.

*

Die Jüdische Brigade war eine Kampfeinheit der britischen Armee mit jüdischen Freiwilligen aus Palästina. Sie wurde im September 1944 aufgestellt und kämpfte von März bis Mai 1945 auf dem italienischen Kriegsschauplatz. 30.000 Juden meldeten sich von 1939 bis 1946 in Palästina freiwillig zum Dienst in der britischen Armee.

Schon zu Beginn des Zweiten Weltkriegs hatte die Zionistische Organisation die Aufstellung jüdischer Einheiten innerhalb der britischen Armee angeboten. Doch die Engländer zögerten die Entscheidung darüber immer wieder hinaus. Erst als die Nazis weite Teile Europas besetzt hatten und die Truppen Rommels in Ägypten auf dem Vormarsch waren, stellten die Briten ein Palästina-Regiment aus drei jüdischen Batallionen und einem arabischen Batallion zusammen.

Im Juli 1944 – die Nachrichten über die Ermordung der Juden waren in Palästina seit Ende 1942 bekannt – stimmte das britische Kriegskabinett schließlich der Aufstellung der Jüdischen Brigade zu. Juden sollten sich als das wehren dürfen, als was sie angegegiffen wurden: als Juden. Die drei Infanteriebatallione der Brigade sammelten sich unter ihrer offiziellen Fahne, der zionistischen Flagge, in Alexandria. Anfang November 1944 landeten sie in Italien und nahmen dort an der alliierten Offensive im April 1945 teil.

Nach Beendigung der Kampfhandlungen wurde die Brigade als Eingreiftruppe gegen Tito in Tarvisio am Dreiländereck zwischen Italien, Jugoslawien und Österreich stationiert. Von dort aus brachen kleinere Gruppen nach Osteuropa und in die Lager für »Displaced Persons« in Österreich und Deutschland auf. In einem Protokoll der feierlichen Eröffnung der »Konferenz der Vorsteher der befreiten jüdischen Häftlinge in Deutschland«, die am 25. Juli in St. Ottilien stattfand, liest man über Rabbiner Lipschitz von der Jüdischen Brigade: »In einer Grabesstille im Saal klingt die weinende Stimme des Rabbiners beim Jiskor. Erst einzeln, dann mehr und mehr weint der ganze Saal mit.« Danach sprach Captain Choter-Jishai, ebenfalls von der Brigade: »Im Orient hat ein Licht für das Judentum aufgeleuchtet. Es hat dort eine Anzahl von jüdischen Menschen der Welt proklamiert, daß es [...] der Wunsch des jüdischen Volkes ist, ein gleichberechtigtes Mitglied der Völkerfamilie zu werden. Diese jüdische [...] Gemeinschaft hat zum Kampf ihre besten Söhne, die jüdische Brigade entsandt, um Euch zu helfen, um Euch zu retten, um Euch mitzuteilen, daß wir da sind.« Nach den Ansprachen wurden Resolutionen und Beschlüsse gefaßt, darunter: »Wir fordern das Recht für jeden der überlebenden jungen jüdischen Männer, sich der kämpfenden jüdischen Brigade anzuschließen.«

Bis zum Sommer 1945 wurden rund 150.000 Überlebende der Lager heimlich nach Tarvisio gebracht, ärztlich versorgt und dann von Transporteinheiten in den Süden begleitet, wo Flüchtlingszentren die Verschiffung der »illegalen« Einwanderer nach Palästina übernahmen. Im Juli 1945 wurde die Brigade nach Belgien und Holland verlegt.

Über einen Zwischenstopp heißt es in einem nach Amerika geschickten Bericht einer Überlebenden: »Die Tage des 26. und 27. Juli 1945 waren für uns von besonderer Bedeutung. In diesen Tagen ist fast die gesamte Jüdische Brigade in Innsbruck stationiert worden auf dem Durchmarsch aus Italien nach dem Norden. Um unserer Freude einen entsprechenden Ausdruck zu geben, haben wir am 27.7.45 in unserer Synagoge eine feierliche Akademie veranstaltet.«

Im Sommer 1946 wurde die Jüdische Brigade von den Briten aufgelöst. Vorher freilich waren heimlich Soldaten abgeordnet worden, um in DP-Lagern die Verschleppten für eine Auswanderung nach Palästina vorzubereiten. Andere waren damit beauftragt, illegal Waffen für die Haganah zu erwerben, wiederum andere, eine sehr kleine Gruppe, setzten die Praxis der radikalen Entnazifizierung fort und töteten Nazis.

*

Es dauerte über ein Jahr, bis ich die Fortsetzung seiner Erzählung zu hören bekam. Ich hatte inzwischen andere Personen kennengelernt, die ebenfalls involviert gewesen waren. Jede Geschichte war anders, manche sehr widersprüchlich, manche Legende und vom Wunsch geprägt, es wenigstens in der Erinnerung möglichst vielen heimgezahlt zu haben. Vielleicht konnten Recherchen in israelischen und amerikanischen Archiven weiterhelfen. Ich war auf dem Weg von Israel in die USA, da erfuhr ich, daß Brenner genau dort war, wo ich hin wollte. Das Hebrew Union College in Cincinnati hatte mich eingeladen, einen Monat als Fellow in den American Jewish Archives zu verbringen. Und Brenner bereitete zu dieser Zeit eine Ausstellung im Skirball-Museum vor, das auf dem Campusgelände liegt. Lauter jüdische Einrichtungen und nirgendwo Polizei. Kein Panzerwagen vor dem College, keine Metalldetektoren im Archiv, keine Personenkontrollen am Museumseingang. Nirgendwo eine Kamera, nirgendwo ein Zaun. Soviel zur deutsch-jüdischen Normalität.

Wir verabreden uns zum Lunch auf dem Mount Adams, einem der vielen Hügel, auf denen Cincinnati erbaut ist. Als wären wir nur kurz unterbrochen worden, fährt Brenner fort: »Ich will Ihnen auch die irrwitzige Seite der Geschichte von damals erzählen. Als wir noch in Tarvisio waren, kam Abba Kovner mit einigen Leuten zu uns. Er war schon damals ein bekannter Dichter und Partisanenführer. Mit einigen Überlebenden aus den Ghettos und Lagern war er von Lublin über Österreich zu uns gestoßen. Er hielt eine große pathetische Rede vor der Brigade und sagte, in dieser Situation dürfe es keine Parteien mehr geben. Er redete so, wie wir linken Sozialisten das schon von der sozialdemokratischen Arbeiterpartei gehört hatten. Vielen Dank. Und dann hatte er, besessen wie er war, die verrückte Idee, sich an den Deutschen so zu rächen, daß es eine ausgeglichene Bilanz gäbe. Zuerst sprachen er und seine Leute über die Möglichkeit, Deutsche mit einer Art Postwurfsendung massenhaft zu vergiften.«

Brenner hält inne und sagt: »These bastards«. Das wiederholt er im Verlauf seiner Erzählung noch einige Mal. »Dann wollte er das Trinkwasser in einigen Großstädten vergiften. Ich habe ihn dauernd bedrängt, er möge zur Vernunft kommen und sich auf ›target-actions‹ konzentrieren. Aber er hielt an seinem Racheplan fest. Sein Vorhaben erhielt den Namen ›Tochnit Aleph‹, Plan A. Abba Kovner und Pascha Reichmann, der später als Geheimdienstmann bei unserem ersten Botschafter in Polen arbeitete, baten mich, ich solle ihre Gruppe unter dem Schutz der Brigade mit nach Norden nehmen. Ich habe sie mit britischen Uniformen, gefälschten Soldbüchern und Fahrzeugen versorgt, und so kamen sie mit.

Bis nach Belgien sind wir dann auf endlosen Autobahnen durch Deutschland gefahren. Dort wurde ich krank und lag im Hospital. Kovners Partisanen, er selbst war damals in Palästina, haben mich im Krankenhaus gefunden und mir mitgeteilt, daß die Haganahführung dem ›Plan A‹ nicht zustimmen wolle. Als ich gesund war, ließ ich die Mitglieder der Gruppe von meinem Fahrer nach

Paris bringen. Von dort aus wollten sie den Anschlag vorbereiten. Ich selbst ging auch nach Paris. Und dort hörte ich dann, daß Kovner in Toulon verhaftet worden war. Ein Mossad-Agent kam zu mir und erzählte, was passiert war.

Kovner hatte sich irgendein Gift in Palästina besorgt, angeblich bei Ernst David Bergmann, einem der späteren Mitbegründer der israelischen Atomindustrie. Und Gold hatte er auch erhalten, soweit ich weiß vom Chef des Textilunternehmens Ata. In der Uniform eines Brigadesoldaten wollte Kovner per Schiff nach Europa reisen, so als kehrte er von einem Heimaturlaub zu seiner Einheit zurück. Ein Brigadeoffizier, heute ein pensionierter Universitätsprofessor in Haifa, sollte ihm sozusagen offizielle Deckung bieten. Aber es kam ganz anders. Kovner wurde vom Kapitän ausgerufen, und da war klar, daß etwas schiefgelaufen war. Er übergab seinem Reisebegleiter eine kleine Kiste – und was war drin? Eine Tnuva-Dose! (hier müßte man sagen, eine Campbell-Suppendose) –, die das Gift enthielt. Sein Begleiter kippte das Zeug in die Toilette und warf die Dose hinaus ins Meer. Das war einer der ersten Akte israelischer Umweltverschmutzung im Mittelmeer. Das Gold allerdings behielt der Mann. Es wurde von dem erwähnten Agenten nach Paris gebracht. Aber damit war ›Tochnit Aleph‹ Gottseidank gestorben.«

Nach meiner Frage: »Wieviele Nazis wurden von den ›Nokmim‹, den Rächern, getötet?«, hält er einen Moment inne, zieht die Schultern nach oben und sagt: »Ich weiß es nicht. Vielleicht Hundert. Höchstens Hundertfünfzig. Das war's.« Ein ehemaliger israelischer General hatte mir geschrieben: »Wir kamen zu spät. Es waren zu wenige, und ich bin nicht stolz darauf.«

*

Die anderen Gäste haben das Restaurant verlassen. Lunch in Amerika ist meist nur ein kurzes Geschäftsgespräch mit vollem Mund. Wir sind nun allein. Brenner bestellt einen weiteren »decaf«. »Die Idee zu ›Tochnit Beth‹«, fährt er fort, »die kam von mir. ›Plan B‹ war meine Erfindung. Ich hatte bereits Abba Kovner gesagt, er solle sein wahnwitziges Vorhaben aufgeben und sich auf Ziele in den Internierungslagern konzentrieren. Die Idee war, möglichst viele SS-Leute auf einmal zu erwischen. Man müßte in einer Bäckerei, die ein Lager beliefert, das Brot vergiften, natürlich nur das Schwarzbrot. Das amerikanische Wachpersonal aß sowas ja nicht.

Pascha Reichmann wandte sich nun an mich, ich sollte das Gift besorgen. Gold zum Bezahlen war ja vorhanden. Ich kannte damals einen Überlebenden in Paris, heute ist er dort ein bekannter Anwalt, und der versprach mir, etwas herbeizuschaffen. Er brachte dann auch eine Dose mit Strychnin oder mit Arsen, eine relativ kleine Menge. Den Mann habe ich nie wiedergesehen, das war unser letzter Kontakt.

Zu dieser Zeit kam auch Nachum Schadumi nach Europa. Er war der erste Kommandant der Haganah in Europa. Es war klar, daß man für eine derartige Aktion seine Zustimmung brauchte. Er stellte folgende Bedingungen: Der Anschlag dürfe nur in einer Besatzungszone stattfinden und die Beteiligten müßten anschließend umgehend nach Palästina zum Rapport bei der Haganah zurückkehren.

Ich gab Pascha das Gift. Er organisierte den Anschlag auf Stalag 13. Das war in der amerikanischen Zone, in der Nähe von Nürnberg. Ein Lager mit einigen tausend internierten SS-Männern. Pascha traf freilich nur die Vorbereitungen für den Anschlag, bei der Durchführung selbst war er nicht anwesend. Er kehrte am selben Tag und mit demselben Schiff wie ich nach Palästina zurück. Später erfuhren wir, wie stümperhaft die Sache ausgeführt worden war. In der Bäckerei war eine Falltür, die führte hinunter in den Keller. Dort wurde das Brot gelagert, bevor es ausgeliefert wurde. Und dort hinunter gingen die Akteure, um das Brot zu bestreichen. Plötzlich kommt der Eigentümer, der muß irgendwelche Geräusche gehört haben. Er bleibt eine Weile über ihnen sitzen. Und zweimal kreuzt auch die Militärpolizei auf, wahrscheinlich auf der Suche nach möglichen Dieben oder Schiebern. Mit Taschenlampen leuchten sie nach unten, entdecken aber niemand. Aber unsere Leute, diese Dilettanten, verlieren die Nerven. Sie haben nicht einmal ein Drittel der Laibe bestrichen und hauen ab. Sie lassen alles liegen, die Dosen oder Flaschen und auch noch eine Jacke. Und was findet die Polizei später darin: den Ausweis eines ›DP‹ aus irgendeinem Lager.«

Ich hole aus meiner Mappe Fotokopien von zwei Artikeln der *New York Times* vom April 1946 und frage Brenner, ob er die Berichte über den Anschlag damals gelesen habe. »Nie gesehen«, sagt er, »nie«.

*

Bericht der *New York Times* vom 20. April 1946 unter der Überschrift: »Vergiftetes Brot: 1900 deutsche Häftlinge krank in einem Gefangenenlager bei Nürnberg«:

»Eintausendneunhundert deutsche Kriegsgefangene in einem US-Lager haben Anfang dieser Woche mit Arsen vergiftetes Brot gegessen. Alle seien ›ernstlich erkrankt‹, hieß es heute abend aus dem amerikanischen Hauptquartier. Die Massenvergiftung ereignete sich bei den Häftlingen von Stalag 13 in der Nähe von Nürnberg. Todesfälle wurden jedoch nicht gemeldet. Colonel S.T. Williams, der Regimentskommandeur, sagte, das Gift sei auf der Kruste des Brotes gefunden worden. Das Arsen sei möglicherweise gegen Küchenschaben in die Regale gesprüht worden und so aufs Brot gelangt.

Das Brot, so hieß es in der Erklärung, war von einer örtlichen Bäckerei besorgt worden, die man ›in Übereinstimmung mit den üblichen Vorschriften‹ unter Vertrag hatte. Polizisten seien als Wachen an der Bäckerei aufgestellt worden, um die deutsche Zivilbevölkerung vom Brotkauf abzuhalten. Sicherheitsbeamte durchforschten die Umgebung, um herauszufinden, ob deutsche Zivilisten ebenfalls betroffen seien.

Colonel Williams erklärte, der erste deutsche Soldat sei am Montag erkrankt, kurz nachdem die wöchentliche Brotlieferung von der Bäckerei eingetroffen und verteilt worden sei. Am Montagabend sei die Zahl der Erkrankten angestiegen, da die ehemaligen Soldaten angefangen hätten, ihre Ration zu verzehren. Die Zahl der Erkrankten habe bis vergangenen Mittwoch zugenommen. Dann sei die Ursache entdeckt und den Gefangenen gesagt worden, das übrige Brot nicht zu essen.

Militärpolizei wurde zur Bäckerei geschickt, aber heute nachmittag wieder abgezogen. Deutsche Polizei versieht jetzt dort Dienst. Colonel Williams erklärte, die Armee würde der Bäckerei, die jetzt unter Bewachung steht, ab kommenden Dienstag wieder erlauben, Brot zu liefern, vorausgesetzt die Untersuchung der Abwehr und der Militärpolizei führe zu einem Ergebnis.«

Drei Tage später, am 23. April 1946, berichtet die *New York Times* erneut. Die Untersuchung hat ergeben, daß es sich um einen Anschlag gehandelt hat: »Zahl der vom Giftanschlag betroffenen Nazis erreicht 2283«, lautet die Überschrift. An neueren Einzelheiten vermeldet der Bericht über den »mysteriösen Anschlag gegen 15.000 ehemalige Angehörige einer Nazi-Eliteeinheit«, daß 207 Häftlinge ins Krankenhaus eingeliefert worden seien. Das Arsen sei, so die Auskunft von Colonel Williams, wahrscheinlich mit einer Bürste auf die Brotlaibe gestrichen worden. »Vier mit Arsen gefüllte Flaschen und zwei leere Flaschen sind unter dem Fußboden der Bäckerei gefunden worden.« Der Bericht schließt: »Es wurde bekannt, daß in Frankfurt nach einer polnischen ›displaced person‹ gesucht wird, die angeblich ›in Verbindung stand mit einem ähnlichen Fall‹ und nun auf mysteriöse Weise aus der Gegend verschwunden ist.«

*

»Sie werden meinen Namen nirgendwo und niemand gegenüber erwähnen«, sagt er, als wir aufbrechen. »Auch nicht die wirklichen Namen der anderen, die ich Ihnen genannt habe.« Einige Wochen später bittet er mich schriftlich nochmals darum. Wir kennen uns kaum. Eine Konzession macht er indes: ich kann die Namen anderer beteiligter Personen nennen, wenn etwas über sie in Israel veröffentlicht werden sollte.

Wenige Tage nach unserem Gespräch starb Shimon Avidan in Ein-Haschofet, dem Kibbutz, dem er seit über vier Jahrzehnten angehört hatte. Die vielen Nachrufe auf ihn ragten in das Tagesgeschehen hinein wie Geschichten aus fernen Zeiten. Und bei seiner Beerdigung versammelte sich noch einmal, wer von den Gründern des Staates übriggeblieben war. Alte Generäle, alte Männer. Die Zeitungen erwähnten, daß Avidan 1945 zu einer »Rächergruppe« gehört hatte. Und deshalb konnte ich nun erzählen, was mir Brenner über die Hinrichtung des falschen Eichmann berichtet hatte. Ganz am Anfang unserer Bekanntschaft hatte er mir gesagt: »Ich habe das alles aufgeschrieben und einem Archiv an der Universität Tel Aviv übergeben. Nach meinem Tod kann das alles veröffentlicht werden.« Zu seinen Papieren wird dann auch mein Protokoll des Gesprächs mit ihm gehören.

1995

Ausgewählte Bibliographie

Buchveröffentlichungen:

Als Herausgeber: »Vielleicht war das alles erst der Anfang«, Hanna Lévy-Hass, Tagebuch aus dem KZ Bergen-Belsen 1944-1945. Mit einem Gespräch mit Hanna Lévy-Hass, Rotbuch, Berlin 1979.

»Im Scheunenviertel. Bilder, Texte und Dokumente.« Mit einem Vorwort von Günter Kunert. Severin und Siedler, Berlin 1981.

»Lastenausgleich, Umschuldung. Die Wiedergutwerdung der Deutschen. Essays, Polemiken, Stichworte.« Edition Tiamat, Berlin 1984.

»Premiere und Pogrom. Der Jüdische Kulturbund 1933-1941. Texte und Bilder.« (Zusammen mit Henryk M. Broder) Siedler Verlag, Berlin 1992.

»Die Banalität der Guten. Deutsche Seelenwanderungen.« Edition Tiamat, Berlin 1992.

»Triumph des guten Willens. Gute Nazis und selbsternannte Opfer. Die Nationalisierung der Erinnerung«, Hrg. und mit einem Nachwort versehen von Klaus Bittermann, Edition Tiamat, Berlin 1998.

Übersetzungen:

Isaac Deutscher, »Die ungelöste Judenfrage. Zur Dialektik von Antisemitismus und Zionismus«, Rotbuch Verlag, Berlin 1977.

Naomi Shepherd, »Wilfrid Israel«, Berlin 1985.

Hannah Arendt, »Zur Zeit«, Rotbuch Verlag, Berlin 1986.

Hannah Arendt, »Nach Auschwitz. Essays und Kommentare Bd. 1«, Edition Tiamat, Berlin 1989.

Hannah Arendt, »Die Krise des Zionismus. Essays und Kommentare Bd. 2«, Edition Tiamat, Berlin 1989.

Jane Kramer, »Eine Amerikanerin in Berlin. Ethnologische Spaziergänge«, Edition Tiamat, Berlin 1993.

Phillip Lopate, »Der Holocaust als rhetorische Figur. Einwände gegen eine Sinnstiftung«, in: *konkret* 1/1994. Mit einer Vorbemerkung von Eike Geisel: »Käthe Kruse gegen Walt Disney«.

Filme:

»Im Scheunenviertel«, Dokumentarfilm, 45 Minuten, SFB Berlin 1987.

»Es waren wirklich Sternstunden«, Dokumentarfilm, 90 Minuten (zusammen mit Henryk M. Broder), SFB/BR Berlin/München 1988.

»Erbschaft eines Angestellten. Hannah Arendt, Eichmann und die Banalität des Bösen«, Dokumentarfilm, 45 Minuten, SFB/BR Berlin/München 1990.

Vorträge:

»Befreiungsnationalismus/Antiimperialismus«, Vortrag in Freiburg auf Einladung des ISF, 11. Dezember 1985

»Zweimal 9. November«, Redebeitrag auf den Berliner Autorentagen am 7. Dezember 1989.

»Entsorgung der deutschen Geschichte«, Vortrag an der Technischen Universität Berlin, 8. November 1990.

»Moralischer Antisemitismus«, Diskussion über den Golf-Krieg in Hamburg, 20. Februar 1991.

»Der häßliche Deutsche. Israel sieht uns an«, Beck-Forum, München, 5. Mai 1991.

»Der hilflose Antisemitismus«, Vortrag auf einem Symposium der GEW, Hamburg, 30. Oktober 1992.

»Alle Wege führen nach Westerbork«, Vortrag über das System der Konzentrationslager, Jüdisches Museum Frankfurt, 3. Februar 1994.

»Stumme Zeugen«, Vortrag zur Eröffnung der Fotoausstellung von Erich Hartmann. Neue Gesellschaft für Bildende Kunst, 12. April 1994.

»Das Verschwinden der Lager im Gedenken«, Diskussion, Stadtmuseum München, 23. Juni 1994.

»Regierungsfeiertag oder: Wem gehört der 20. Juli«, Diskussion, in der französischen Buchhandelskette FNAC, Berlin 20. Juli 1994.

»Sein Name ist ein Ärgernis«, Vortrag an der Humboldt Universität, Berlin, 20. Juli 1994.

»Deutschland und seine Exilanten«, Diskussion mit Jacob Hessing aus Jerusalem, Kammerspiele Hamburg, 4. September 1994.

»Myth and Reality in Multicultural Societies«, Vortrag auf der Konferenz »Multiculturalism in an Age of Xenophobia«, American Jewish Archives/Goethe-Institute/Interfaith Holocaust Foundation, Cincinnati, 10. Oktober 1994.

»Revenge and Collective Fear in Post-War Germany«, Vortrag, American Jewish Archives, Cincinnati, 31. Oktober 1994.

»Jews and Germans after the War«, Vortrag in der Maine State University, Orono, 3. November 1994.

»Germany after the Fall of the Wall«, Vortrag in der Maine State University, Orono, 4. November 1994.

»Photography and Memory: The Jewish Absentees in the German Present«, Vortrag im German House, Columbia University, New York, 14. November 1994.

»Verdrängung und Identifikation – Judenfeindschaft und Judenfreundschaft in Deutschland heute«, Diskussion, Aktion Sühnezeichen/Friedensdienste, Berlin, 23. November 1994.

Ausgewählte Artikel und Essays:

»Um wieviel die Welt ärmer geworden ist«, in *Frankfurter Hefte* 12/1980.

»Vergeben, vergessen, verdummen«, in *konkret* 1/1981.

»Leben als Überleben«, in *konkret* 4/1981.

»Buckeln und Treten«, in *konkret* 10/1981.

»Kennzeichen ›D‹«, in *Transatlantik* 4/1982.

»Paramount in Palästina. Über die Fernseh-Biographie ›Golda Meir‹«, in: *Der Spiegel* 39/1982.

»Narziß am Abgrund. Über Alain Finkielkraut ›Der eingebildete Jude‹«, in: *Der Spiegel*, 1982

»Von den Klassikern lernen. Sprachübungen deutscher Politiker«, in: *Transatlantik*, ca. 1982

»Document Humaine. Zum Reprint des ›Jüdischen Lexikons‹«,

wurde am 29. April 1983 vom *Norddeutschen Rundfunk* gesendet.

»Erinnern und Urteilen«, in *Die Zeit* vom 20. Mai 1983.

»Familienzusammenführung«, in *taz* vom 7. Juli 1983.

»Die Reise nach Jerusalem als Pilgerfahrt nach Deutschland«, in *konkret* 3/84.

»Die Gleichschaltung der Erinnerung« unter dem Titel »Zwischen den Jahrestagen«, in *konkret* 4/1984. Außerdem in: *Zitty* 4/1984.

»Mach's noch einmal, Sam«, in: *konkret* 8/1984.

»Gemischtes Gelichter – Bekannte Gefühle«, in: »Welt Aktuell '85. Das andere Jahrbuch«, Reinbek 1984.

»Die Fortzeugung der Zwangsgemeinschaft. Anmerkungen zur Aktualität des Ghettos«, in: »Ghetto«, herausgegeben von Harro Schweitzer, Berlin 1984, ein Buch über die Kontroverse, die Joshua Sobols Theaterstück »Ghetto« ausgelöst hatte.

»Jenseits der Vorurteils. Juden, Türken und der naturgegebene Deutsche«, in: *tageszeitung* vom 30. Oktober 1985. Außerdem in: »Eingriffe. Jahrbuch für gesellschaftskritische Umtriebe«, Hrg. Klaus Bittermann, Edition Tiamat, Berlin 1988.

»Persilschein für Kohl. Zum Auftritt von Kohl vor dem Historikertreffen des Leo-Baeck-Instituts«, in: *tageszeitung* vom 30. Oktober 1985.

»Jubiläumspräsent«, in: *tageszeitung* vom 21. Oktober 1985.

»Schatten der Zukunft«, in: *tageszeitung* vom 11. Juli 1985.

»Das Jüdische Museum in Berlin 1933-1938«, im *Norddeutschen Rundfunk*, Mai 1983, und in: »Jahrbuch des Instituts für Deutsche Geschichte«, XN Tel Aviv 1985.

»Kompromißlose Weltläufigkeit. Über Walter Zadek und seine Photografien aus dem Palästina der Jahre 1935 bis 1941«, in: *tageszeitung* vom 6. März 1987.

»Die Einzigartigen«, in: *tageszeitung* vom 27. April 1987.

»Reservat Oranienburger Straße 28. Die Jüdische Gemeinde in Berlin (Ost)«, in: *tageszeitung* vom 24. Juni 1987. (Ein Kapitel aus einem Buch mit dem Titel »Wegweiser durch das jüdische Berlin«. Das anläßlich zur 750-Jahr-Feier geplante jüdische Jubiläumsbuch wurde vom Verleger abgelehnt und von anderen Autoren umgeschrieben oder, wie Eike Geisel notierte, »wiedergutgemacht«. Im »Wegweiser« findet sich lediglich die kleine Notiz: »Dieses Buch basiert zu Teilen auf einem Manuskript von Eike Geisel.«)

»Zwangsvorstellung – November 1938. Das Theater des Jüdischen Kulturbundes in Berlin«, in: »Berlin in Geschichte und Gegenwart. Jahrbuch des Landesarchivs Berlin«, Berlin 1988.

»Jenseits des Vorurteils«, in: »Eingriffe. Jahrbuch für gesellschaftskritische Umtriebe«, Berlin 1988.

»No Business like Shoabusiness«, in *konkret* 10/1988.

»Die Banalität der Guten«, in: *tageszeitung* vom 4. April 1989.

»Museum macht frei«, in: *Bauwelt* 32/1989.

»›Ein Leben ohne Dinge, ohne Echo, ohne 'Leben'‹. Fritz Schames im Jüdischen Kulturbund 1934-1939«, in: »Samson Schames 1898-1967«, Katalog zur Ausstellung des Jüdischen Museums Frankfurt, Frankfurt 1989.

»Faule Versöhnung mit der Geschichte«, in: *Die Zeit* vom 5. Januar 1990.

»Bei der Instinktdrüse gepackt«, in: *tageszeitung* vom 14. November 1990

»Moralische Nachrüstung«, in: *tageszeitung* vom 25. Januar 1991.

»Deutsche Seelenwanderung«, in: *konkret* 1/1991.

»Die linke Auschwitzlüge«, in: *konkret* 7/1991.

»Exclus et délinquants«, in: Lionel Richard (ed.), »Berlin 1919-1933«, Paris 1991.

»Da capo in Holland«, in: »Geschlossene Vorstellung. Der Jüdische Kulturbund in Deutschland 1933-1941«, Berlin 1992.

»Zweikampf der Liebe. Der alte Mann und das Mittelmeer«, in: *konkret* 1/1992

»Biotop mit toten Juden, in: *konkret* 3/1992.

»Triumph des guten Willens«, in: *tageszeitung* vom 17. Dezember 1992.

»Leuchtender Konformismus«, unveröffentlicht. War als Antwort auf Giovanni di Lorenzos Artikel im *Spiegel* gedacht, in dem dieser sich u.a. gegen Geisels Artikel »Triumph des guten Willens« gewandt hatte.

»Nachruf zu Lebzeiten«, Nachwort zu: Martin Beradt, »Beide Seiten einer Straße«, Mackensen, Berlin 1993, Eichborn, Frankfurt 2001.

»Der hilflose Antisemitismus«, in: *konkret* 1/1993

»Die ganz normale Sonderbehandlung«, in: *konkret* 2/1993.

»... streitet für Deutschland«, in: *konkret* 4/1993.

»Die Bauchredner der späten Geburt«, in: *konkret* 6/1993.

»Cohn und Biedermann«, in: »Die Hackeschen Höfe«, Berlin 1993.

»Bericht aus einem Zwischenlager«, Vorwort zu: Philip Mechanicus, »Im Depot. Tagebuch aus Westerbork«, Edition Tiamat, Berlin 1993.

»Störenfriede der Erinnerung«, in: »Juden im Widerstand. Drei Gruppen zwischen Überlebenskampf und politischer Aktion. Berlin 1939-1945«, Ausstellungskatalog, herausgegeben von Wilfried Löhken und Werner Vathke, Berlin 1993.

»Die Heimorgel der Betroffenheit«, in: *Focus* 41/1993.

»Familienbande«, in: *tageszeitung* vom 11. November 1993.

»Auferstanden aus Ruinen«, über den Kriminalroman »Das Ghetto von Berlin« aus den zwanziger Jahren, eine »antisemitische Schmonzette von Adolf Sommerfeld«, die vom Verlag »Neues Leben« neu aufgelegt wurde. Um einige wesentliche Textpassagen gekürzte Version erschien in: *tageszeitung* vom 11. Dezember 1993, und in: *Frankfurter Jüdische Nachrichten*, Dezember 1993.

»E.T. bei den Deutschen«, in: »Schindlerdeutsche. Ein Kinotraum vom Dritten Reich«, herausgegeben von der Initiative Sozialistisches Forum, ça ira-Verlag, Freiburg 1994. In gekürzter Version in: *Haaretz* (Supplement) vom 8. April 1994.

»Lebenshilfe von toten Juden«, in: *junge Welt* vom 14. Mai 1994.

»Bauch- und Büttenredner«, in: *junge Welt* vom 9. Juni 1994.

»Runder Tisch mit Eichmann«, in: *Haaretz* (Supplement) vom 1. Juli 1994, und in: *konkret* 7/1994.

»Family Funeral With Bright Lights«, in: Culturefront: The Politics of Memory, Winter/Spring 1994.

»Die Verstaatlichung der Juden«, in: *junge Welt* vom 5. September 1994.

»Objekte einer Begierde«, in: *junge Welt* vom 16. September 1994.

»Opfersehnsucht und Judenneid« ist erschienen unter dem Titel »Wiedervereinigung der selbsternannten Opfer« in: *Frankfurter Jüdische Allgemeine*, Winter-Ausgabe 1994.

»Alle Jahre wieder«, ein Text vom 19. Dezember 1994 über Broder, Hrdlicka, Tolmein und einen Artikel mit antisemitischen Tönen in der *jungen Welt*. Unveröffentlicht, da vom damaligen Chefredakteur der *jungen Welt*, Oliver Tolmein, abgelehnt. Eike Geisel schrieb in einer Notiz an den Herausgeber: »Die Feiglinge von der *junge Welt* haben den Text heute nicht gedruckt. Ich wünsche ihnen das Ermächtigungsgesetz an den Hals.«

»Antisemitische Rohkost«, in: *Frankfurter Rundschau* vom 26. Januar 1995.

»Zündlers Liste«, in: *junge Welt* vom 27. Januar 1995.

»Die neuen ›Opfer der Opfer‹«, in: *konkret* 2/1995. Außerdem in: *Haaretz* (Supplement) vom 10. Februar 1995.

»Der Meinungsfreiheit eine Gosse!«, in *junge Welt* vom 20. Februar 1995. Nachgedruckt in: *Jungle World* Nr. 33 vom 14. August 1997.

»Der eingebildete Emigrant«, in *junge Welt* vom 21. Februar 1995.

»Die Berliner Schule«, in: *Frankfurter Jüdische Nachrichten*, Pessach-Ausgabe 1995.

»Der Schatten Hitlers« erschien unter dem Titel »Ersatzreligion Holocaust?« gekürzt in: *Frankfurter Rundschau* vom 11. März 1995.

»Im Schatten Hitlers«, eine Rezension des Buches »Die siebte Million« von Tom Segev erschien gekürzt in: *Die Zeit* Nr. 15 vom 7. April 1995.

»Ende der Schonzeit«, in: *konkret* 5/1995 und in: *junge Welt* vom 26. April 1995.

»Die Fähigkeit zu mauern«, in: *konkret* 5/1995. Nachgedruckt in: »Der Wettbewerb für das ›Denkmal für die ermordeten Juden Europas‹. Eine Streitschrift«, herausgegeben von der Neuen Gesellschaft für Bildende Kunst e.V., Verlag der Kunst, Berlin 1995.

»Die Befreiung von den Befreiten«, in: *Kölner StadtRevue* 5/1995.

»Mehr Friseure als Juden«, eine Hauptstadtposse über das Jüdische Museum, in: *Wochenpost* Nr. 29 vom 13. Juli 1995.

Aus der Reihe Critica Diabolis

21. *Hannah Arendt,* Nach Auschwitz, 13,- Euro
45. *Bittermann (Hg.),* Serbien muss sterbien, 14.- Euro
55. *Wolfgang Pohrt,* Theorie des Gebrauchswerts, 17.- Euro
65. *Guy Debord,* Gesellschaft des Spektakels, 20.- Euro
112. *Fanny Müller*, Für Katastrophen ist man nie zu alt, 13.- Euro
129. *Robert Kurz*, Das Weltkapital, 18.- Euro
139. *Hunter S. Thompson*, Hey Rube, 10.- Euro
153. *Fanny Müller*, Auf Dauer seh ich keine Zukunft, 16.- Euro
154. *Nick Tosches*, Hellfire. Die Jerry Lee Lewis-Story, 16.- Euro
160. *Hunter S. Thomspon*, Die große Haifischjagd, 19.80 Euro
162. *Lester Bangs*, Psychotische Reaktionen und heiße Luft, 19.80 Euro
171. *Harry Rowohlt, Ralf Sotscheck*, In Schlucken-zwei-Spechte, 15.- Euro
173. *einzlkind*, Harold, Toller Roman, 16.- Euro
174. *Wolfgang Pohrt*, Gewalt und Politik, Ausgewählte Schriften, 22.- Euro
176. *Heiko Werning*, Mein wunderbarer Wedding, 14.- Euro
178. *Kinky Friedman*, Zehn kleine New Yorker, 15.- Euro
184. *Guy Debord*, Ausgewählte Briefe. 1957-1994, 28.- Euro
185. *Klaus Bittermann*, The Crazy Never Die, 16.- Euro
188. *Ralf Sotscheck*, Tückisches Irland, 14.- Euro
189. *Hunter S. Thompson*, The Kingdom of Gonzo, Interviews, 18.- Euro
192. *Heiko Werning*, Schlimme Nächte, 14.- Euro
197. *Wolfgang Pohrt*, Kapitalismus Forever, 13.- Euro
200. *Wolfgang Pohrt*, Honoré de Balzac, 13.- Euro
204. *Robert Kurz*, Weltkrise und Ignoranz, Essays, 16.- Euro
205. *Wolfgang Pohrt*, Das allerletzte Gefecht, 13.- Euro
207. *einzlkind*, Gretchen, Prima Roman, 18.- Euro
208. *Wiglaf Droste*, Die Würde des Menschen ist ein Konjunktiv, 14.- Euro
209. *Lee Miller*, Krieg. Mit den Alliierten in Europa 1944-45, 24.- Euro
210. *Berthold Seliger*, Das Geschäft mit der Musik, 18.- Euro
211. *Friedhelm Kändler*, Die Abenteuer der Missis Jö, 14.- Euro
212. *Franz Dobler*, A Boy Named Sue, 14.- Euro
213. *Klaus Bittermann*, Alles schick in Kreuzberg, 14.- Euro
214. *Heiko Werning*, Im wilden Wedding, 14.- Euro
215. *Hartmut El Kurdi*, Revolverhelden auf Klassenfahrt, 14.- Euro
216. *Ingo Müller*, Furchtbare Juristen, 22.- Euro
217. *Marcel Cohen*, Raum der Erinnerung. Tatsachen, 16.- Euro
218. *Ralf Sotscheck*, Türzwerge schlägt man nicht, 13.- Euro
219. *Wiglaf Droste*, Der Ohrfeige nach, 14.- Euro
220. *Bill Cardoso*, Rummel im Dschungel, Ali gegen Foreman, 12.- Euro
221. *Frédéric Ciriez*, Ein Sapeur in Paris. Roman, ca. 20.- Euro
222. *Hunter S. Thompson*, Odyssee. Gonzo-Briefe, 28.- Euro
223. *Mark Fisher*, Gespenster meines Lebens, 20.- Euro
224. *Hans Zippert*, Würden Sie an einer Tortengrafik teilnehmen?, 14- Euro
225. *Eike Geisel*, Die Wiedergutwerdung der Deutschen, 24.- Euro
226. *Mark Polizzotti*, Highway 61 Revisited. Dylan's Road-Album, 18.- Euro
227. *Berthold Seliger*, I Have a Stream, Ein Aufruf gegen das TV, ca. 14.- Euro

www.edition-tiamat.de